新视野·高等学校创新创业系列教材

创新创业基础（第二版）

主　编　孔　莉　余　虹　陶小龙
副主编　姚建文　赵德森　张　霓

CHUANGXIN
CHUANGYE
JICHU

高等教育出版社·北京

内容提要

本书为高等学校创新创业课程系列教材之一。全书共十章，分别介绍了创新与创业、创业机会与创业风险、创业者与创业团队、市场分析与产品设计、创业营销、创业融资、商业模式、创业计划、企业创建、创业企业的管理创新。

本书内容翔实，案例丰富，结构合理，实践性强，既可作为高等学校创新创业相关课程教材，也可作为社会人士自学用书。

图书在版编目(CIP)数据

创新创业基础 / 孔莉，余虹，陶小龙主编．—2版．—北京：高等教育出版社，2018.7
ISBN 978-7-04-049892-9

Ⅰ．①创⋯ Ⅱ．①孔⋯ ②余⋯ ③陶⋯ Ⅲ．①大学生-创业-高等学校-教材 Ⅳ．①G647.38

中国版本图书馆CIP数据核字(2018)第120275号

策划编辑	张正阳	责任编辑	张正阳 刘自挥	封面设计	张文豪	责任印制	高忠富

出版发行	高等教育出版社		网　　址	http://www.hep.edu.cn
社　　址	北京市西城区德外大街4号			http://www.hep.com.cn
邮政编码	100120			http://www.hep.com.cn/shanghai
印　　刷	杭州广育多莉印刷有限公司		网上订购	http://www.hepmall.com.cn
开　　本	787mm×1092mm　1/16			http://www.hepmall.com
印　　张	19			http://www.hepmall.cn
字　　数	410千字		版　　次	2018年7月第2版
				2013年2月第1版
购书热线	010-58581118		印　　次	2018年7月第1次印刷
咨询电话	400-810-0598		定　　价	36.50元

本书如有缺页、倒页、脱页等质量问题，请到所购图书销售部门联系调换
版权所有　侵权必究
物 料 号　49892-00

前　言

本教材第一版,是在教育部《普通本科学校创业教育教学基本要求(试行)》和"创业基础"教学大纲(试行)的指导下,借鉴国内外创业教育的经验和做法,根据国内创业教育的实际需要,在高等教育出版社的鼎力支持下,在以云南大学为主编单位的多所本科院校和老师的共同努力下,于 2013 年 2 月出版的。5 年来,作为"新视野·高等院校工商管理系列教材"中的一部,本教材在高校工商管理学科"双创"人才培养和民族地区创业企业人才培训中发挥了积极的作用,而全国各地读者给予的积极反馈和建议,也成为我们修订本教材的重要参考和主要动力;国家"创新驱动战略"实施、"双创"人才培养以及我国社会经济转型的客观需要,也不断鞭策着我们与时俱进地推进本教材的修订,以便让工商管理"双创"教育的经验能更好地运用到其他学科领域的"双创"人才培养中。为此,我们不仅及时把握世界创新创业教育的发展趋势,而且始终关注创新创业研究前沿及实践,并获得云南大学本科教材建设项目立项,教材修订版的出版也得到了出版社的继续支持。

本教材修订的总体指导思想是:响应国务院"大众创业,万众创新"号召,全面贯彻"双创"人才培养的要求,认真落实教育部《关于大力推进高等学校创新创业教育和大学生自主创业工作的意见》等文件精神,进一步推进和深化"互联网+"时代的"双创"教育改革,切实体现"行动式"的教学观和"自主、合作、探究"的学习观,进而实现"经典化的内容,生动性的版面,国际化的视野,本土化的结合,成长性的学习"的目标。旨在助力高校"双创"人才的培养,也希望更有助于"双创"教与学的组织。因此,教材修订的逻辑主要以学生的"双创"认知能力发展和探究能力的形成为主线,以创新创业基本知识和方法为基础,以大量的"做中学"活动贯穿探究过程的始终,以丰富的国内外经典案例为课外学习延伸。

本教材有如下主要特点:在内容上注重创新创业经典及前沿理论、知识和方法的介绍,知识体系强调通俗简明;在案例选择上兼顾广泛性和本土化;在实践能力上注重行动导向和操作训练;方法、材料和专栏的设置突出延伸性和可读性,"创业资源库"突出资源的可得性和持续性。

修订后的教材根据高等学校学生的特点,把学生创新创业能力培养目标分别确定为"认识双创""走进双创""探究双创",具体强调创业实践及操作能力培养,在课后任务和课后阅读案例中,通过"认知与训练""探究与拓展"等环节,使教材目标层层递进,形成一个完整的创新创业能力培养体系。而本教材更新和调整后的"创业资源库",将更有利于让学生达到持续学习和不断获得创新创业指导的目的。

本教材的修订由孔莉和余虹主持，主要负责教材修订提纲的编写，并对教材结构和知识点进行了系统的调整和全面的安排，最后负责全书的统稿及核校工作。在编写团队的通力合作下，教材的修订稿顺利完成。教材修订各章的具体分工为：孔莉、陶小龙、张霓负责第一、三、十章及附录；余虹、姚建文、赵德森负责第二、八、九章；孔莉、余虹负责第四至七章。此外，谭杰、刘丹丽、张艳月、张倩茹、梅博然、许悦、于婉麟、曹畅、张茜等参与了资料和文献等的收集、整理工作。

衷心感谢高等教育出版社的大力支持！在修订过程中，本教材参考、引用了国内外有关报刊文献、互联网资料和部分研究成果，在此向所有作者表示诚挚的谢意和敬意！同时还要对教材修订给予关心和帮助的各界人士致以谢意！

虽然本教材已完成修订，但错漏及不足之处在所难免，诚请各位读者批评指正，提出宝贵意见和建议，以便于进一步完善，您可以通过以下邮件地址联系我们：cxcyjc@qq.com，在此深表感谢！

编者

2018 年 6 月

目 录

第一章　创新与创业　1
　　【学习目标】　1
　　引导案例　菁菁准备好了吗？　1
　　第一节　创新与创新思维　2
　　第二节　创业与创业过程　14
　　第三节　创新创业与经济发展　22
　　【核心概念】　30
　　【本章小结】　30
　　【认知与训练】　31
　　【探究与拓展】　31
　　【课后阅读案例】　32

第二章　创业机会与创业风险　34
　　【学习目标】　34
　　引导案例　牛仔裤的诞生　34
　　第一节　创意思维的激发　35
　　第二节　创业机会的识别与开发　42
　　第三节　创业风险的识别与防范　55
　　【核心概念】　61
　　【本章小结】　61
　　【认知与训练】　62
　　【探究与拓展】　62
　　【课后阅读案例】　63

第三章　创业者与创业团队　67
　　【学习目标】　67
　　引导案例　乔布斯的成功之道　67

第一节　创业者及其素质　68
第二节　创业团队的组建和发展　80
【核心概念】　91
【本章小结】　91
【认知与训练】　91
【探究与拓展】　92
【课后阅读案例】　92

第四章　市场分析与产品设计　95
【学习目标】　95
引导案例　海尔、华为、联想：创新源自情报调查　95
第一节　市场创新战略选择　97
第二节　市场分析及定位　100
第三节　产品和服务设计　114
【核心概念】　119
【本章小结】　119
【认知与训练】　119
【探究与拓展】　121
【课后阅读案例】　121

第五章　创业营销　124
【学习目标】　124
引导案例　创意营销群英会　124
第一节　销售预测　125
第二节　营销方案设计　129
第三节　客户关系管理　139
【核心概念】　143
【本章小结】　143
【认知与训练】　143
【探究与拓展】　143
【课后阅读案例】　144

第六章　创业融资　147
【学习目标】　147
引导案例　何处取金　147

第一节　创业融资概述　148

第二节　创业财务预测　161

第三节　创业融资需求分析　167

【核心概念】　171

【本章小结】　171

【认知与训练】　172

【探究与拓展】　172

【课后阅读案例】　172

第七章　商业模式　175

【学习目标】　175

引导案例　两家草根企业选择的商业模式　175

第一节　商业模式及其构成要素　177

第二节　商业模式的设计　182

第三节　商业模式的创新　193

【核心概念】　197

【本章小结】　197

【认知与训练】　198

【探究与拓展】　198

【课后阅读案例】　198

第八章　创业计划　201

【学习目标】　201

引导案例　小老板的企业战略雏形　201

第一节　创业计划概述　202

第二节　创业计划的主要内容　205

第三节　创业计划的撰写及路演　226

【核心概念】　231

【本章小结】　231

【认知与训练】　231

【探究与拓展】　231

【课后阅读案例】　232

第九章　企业创建　234

【学习目标】　234

引导案例　阿里巴巴的合伙人制度　　234
第一节　新创企业的法律形式　　236
第二节　新创企业的注册登记及税务问题　　241
第三节　新创企业运行中的其他问题　　249
【核心概念】　260
【本章小结】　260
【认知与训练】　261
【探究与拓展】　261
【课后阅读案例】　261

第十章　创业企业的管理创新　　263
【学习目标】　263
引导案例　经营一家盛产人才的企业　　263
第一节　创业企业的成长管理　　265
第二节　创业企业的扩张管理　　271
第三节　创业企业的退出管理　　274
【核心概念】　280
【本章小结】　280
【认知与训练】　281
【探究与拓展】　281
【课后阅读案例】　281

附录　创业资源库　　284

主要参考文献　　289

专栏目录

专栏 1-1　经典创新模型 …………………………………………………………… 6
专栏 1-2　全球创业观察（GEM） ………………………………………………… 22
专栏 1-3　中国创新创业浪潮正向纵深发展 ……………………………………… 29
专栏 2-1　选择最好的创意呈现方案 ……………………………………………… 37
专栏 2-2　创业机会的来源 ………………………………………………………… 44
专栏 2-3　值得中国创业者关注的美国创业项目及代表公司 …………………… 45
专栏 2-4　选择创业项目的原则 …………………………………………………… 54
专栏 2-5　创业机会的识别与开发过程 …………………………………………… 55
专栏 3-1　创业家思维与企业家思维 ……………………………………………… 71
专栏 3-2　大学生创新创业能力评价指标体系 …………………………………… 72
专栏 3-3　成功创业者的 10 个 "Q" ……………………………………………… 75
专栏 3-4　戴维归纳成功创业者特征及创业者失败的特征 ……………………… 79
专栏 3-5　股东意愿调查提纲 ……………………………………………………… 86
专栏 4-1　市场分析的三大经典模型 ……………………………………………… 100
专栏 4-2　大学生网购调查问卷 …………………………………………………… 108
专栏 4-3　江苏省五台山健身会馆的 STP 营销策略 …………………………… 113
专栏 4-4　产品层次理论 …………………………………………………………… 115
专栏 4-5　新产品开发流程 ………………………………………………………… 118
专栏 4-6　其他有关产品和服务的设计方法 ……………………………………… 118
专栏 5-1　营销理念的演变 ………………………………………………………… 133
专栏 5-2　几种营销组合的比较 …………………………………………………… 135
专栏 6-1　小型民企的财务困境 …………………………………………………… 150
专栏 6-2　大学生创业融资渠道 …………………………………………………… 151
专栏 6-3　天使汇 …………………………………………………………………… 151
专栏 6-4　中国青年创业国际计划（YBC） ……………………………………… 156
专栏 6-5　财务分析指标 …………………………………………………………… 166
专栏 7-1　影响中国企业创新的 10 大商业模式 ………………………………… 178

专栏 7-2	商业模式设计五层金字塔	184
专栏 7-3	三种商业模式分析工具的比较	190
专栏 8-1	创业计划书的"6C"规范	204
专栏 8-2	路演的由来	229
专栏 8-3	项目路演PPT内容（推荐）	230
专栏 9-1	有效运用5W1H整合资源	251
专栏 9-2	《劳动合同法》中有关劳动合同订立的规定	253
专栏 9-3	《劳动合同法》中有关试用期的规定	254
专栏 9-4	《劳动合同法》中有关无固定期限劳动合同的规定	254
专栏 9-5	《劳动合同法》中有关合同续签和变更的规定	255
专栏 9-6	《劳动合同法》中有关非过失性解除合同的规定	256
专栏 10-1	"富二代"不愿意接班属正常情况	276

案例目录

案例1-1	林薇的"左撇子专卖店"	7
案例1-2	拇指在上：精彩按捺不住	9
案例1-3	逆向思维案例集锦	12
案例2-1	Innova创新管理流程	39
案例2-2	靠什么书写两项创业"之最"	48
案例2-3	常军：大学生创业，半年亏损12万	59
案例3-1	李嘉诚对创业机会的把握	76
案例3-2	高德康的致富法宝	78
案例3-3	携程团队	84
案例4-1	方太厨具："老二主义"换来10亿元品牌资产	99
案例4-2	上海家化的五力分析	103
案例4-3	康颜化妆品公司的SWOT分析	110
案例5-1	亚马逊的个性化推荐系统	130
案例5-2	宜家的全球营销战略	132
案例5-3	康颜公司的4P营销策略	137
案例5-4	沃尔玛：啤酒加尿布	142
案例6-1	"佳缘"校园文化咖啡厅联盟的投资预算	163
案例6-2	创业中的26种省钱方法	164
案例7-1	聚真楼商业模式设计	185
案例7-2	美的集团物联网智能空调的商业模式画布分析	191
案例7-3	《中国好声音》的商业模式创新选择	196
案例8-1	创业计划"封面"示例	206
案例8-2	创业计划"执行摘要"示例	208
案例8-3	创业计划"企业概述"示例	209
案例8-4	创业计划"产品与服务"示例	211
案例8-5	创业计划"市场分析与营销计划"示例	215
案例8-6	创业计划"生产制造"示例	218

案例 8-7　创业计划"创业团队成员及其能力介绍"示例 …………………… 219
案例 8-8　创业计划"财务预测及融资计划"示例 ………………………… 221
案例 8-9　创业计划"风险分析和投资退出机制"示例 …………………… 225
案例 9-1　红绿"王老吉"之争 ……………………………………………… 257
案例 10-1　创业企业出售交易中如何定价 ………………………………… 278

第一章　创新与创业

【学习目标】

1. 掌握创新的内涵及分类。
2. 掌握创新思维的内涵、特征及分类。
3. 掌握创业的内涵及特征。
4. 理解创业和创新的关系。
5. 理解创业过程的理论模型及其核心思想。
6. 了解创业过程的主要阶段及其内容。

引导案例

菁菁准备好了吗？

菁菁非常幸运，大学一毕业就获得了一个与专业相符的工作。在近4年的技术支持工作中，她的认真进取、积极能干和坚持不懈使她进步得很快。然而，当她再次审视自己的职业规划后发现，她依然渴望拥有自己的企业。几年来，她一直与消费者接触并管理着自己的团队，因此，她认为自身具备了进行交易所需的技术的、人员的和为消费者服务的技能。何况她已有1年就读国内知名高校MBA的经历，这种信心自然就更足了。

烹饪是菁菁最大的爱好，只要有空，她总是为朋友和同事露两手，自己也享受着其中的乐趣。但是，她真正想做的是让她的烹饪爱好变成事业。她希望建立一个关于烹调方面的网站，相关内容可供浏览、下载和交换。主要栏目有"烹调方法""厨房小技巧""菜品搭配""酒的选取""问答论坛"和"产品销售"等。菁菁在对这一领域进行相关了解后认为，通过与卖主合作，在她的网站上建立链接并陈列商品就能够赚钱。

当然，菁菁知道她需要一段时间在家更新她的系统以便创建和维护网站；同时，她测算了一下，加上自己的积蓄和家人及朋友的资助，她可以筹集到9万元。而一个合作伙伴同样也告诉她，大部分投资者总是希望在他们提供任何资金之前看到一个内容丰富且非常活跃的网站。

讨论题：根据菁菁目前所拥有的知识结构和资源，你认为她在创建一家互联网企业时可能会遇到哪些问题？

第一节　创新与创新思维

一、创新的概念和内涵

亚当·斯密是较早关注企业创新问题的经济学家。他曾指出:"只要工作性质还有改良的余地,在各个劳动部门所雇的劳动者中,不久自会有人发现一些比较容易而便利的方法,来完成各自的工作。惟其如此,用在今日分工最细密的各种制造业上的机械,有很大部分,原是普通个人的发明。"斯密仅从技术创新的来源方面进行了初步的探讨,到目前为止,学界对于创新的概念并没有形成严格、一致的界定。以下对国内外学者有代表性的对于创新概念的定义进行概括,如表1-1所示。

表1-1　创新概念的相关界定

学者或组织	定　　义
约瑟夫·熊彼特 (J. A. Schumpeter)	创新就是"建立一种新的生产函数",实现企业组织的新组合,包括引入一种新产品或新服务、采用一种新的生产方式、开辟一个新市场、获得或控制一种新的原材料或来源、实现任何一种新的工业组织形式
亚历克斯·奥斯本 (A. F. Osborn)	创新就是利用"智力激励法",通过改变、增加、减少、替代、颠倒和重组途径完成的一系列创造性思维行为和过程
索洛(R. Solow)	技术的变化,包括现有技术被投入实际应用所带来的具体的技术安排、技术组合的变化,可谓之创新;创新发源于精神活动;绝大部分创新筹划远较通常的计划制定需要更为精确的技术数据和煞费苦心的设计安排
彼得·德鲁克 (Peter F. Drucker)	创新的含义是系统地抛弃昨天,系统地寻求创新机会。即在意外的成功或失败中寻找机会,在过程的需要中寻找机会,在各种不一致中寻找机会,在新知识萌芽时期寻找机会,在市场的需求和短缺中寻找机会,在认知的变化中寻找机会,在人口的变化中寻找机会
伊诺思(J. L. Enos)	创新是几种行为综合的结果。这些行为包括发明的选择、资本投入的保障、相应组织的建立、制定计划、雇佣工人和开辟市场等
林恩(G. Lynn)	创新是始于对技术的商业潜力的认识而终于将其完全转化为商业化产品的整个行为过程
迈尔斯和马奎斯 (S. Myers and D. G. Marquis)	创新是一个复杂的活动过程,从新思想和新概念开始,通过不断地解决各种问题,最终成为一个有经济价值和社会价值的新项目并得到实际的成功应用
厄特巴克 (Utterback J. M.)	创新是指技术的首次应用。其过程可分为三个阶段: ① 新构想的产生; ② 技术难点攻关或技术开发; ③ 商业价值实现或扩散

续表

学者或组织	定　义
经合组织（OECD）	创新包括新产品和新工艺，以及原有产品和工艺的显著的技术变化。如果在市场上实现了创新（产品创新），或在生产工艺中应用了创新（工艺创新），那么创新就完成了。而这两种创新的实践或完成，涉及从生产领域活动到消费领域活动的方方面面。因此，创新包括了科学、技术、组织、金融和商业的一系列活动
弗里曼（Freeman C.）	创新指的是新产品、新过程、新系统和新服务的首次商业化
傅家骥	创新是企业家抓住市场的潜在盈利机会，以获得商业利益为目标，重新组织生产条件和要素，建立起效能更强、效率更高和费用更低的生产经营系统，从而推出新的产品、新的生产（工艺）方法、开辟新的市场、获取新的原材料或半成品供给来源或建立企业的新的组织，它是包括科技、组织、商业和金融等一系列活动的综合过程
许庆瑞	创新泛指一种新思想的形成、得到利用并生产出满足市场用户需要的产品的整个过程。它不仅包括一项技术的创新，而且包括成果推广、扩散和应用的过程
陈其荣	创新是创新主体（具有相关知识、技能并从事创新认识和实践活动的个体和组织）在创新环境条件下，通过一定的中介而使创新客体（创新主体实践活动的领域，并与创新主体有着相互联系和作用的客观对象）转换形态、实现市场价值的一种实践活动
冯鹏志	创新是由作为创新主体的企业所启动和实践的，以成功的市场开拓和提高市场竞争力为目标导向，以新技术设想的引入为起点，经过创新决策的研究与开发、技术转换和技术扩散等环节，从而在高层次上实现技术和各种生产要素的重新组合及其社会化和社会整合，并最终达到改变创新主体的经济地位和社会地位的目的的社会行动或行动系统

资料来源：根据相关公开文献整理而成。

总结上述学者的观点可将创新的定义总结为：

创新是任何一种赋予资源以新的创造财富能力的行为，是开发过去没有的东西，做过去没做过的事情。即任何使现有资源的财富创造潜力发生改变的行为，都可以称之为创新。

如果说熊彼特的创新概念更注重技术与经济的结合的话，那么，随着创新理论及实践的不断发展，人们开始从更广义的角度去理解创新的内涵，认为创新包括了各种各样的以新的方式提高资源配置效率的活动。它不仅局限于把技术和经济结合起来，而且力求将科学、技术、教育以及政治等与经济融合起来，即创新表现为不同参与主体之间的交互作用的网络。在这个网络中，任何一个结点都有可能成为创新行为实现的特定空间。可以从以下几个角度来理解创新的内涵：

（1）从技术性的角度来理解。这有利于对创新的技术发展和变化过程形成较为集中的认识，但也是对创新最为狭义的认识。事实上，上述学者的观点中都带有这种认识，并将新技术的出现或发明、改进等作为创新非常重要的基础环节或程序。"任何技术创新都具有一定程度的新颖性或独创性,既是科学技术原理的物化,同时也是科技工作者和创新者创造性思维、创造性设想的结晶。"

(2) 从哲理性的角度来理解。哲学视角是站在认识论和方法论的高度对创新进行一般化和抽象,反映创新的必然性和偶然性、可能性和现实性,以及形式和内容相统一的唯物辩证的特征。这让我们对创新的运动规律及其所包含的唯物辩证的特征会有更普遍的认识。

(3) 从经济性的角度来理解。熊彼特的创新就是建立一种新的生产函数,高度概括了创新的经济性特征。以至于后来的经济学家大都基于这样的内涵对创新外延进行衍生和扩展,尤其侧重于分析技术创新与企业成长的关系及结果,以及技术创新各阶段的组织管理及效果。由于新的生产函数的建立,从而引起成本、价格和利润的变化,由此带来企业经济效益相应的改变。所以,技术创新和管理创新的程度越高,其经济性就更为突出。

(4) 从社会性的角度来理解。创新不仅包含了人与物的关系,更反映了人与人的相互关系,对其社会性的认识可以说是对其技术性、哲学性和经济性理解的一种发展,充分体现了创新历史的、过程的、协作的和不确定的特征。而具体到企业创新,那不仅是将新的技术设想推向市场化的动态过程,也是信息传播、知识共享、企业文化嬗变的过程。也就是说,当下的创新已不再是企业能孤立完成的活动,它越来越成为一种社会建构性的行为和过程,创新完整的实现应是社会化协作和整合的结果。

二、创新的分类

随着创新成为社会经济发展的决定性因素,创新的范围和可能的表现形式也在不断扩大和加深,创新的分类也呈现出多样性。

(一) 根据创新的研究对象和内容分类

1. 技术创新

技术创新是指创新主体应用创新的知识和新技术、新工艺,采用新的生产方式和经营管理模式,提高产品质量,开发生产新的产品,提供新的服务,占据市场并实现市场价值。技术创新包括产品、工艺和服务三方面的创新。技术创新是经济增长的基础,是实现产业化的重要前提。

2. 知识创新

知识创新是指创新主体通过科学研究,包括基础研究和应用研究,获得或产生新的基础科学和技术科学知识的过程。知识创新是技术创新的基础,是新技术和新发明的源泉,是促进科技进步的革命性力量。知识创新为人类认识世界、改造世界提供新理论和新方法,为人类文明进步和社会发展提供不竭动力。

3. 组织创新

组织创新是指创新主体根据组织内外部环境变化的要求,有计划地对组织系统、结构及行为进行调整、变革或重组,以提高组织的管理效率和竞争能力,保持组织的生命力,促进组织的可持续发展。其包括以结构为主线、以人员为中心、以业务流程为导向和以战略调整为重心等方面的内容。

4. 管理创新

管理创新是指根据客观规律和组织现有的资源,在有效继承的前提下,通过发挥人的积极性和创造性,利用一种新的或更经济的方式对传统的管理进行完善、改革和发展,以便使组织的资源得到更有效的配置。管理创新包括管理思想及观念、管理理论及体系、管理制度及机制、组织经营战略、管理组织结构、管理模式方法、管理运作流程、组织人才开发、组织文化等方面的创新及其组合的创新。

5. 制度创新

制度创新一般是指制度主体在现有的生产和生活环境条件下,通过创设新的、更能有效激励人们行为的制度、规范体系来实现社会的持续发展的创新活动。制度创新在整个创新体系中处于基础和保障的地位,所有创新活动都有赖于制度创新的积淀和持续激励,通过制度创新得以固化,并以制度化的方式持续发挥着自己的作用。制度创新包括正式制度创新和非正式制度创新两方面的内容。

(二) 根据创新的驱动力和效应分类

1. 突破性创新

突破性创新一般是技术推动型的创新,指的是由于一项新技术的引入,使一个新的市场基础得以产生,导致宏观或微观层面上的市场和技术及其组合不连续地活动。这种创新的结果与之前的技术种类、运作方式、产品范围等相比,差异度非常大,其创造的是一种未被消费者认知的需求,而这样的需求往往会产生一系列的新产业、新企业、新的市场活动等。比如:汽车的发明和计算机的问世,开创了一个全新的产业;基于网络的亚马逊书店和戴尔电脑则改写了竞争的规则;青霉素和结核疫苗的研制成功,使人类生活的质量得到极大的提高。

2. 渐进性创新

渐进性创新通常是市场需求拉动型的创新,即通过对不断变化的市场环境和需求作出适应性反应,通过试错,或者通过改进、完善和调整等而表现出来的创新。其目的是为当前市场提供新特色、新收益或升级的产品。比如:索尼的随身听由于产品标准改变而演变形成新的生产线;佳能激光打印机则是基于新技术,扩张原有产品生产线而面世的;从莱特兄弟发明的飞行器到现代喷气式飞机的产生得益于实践中不断的渐进性创新。

(三) 根据创新的模式分类

1. 自主创新

自主创新是指组织在拥有自主知识产权的独特核心技术的基础上依靠自身能力推动创新活动的后续环节,实现新产品的价值转化,获取商业利润,达到预期目标的创新活动。比如:美国的英特尔公司在计算机微处理器关键技术方面的创新活动就属于自主创新的典范;而"两弹一星"及其相关重要设备和产品的研制成功、汉字激光照排系统的研发完成、歼-20战机的自主研发,都是我国自主创新方面极具代表性的事例。

2. 模仿创新

模仿创新是指通过模仿而进行的创新活动,一般包括完全模仿创新和模仿后再创新两种方式。即在引进、购买自主创新者先进技术的基础上,学习、分析、借鉴其创新思路、行为和经验,在工艺设计、质量控制、成本控制、生产管理和市场营销等方面进行改进、完善和再创新,提供在性能、质量和价格方面都具有竞争力的产品或服务,从而确立自己的竞争地位,获得相应回报的一种创新行为。这是一种最为普遍的创新行为,是提高自主创新能力的重要途径。比如:日本在机器设备购买方面的"一号机引进——二号机国产——三号机出口"的技术发展路径;韩国三星集团和LG公司在电子行业发展过程中则基本遵循贴牌生产(OEM)——自己设计制造(ODM)——自有品牌制造(OBM)的技术发展轨迹。

3. 合作创新

合作创新主要指企业间或企业与科研院所之间的联合创新行为。其一般以合作伙伴的共同利益为基础,以资源共享或优势互补为前提,有明确的合作目标、期限和规则,合作各方在创新全过程或某些环节共同投入和参与,共享成果,共担风险。这是一种顺应全球经济一体化进程和产业结构变化的创新模式,包括合同创新、项目合伙创新、基地合作创新、基金合作创新和研究公司合作创新等方式。

专栏 1-1

经典创新模型

适用性视角下的创新模型

适用性视角下的模型主要探讨现有企业与新创企业这两种类型企业与渐近式或突破式创新之间的最佳匹配关系,此类经典模型有创新增值链模型、Tushman-Anderson 模型、Abernathy-Clark 模型。

过程视角下的创新模型

过程视角下的模型将创新划分为若干差异显著的不同阶段,逐个探讨各阶段创新的本质特征,以及技术在各阶段中的演化规律,此类经典模型有 Utterback-Abernathy 模型、Tushman-Rosenkopf 模型、Foster 的 S 曲线模型、Rothwell 的五代创新模型。

知识视角下的创新模型

知识视角下的模型探讨了产品的不同结构所涉及的不同类型知识、它们对于创新的影响以及产品的知识含量不同所产生的不同效应,此类经典模型有 Henderson-Clark 模型、知识的质量与数量模型。

条件视角下的创新模型

条件视角下的创新模型分别从微观和宏观的角度,试图识别技术要素之外对于创新成功以及竞争优势的确立产生影响的条件因素,此类经典模型有 Teece 模型、Porter 模型。

领导力视角下的创新模型

领导力视角下的创新模型的研究焦点集中于管理者应该如何根据自身对于技术的熟

悉度选择最有效的创新机制,以及领导力对于创新的作用,此类经典模型有 Roberts-Berry 模型、战略领导力观(Strategic Leadership View)模型。

资料来源:根据曹平所著《技术创新理论模型的多维解读》整理而成。

三、创新思维的特征及类型

创新思维是相对于常规思维而言的一种思维方式。但人们很难把创新思维分门别类,因为各种创新思维的表现形式常常是十分复杂地交织在一起的。因此,在探讨创新思维时,为了目标的集中与简化,人们往往把创新时的思维方式称为创新思维,它是多种思维类型在活动过程中的一种有机结合。

具体来说,创新思维是指在旧的方法和途径不能有效地解决问题的情况下,突破惯例,探索以新的方法和途径去观察问题、分析问题和解决问题的过程。在这一过程中,创新思维或者以新的知识点(如观点、理论、发现)来丰富人类的知识,从而增加知识的数量,即信息量;或者在方法上对已有知识进行新的分解与组合,实现已有知识的新功能。创新思维往往能突破常规思维的界限,以超常规甚至反常规的方法、视角去思考问题,提出与众不同的解决方案,从而产生新颖的、独到的、有社会意义的思维成果。因此,从信息活动的角度看,创新思维是一种知识总量增值的思维活动。

(一)创新思维的特征

创新思维一般具有以下五个特征:

1. 独特性和新颖性

创新思维的独特性在于或者在思路的选择上,或者在思考的技巧上,或者在思维的结论上,具有"前无古人"的独到之处,具有一定范围内的首创性和开拓性。由于创新思维在思维和实践活动中能超出思维常规,对事物进行重新认识,一般都会产生新的见解、新的发明和新的突破,因此新颖性也是创新思维的一大特点。

案例 1-1

林薇的"左撇子专卖店"

"左撇子"约占世界总人口的9%!因为我们的生活用具都是根据右手习惯设计的,所以生活在"右手世界"里的"左撇子"们倍感不适。

2001年秋,20岁的林薇从宁夏固原孤身来京投奔一位在中关村打工的同乡。一天,林薇无意中听到公司的两位女孩在大倒"左撇子"的苦水。其中的一位"左撇子"女孩抱怨说,别人可以轻松操纵的小鼠标,一到她手上就不听使唤了。另一位做服务设计的女孩也说,她和几位"左撇子"朋友逛了半个北京的商场,却没有买到一件适合"左撇子"用的商品。听到这些,林薇眼前一亮:中国有那么多的"左撇子",但左手用品市场却还没有人开发,这不是一个绝好的创业契机吗?经过一番思考,林薇决定离开那家公司,尝试着自己去创业。

但到哪儿去找创业资金呢?这时,林薇想到了那位在中关村打工的同乡。就这样,林薇在几位热心老乡的帮助下筹到了8万元。那哪里才能进到左手商品呢?林薇在电脑上查到一家设在法国里昂的"左手用品大全"商场,他们可以提供任何"左撇子"用品,但是这些"左撇子"用品的价格却十分高昂,无奈之下,林薇只能在国内寻找左手用品的货源。

经多方查询,林薇惊喜地发现了几家生产左手用品的厂家。但他们的产品都是向欧美国家出口的,根本不做内销,何况林薇要的量又很小。在对这些厂商进行多次拜访之后,他们最终勉强答应,让林薇从那些出口的"左撇子"产品中"截留"小部分。之后,林薇就在距王府井大街很近的一个繁华地段,租下了一个20平方米的小店。2002年国庆节这天,林薇的"左撇子专卖店"终于诞生了。

"左撇子专卖店"这个店名一打出来,立刻在当地引起了轰动。由于是"特种商品","左撇子"用具的价格比同类产品要高出好多倍,但顾客不会太计较价钱,因为这毕竟给他们的生活和工作带来了很大的便利,况且这比国外的价格便宜了不少。此后,又不断有顾客反映"左撇子专卖店"里的商品不够丰富。于是,林薇就找到北京周边地区的一些乐器、五金等生产厂家,请它们在生产右手产品的同时,也为"左撇子"制作一些同类产品。不料,这些厂家竟对左手用品一无所知。于是,林薇就耐着性子为它们讲解左手用品的情况,以及市场前景多么诱人。京城周边地区的8个厂家终于被林薇说动了心,它们先后开发了几十种左手用品。林薇的生意也渐渐火爆起来。

发展到2003年8月,林薇考虑到店面过于狭小,根本应付不了潮水般涌来的顾客,就又在西单商业街租下一个80平方米的门面,成立了一家分店。同时,为使更多人真正了解"左撇子"的世界,2004年初,林薇请几位朋友在互联网上建了一个"左撇子俱乐部"网站。不光在网上推介自己的左手商品,还开辟了本市电话订货和全国邮购服务,而且介绍有关"左撇子"的各方面知识以及训练左手、活化右脑的方法。韩国和中国香港两家生产"左撇子"用品的大公司,还慕名发来电子邮件,主动邀请林薇在中国代理它们的产品。经过两年打拼,林薇终于尝到了自己辛勤的果实。

资料来源:根据万炜、朱国玮所著《创业案例集锦》整理而成。

2. 发散性和灵活性

创新思维并无现成的思维方法和程序可寻,它的方式、方法、程序、途径等都没有固定的框架,且是多方向发散和立体型的。在思维活动中,它表现为可以灵活地从一个思路转向另一个思路,从一种意境进入另一种意境,多方位地试探解决问题的办法。

3. 非逻辑性

创新思维活动是一种开放的、灵活多变的思维活动,它的发生伴随有想象、直觉、灵感之类的非逻辑性、非规范思维活动。"灵感""直觉"往往因人而异、因时而异、因问题和对象而异,所以创新思维活动具有极大的特殊性、随机性和技巧性,不能完全用逻辑来推理。创新思维活动的上述特点同个人独特的活动有相似之处,即创新思维的精髓和内在的东西只属于个人,创新思维活动的结果不可能是雷同的。

案例 1-2

拇指在上：精彩按捺不住

一家啤酒公司发布了一则消息，面向各大策划公司诚征宣传海报，开价是50万美元。消息一出，国内各家策划公司蜂拥而至。不到半个月时间，这家啤酒公司就收集了上千幅广告作品，但是，这些作品大都不尽如人意，最终，负责人只得从上千幅作品中选择了一幅较为满意的作品。

这幅作品的大致内容是这样的：一只啤酒瓶的上半身，瓶内啤酒汹涌，在瓶颈处，紧握着一只手，拇指朝上，正欲顶起啤酒瓶的瓶盖。这幅海报的广告标语是："忍不住的诱惑！"

但是，这幅作品交给啤酒公司的老总定夺时，老总仅仅看了两秒钟左右就给否决了，理由是：这种创意略显生硬，并且用拇指来开酒瓶的做法十分危险，若使用这种广告，因开酒而导致拇指受伤者肯定会大幅度增加。如若那样的话，势必会有许多消费者来起诉我们，那就得不偿失了。

这无疑是一个完美的拒绝。既说出了拒绝的原因，又彰显了啤酒公司对消费者无微不至的关怀。

看到这家啤酒公司的老总如此挑剔，许多策划公司望而却步。这时候，一个艺术系的学生听说了这个消息，他当即胸有成竹地拨通了该啤酒公司的电话，打算试一试。啤酒公司的老总同意了他的要求，两天后，这位学生就拿着自己的作品走进了啤酒公司老总的办公室。

也同样是两秒钟左右，啤酒公司的老总从自己的座位上站了起来，然后激动地说："年轻人，太棒了，这才是我想要的！"这位艺术系的学生如愿以偿地得到了50万美元报酬。

第二天，啤酒公司的海报就铺天盖地地见诸各大平面媒体。这幅海报的内容其实很简单：一只啤酒瓶的上半身，在瓶颈处，紧握着一只手，瓶内啤酒汹涌，几乎要冲破瓶盖冒出来。这时候，瓶颈处紧握的那只手用拇指紧紧地压住瓶盖，尽管这样，啤酒还是如汩汩清泉溢了出来。这幅海报的广告标语是："××啤酒，精彩按捺不住！"

同样是一个拇指，仅仅是变换了一下位置，向上位移了一厘米，转换了一下姿势，就赢得了50万美元！在许多人看来，这未免太投机取巧了，然而，你可曾想过：这样短短一厘米的背后，境界要差多少米呢？

其实，一个真正富有创意的人，就是能从废墟中发掘到金矿的人！

资料来源：根据万炜、朱国玮所著《创业案例集锦》整理而成。

4. 客体的潜在性

创新思维活动从现实的活动和客体出发，但它的指向不是现存的客体，而是一个潜在的、尚未被认识和实践的对象。例如，在西部大开发中，各省市都在寻找适合本省市的开发之路。那么，这条路究竟怎么走，各地都在探索，即各地的领导者们分别依据本地区所面临的各种现实情况，进行创新思维，大胆试验。但是，这条路至今还不太清晰，还是潜在的，至多是处在由潜在向现实的逐渐转变之中。所以，创新思维的对象或者是刚刚进入人类的实践范围，只能猜测它的存在状况，而尚未被认识的客体；或者是人们虽然有了一定的认识,但认识尚不完全,还需要从深度和广度上加以进一步认识的客体。这两类客体都带有潜在性。

5. 风险性

创新思维活动是一种探索未知的活动,因此要受多种因素的限制和影响,如事物发展的程度及本质暴露的程度、实践的条件与水平、认识的水平与能力等。这就决定了创新思维并不能每次都能取得成功,甚至有可能毫无成效或者作出错误的结论。创新思维的风险性还表现在它会对传统势力、偏见产生冲击,而传统势力、现有权威都会竭力维护自己的存在,对创新思维活动的成果抱有抵触心理。

(二) 创新思维的分类

创新思维的本质在于将创新意识的感性愿望提升到理性的探索上,实现创新活动由感性认识到理性思考的飞跃。这种飞跃是逻辑思维与非逻辑思维的密切结合。从解决问题的思维活动看,创新思维包括设计解决问题的新方案,探讨解决问题的新途径,提出解决问题的新思路,也包括对事物的新认识和新判断。因此,可将创新思维概括为以下8种。

1. 发散思维

发散思维,又称"扩散思维"或"辐射思维"。美国心理学家吉尔福特把它定义为:从所给的信息中产生信息,从同一来源中产生各式各样为数众多的输出,很可能会发生转移作用。并指出发散思维在行为上主要表现为流畅性(心智活动畅通,反应迅速,能表达多种想法)、灵活性(随机性强,易产生超常的新构思)和独特性(对事物表现出标新立异的独特见解)等特点。

发散思维,要求人们思维的自由度很大,沿着不同的方向、不同的角度发散,主要表现为:① 多种观察角度。避免单向观察的片面性和局限性。善于从不同的角度观察思考,大胆地提出多种设想、方案,最后找到解决问题的最佳方案。伽利略有句名言:"科学是在不断改变思维角度的探索中前进的。"② 多种思维机制。通过多种思维去寻求发现与解决问题的新方法。诸如移植、杂交、扩大、缩小、转化、替代、颠倒、重组等。国外的奥斯本、罗伯尔特、兰茨基等提出的智力激励法、属性列表法、形态分析法、强制关系法等,都能激发多种思维机制。③ 横向比较。采用全方位的比较和思考,以扩大视野、博采众长、兼收并蓄。

发散式思维在创造活动中虽然起着重要的作用,但决不能片面夸大它的作用,甚至把它与创造性思维等同起来,只有把发散思维和收敛思维有机地结合起来,并与其他几种思维形式加以综合应用时,才能发挥其应有的作用并提高创造水平。

2. 收敛思维

收敛思维,又称"集中思维"或"聚合思维"。美国心理学家吉尔福特把它定义为:从众多的信息中,引出一个正确的答案或大家认为最好的或常规的答案。收敛思维是相对于发散思维而言的,它与发散思维相反,不是把思维向不同方向发散,而是把多向思维集向某一主攻方向,通过分析、整理、去粗留精、去伪存真,使思路逐渐集中、缩小、清晰、明确,最后形成新的构思,以达到解决问题的目的。

吉尔福特把人的思维活动分为两种类型：发散思维和收敛思维。发散和收敛是对立统一、相辅相成的关系，不应把它们完全对立起来或割裂开来。人们在进行创造性思维时，既需要发散，又需要集中，而且往往需要综合或交替地使用这两种思维方式，并需灵活地应用各种思维形式，以调动创造力的各种活跃因素，诸如敏锐的观察力、丰富的想象力和批判的评价能力，这样才能获得卓有成效的思维成果。

3. 横向思维

横向思维是英国学者 E.德波诺于1976年针对旧的纵向思考习惯和模式而建立的概念。德波诺认为横向思维是背离理性规则的、探索各种可能的思维，是允许失败的宽容态度。有了这种态度，游戏、好奇、想象、机遇都会有用武之地，表面无关的信息可以闯入，闲暇式的胡思乱想也可以发生。横向思维类似于吉尔福特的发散性思维，但两者之间最主要的区别就是前者所包含的"侧向的"含义。所谓"侧向"，除了向主导的观念或概念挑战外，它还延伸到注意力的层次，而在发散性思维的涵义中并没有这方面明确的内容。从本质上说，横向思维是感知过程与思维过程的结果。按传统的心理学理论，感知与思维是不同的心理过程，感知是思维的基础，思维是高级的心理活动。可在德波诺看来，创造性感知和创造性思维是不能截然分开的。横向思维使人们首先通过横向扩大注意力的范围，获得全新的信息，使得信息搜索的过程更富于创造性；再通过自由联想，向主导观念或概念挑战，以及进行想象，提出创造性的方案，最后进行综合性的评价。

4. 纵向思维

纵向思维是一种传统的重分析的科学思维。它总是循着那种最明显的途径前进，以保证人们最快地获得正确的结果，但这些答案或结果不过是被包括在原有的原理之中的。它对解决常规问题是有效的、合理的。纵向思维和横向思维是两种风格截然不同，但双向关联和互为补充的思维方法。横向思维用来生成新观念与方法，纵向思维用来发展这些观念与方法；横向思维为纵向思维提供更多可选择的对象，从而提高纵向思维的效力；纵向思维很好地利用横向思维所生成的观念，故使横向思维的效力成倍增加。横向思维的特点，决定了它是一种生成性思维，而纵向思维是一种批判性思维。纵向思维总是遵循逻辑规则，选择一个最佳途径，对它来说重要的是正确性。横向思维是促进生成，对它来说重要的是丰富性，是试图开辟新的途径，生成不同的方法。总之，两者之间是富有创造性、建设性与深刻性、精细性的互补。

5. 正向思维

所谓正向思维法，就是人们在创造性思维活动中，沿袭某些常规思路去分析问题，按事物发展的进程进行思考、推测，是一种从已知进到未知，通过已知来揭示事物本质的思维方法。这种方法一般只限于对一种事物的思考。正向思维法是依据事物都是一个过程这一客观事实而建立的。任何事物都有产生、发展和灭亡的过程，都从过去走到现在、由现在走向未来。只要我们能够把握事物的特性，了解其过去和现在，就可以在已掌握的材料的基础上，预测其未来。

正向思维方法虽然一次只限于对某一种事物的思考，但它都是在对事物的过去、现在作了充分分析、对事物的发展规律作了充分了解的基础上，推知事物的未知部分，提出解决方案，因而它又是一种较深刻的方法，是一种不可忽视的领导工作、科学研究的方法。

例如,在领导工作中,领导者想了解某一具体问题,对其做出合理解决时,此方法较为有效。

坚持正向思维法,我们就应充分估计自己现有的工作、生活条件及自身所具备的能力,就应了解事物发展的内在逻辑、环境条件、性能等。这是我们获得预见能力和保证预测正确的条件,也是正向思维法的基本要求。

6. 逆向思维

逆向思维是相对于正向思维而言的,通常认为,正向思维是顺着人们的习惯性思维路线去思考的方式;而逆向思维则是指将人们通常思考问题的思路反过来,用对立的、看上去似乎不可能的办法解决问题的思维方式。逆向思维包括三种不同的类型:① 反转型逆向思维法。就是从已知事物的相反方向进行思考,产生发明构思和途径的方法。一般会从事物的功能、结构和因果关系三个方面作反向思维。比如:"无烟煎鱼锅"就是对原有煎鱼锅热源结构反转型思考的产物。② 转换型逆向思维法。指在研究问题时,由于解决这一问题的手段受阻,而转换成另一种手段或思考角度,以使问题得以顺利解决的思维方式。"司马光砸缸"就是一个典型的例子。③ 缺点逆向思维法。这是一种利用事物的缺点,化弊为利,化被动为主动的思维方法。例如:金属腐蚀看似是一种坏事,但人们利用其原理进行金属粉末的生产,或进行电镀等其他用途,无疑是缺点逆向思维法的一种应用。

总之,逆向思维是一种具有宝贵价值的思考方法,它对人们的认识提出了挑战,有利于对事物认识的不断深化。对于一名创业者来说,应自觉地、经常性地运用逆向思维方法来训练自身的创新习惯,激发更多的创意,创造更多的奇迹。

案例 1-3

逆向思维案例集锦

案例 1:某时装店的裁缝不小心将一条高档裙子烧了一个洞,如果用织补法补救,也只是蒙混过关,欺骗顾客,眼看裙子就要变成为废品。为了挽回经济损失,这位裁缝突发奇想,干脆在小洞的周围又挖了许多小洞,凭借其高超的技艺,精心饰以金边,并将其取为"凤尾裙"。这条"凤尾裙"不仅卖了好价钱,还一传十、十传百,不少女士上门求购,销路顿开,生意十分红火,该时装店也因此出了名,创造了非常良好的商机。

案例 2:我国古代有这样一个故事,一位母亲有两个儿子,大儿子开染布作坊,小儿子做雨伞生意。每天,这位老母亲都愁眉苦脸,天下雨了怕大儿子染的布没法晒干;天晴了又怕小儿子做的伞没有人买。一位邻居开导她,叫她反过来想:雨天,小儿子的伞生意做得红火;晴天,大儿子染的布很快就能晒干。逆向思维使这位老母亲从此眉开眼笑。

案例 3:洗衣机脱水缸的转轴是软的,用手轻轻一推,它就东倒西歪。可是脱水缸在高速旋转时,却非常平稳,脱水效果很好。最初设计时,为了解决脱水缸的颤抖和由此产生的噪声问题,工程技术人员想了许多办法,先加粗转轴,无效;后加硬转轴,仍然无效。最后,他们来了个逆向思维,弃硬就软,用软轴代替了硬轴,成功地解决了颤抖和噪声两大问题。

案例 4：日本是一个经济强国，却又是一个资源贫乏国，因此，日本人十分崇尚节俭。当复印机大量吞噬纸张的时候，他们将一张白纸正反两面都利用起来。但日本理光公司的科学家不以此为满足，通过逆向思维，他们发明了一种"反复印机"，已复印过的纸张通过它以后，上面的图文消失了，重新还原成一张白纸。这样一来，一张白纸可以重复使用许多次，不仅创造了财富，节约了资源，而且使人们树立起新的价值观：节俭固然重要，创新更为可贵。

案例 5：通常，夏天的衣服较单薄，水温不低，用手洗很方便，反倒是用洗衣机洗有点得不偿失。所以，夏季一般是洗衣机销售的淡季。然而，张瑞敏提出了"只有淡季的思想，没有淡季的市场""让淡季不淡，夏天也要卖出洗衣机"的理念，据此，海尔开发出了"小小神童"洗衣机，开辟了夏季洗衣机市场的"蓝海"，让竞争对手们只能是望"海"兴叹。

案例 6：Patagonia 是美国一线的户外品牌，不论是产品设计，还是工艺、功能，或是企业责任，都有很好的口碑，有户外界 GUCCI 之称。在美国黑色星期五的销售高峰期开始时，其他品牌都在大肆做营销活动。但是这个品牌却推出了一个"反黑色星期五"营销活动，鼓励他们的消费者去维修旧物而非购买新品。Patagonia 也因为打出不要购买这件外套的广告而出名。

案例 7：日本系山英太郎高尔夫球场广告运用"最"字来吸引顾客："高尔夫球场的设备最好、服务最亲切、入会费最贵！"但是，系山英太郎实际收取入会费时，却远比广告中标榜的数额少，这样，真正吸引了高端顾客参加和入会，使其生意比别的竞争者兴旺得多。

案例 8：泰宁诺止痛药面临的困境是阿司匹林止痛药的一家独大，如果正面竞争去宣传产品的功效肯定是收效甚微，于是泰宁诺利用逆向思维使出一个绝妙的"招式"，将产品定位于"非阿司匹林的止痛药"。这就独显出产品的特质，从而区别于同类产品中其他的止痛药产品，在止痛药的产品中独树一帜。

资料来源：根据胡飞航所著《市场营销中的逆向思维》、雷超越所著《浅谈逆向思维在广告中的应用》及刘力所著《逆向思维——创业守业的钥匙》等公开资料整理而成。

7. 求同思维

求同思维，也称聚合思维、辐合思维、集中思维。是一种有方向、有范围、有条理的收敛性思维方式。这种思维方式与求异思维相互依存、相互补充，结合形成完整缜密的思维体系和程序。求同思维注意从多种不同角度、不同信息源中引出一种结论，有助于对思维对象的把握和思维层次的发掘。求同思维与思维定势完全不同。思维定势是让传统性和习惯性思路引向僵化、重复模拟、狭隘片面的惰性歧途；求同思维则要求既求真、求变、求新，又不唯"异"独尊，把求异当成一种时尚和追求。

8. 求异思维

求异思维，又称辐射思维或发散思维，指从一个目标出发，沿着各种不同途径去思考，以探求多种答案的思维。与求同思维相对，具有开放性的特点，其结果是不确定的。因为答案并未包含在已有的信息中，所以，这种思维一般无固定方向和范围，不固守陈规，求答案于未知，具有更大的主动性和创造性。

第二节 创业与创业过程

一、创业的内涵及特征

(一) 创业的内涵

通常意义上,创业指的是开创或创造新事业的行为和过程,它是人类社会生活中一项最能体现人的主动性和创造性的社会实践活动。对于"创业"一词,英文中有很多表达方式,一般采用"Entrepreneurship"表述。由于人类社会的不断发展,创业这种实践活动的含义也随之变化,内涵非常丰富,不同的学者对其的诠释也各不相同,表1-2概括了部分有代表性的国内外学者或组织对创业的定义和阐述。

表1-2 有关创业定义的代表性观点

学者或组织	定义
杰弗里·蒂蒙斯 (Jeffry A. Timmons)	一种思考、推理和行为方式,这种行为方式是机会驱动、注重方法和与领导平衡。创业导致价值的产生、增加、实现和更新,不只是为所有者,也是为所有的参与者和利益相关者
霍华德·斯蒂文森 (Howard H. Stevenson)	一个人——无论是独立的还是在一个组织内部——追踪和捕获机会的过程,这一过程与其当时控制的资源无关
约瑟夫·熊彼特 (J. A. Schumpeter)	我们把新组合的实现称为"企业",把职能是实现新组合的人们称为"企业家"。即创新的承担者只能是企业家,企业家的创新活动是经济兴起和发展的主要原因
科尔(Cole)	发起、维持和发展以营利为导向的企业的有目的性的活动
巴布森学院和伦敦商学院 (Babson College and London Business School)	依靠个人、团队或一个现有企业,来建立一个新企业的过程
雷家骕等	发现、创造和利用商业机会,组合生产要素,创立自己的事业,以获得商业成功的过程或活动
宋克勤	创业者通过发现和识别商业机会,组织各种资源提供产品和服务,以创造价值的过程
郁义鸿等	一个发现机会和捕捉机会并由此创造出新颖的产品或服务和实现其潜在价值的过程
罗天虎	社会上的个人或群体为了改变现状、造福后人,依靠自己的力量创造财富的艰苦奋斗过程
武春友	在风险和不确定性条件下,为了获取利益或成长而创建创新型经济组织(或者组织网络)的过程

续表

学者或组织	定义
刘常勇	一种无中生有的历程,是创业者依自己的想法及努力工作来开创一个新企业,包括新公司的创立、组织中新单位的成立,以及提供新产品或者新服务,以实现创业者的理想

综上所述,创业是一种创新和创造财富并承担相应风险的活动,是创业者不因当前资源条件的限制而捕捉、利用市场机会,并运用推理、判断、组织、技术、服务等方式将机会转化为商业价值的一种行为和过程。换言之,创业是创业机会识别和开发的动态过程,其表现为创业者主导下的一个高度综合的、复杂的价值实现和管理过程。其本质在于把握机遇,创造性地进行资源整合和快速行动。具体来说,创业可从广义和狭义两方面理解。

广义的创业,是指社会各个领域的人们,为开创新的事业所从事的社会实践活动,其突出强调的是主体的能动性在社会实践中所体现的一种特定的精神、能力和行为方式。创业行为存在于各种组织和各种经营活动中,运用创业精神开展工作是取得成绩和进步的前提。

狭义的创业是一个经济学的范畴,是指主体以创造价值和就业机会为目的,通过组建一定的企业组织形式,为社会提供产品和服务的经济活动。狭义的创业包括两方面:一是创业是人们的一种经济活动,它以创造财富或追求经济效益作为目的指向;二是创业活动以创办企业为标志,这是创业活动区别于其他经济行为的直接特征。

(二) 创业的特征

创业作为社会经济活动的一种基本方式,具有自身的一些特征。这些特征主要包括以下几方面:

1. 创业的社会性

创业具有很强的社会性,一是表现为这一活动承载着重要的社会使命,具有不可替代的社会意义和价值;二是表现在社会的各行业、领域,以及社会发展的不同阶段,都存在着无限的创业机会;三是表现为创业主体、创业机制和创业过程都具有广泛的社会性。

2. 创业的能动性

从创业主体的角度看,创业活动是最能体现创业者——个人或团队自主意识和能动精神的一种主体性行为。创业过程自始至终都离不开创业者的自主启动和积极推进,整个过程充分表现出创业者富有创意的理念、充满开拓的行动和勇于担当的意识。

3. 创业的多样性

创业的多样性表现在很多方面:一是创业主体是多样的,不论是什么性别、年龄、民族、学历等的人都可以投身创业;二是创业涉及的领域是多样的,三百六十行都可以成为创业天地;三是创业形式是多样的,可以是新建企业的创业或已有企业内的创业;四是创业手段是多样的,比如融资方式可以选择内源或外源。

4. 创业的风险性

创业是在不确定的条件下从事的一种开创性或创新性的活动,因此,创业的风险性反映在创业过程的每个环节,比如:做出是否成为创业者的决策、能否成功开发创意、如何转化商业创意和能否对新创事业进行有效管理,都充满各种各样的风险。

二、创业过程的理论模型

创业活动涉及资源获取、开发、经营、整合等一系列复杂的商业环节,且各环节都不是孤立的,创业的成功在很大程度上取决于对创业过程的把握。目前,对创业过程主要有两种理解:一种是广义的理解,认为创业过程是指从构思创意到创立新企业,以及对新企业进行成长管理的全过程;另一种则是狭义的理解,认为创业过程就是指新企业的创建。而在大多数研究和实践中,创业过程一般采用的是广义的理解。

纵观创业过程的理论研究,许多学者从不同的角度提出了各种不同的理论模型。之所以采取模型的方式对创业过程进行分析,是因为这样有利于对创业过程中的种种现象及其之间的关系进行诠释,更好地指出创业过程的规律及关键特征,对创业实际过程进行有效的指导,让创业者及时关注和解决创业过程中的核心问题,进而提高创业的成功率。以下将对几个有代表性的创业过程理论模型进行具体的介绍。

(一)蒂蒙斯创业过程模型

杰弗里·蒂蒙斯在他的著作《创业学》中提出了一个能反映创业过程动态及复杂特征的理论模型,如图1-1所示。这个模型的提出对后来的创业过程研究及实践产生了深远的影响。

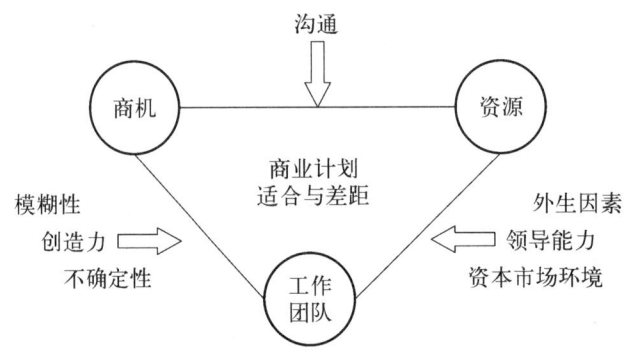

图1-1 蒂蒙斯创业过程模型

资料来源:葛宝山,王立志,姚梅芳.经典创业模型比较研究[J].管理现代化,2008,(1).

蒂蒙斯认为,创业是一个高度动态的过程,其中商机、工作团队、资源是创业过程最重要的驱动因素。创业之前,机会的发掘与选择最为关键;而创业初期,重点则在于团队的构建;当新事业顺利启动后,才会增加对于资源的需求。也就是说,创业流程由商机所启动,在组成创业团队之后取得必要的资源,创业计划方能顺利开展。此外,蒂蒙斯的模型十分强调动态平衡,他认为由于机会的模糊、市场的不确定性、资本市场的风险以及外在环境的变化等,常常影响到创业活动,使得创业过程充满了风险,从而使得三项要素会因比重发生变化而产生失衡的现象。所以,成功的创业活动就必须要依靠创业者的领导能力、创造力与沟通能力来发掘问题,掌握关键要素,将商机、工作团队和资源三者做出最适当的搭配,及时掌握不同情况下活动的重心,使创业活动重新获得平衡,使新事业能够顺利进行。

(1)商机。蒂蒙斯强调了商业机会在创业过程中的重要作用,认为商机是创业成功的首要因素,特别是在新创企业的创立之初。创业的核心是发现和开发机会,并利用机会实施创业。因此,识别与评估市场机会是创业过程的起点,也是创业过程中一个具有关键意义的阶段。真正的商机比团队的智慧和技能、可获取的资源都要重要得多,所以,创业者应当投入大量的时间和精力寻找最佳的商机。

(2)工作团队。工作团队是创业企业的关键组成要素。事实上,在选择合适的投资项目时,吸引风险投资家们的除了企业有好的创意和市场前景外,更为重要的往往是企业工作团队的卓越才能。这些才能包括:较强的学习能力;能够自如地对付逆境;有正直、可行、诚实的品质;富有决心、恒心和创造力、领导能力、沟通能力;以及团队应对市场环境变化的柔性或适应性。

(3)资源。资源是创业过程的必要支持,资源的多寡是相对的。蒂蒙斯认为,成功的创业企业更着眼于最小化使用资源并控制资源,而不是贪图完全拥有资源。为了合理利用和控制资源,创业者要竭力设计创意的精巧、用尽谨慎的战略,这种战略往往对新创企业极为重要。

总体来说,蒂蒙斯模型的特点是:三个核心要素构成一个倒立的三角形,创业团队位于三角形的底部。在创业初始阶段,商业机会较大而资源较为缺乏,三角形将向左边倾斜;随着企业的发展,企业拥有较多的资源,但这时原有的商业机会可能变得相对有限,这就导致另一种不均衡。创业领导者及创业需要不断探求更大的商业机会,进行资源的合理运用,使企业发展保持合适的平衡。这三者的不断调整,最终实现了动态均衡,这就是新创企业发展的实际过程。

(二)威克姆创业过程模型

菲利普·威克姆在其"Strategic Entreprenurship"一文中提出了基于学习过程的创业模型,如图1-2所示。

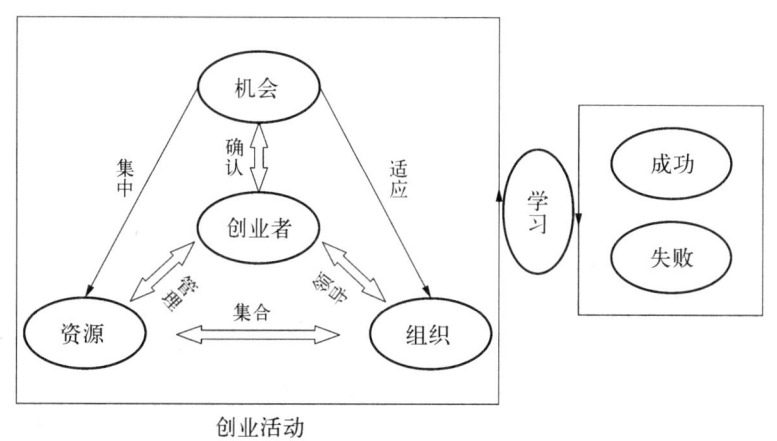

图1-2 威克姆创业过程模型

资料来源:葛宝山,王立志,姚梅芳.经典创业模型比较研究[J].管理现代化,2008,(1).

该模型的含义如下：

（1）创业者、机会、资源和组织是构成创业活动的四个要素,这四要素互相联系。

（2）创业者的基本任务就是有效管理机会、资源和组织间的关系,实现要素间的动态协调和匹配。

（3）创业过程是一个不断学习的过程,创业者将在学习中不断完善和发展。创业组织是一个学习型组织,通过学习可以不断变换要素间的关系,实现动态性平衡,成功完成创业。

这个模型告诉我们,创业者处于创业活动的中心。创业者在创业中的职能体现在与其他三个要素的关系上,即:识别和确认创业机会;管理创业资源;领导创业组织。该模型还揭示了资源、机会、组织三要素之间的相互关系。资本、人力、技术等资源要集中用于机会利用上,并且要至于资源的成本和风险;资源的集合形成组织,包括组织的资本结构、组织结构、程序和制度,以及组织文化;组织的资产,结构、程序和文化等形成一个有机的整体,来适应所开发的机会。为此组织需要根据机会的变化而不断调整。

另外,该模型还揭示了创业组织是一个学习型的组织。也就是说,组织必须不仅对机会和挑战做出反应,而且还要根据这种反映的结构如何来调整和修改未来的反应,即组织的资产、结构、程序、文化等要随着组织的发展而不断改进,组织在不断的成功与失败中得到学习与锻炼,从而获得更大的成功,得以发展壮大。

威克姆创业过程模型的特点主要是将创业者作为调节各个要素关系的重心,经过对机会的确认,管理资源并带领团队实施创业活动,在这个过程中组织不断加强学习,使创业者能够根据机会来集中所需资源,使组织适应机会的变化,进而实现创业成功。

（三）克里斯琴创业管理模型

克里斯琴认为,创业管理的整个重心应该放在创业者与新事业之间的互动。所以,其提出的创业模型将创业者和新事业看作是创业管理模型的两个主要构成元素,如图 1-3 所示。

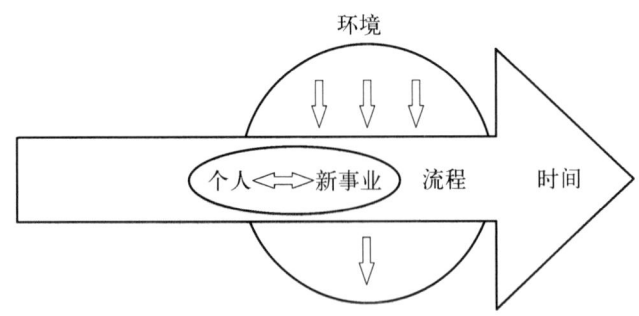

图 1-3 克里斯琴创业管理模式

资料来源：葛宝山,王立志,姚梅芳.经典创业模型比较研究[J].管理现代化,2008,(1).

由于模型强调创业者与新事业的互动关系,因此,如何创立新事业,如何随时间的变化对创业流程进行管理,以及哪些是影响创业活动的外部环境网络等被视为创业管理的三个核心问题。克里斯琴指出,正是创业各要素在创业过程不同阶段中的共同作用,促进了创业活动的进展。

与蒂蒙斯模型一样,克里斯琴模型同样重视创业者的功能,认为创业家是创业活动的灵魂与推动者,这对创业活动的稳定发展是至关重要的。此外,他们都没有忽略外部环境因素,认为认识创业市场环境及发展创业网络关系等,对创业成功具有关键性的作用。虽然有观点认为创业者的开创意识、冒险精神及积极进取的个性都是与生俱来的人格特质,一般后天很难加以培养,但是,从蒂蒙斯所强调的"创业者随着环境变迁而动态调整创业模式的能力"以及克里斯琴所强调的"创业者与新事业互动的能力"中可以看到,他们都认为创业家的创业能力是可以通过系统的创业管理教育加以培育的,与人格特征关系不大。这从另一个侧面也说明,发展创业者的创业才能,将是创业管理工作上的一大重点。

(四)萨尔曼创业模型

萨尔曼创业模型认为,创业过程是四个关键要素相互协调、相互促进的过程。四个关键创业要素包括:人和资源、机会、交易行为和环境,如图1-4所示。

该创业模型特别强调环境的重要性,认为其他三个创业因素来源于环境并反过来影响环境。此外,该模型还考虑了交易行为因素,即创业者与资源供应者或利益相关者之间的直接或间接的关系。

萨尔曼创业模型强调了要素之间的适应性,并扩展了要素的外延,为创业实践提供了理论基础,同时为创业过程的研究开拓了新的视野。

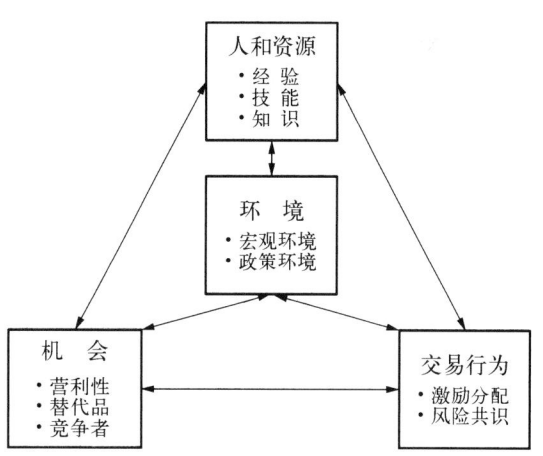

图1-4 萨尔曼创业模型

资料来源:葛宝山,王立志,姚梅芳.经典创业模型比较研究[J].管理现代化,2008,(1).

(五)佐拉和乔治亚国际创业模型

佐拉和乔治亚模型将国际创业分为三个维度,即程度、速度和范围。指出国际创业受到三大因素即环境因素、组织因素和战略因素的影响(图1-5),这些因素共同作用于国际创业的全过程。同时,他们又研究了环境变量的影响并开始探究企业外部环境对国际创业不同方面的作用。最后,他们还研究了企业竞争战略对国际创业的作用。这里的关键战略变量包括:一般战略、职能战略和进入战略等。也就是说,只有各个战略要素相互关联、互相作用,才能共同为企业带来较好的绩效和竞争优势。

总体而言,这一模型的综合性强,具有前瞻性和指导性,不仅探究了外部环境变量,也研究了内部组织因素以及这些因素对企业战略选择的影响,具有全面性。

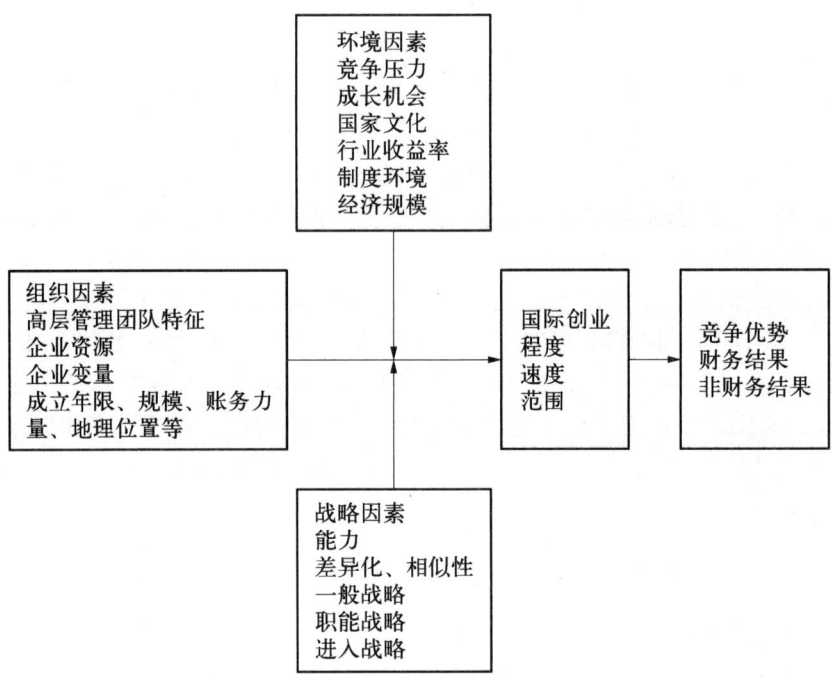

图1-5 佐拉和乔治亚国际创业模型

资料来源:董保宝,葛宝山.经典创业模型回顾与比较[J].外国经济与管理,2008,(3).

(六)创业过程理论模型的比较

为了对各个创业模型的内涵及其相互之间的关联性有较深入的把握,葛宝山等(2008)从资源、机会和环境三个维度对上述六大创业模型之间的异同点进行了比较分析,比较结果如表1-3所示。

表1-3 创业过程理论模型的比较

维度创业模型	资源	机会	环境	综合比较
蒂蒙斯模型	资源的整合源于团队的形成和团队对机会的把握。经由团队实现了机会和资源之间的互动	创业源于对机会的识别,机会是创业过程中的关键因素	强调环境的不确定性,这是实现模型动态变化的前提,关注资本市场环境对领导力的影响	蒂蒙斯模型强调弹性与动态平衡,它认为创业活动随着时空变迁,机会、团队、资源三项因素会因比重发生变化而产生失衡的现象。三要素随时空的变迁而实现动态的平衡是此模型的核心

续 表

维度创业模型	资 源	机 会	环 境	综合比较
威克姆模型	资源是核心三角中的一角,源于对机会的识别和把握,创业者通过管理资源、领导组织来实施创业	此模型和蒂蒙斯模型一样强调机会的关键作用。机会既能够集中资源,又能够协调组织,是创业的直接诱因	通过对外部环境的适应,组织不断学习。此模型强调对环境的适应并从环境中获取知识,加以吸收和利用,强调了组织的不断学习能力	以创业者为核心来带领团队发现机会、组织资源,同时为适应外部环境而不断学习。动态学习过程成为创业能否成功的关键
克里斯琴模型	无	无	强调环境随时间的变迁而变化,环境影响着创业的整个流程	强调个人能力随着环境的变化和创业过程的进行而不断地动态调整,新企业的创建是创业者创业能力动态变化的结果
萨尔曼模型	将人力资本和其他资源分离开来,探究资源与机会和交易行为之间的互动关系	从产品营利性、替代品和竞争者三方面阐释机会的内涵,根据市场机会整合资源,决定实施何种交易行为	此模型强调了环境的核心作用,其他三要素均以环境为中心而相互调节,同时对环境又有反作用	此模型强调了要素之间的适应性和匹配性,并扩展了要素的外延,从组织行为学的角度来研究创业活动
佐拉和乔治模型	强调组织资源的整体性,尤其是高层管理团队的独特特征	无	从六个方面解释环境的内涵,深化了环境的内涵,扩展了环境的外延,以国际视角审视企业的国际化行为	此模型是国际创业领域较为完整的模型,并成为后续研究的基础。模型从程度、速度和范围三个维度研究了组织、环境和战略三因素对企业绩效的影响

资料来源:根据葛宝山等所著《经典创业模型比较研究》及董保宝等所著《经典创业模型回顾与比较》整理而成。

三、创业过程的阶段划分及内容

创业者为了更好地掌握创业的节奏和提高成功率,除了需要从总体上对创业过程进行认知外,还需要平衡好创业各阶段的具体活动。

对于创业过程到底由哪些阶段构成,不同的学者有不同的看法。有的从企业生命周期的角度,把创业过程分为创业前、创业开始、早期成长和晚期成长四个阶段;有的学者则以创业获利作为目标,根据创业者个人事业发展的角度,将创业分为决定成为创业者、选择创业机会、评估创业机会、组建创业团队、研究及拟定创业计划、实施创业行动、早期运营及自身管理、获得创业成功八个步骤。但本书认为,从结构化创业流程的角度对创业过程进行划分,对创业实践和操作的指导作用更强。因此,将创业过程分为开发成功的商业机会、商业机会的转化、管理新创企业三个阶段,每个阶段分别包括四项不同的创业活动内容,如图1-6所示。

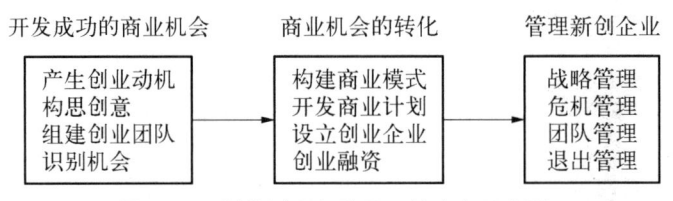

图1-6　创业过程各阶段及其内容示意图

专栏 1-2

全球创业观察(GEM)

全球创业观察(Global Entrepreneurship Monitor)是全球最前沿的一个旨在对全球创业活动态势和变化、国家或地区创业活动的驱动力及创业与经济增长之间关系进行年度研究和评估的项目。由英国伦敦商学院(London Bussiness School)和美国巴布森学院(Babson College)发起,项目于1999年第一次实施。到2018年,GEM已拥有18年有关全球创业领域的数据资料,有来自全球100多个经济体、300多个学术研究机构及200多家投资机构参与各国或地区创业数据的收集、研究和报告。GEM数据被各国和地区政府以及联合国、世界经济论坛、世界银行及经合组织等国际组织作为分析和制定有关政策的依据,并被大量实业界人士采纳。

资料来源:根据http://www.gemconsortium.org/相关资料翻译和整理而成。

第三节　创新创业与经济发展

一、创新、创业与转型

(一)创新与创业的关系

虽然创新和创业是两个不同的概念,但两者范畴之间却有着本质上的契合,而且在内涵上体现着一致性和关联性:内涵上的互动包容和实践过程中的互动发展。

如前所述,创新内容、模式等的变革往往能引发新的生产、生活方式,进而为整个社会不断提供新的需求,这是创业活动形成的根本原因。因此,创新是创业的源泉和基础,是创业的本质,可以说,创新贯穿于创业全过程,成功创业是创新的最高体现。同时,创业可以推动新发明、新产品或是新服务的不断涌现,创造出新的市场需求,从而进一步推动和深化创新。从根本上说,创业是人类的一种创新性实践活动。无论是何种性质、类型的创业活动,它们都有一个共同的特征,即创业是主体的一种能动的、开创性的实践活动。创业从本质上体现着创新的特质,创业的核心是通过创业者的努力,使一家生产性或服务性的企业创立。

但是,创新与创业又是两个不同的概念,存在着一定的差别。

首先,创新者和创业者有所不同。创业者不一定是创新者或发明家,他们必须具备发现潜在商业机会和承担相应风险的特质,惟其如此,才可能产生富有创意的想法或方案,才可能不断寻求新的模式和新的出路,最终获得创业成功;而创新者也不一定是创业者或企业家,他们的主要任务是创造新的知识,带来新的发明和成果,推动人类社会的进步和发展。

其次,创新与创业的作用有所不同。相对而言,创新侧重于知识、成果等的开发和创造,引发新的需求;创业则着重于如何将这些成果进行商业转化,并将新的市场需求信息反馈给创新者,推动更进一步的创新。与创新相比,创业更强调机会、顾客和价值创造。并且只有当创业者将创新成果推向市场,使其潜在价值市场化,才能真正变成现实生产力,从而实现社会财富的增长。

(二) 转型与创业热潮的兴起

转型指的是事物的结构形态、运转模式、人们的观念和制度文化等的根本性转变过程。这是一种主动求新求变的过程,是一个创新的过程。不同转型主体的状态及其与客观环境的适应程度,决定了转型内容和方向的多样性,进而为创业提供了无限的机会。比如:一个企业的转型,就是决策层按照内外部环境变化的要求,对企业的体制机制和运行模式等进行综合性的动态调整和创新,将旧的经营发展模式转变为符合时代要求的新模式。如此,企业商业模式的创新就是企业转型的一种结果。

转型的概念,最初是用于数学、医学和语言学领域,后来才延伸到社会学和经济学领域。在此,我们将简要讨论经济转型和社会转型与创业之间的关联。所谓经济转型是指一种经济运行状态转向另一种经济运行状态,是一个国家或地区的经济结构和经济制度在一定时期内发生的根本变化,主要表现为资源配置和经济发展方式的转变,包括发展模式、发展要素、发展路径等的转变。由此可以看出,在国民经济体制和结构由量变到质变的过程中,必然会出现经济体制的更新、经济增长方式的转变、经济结构的提升或产业的替换等,而这正是创业所必不可少的环境和条件,也是创业热潮兴起的深层次原因。对社会转型内涵的解释,目前有很多观点,但综合来看,社会转型是从传统社会向现代社会、从农业社会向工业社会和信息社会、从封闭性社会向开放性社会的社会变迁和发展的过程,其意味着经济市场化、政治民主化、文化多样化。这样的转型显然是包括了经济转型在内的广义转型,这将有利于我们对创新有一个更加全面的认识,也将更好地帮助我们理解和找到创业热潮一次次兴起和演进的多层次原因。

国内外社会经济转型发展的历程证明,转型在为创业提供机会、创造环境的同时,也为企业家的创业活动获得良好回报。一般来说,创业活动的频率越高,社会经济发展的可持续力越强,后劲越足。而创业活动的频率和创业成功的概率又与企业家所面对的转型环境和时代背景及其提供的创业机会密切相关。

近代以来,以技术为先导的三次革命和信息技术带动下知识经济时代的到来,推动了社会经济逐渐走向综合化的转型,对创业热潮的兴起有着重要而深远的影响。

1. 技术革命背景下的创业活动

无论处在什么样的社会经济发展阶段,"创业方向,技术为先"始终都受到很多创业者的推崇。18世纪到20世纪中期的两次技术革命,极大地推动了传统产业生产率的提高,工业化进程加快。与此同时,新技术也伴随着新的企业的诞生和迅速发展而得以普及和应用。在第一次技术革命中,创业主要集中在各类以蒸汽为动力的机械的生产和应用领域,比如:机床制造业、棉纺织业、钢铁制造业和陶瓷业等行业,代表性的新产品是蒸汽机和工厂出产的棉纺织品、铁器及陶瓷等。在第二次技术革命前期,由于电力的广泛应用,产业和创新产品方面比第一次有了更大的改变,生产中越来越多地使用电动机和内燃机,通信和交通发生了翻天覆地的变化,创业企业也出现在了电报、铁路、电话、汽车、飞机等制造和服务领域,与传统的小店铺、中型工厂和产业巨头一起并行于各种产业中;到了19世纪末至20世纪中期,随着大众市场和化学工业的兴起,创业者在包括钢材、涡轮发动机及化学品等生产资料和汽车、收音机、电视机等一大批新型日用消费品领域中成就了一番大业;20世纪40年代抗生素的发现,让创业者开始在生物医药领域找到了大显身手的机会。

与前两次技术革命相比,20世纪50年代到80年代的第三次技术革命的内容更为丰富广阔,包括电子、通信、生物工程、新材料、海洋工程和空间技术等,推动了更多新兴产业的出现;加上这一时期最具代表性的新产品——计算机的产生及其在各领域的渗透和应用,以及集成电路的发明等,使许多产业朝着"信息经济"的方向变化和发展,创业者的创业空间得到了空前的拓展。不仅围绕合成化学产品、各种各样的新型药品、录像机、复印机、移动电话、个人电脑等电子产品及其配套软件研发、设计、制造的企业横空出世,而且为其提供支撑的贸易、投资、金融、顾问咨询等服务机构也如雨后春笋般创立。

综上可知,在上述三次技术革命引导下,技术创新成为推动创业的基本动力。由于技术创新涉及社会经济的各个层面,所以,以技术为导向的创业可能源于革命性技术进步或者进化性技术改善;而其目标市场可能是现有市场,也可能会创造出一个全新的市场。所以,技术导向式的创业无论是过去、现在、还是将来,都是创业活动的主要组成部分,而且必定会在越来越多新的转型因素的影响下得到延续和进一步的发展。

2. 知识经济时代的创业活动

经过第三次技术革命的洗礼,我们可以看到,社会、经济生活中的信息交流越来越便捷,全球经济一体化进程加快,产业融合、经济增长方式和运行规则的变化、结构调整等成为新的转型和发展潮流。20世纪90年代中期到21世纪初期,由信息技术革命带动的、以高新科技产业为龙头的新经济产生,它是信息化带来的经济文化成果。为此,世界经合组织于1996年发表了题为《以知识为基础的经济》的报告。该报告的核心是明确了知识经济的内涵,认为知识经济是建立在知识、信息的生产、分配和使用(消费)之上的经济,是一个与农业经济、工业经济相对应的概念。其中所指的知识包括人类迄今为止所创造的一切知识,最重要的部分是科学技术、管理及行为科学知识。从中不难看出,21世纪人类的发展将更加倚重自身的知识和智能,知识在现代社会、经济价值创造中的功效将远远高于人、财、物这些传统的生产要素,成为所有创造价值要素中最根本的要素,而知识经济也将取代工业经济成为时代的主流。因此,与以往任何一次技术革命不同,知识经济不仅改变了人类对自然资源的利用方式,而且通过改变人类信息的传输、储存方式来实现提高人类对自然资源的利用效率,也对人类的经济和社会的组织方式提出了创新的要求,电子商务、信息高速公路这些信息时代的产物,正在全方位地影响着人类的生产和生活。具体表现为:资源利用智力化、资产投入无形化、知识利用产业化、高科技产业支柱化、经济发展可持续化、世界经济全球化、企业发展虚拟化。

在这样的环境中,创业者对信息技术的扩展、因特网的发展和全球化商务行为的变化充满了良好的预期,都希望从集个人电脑、智能电话和电子商务为一体的生产和消费领域中获得巨大的回报。然而,相对于建立在制造业基础上,以标准化、规模化、模式化、讲求效率和层次化为其特点的旧经济来说,知识经济是建立在信息技术基础之上,追求的是差异化、个性化、网络化和速度化,这对创业活动在许多方面都提出了新的创业基础要求。

(1) 创业必须越来越注重将价值从有形资产转移到无形资产上,更加注重对无形资产的利用和控制,同时也更加关注无形资产所带来的价值。比如,创业企业在产业价值链某一环节上做得非常专业化,或者拥有经营管理方面的独特优势,使得企业的运营模式或品牌管理标准化、可复制,通过连锁或企业网络形成企业的规模化发展,实现市场控制型的创业。这是超市零售业和其他服务业较为典型的创业途径,其基本定位是模式的标准化、便利或快速性,即将核心和战略资源集中于短价值链,不断复制,使企业组织形成规模化、网络化。代表性的公司有沃尔玛、万豪国际集团、国美电器、苏宁电器、新东方等。

(2) 创业应以为客户提供低价且高度个性化产品,或者提供问题解决方案为目标。例如,戴尔公司,它出售的电脑可以根据每个客户的要求进行组装,实现高度的个性化,同时其售价相对低廉;IBM 公司则为客户提供问题的解决方案,他们有一整套的流程,可随时为客户解决各种在产品使用过程中遇到的疑难问题,并且接受客户的各类咨询。

(3) 创业应以方便的数据管理为基础来降低成本。通用电气公司前 CEO 韦尔奇经常说,知识经济下的营销是"拥抱网络,不只是一个网页"。由此看来,基于网络技术的创业,可以让创业者及时利用现代网络技术的创新成果,创建新的交易方式,从而实现成功创业。其基本做法是通过 B2C、B2B、C2C 等电子商务模式,为客户提供在线贸易、信用分析、商务平台、网上个人交易、零售服务和网络支付等支持,使更多处于不同领域的企业在新的交易模式下获得更大的价值。亚马逊、慧聪网、环球资源、淘宝网、易趣网、当当网、腾讯拍拍等就是这类创业中的代表性企业。

(4) 创业还应拥有整合资源、创造消费的能力。基于资源的重新整合理念,创业者通过对经营方式进行创新,甚至将上述三方面的要求都融入创业中,进而创造新的消费理念和商业机会。比如:① 成本分离式创业。所谓成本分离是一种既创造用户转移成本又能形成新市场的有效手段,其基本做法是将用户成本分离为两个部分,即首次购买成本加重复使用成本。通过成本分离,企业的回报似乎由于降低了用户初次购买的成本而随之降低,但事实上,企业最终会通过用户的重复使用,为其产品和服务带来新的、更多的增加值。惠普公司就是利用打印机加锡鼓(含碳粉)的方式,获得了新的商业机会;而吉列则是通过刀片加剃须刀架的做法拥有了新的市场。② 网络组织型创业,指基于对传统中介组织功能和角色重新定位而产生的创业,即创业企业将自身定位为中间网络组织,通过借助新技术或利用市场空白实现对相关资源的整合,开拓新的盈利模式,降低相关企业、客户和自身运作的平均成本,起到替代传统中介的作用。代表性企业有:携程旅行网、分众传媒等。③ 引导消费的创业,苹果公司是这类创业的典型代表。2000年以来,它从引领风尚的创新者变成为数字时代的王者,一切都得益于乔布斯创立的苹果模式,而苹果模式之所以成功,不仅是由于克服了行业一切不利于自己的标准,而且苹果独特的时尚文化和品牌内涵使"果粉"们能接受因为标准的不同所带来的不便;而其成功的另一个原因是它的关键资源,即它拥有乔布斯卓越的领导能力,非常有创新能力的产品设计和开发人员,以及来自唱片公司、软件开发者的支持。从而让它不仅能靠卖硬件产品来获得一次性的高额利润,而且还能靠卖音乐和应用程序来获得重复性购买的持续利润。不得不说,颠覆了音乐、手机和出版业的苹果公司,在移动互联网的背景下创造了一个时代奇迹。

总之,信息技术革命的推进和知识经济的到来及发展,让信息化与全球化展现在了人们的面前,而高科技创新及由此带动的一系列其他领域的创新,使得这个时期的创业在产业融合的作用下,呈现出不同于传统产业时代单靠技术创新的新趋势——创业者跟随价值创造及其传递方式的变化,创造了消费,进入或开辟了新的市场,创建了新的交易平台或手段,提供了更独特的产品或更周到的服务。

通过上述的分析可以看出,人类的现代化发展经历了工业化、信息化和知识化三个阶段,而创业热潮的兴起与这三个阶段的社会经济转型在时间上具有延续性和对应性。如果说在第一次技术革命中,创业主要涉足传统产业的话,在第二次技术革命中,创业者则将目光投向了新型消费领域,而第三次技术革命及其之后的知识经济,则使大规模的瞬时全球通信得以实现,各类产业也驶向了信息高速公路,产业间的融合日趋增强,创业活动也在新的经济环境中更加如火如荼地开展。毋庸置疑,转型与创业之间的确存在着内在的联系,这种关系实际上就是前面阐述过的创新与创业的关系,主要表现为:转型是创业的原动力,而一旦创业活动兴起和持续反过来又会给社会经济的变迁和发展带来巨大的推动。可以说,创业和转型就是这样在动态演进的过程中相互影响、相互促进和共同发展的。

二、国家"双创"战略的提出及其时代意义

在2014年夏季达沃斯论坛开幕式上,中国国务院总理李克强发表重要致辞,指出"只要大力破除对个体和企业创新的种种束缚,形成'人人创新''万众创新'的新局面,中国发展就能再上新水平。"继而在2015年两会政府报告中,李克强总理再次提到要"把亿万人民的聪明才智调动起来,就一定能够迎来万众创新的新浪潮。"由此,"大众创业,万众创新"(以下简称"双创")的新浪潮开始引发公众关注。这是具有鲜明时代特征和强烈现实意义的提法,把握发展脉动,契合国情民意,是推动我国经济行稳致远和提质增效升级的新引擎,是改革开放在新时期的新航标,也是全面建成小康社会和实现现代化的关键。

(一)"双创"是"新常态"下我国经济发展的内在要求

正如习近平总书记2014年11月9日在亚太经合组织(APEC)工商领导人峰会上首次系统阐述和指出的,当前我国经济进入"新常态",一是经济从高速增长转为中高速增长,二是经济结构不断优化升级,三是发展动力从要素驱动、投资驱动转向创新驱动。这个论述,既明确肯定了我国经济增速存在趋势性下降的现实,又明确指出了我国经济发展仍将以中高速增长为基本目标;既明确肯定了我国结构进行大调整的必然性,又明确指出了优化升级是这一轮经济结构大调整的主要目标;既明确肯定了我国发展模式转换的内在必然性,又明确指出了创新驱动将是新时期、新阶段、新常态下我国经济发展的主导力量。在这样一个大背景下,为更好培育我国经济社会发展新动力,促进我国经济长期稳定健康发展,就必须把"双创"上升为国家战略,必须通过倡导"双创"更好拉动我国经济社会新发展。

(二)"双创"是我国人口结构变化的客观要求

我国既是一个人口大国,劳动力资源丰富,又是一个市场需求大国,需求结构多样。尽管到目前为止我国传统人口红利趋于消失,但由于我国人口众多,劳动力资源仍然具有结构多层、总量巨大的特点,每年都将有数以千万计受到良好教育的毕业生走出校门,进入劳动大军行列。这个劳动大军的出现,是我国继续深度参与国际分工、形成更大比较优势的坚实基础。与此同时,我国是一个拥有近14亿人口、人均收入达到8 000美元的市场经济大国,国内市场不仅总量巨大,而且随着人均收入水平的提高,市场需求结构也不断升级,现行市场供给无论是在总量上还是在结构上都已经出现了明显不适应。在这种背景下,大力鼓励和支持"双创",通过"双创",以更多人的创业行为和实践,为市场提供更多更丰富的产品和服务,以更多人更大规模的"创新"为市场提供更多、更新、更好的产品和服务,进而在此基础上进一步扩大和深化开放,在吸引更多外资加入我国产业大军的同时,促进世界市场向更新、更高层次上转变。

(三)"双创"是我国城镇化进程加速发展的迫切需要

随着我国人均收入水平的提高和工业化过程进入中后期,城镇化进程便开始了它的加速期。更多、更大规模农村人口的城镇化,本质上是传统农业社会转向工业社会和传统农业人口转向城镇化的过程。在实践上,这个过程主要表现为更多更大规模的人口就业的城镇化和生活方式的城镇化。在这种条件下,"大众创业"不仅会随之而来,"万众创新"也会伴之而生。在城镇化不断加速发展的过程中,新的更加趋于多样化的需求也必然迅速形成,从而要求更多和更新的供给,这就迫切需要有更多大众参与的、更多的"创业"和更新的"创新"。

(四)"双创"是传统产业结构转型升级的必然要求

传统产业结构调整的过程,同时也是劳动力市场结构调整的过程。不仅如此,产业结构升级的过程,必然是劳动力供给结构升级换代的过程。在这个过程中,仅仅掌握传统生产和服务技能的劳动就业必然遇到就业市场竞争的挑战,从而给大众就业带来新的压力。这就在客观上要求更多民众寻求新的就业门路、开辟新的就业场所、实现新的就业安排。在这样一个背景下,通过"双创",形成新的就业渠道、发掘新的生产技术,不仅可以有效减缓产业结构大调整带来的就业压力,而且可以更好推动科学技术和生产方式与方法的创新。"双创"不仅有助于进一步提高资源的配置效率、促进国民经济持续健康更好更快增长,而且有助于促进就业范围和领域的扩大、创造更多更好的新型供给。

(五)"双创"是互联网技术迅速发展的客观伴生物

互联网技术的发生和发展,为"双创"提供了过去不曾具有的重要技术支撑和条件。"网店"丛生,"创客"云集,"众筹"多现,其主要载体就是互联网。"互联网+",加的是智慧,加的是行动,这就是人们看到的芸芸众生的"网店""创客""众筹"等。通过互联网实现的信息交流、沟通与互动,带来的一个重要结果便是技术信息的"溢出效应"和技术进步的"示范效应"。由此,"双创"便与互联网技术结成了客观伴生物。互联网技术的迅速发展,为"双创"的方向和目标选择提供了以"互联网+"为重要平台的技术支持。"双创"的蓬勃兴起则为互联网技术的发展与普遍化、平民化、社会化提供了必要社会土壤和行为根基,并由此造就了新的"互联网+"经济。"互联网+"经济之所以有别于"互联网经济",主要的和关键性的差异就是"双创"大众化和普遍化。在"互联网+"经济领域,只要创业者和创新者知道或者说懂得如何应用互联网技术,就可以依其知识基础着手开展具有自身特点并能够很好适应市场需求的创业与创新活动。由于"互联网+"经济涉及的产业领域广,形成的投资门槛和技术门槛低,从而容易成为"双创"的最好试验场。它不仅有助于劳动力顺利脱离传统产业及其运营模式,而且有助于劳动者更好更快释放其想象力和创造力。这也是"互联网+"经济对传统产业和产业传统及其运营模式带来"颠覆"性改造甚至"破坏"效应的一个重要原因。这种"颠覆"和"破坏",不仅提高了全社会各类经济资源的配置效率,而且也为新兴产业的培育和发展提供了新的空间与来源,同时还带来了互联网技术在更高层次上的更大发展。

(六)"双创"是有效配置资源和要素的迫切需要

用更大智慧代替更多劳动,借更好技术替代更多投入,是人类面临自然资源稀缺强度不断加大、生产要素低成本优势迅速丧失条件下的最明智选择。"大众创业"不仅是大众找到就业机会和场所的过程,而且是大众智慧的大幅度拓展与进一步发掘的过程。说到底,是大众的更大智慧代替更多劳动的过程。同样,"万众创新"不仅是万众进行新的组织方式、市场结构和规模以及经济技术的探索与发现过程,而且是大众探索和运用新的技术范式和方法拓展和代替旧的技术范式和方法的过程。说到底,是大众发现、发掘和拓展更多更好技术替代更多投入并由此实现更大发展的过程。目前我国正处于劳动力和土地等要素日渐稀缺、要素成本明显上升的阶段,迫切需要通过"双创"实现更大智慧替代更多劳动、更好技术替代更多投入。虽然经过近几年调整,上述两个"替代"过程已初见端倪,但相对于我国经济技术结构全面转型升级目标还有很大距离,迫切需要通过"双创"促其更好更快发展和顺利实现。

总之,"双创"是一个大众参与、万众参加的历史过程。倡导"双创"是我国经济社会发展到现阶段的内在要求和必然选择。推进"双创"对于顺利跨越"中等收入陷阱",全面建成小康社会,实现中华民族伟大复兴的中国梦均具有重要的国家战略意义。

三、"双创"对经济增长的促进作用

透过世界经济纷繁复杂的变化过程可以看到,"双创"与经济增长之间有着非常紧密的关系。作为经济增长的引擎和动力,"双创"的直接结果是产生了大量的中小企业或小微企业,成功的创业企业必然会为社会注入新鲜活力,频繁的创业活动还催生出一批具有国际竞争力的优秀企业,而创业所形成的新的社会结构和经济结构,对经济的持续健康发展起到了积极的推动作用。

第一,"双创"不仅为经济总量做出了巨大的贡献,保证了国民经济稳定增长,还让更多的人参与到经济发展的过程中,并分享相应的成果,使人均产出和人均收入不断提高。

第二,"双创"能有效拉动市场需求和消费,促进民间投资,使产融得以更好地结合,保证经济的持续增长。

第三,"双创"可以大力推动科技进步,实现科技创新成果的转化,促进社会生产力的发展,有利于提高国家的自主创新能力和整体科技水平。

第四,创业不仅是就业的主要形式,而且能带动就业,增加新的就业岗位。就业是民生之本,是人民改善生活的基本前提和途径。特别是对于大学生来说,培育大学生的创新精神和创业技能,提倡和鼓励大学生自主创业,通过创业来解决大学生就业问题,无疑是一种可行且有效的途径。一次成功的创业,可以解决几个甚至一批各类人员的就业。如果全社会都形成了创新创业的氛围,则将大大缓解人们的就业压力。

专栏 1-3
中国创新创业浪潮正向纵深发展

2016年,我国一跃成为首个跻身全球创新25强的中高收入经济体,大众创业、万众创新正向更大范围、更高层次、更深程度发展。

2015年以来,我国市场主体延续高速增长态势,企业活跃程度明显提升,结构发生积极变化。2016年,全国新登记市场主体1 651.3万户,同比增长11.6%,日均新登记4.51万户。截至2015年底,我国实有企业数量达2 596.1万户,同比增长18.8%,企业数量连续4年实现两位数增长。不仅如此,新创办企业活跃度不断提升,一批企业跻身全球性高成长高估值企业榜单行列。据统计,我国有71家互联网公司估值超过10亿美元,进入"2016年独角兽俱乐部"。

创业群体更加多元,创业热情进一步迸发,创新创业正成为全社会的一种价值导向、生活方式和时代气息。报告显示,全国近九成在校大学生具有创业意向,七成以上在校大学生的创业动机是自我价值实现,青年创业已占创业者总体比例的41.7%。与此同时,"海归"创业热潮持续高涨,返乡下乡创业呈现星火燎原之势,一批以中央企业为代表的大企业,正成为创新创业的重要生力军。据统计,中央企业已建成各类互联网"双创"平台110个,平台用户注册数近204万。

创业投资稳中有升,技术创业成投资热点,推动创新创业进入健康发展轨道。截至2015年底,我国共设立政府引导基金901支,已披露总目标规模达3.2万亿元,已到位资金1.1万亿元。其中,去年新设政府引导基金324支,目标规模达1.8万亿元。2016年创业投资募资规模再创新高,总金额达3 582亿元,是2015年的1.79倍。从投资领域看,信息技术、生物技术等行业投资超越电信及增值业务,成为创业"新风口"。2016年,全国共有291家中国企业在境外实现IPO上市,新三板市场新增挂牌企业数量5 034家,总市值增加近1.5万亿元。

伴随着体制机制改革深入推进,商事制度、科技成果转化等重点领域改革取得突破性进展,创新创业生态进一步优化。科技成果使用权、处置权和收益权改革的全面深化,有力推动了科技成果转化和技术创业。区域、高校与企业三类"双创"示范基地的加快建设,已形成了一批创新创业高地。此外,有关部门还通过互联网金融风险专项整治、加强信用体系建设、加大知识产权侵权惩治等措施,不断完善创新创业市场环境。2016年,我国技术合同成交额达11 407亿元,首次突破1万亿元大关。

在创新创业浪潮的推动下,共享经济、绿色经济、创意经济等新业态、新模式蓬勃发展,新兴产业快速发展壮大,传统产业加速转型升级,"双创"已成为引领经济社会发展的重要力量。2016年,我国战略性新兴产业26个主要行业主营业务收入超过16万亿元,同比增长9.1%,智能化生产、网络化协同、个性化定制、服务化制造等新模式向更多领域加速渗透。同时,大量新市场主体的迅速发展,不仅促进了经济增长,还创造了大量的就业岗位。据全国248个城市初创企业招聘需求统计,2016年我国初创企业用人需求快速上升,全年累计提供招聘岗位需求超过240万人。

资料来源:根据中国经济网发布的《2016年中国大众创业万众创新发展报告》整理而成。

【核心概念】

创新　创新思维　创业　创业过程　蒂蒙斯创业模型　威克姆模型　克里斯琴模型　萨尔曼模型　佐拉和乔治模型

【本章小结】

创新是任何一种赋予资源以新的创造财富能力的行为,是开发过去没有的东西,做过去没做过的事情。即任何使现有资源的财富创造潜力发生改变的行为,都可以称之为创新。根据创新的研究对象和内容可划分为:技术创新、知识创新、组织创新、管理创新、制度创新,根据创新的驱动力和效应可划分为:突破性创新、渐进性创新,根据创新的模式可划分为：自主创新、模仿创新、合作创新。

创新思维是指在旧的方法和途径不能有效地解决问题的情况下，突破惯例，探索以新的方法和途径去观察问题、分析问题和解决问题的过程。它具有独特性或新颖性、发散性和灵活性、非逻辑性、对象的潜在性、风险性等特征。可分为发散思维、收敛思维、横向思维、纵向思维、正向思维、逆向思维、求同思维、求异思维等八种类型。

创业是一个创造、创新、创富并且承担风险的过程。同时，创业有广义和狭义之分。广义的创业，其本质在于把握机遇，创造性地整合资源和快速行动。狭义的创业是一个经济学的范畴，是指主体以创造价值和就业机会为目的，通过组建一定的企业组织形式，为社会提供产品和服务的经济活动。创业具有社会性、能动性、多样性和风险性等特征。

创业过程的理论模型主要有：蒂蒙斯模型、威克姆模型、克里斯琴模型、萨尔曼模型及佐拉和乔治模型。完整的创业过程，可以按流程划分为开发成功的商业机会、转化商业机会和管理新创企业三个阶段。

国家"双创"战略的提出，不仅是我国经济社会发展到现阶段的内在要求和必然选择；推进"双创"对于顺利跨越"中等收入陷阱"，全面建成小康社会，实现中华民族伟大复兴的"中国梦"均具有重要的意义。

【认知与训练】

个人任务："反思与知己"。具体要求如下：

（1）请以"创新创业"为关键词，结合自身过往的经历、当前的实际或今后的打算，至少找出或提出自己感兴趣或有疑惑的三个问题；

（2）对所提出问题进行相应分析，并撰写一篇不少于900字的报告。

【探究与拓展】

个人任务："探寻与发现"。具体要求如下：

请查阅至少5家创业企业的案例或资料并完成案例调查表（表1-4）内的任务。

表1-4 案例调查表

公司名称	企业法人	成立时间	所属行业	目前的经营状况	主要产品和服务内容	公司吸引你的地方	对此你有什么新的创想

【课后阅读案例】

创业者谈创业

2016年是全面建成小康社会决胜阶段的开局之年,也是推进大众创业、万众创新的关键一年。2015年5月至12月,在15个中央部门的指导下和有关地方政府的参与下,由有关方面主办的"发现'双创'之星"大型主题活动,为创客搭建起思想交流的平台,其中"创客说"主题分享活动邀请部分创客和企业家代表,结合亲身经历讲述创业过程中的感人故事,展现坚持、担当、拼搏的创业创新精神。他山之石,可以攻玉。我们一起来听听以下这些创业者的见解。

【人物链接】

于敦德:途牛网CEO。毕业于东南大学。2004年,于敦德加入有六七个人的创业公司博客网(现名为博客中国),担任技术总监,负责产品和技术,亲身见证了Web2.0的崛起。2006年加入"育儿网",任CTO,负责产品和技术,在垂直类网站的运营方面上也取得了成功,帮助育儿网成为育儿行业网站第一名。2006年10月,于敦德创立途牛旅游网。2009年11月,途牛网成功获选2009 Red Herring亚洲科技创新公司100强企业。2011年4月,途牛旅游网完成C轮约5 000万美元融资。目前,途牛旅游网成长为国内第二大在线旅游网站,并于2014年5月9日在美国纳斯达克成功上市。

刘庆峰:刘庆峰1990年考入中国科学技术大学,1999年,带领十几名同学创立科大讯飞公司。2008年,科大讯飞在深圳证交所上市,成为全国在校大学生创业首家上市公司。科大讯飞在竞争中扭转了中文语音市场几乎全被国外IT巨头垄断的格局,占据了80%以上的主流市场,并连续七次夺得国际英文合成大赛冠军。科大讯飞成为全球第二大智能语音公司、沪深两市市值最高的软件企业,拥有3亿多用户。

【创业观点】

于敦德:我并不是刚毕业就自主创业。刚开始的时候我加入了博客网。当时博客网还是只有不到10平方米的一间小办公室,七八个人,但是每天用户的访问量不断增长,需求不断释放,我们赶上了中国Web 2.0快速增长的年代。在这段时间我们感受到,必须要坚持才能够把我们的事业做好,要通过我们的努力把一些微不足道的事情做到极致。2006年,我们创建了途牛旅游网。在那个时候机票和酒店已经比较成熟,在线的旅游度假还不太为人接受,人们更多地是在线下预订旅游产品。我发现我们很难去比较产品,在冬天、在暑期,我们还需要到大街上去了解产品,我们想为什么不能也搬到网上,我们的客户点点鼠标就能完成预订的过程。就这样,我们创建了途牛网。2014年我们成功在纳斯达克上市,也是唯一一个专注在线休闲旅游行业的中国公司。

在9年的时间里,我们不是通过拍脑门来改进我们的服务,而是通过走到客户身边听取他们的意见,看他们的投诉,一封一封地看,找到行业的问题所在,解决这些问题,取得突破,进行创新。这个事情我们坚持了9年,我记得有一次我看到一个投诉,张先生和他的夫人、小孩去欧洲旅游,他们按照我们的要求和使领馆的要求提供了签证材料,但是最后被拒签,没有原因。这样小概率事情的发生,按理说既不是我们的责任,也不是客户的责任,按照合同我们不需要承担这中间的损失。但是客户认为既然这个事情交给我们了,我们就应该做好,他自己并没有出现过失,但是影响了他的出游。我们觉得客户说的是有道理的,我们应该能够在更大的范围上面保障客户的出游。所以我们建立了拒签的出游保障。从这个案例开始,我们对所有无理由拒签的客户分担他们的损失。我们建立了九大质量保障,包括航班延误、无理由拒签等,对于出游过程中的小概率事件,我们帮助客户分担损失。

为了实现让旅游更简单的使命,我们希望成为一个世界级的公司和旅游入口。之所以能够有这样的信心,是因为我们团队是一个年轻的团队,平均年龄只有25岁,和每一个有着长远目标的年轻人一样,只要我们努力、只要我们创新、只要我们奋斗、只要我们坚持不懈,就一定能够实现我们的目标和愿景。

刘庆峰:科大讯飞的成功,我想一方面得益于合肥非常好的创新创业的环境和氛围,另一方面得益于国家对年轻人知识产权的保护,整个资本市场的发展以及创新创业的时代大潮,使我们有了这样一个机会。从2015年"两会"期间,李克强总理在政府工作报告中明确提出"大众创业、万众创新",将"双创"工作作为新常态下蓬勃向上的动力来抵御经济下行的压力。这得到了科技界和产业界的认同,使我们欢欣鼓舞,对我们每个创业者来说都是非常好的机遇。

1999年科大讯飞提出来一个口号:中国语音产业必须掌握在中国人的手中。在这种背景下,在政府的支持下,我们进行创业,我们要成为全球产业的领导者。经过十几年的发展,今天我们已经抢回语音市场60%的份额,主流市场的80%也都被科大讯飞掌握。2014年的一场国际比赛上,科大讯飞的机器人念英语念得比人类还要好,比赛结果出来科大讯飞全世界第一。

另外我想跟大家强调一下,企业要成长为一棵树而不是一片树。我觉得产业的使命感对于一个企业是至关重要的,要为人类、人机之间的信息沟通做出我们的贡献。所以,我想战略和使命是团队凝聚的前提。创业一定要有良好的心态,最重要的是一定要有远见、梦想和坚持,你所清楚预见的、热烈渴望的、真诚追求的都会自然而然地实现,我们期待着跟大家携手并进,聆听中国创客的声音。

资料来源:根据新创客时代编写组所编写《新创客时代》整理而成。

讨论题:

1. 看过上述观点后,你对创业有了怎样的新认识?
2. 你认为自己适合创业吗?为什么?如果要创业,你还需要在哪些方面进行自我提升?

第二章　创意机会与创业风险

【学习目标】

1. 理解创意与机会的关系。
2. 了解创意思维激发的方式。
3. 了解创业机会的内涵、来源及类型。
4. 掌握创业机会的评价及识别过程。
5. 了解创业机会的开发。
6. 理解并能识别创业风险。
7. 了解创业风险防范的方法。

引导案例

牛仔裤的诞生

李维·施特劳斯出生于一个德国的职员家庭，天生的不安分让他不安于做一个平稳的小职员。作为犹太人，李维渴望冒险，想通过自己的劳动、运气赌一把，于是，他加入到浩浩荡荡的美国淘金人流。经过漫长的路程，李维来到美国旧金山，他才发现自己的莽撞，自己并不是第一个去淘金的人，曾经荒凉的西部现在到处都是淘金的人群，到处都是帐篷，难道就这样无望地等待？他陷入深深的思考之中。这么多的淘金者都待在一个离市中心很远的地方，买东西十分不方便，李维看到那些淘金者为了买一点日用品不得不跑很远的路，于是决定不再做那个遥不可及的淘金梦，而是踏踏实实开一家日用品小店。不出李维所料，这家小店的生意很不错，来光顾的人络绎不绝。有一天，他又乘船外出采购了许多日用百货和一大批搭帐篷、马车篷用的帆布。由于船上旅客很多，那些日用百货没等下船就被人们抢购一空，但帆布却没人理会。眼看帆布要赔本了，忽然他见一位淘金工人迎面走来，并注视着帆布，连忙高兴地迎上前去，热情地问道："您是不是想买些帆布搭帐篷？"那工人摇摇头："我不需要再搭一个帐篷，我需要的是像帐篷一样坚硬耐磨的裤子，你有吗？淘金的工作很艰苦，衣裤经常要与石头、砂土摩擦，棉布做的裤子不耐穿，几天就磨破了。"淘金工人的这番话提醒了李维。

于是，他灵机一动，用带来的厚帆布效仿美国西部的一位牧工杰恩所特制的一条式样新奇而又特别结实耐用的棕色工作裤，向矿工们出售。1853年，第一条日后被称为"牛仔裤"的帆布工装裤在李维手中诞生了，当时它被工人们叫做"李维工装裤"。改良后的成熟牛仔裤以其坚固、耐久、穿着合适获得了当时西部牛仔和淘金者的喜爱。大量订单纷至沓来。于是李维不再开自己的那家日用品店，1853年正式成立了自己的牛仔裤公司,开始了这个著名品牌的漫漫长路。

公司开张后,产品十分畅销,但李维却对帆布做的裤子很不满意。因为帆布虽然结实耐磨,却又厚又硬,不但穿在身上不舒服,而且也无法像柔软的布料那样,设计出各种美观合身的款式,只能做成又肥又大、式样单调的裤子。他开始寻找新的面料,注意搜罗市场上的信息。终于有一天,他发现欧洲市场上有一种布料很畅销,它是法国人涅曼发明的,是一种蓝白相间的斜纹粗棉布,兼有结实和柔软的优点。李维看了样布,当机立断决定从法国进口这种名为"尼姆靛蓝斜纹棉哔叽"的面料,专门用于制作工装裤。结果,用这种新式面料制作出来的裤子,既结实又柔软,样式美观,穿着舒适,再次受到淘金工人的欢迎。

这次换用新的布料,在牛仔裤发展史上具有重要意义。此后,这种用靛蓝色斜纹棉哔叽做成的工装裤在美国西部的淘金工、农机工和牛仔中间广为流传,靛蓝色也成为李维工装裤的标准颜色。由于靛蓝色与欧洲原始时代和宗教信仰有着密切关系,它对牛仔裤后来在欧洲流行也起着潜在的推动作用。

虽然初步获得了成功,但李维并不就此满足,他还在继续寻找机会,对牛仔裤进行改进。当时淘金工人在劳动时,常常要把沉甸甸的矿石样品放进裤袋,沉重的矿石经常会使裤袋线崩断开裂。当地一位名叫雅各布·戴维斯的裁缝经常为淘金工人修补这种被撑破的裤袋。他用黄铜铆钉钉在裤袋上方的两只角上,这样就可以固定住裤袋。同时他还在裤袋周围镶上了皮革边,这样既美观、又实用,有的工人裤子没有磨破,为了美观都去镶边。雅各布就此向李维提出了建议,李维不但接受了这个建议,还把尚未出厂的工装裤全部加上黄铜铆钉,申请了专利。至此,传统的牛仔裤就此定型。

资料来源:康丽.牛仔裤的发明者——李维·施特劳斯[J].财经界,2007,(10):122-127.

讨论题:从西部淘金到开日用品店,再到用帆布生产裤子,李维发明牛仔裤的过程对你有什么启示?

创业开始于商机的发现。面对众多看似有价值的创意,从中发现真正具有商业价值和市场潜力的商机,需要审慎而独到的眼光,这是创业成功的基本保证。每一个创业者在创建企业之前,都应该准确把握创意的内涵和对创业机会及风险的识别,把握机会和风险识别的关键步骤,对机会进行可行性研究,开发出成功的商业机会。

第一节　创意思维的激发

一、创意与创意思维

创意是创业者进入创业状态的重要开端和前提。通过发挥人类创造性思维的优势,创业者往往能迸发出各种各样的创意。而许多好的创意正是新知识、新方法、新产品、新服务或新的市场需求产生的基础。

(一) 创意与创意思维的特征

概括而言,创意是通过头脑获得的创造性思维产品,是创业者的一种与众不同的思想或一个好主意,是对创业活动的初步设想。创意是现实世界中并不存在而仅存在于头脑思维中的东西,可以通过多种方法获得,它可能产生于创业者突发奇想、异想天开的灵感;也许源于创业者足够的知识及经验积累;或者基于创业者对某些行业的深刻认识和理解。也就是说,创意可以分为意外发现的和经过深思熟虑才发现的两种,都是人类大脑超现实构思过程的结果。因此,与习惯性思维方式不同,创意思维有以下几个主要特征:

1. 独特性

恩格斯曾指出,思维是"世间最美丽的花朵"。创业作为一种开创性的且复杂的人类活动,总能带来很多出人意料和超越性的东西。其思维活动过程通常不是人人都能简单地按逻辑分析而想到的,而是非逻辑思维的产物。通常其来源非常广泛,有与众不同之处,甚至很多方面都是前所未有的。正是思维在时间和空间上的超现实性,使创业者看到现实中不存在的事物,产生不同凡响的思想,并形成创意。此外,创意往往又是由此及彼、连动产生的,也就是可在从表面上看毫不相干的事情的启发之下,思路豁然开朗而获得。归根结底,创意思维就是以非习惯的方式来思考问题,就是看到与别人所见相同的东西,而想出与别人所思不同的东西。

2. 多维性

托夫勒曾指出:"我们必须克制自己免受直线的引诱,对多数人,包括很多未来学家来说,明天的设想,不过是今天的延伸而已。他们忘记了那些多么明显有力的趋势,不会只作直线式的延伸。"换言之,作为与未来直接打交道的这样一个群体,创业家们也应在创业活动中打破托夫勒所提到的"直线式的延伸",也就是通常所说的直线式思维或单向式思维,而应采用多向发散式的思维模式,善于从顺向、逆向、侧向等多方面进行思考,使创意思维具有多种思维指向、多种思维视角、多种评价标准和多种思维结果。惟其如此,才能在创业或创新活动中,体现出创意思维的立体性、开放性和对多结果的选择性;也才能敢于突破常规提出新见解、新课题,开辟新领域、新方向。

3. 综合性

创意是多种思维方式的综合,综合中有创新。创业活动特别复杂,创业者除了需要具备广博的知识面和良好的知识结构外,还需要接受多层次和多维面的训练,以适应创业过程中(包括在创业决策、规划、组织、协调、优化配置等的时候)综合性很强的思维活动。因为这些方面的活动所涉及的思维因素是多层面的,不仅要考虑宏观因素(如当时的国际形势、国家政策及社会需求情况),同时还要考虑微观因素(如创业团队的构成、相关成员的分工以及经营管理相关的一些具体细节问题)。此外,创业者还要考虑创业的社会效应以及创业方向、内容、形式的创新问题。所以,好的创意更强调综合性的思维,而且这种思维更具有系统性和前瞻性,更有利于创业活动的持续推进。

4. 灵活性

创意思维的灵活性是对思维广度和随机应变能力的评价。它要求创业者善于组织和调动各种知识,搜集多方信息,根据创业活动的具体情况,审时度势,及时提出各种不同的设想。具有较强灵活思维的创业者,往往能够迅速摆脱那些早已建立起来的不完全合适的联系,擅长调整和建立新的联系,并将自己所熟悉的知识、经验、概念等置入其中。总之,创业者不应死守初始创意,而应该权变地对需要改变的地方进行适当的调整,灵活机动,长于应变。

5. 敏捷性

思维的敏捷性是创业者知识素质与能力素质的综合体现。由于市场的多变与快节奏,"冷水泡茶"式的思维,在创业活动中是致命的。这就要求创业者能反应迅速及时,具体表现为思维敏捷,行动迅速。对同一现象或事实能比他人更迅速地透过现象把握住本质,判断其商业价值;或能察觉人所未察觉,并能在别人还没有觉察的时候,忽出奇兵,先发制人,有助于创业者在激烈的竞争中取得有利的地位。

专栏 2-1

选择最好的创意呈现方案

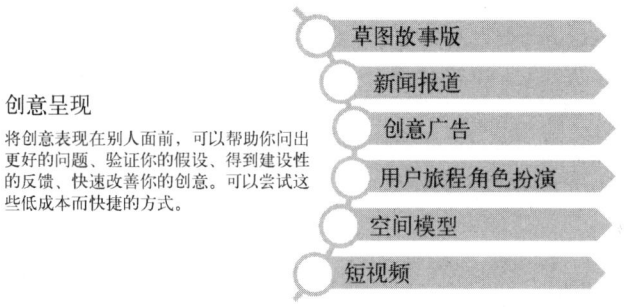

图 2-1 创意呈现方式

资料来源:稻田教育云官方网站(http://daotian.seentao.com)。

(二)创意与机会的关系

创意的产生和创业机会的识别是一个复杂、微妙的过程。虽然每一个新创企业最初都是创业者头脑中的创意,但不是每一项创意都能最终成为一项新事业。创意有一个共同的特点,就是较大的不确定性——市场前景未知,离新创企业的创业机会有很大的距离,有的甚至从诞生之日起就注定只能停留在构思阶段。然而,独具一格并能转变为创业机会的创意,却能使创业企业如天降奇兵般迅速占领市场。创意与机会的关系如下:

1. 创意是具有商业指向的创新性想法,是机会识别的基础

在创意产生之前,机会的存在与否意义并不大。与点子不同,创意具有创业指向。想创业的人,比如李维,往往在产生创意后,会很快甚至同时就把创意发展为可以在市场上进行检验的商业概念。这里所谓的商业概念是指既体现了顾客正在经历的也是创业者试

图解决的种种问题,还体现了解决问题所带来的顾客利益和获取利益所采取的手段。例如,面对把球打丢,球手要付出2杆惩罚的代价及高尔夫球赛进程减缓的问题。"帮助高尔夫球手把打丢的球找回来"是一个非常好的创意。而高尔夫雷达公司通过在高尔夫球内安置一个电子小标签,开发手持装置搜索打丢的球,便成为一个可开发的、具有商业价值的方案。

2. 创业机会是指经过评判并适合创业的创意或机会

培根曾说过:"善于识别与把握时机是极为重要的。在一切大事业上,人在开始做事前要像'千眼神'那样察视时机,而且进行时要像'千手神'那样抓住时机。"从理论上来讲,机会识别包含三个不同的过程:感知、发现和创造。感知是指感觉到或认识到市场需求和未充分利用的资源;发现是指识别或发现特定市场需求和专门资源间的配合;创造是指以商业概念等形式创造一个独立的需求与资源间的新配合。看到机会、产生创意并发展成清晰的商业概念意味着创业者识别到了创业机会,至于发展出的商业概念是否值得投入资源开发,是否能成为有价值的创业机会,还需要认真的论证和一系列的评估、选择,包括对机会的初始评判及系统评价、市场调研和市场测试、商业模式设计等。这些内容将在后续章节中进行讨论。

二、激发创意思维的方式

正如前面提到的,创意是创业企业发展的基础。然而,创意思维需要用恰当的方法加以激发,才能获得事半功倍的效果。所以,创业者应采取多种方法进行创意思维的训练,来帮助激发新的创意。这些方法主要包括:头脑风暴法、焦点小组访谈法和六帽思维法等。

(一) 头脑风暴法

头脑风暴法(brain storming)是一种激发大量创意和快速解决问题的方法,即当人们聚在一起,参与到一个小组的讨论中时,思维往往会被刺激而产生更多、更大的创造力。与焦点小组法相比,头脑风暴讨论通常也需要一组人,但不同的是,头脑风暴法中的小组讨论一般没有明确限制的专门主题,而只有一个大致的、较宽泛的领域,这会十分有利于参与者发挥他们的想象力。尽管在此方法中产生的大多数创意都不可能取得进一步的开发并转化为市场上的产品,但创业企业往往会从大量天马行空的想象中归结出一些好的创意,其中不乏会转变成真正创业机会的创意。当头脑风暴法相对聚焦于某个特定的产品或市场时,产生好的创意的概率也就会比较大。所以,这种方法常常被用来激发新产品的创意。要让头脑风暴法得到较好的运用,一般应遵循如下几个基本规则:

(1) 禁止批评。任何小组成员都不允许对其他成员的观点进行负面的评论。

(2) 鼓励任意自由的想象。小组讨论中应形成一种鼓励随心所欲的氛围,即思维放任,构思精巧,观点出奇。

(3) 讨论进程追求快速。采用此方法的目标是希望产生大量的构思,因为构思越多,好的构思出现的概率就越大。

(4) 鼓励跳跃交叉式思维。鼓励对构思进行组合和改进,也就是在讨论中,其他人的创意可以被用来促进产生新的创意。

(5) 勿以优劣标准对创意结果进行任何评价。头脑风暴活动专注于创造力的激励与开发,而不是做出评估,因为任何成员的参与及其所迸发出来的观点对创意的形成都是有价值的和有贡献的。

总之,头脑风暴的过程应该乐趣无穷,突出参与者思想和观点的碰撞和启发,不存在某个所谓的控制局面的人。正因如此,这种方法得到了越来越广泛的应用,现实中成功的例子更是不胜枚举。

(二) 焦点小组访谈法

焦点小组(focus group)访谈法又称为小组座谈法,自20世纪50年代以来就被广泛地使用。具体而言,这种方法就是采取小型座谈会的形式,由受过训练的主持人带领一群专门挑选的、有代表性的人,共同对某一感兴趣的论题进行公开的、深入的讨论,从而了解为什么人们做特定事情的时候会有特定感受;主持人则以直接或间接的方式来集中该小组的讨论。从创业企业的角度看,这种方法是一种了解消费者或客户动机的较为理想的方法。具体的做法是:根据需要讨论的话题来随机征选参与者,并按一定的原则确定8~12位参与者组成一个小组;每位参与者都会接受其他小组成员的评论,以刺激其创造性地产生更多新产品的创意;待访谈结束后,主持人将对整个访谈的过程进行归纳和报告,总结调研发现,提出相关建议。因此,焦点小组访谈法主要包括:座谈会前的准备(如会场布置、主持人和参与者的选择、座谈会提纲、座谈会的时间和次数)、座谈会的组织和控制(如主持人对会场气氛的把握、与参与者之间的协调、由专人对座谈会全过程进行录音、录像及笔录)、座谈会后的总结(如及时整理和分析相关记录、进行必要的补充调查)。例如,一家美国公司对女用拖鞋的市场感兴趣,它召集了12位来自波士顿地区,具有各种社会经济背景的妇女组成一个焦点小组,并通过小组讨论产生了一个新的产品概念,即"像旧鞋子一样合脚、温暖而又舒适的拖鞋"。这个产品概念被开发成为新产品并取得了市场销售的成功,而且其广告词也是根据焦点小组成员的讨论得出的。

除了产生新的产品创意意外,焦点小组访谈法也可以用于对产品构思和概念进行筛选。通过一定的程序,可以得到更加定量化的分析结果,因此,尽管焦点小组是因不同目的而建立的,但它们能帮助激发新的创业灵感,是产生新产品创意的一种有效方法。

案例 2-1

Innova 创新管理流程

源源不断的创意是公司创新的不竭动力。IdeaBox 作为爱立信的创意管理平台,促进了创意在概念上的丰富和发展。接下来,创意如何进一步孵化和实施将变得更为关键。在这个阶段,爱立信运用 Innova 平台加以管理,创意将由最初的概念发展为对公司有价值的产出,创造实际的收益。

Innova 的创意呈递、孵化与实施主要包括五个步骤,分别为:员工根据客户需求产生创意;部门内部对创意进行评估,选择有价值的创意提供第一轮投资;创意持有者对创意进行初步验证;根据第一轮实验结果筛选出优秀的创意进行第二轮投资,支持其进行原型化设计与改进;经过多轮投资发展后,将成熟的原型产品化,如图2-2所示。

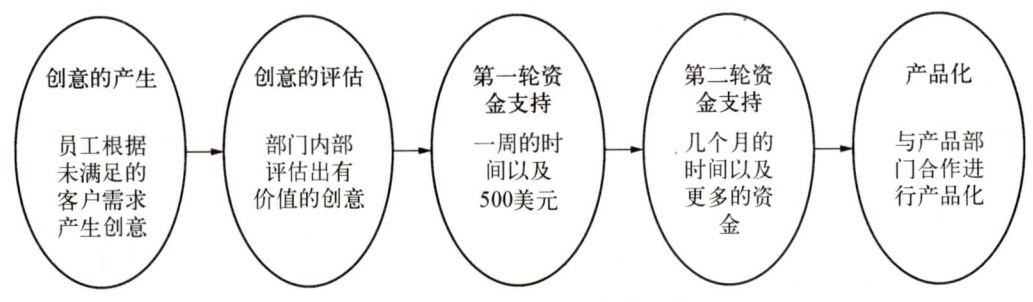

图2-2 爱立信Innova创新管理流程

1. 创意的产生

Innova创新流程管理采用的是设计思维(design thinking)。部门员工根据未明确阐述的客户需求进行观察与调查,获取详细客户资讯加以研究分析,进而得出能够有效处理问题的创意。通过一系列的观察和分析之后,员工会根据客户需求逐步发展出各种创意,并将创意投递到相应的IdeaBox中以待评估。

2. 创意的评估

每个研发部门都会成立一个当地的Innova评估小组,对本部门所使用的IdeaBox中的创意进行综合性评估。评估小组的成员由IdeaBox管理者、部门高层管理人员和技术经验丰富的工程师组成。他们在评估时主要考虑创意的创新程度以及发展前景,并对创意提出专业性的改进建议。经评估被认为有价值的创意会得到部门的投资支持。

3. 第一轮资金支持

当创意得到Innova评估小组的认可,它的提出者将会得到本部门提供的第一轮种子资金,即相当于500美元的资金和40个工作小时来对创意进行实验改进。当地Innova团队的成员会在这个阶段对创意提出者给予指导和帮助。经过40个工作小时之后,创意提出者需要将实验成果以报告演示的形式展示给Innova评估团队,以便对创意进行继续的评审和进一步的投资支持。

4. 第二轮资金支持

如果经过第一轮投资改进后的创意得到了地方部门评估团队的认可,他们会将这些有价值的创意推荐到产品的研发部门总部,进行进一步的投资发展和宣传推广。此时,地方产品部门还会派一位创新教练对创意进行跟踪指导,以确保原有创意意图的实现。产品总部的Innova评估团队会根据方案的可行性、性价比以及与组织发展相关程度等予以进一步评审,并对有价值的创意提供第二轮投资。获得支持的创意提出者将会有几个月的时间和上万美金对第一阶段的成果做出原型设计,并不断进行修正和改进。

5. 产品化

经过几个轮次的试验发展,创意的成熟度及可行性越来越高,创意提出者会在Innova评估团队的指导下与产品部门建立联系,进行产品开发。

创意的孵化与实施是一个漫长而复杂的过程,它需要组织协调资源配置,整合知识能力,强化内部控制,力争将创意价值最大化。Innova 内部风险投资机制的引入,有利于更好地识别新的市场机会,成功地激发员工创造潜能,让员工参与创新的整个流程,同时也分散了项目风险,培养和塑造了组织的创新文化,从而产生更多符合顾客需求、能为公司带来持续利益的产品和服务。

资料来源:张正明,张敬伟.五步实现创意孵化[J].企业管理,2014,(12):94-96.

(三)六帽思维法

六帽思维法也称为六项思考帽(six thinking hats),是英国学者爱德华·德·博诺(Edardde Bono)博士开发的一种思维训练模式。相对于头脑风暴法、焦点小组访谈法来说,这是一个团队型的、全面思考问题的模型。

所谓六项思考帽,实际是指使用六种不同颜色的帽子代表六种不同的思维方式,如图2-3所示。在激发创意思维时,六项帽子所扮演的角色不同,分别是:

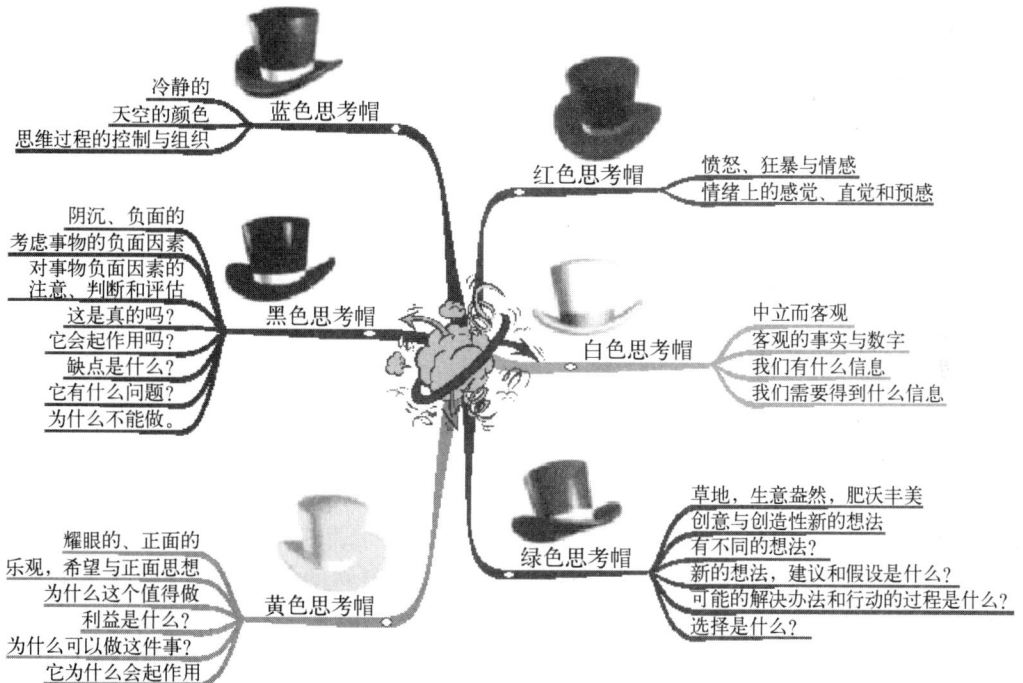

图 2-3 六帽思维示意图

(1)白色思考帽:白色表示中立而客观,戴上白色思考帽的人,思考问题时只是关注事实和数据,他们主要承担陈述问题的任务。

(2)绿色思考帽:绿色象征勃勃生机,绿色思考帽寓意创造力和想象力,戴上它的人,思考应更倾向于标新立异,他们一般担任提出解决问题方案的任务。

(3)黄色思考帽:黄色代表价值与肯定,戴上黄色思考帽的人,只能从正面考虑问题,他们主要负责评估该方案的优点。

（4）黑色思考帽：黑色表达的是否定及怀疑，戴上黑色思考帽的人，可以以质疑的眼光，合乎逻辑地进行批判，尽情发表负面的意见，列举该方案的缺点。

（5）红色思考帽：红色是充满激情的色彩，戴上红色思考帽的人，可以就问题表达直觉、感受、预感等方面的看法，即对各项选择方案进行直觉判断。

（6）蓝色思考帽：蓝色代表沉稳、深邃，戴上这顶思考帽的人负责控制和调节讨论和思维过程。具体地，他负责控制各种思考帽的使用顺序，规划和管理整个创意激发或思考过程，总结陈述，并负责做出决策或结论。

综上，六帽思维法提供了"平行思维"的工具，使团队成员不再局限于某种单一思维模式，而是按思考帽代表的角色分类及要求进行思考和提出创意。所以，运用此方法将会使混乱的思考变得更清晰，使团队中无意义的争论变成集思广益的创造，使每个人变得富有创造性，使个人和团队的配合度得到有效的提升。

第二节　创业机会的识别与开发

一、创业机会的含义、来源与类型

（一）创业机会的含义

创业机会也称为商业机会，它是一切创业活动的基础和根源，创业者是受商业机会的驱动来进行创业的。我们常说机会无时无处不在，然而，创业机会的最初状态是未精确定义的市场需求或未得到充分利用的资源和能力，真正具有商业价值的机会，它不仅首先是机会，而且还要看是否有适宜其价值产生和转化的土壤和条件。所以，商业机会是富有创业精神的创业者在纷繁复杂的机会中，用心发现、挖掘和培育出来的。正如拿破仑所说的这样一类创业者，他们"有一种天赋，能够在惊鸿一瞥下就发现局势所造之诸多可能"。

那么，什么是创业机会呢？熊彼特（1934）、柯兹纳（1973）等认为，创业机会就是通过创造性的资源组合，传递更明确的市场需求的可能性，是未明确的市场需求或者未被利用的资源或者能力；卡塞（1992）把那些新的产品、服务、原材料和管理能够被应用或者出售以获得高于其成本的情况称为机会；蒂蒙斯（1999）则指出，创业机会的特征是具有吸引力、持久性和适时性，并可伴随着为购买者或使用者创造或增加使用价值的产品和服务。综上，创业机会指的是技术、经济、社会、政治以及人口环境发生了变化，使新产品、新服务、新材料和新的组织方式出现了新的情境和状况。它包括以下三层含义：

（1）创业机会表现为一种有利的环境。它是由于市场环境中存在着某种空缺，产生了通过以更好的方式提供新理念、新产品、新服务来弥补这种不足，并获取盈利的可能性。

（2）创业机会是一个过程。是新的产品、新的服务、新的原材料、新的市场和组织方法通过新的途径被介绍的过程，它存在于为顾客或消费者创造价值或增加价值的产品或服务中。

（3）创业机会是指具有很强吸引力、较为持久性、适时性、立足消费者和可识别等特点的创业活动空间。

(二)创业机会的来源

如前所述,一个好的创意可能会成为一个好的机会,也可能不能成为机会。所以,创业机会是创业者用创意开发出来的,创意数量远比市场机会要多。

相比新创企业,现有企业有其相应的优势,比如:它们具有经营企业和市场方面的经验;现有企业已经与供应商、经销商和顾客建立了稳定的合同关系;现有企业拥有好的信誉、实力和品牌,使融资等更容易并且成本较低,从而风险也低;现有企业在建立规模经济和高效率生产等方面也具有成本优势。尽管如此,面对复杂多变的环境,现有企业仍可能存在需要改进的地方。这就为创业者提供了建立新事业的机会。通过发现和开发创业机会,与现有的企业,甚至是已确立市场地位并且实力雄厚的企业展开有效的竞争。

那么,创业机会源于何处?创业者如何才能从众多的机会中寻找并开发具有商业价值的创业机会呢?如前分析可知,创业者要发现商业机会,首先需要把握形成特定创业机会的原始动力。只有这样,才能随时关注到存在于这类原始动力中的变化,并对它们进行系统的分析,及时发现现有的创业机会;及时辨识潜在的、利己的创业机会;及时预期未来的创业机会。

一般而言,大多数创新或创业的成功是利用了各种变化后达到的。创业机会存在于社会与经济的变革过程之中,有的可能来自对现有产品的改良设计,有的可能来自机缘巧合等。这并不是说,创业机会的寻找是无章可循或毫无规律的。管理大师彼得·德鲁克认为,通过系统的分析研究,可以产生大量的创业点子或创意,经过一系列的评估、选择来发掘创业机会。他将创业机会的来源概括为以下七个方面:

1. 意料之外的事件

意料之外的事件包括意外的成功、意外的失败、意外的变化。这都是一些特殊事件,创业者通过对这些特殊事件的分析,可以发现创业机会。意外的成功是一种偶然的成功,它与企业一贯的做法不同,也与原有的判断不一样,是在非常规的做法中取得的成功,完全超出意料的范围。而意外的失败有两种:一种是由于决策失误而造成的失败;另一种是经过认真计划、执行后,仍然出现的失败。第二种失败可能存在创业机会,要认真对失败的原因进行分析,找出失败的根源,在寻找失败原因的过程中,机会可能就会出现。意外的变化是指出现人们意料之外的各种变化,这些变化可能带来意想不到的创业机会。

2. 不一致的状况

不一致的状况是指实际情况与预期情况的不一致。例如,经济现象的不一致:某种产品的设计并不先进,但产品的成本较低和质量较好;产品的产量增加了,但利润却下降了。如果对经济现象的不一致进行研究,找到原因,则有可能成为机会。又例如,一般的生产者都认为自己的产品对消费者是有价值的,但实际上可能并不如此,其原因主要是生产者对市场的把握不准确,这样就存在机会。

3. 基于程序的欠缺

对作业程序进行认真分析,从中找到存在的缺陷,然后从技术上找到切实可行的解决方案。如果能找到切实可行的解决方法,那么这种解决办法本身就是一种机会。

4. 基于行业与市场结构的变化

当某个行业在经历导入期、成长期、成熟期或衰退期四个阶段时,市场结构也随之变化,这必然会创造许多创业机会。例如,当在某个行业内,对不同的技术进行改进或整合时,可能会导致市场结构的变化,这样就会形成新的市场机会。也就是说,不论是新兴产业、成熟产业、衰退产业、全球产业等,都存在工业结构或市场结构的变化,也必定存在许多创业机会。

5. 人口的变化

如果对人口统计资料进行分析,可以发现人口发展变化的具体情况及其变化趋势,从中就能发现许多潜在的市场机会。例如,我国单亲家庭的增长、社会老龄化现象、国民受教育程度的普遍提高、由于农民工而产生的人口转移、留守老人和儿童等人口变化及其趋势中都蕴藏着商业机会。

6. 基于价值观与认识的改变

人们由于价值观或认识的不同,对同一事物的认识和看法就会不同,得出的结论也不一样。当人们的价值观与认识发生了改变,就意味着,人们对某些产品或服务的需求也产生了变化,这些变化了的需求中就潜藏着许多市场机会。

7. 新知识的涌现

新知识包括科学的和非科学的。由于新知识或新技术的出现,会产生许多市场机会。例如,计算机技术的出现,就迅速形成了一个巨大的IT产业,也产生了如计算机硬件、计算机软件、计算机网络等许多市场机会。

可以说,德鲁克所提出的七类创业机会来源得到了普遍认可。此外,国内学者丁栋虹还从外在配合条件和个人能力条件等角度将奥尔姆、熊彼特、蒂蒙斯等学者的研究进行了概括,认为外部配合条件的机会源于市场存在不均衡、环境变动、提供新技术或新服务、现有厂商效率不佳等;而个人能力条件的机会源于相关领域的知识、先前工作经验、创业警觉、策略思考、学习能力、社会网络等。由此看来,虽然通过系统研究来发现机会是重要的途径,但是创业者长期的观察和生活体验也很重要。

专栏 2-2

创业机会的来源

01 从解决问题的过程中找机会
02 从变化中找机会
03 从创造发明中找机会
04 从竞争对手中找机会
05 从"低科技"中把握机会
06 集中盯住某些客户的需求就有机会

图 2-4 创业机会的来源

资料来源:稻田教育云官方网站(http://daotian.seentao.com)。

(三) 创业机会的类型

客观地看,我们身边都可能隐藏着许多创业机会,也就是说,机会对每个人都是公平的,关键要看谁更有智慧、信心、耐心和能力把它识别出来,及时抓住它,并尽快转化为市场需求。有研究表明,创业机会的类型可能会影响到机会开发的过程和创业的成败。为了更好地指导创业者把握创业机会的规律,学者们总结和归纳创业实践经验,从不同角度和标准将创业机会区分为不同的类型。

根据盖特泽尔斯(Getzels,1962)有关创造力的观点,按照机会来源和机会发展的可能性两个维度,可将创业机会分为梦想、问题解决、技术转移和企业形成四种类型,如图2-5所示。其中,机会来源维度也可理解为市场的价值诉求,它与市场需求密切相关,可能是可识别的(已知的)或未能识别的(未知的);而机会发展的可能性维度指的是机会的价值创造能力,它取决于创业企业拥有的资源和能力,这些可能是确定的,也可能是不确定的。在图2-5中,机会来源表示创业企业面临的外部市场环境所存在的问题;而机会发展的可能性表示解决问题的方法。

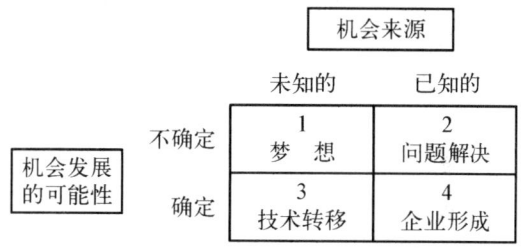

图2-5 创业机会的类型

具体而言,第1种类型机会是指机会来源未知且机会发展的可能性不确定,即问题及其解决方法都未知的一类机会,此时,机会开发主要体现在知识和技术发展方向突破现有限制的方面;第2种类型机会则是机会来源已知但机会发展的可能性不确定,即问题已知但其解决方法仍未知的一类机会,此时,机会开发往往是设计一个具体的产品或服务以适应市场需求;第3种类型机会则是机会来源未知但机会发展的可能性确定,即问题未知但可获得解决方法的一类机会,此时,机会开发更多强调的是寻找技术应用的新领域而非产品或服务的开发;第4种类型机会就是机会来源已知且机会发展的可能性确定,即问题及其解决方法都已知的一类机会,此时,机会开发重点是实现市场需求与现有资源及能力的匹配,构建可以创造并传递价值的新企业。由此看来,在问题及其解决方法有一个未知或两者都未知的情况下进行创业,其成功率比在两者都已知的情况下要小。

专栏2-3

值得中国创业者关注的美国创业项目及代表公司

表2-1 优秀的美国创业项目及代表公司

序 号	项 目	代 表 公 司
1	帮助决策的推荐网站	Spotify、Ness、Hunch
2	协作商务	Getaround、Grubwithus、Rentcycle
3	定制化服务	Chocomize、Shoes for Prey、Gemvara
4	移动性	pperian、Square、Salesforce

续表

序号	项目	代表公司
5	创意平民化	Etsy、IndieCade、Skillshare
6	城市农场	Food Sprout、Greenaid、Urbio
7	游戏化	Badgeville、Rypple、Nexercise
8	设计无处不在	One Kings Lane、Bluelounge、Poppin
9	极限健身	Warrior Fitness 训练营、Muddy Buddy、Tough Mudder
10	社交招聘	BranchOut、ZipRecruiter、Jibe
11	有待观察的趋势：未婚群体	

资料来源：根据 Jennifer Wang 所著《2012 值得中国创业者关注的美国机会》整理而成。

二、创业机会的识别

对创业机会的识别主要包括信息的收集和研究、创业机会识别的内容、创业机会识别的方式等。

（一）信息的收集和研究

在创业的早期阶段，信息对创业者和创业企业来说非常重要，而对信息的使用状况会影响企业的绩效。因此，要充分了解和把握市场，就需要对信息进行仔细收集和认真研究。信息的收集和研究包括以下四个步骤。

1. 明确研究目标

认真对创业决策所需要的信息进行研究，并做出详细的信息清单和计划，一般来说，要明确信息收集的目标可能要确定如下问题：

（1）有多少潜在的顾客愿意购买该产品或服务？

（2）潜在的消费者愿意在哪里购买这些产品或服务？

（3）消费者是在哪里听说或了解该产品或服务的？

（4）市场规模有多大，能占多少份额？

（5）与竞争对手相比有无明显优势？

2. 获取二手资料信息

对创业者来说，最明显的信息来源是已有数据或第二手资料。通常收集二手资料的成本要比收集原始资料低。因此，创业者在需要花费更多成本研究原始资料信息之前，应先尽一切努力从二手资料中获取信息。这些信息一般来自杂志、图书馆、大学或政府机构、企业、网络等。但是不同的渠道获取的信息效果不一样，应充分利用有效性较高的信息渠道。

3. 获取原始资料信息

新的信息就是原始资料。收集原始资料常用的方法有两种：观察法和调查法。观察法是最简单的一种方法。创业者可以通过对潜在顾客的观察,记录下他们购买行为的一些特点。调查法是收集信息最常用的方法,调查可以通过面谈、电话或邮件等不同途径进行。该方法比观察法的花费要多,但却能够获得更有价值的信息。这些方法各有优缺点,创业者在使用时应认真了解其各自的特点。

4. 结果的处理与分析

信息不经过加工和处理,只会是一堆数据和事实。要使获取的资料具有利用价值,就必须重新加工使其成为有意义的信息。

(二) 创业机会识别的内容

1. 创业机会的原始市场规模

创业机会的原始市场规模即特定创业机会形成之初的市场规模。固然,多数市场机会有着成长的可能,但原始市场规模往往是极为有限的。因此,分析、判断某一创业机会的原始市场规模极为重要,特别是原始市场规模决定着创业最初阶段的投资活动可能实现的销售规模及创业利润。

2. 创业机会存在的时间跨度

一切创业机会都只存在于一段有限的时间之内,这是由特定行业的商业性质决定的。在不同的行业,这一时间的长度差别很大。一般而言,特定创业机会存在的时间跨度越长,新创企业调整自己、整合市场、与他人竞争的操作空间就越大。

3. 创业机会的市场规模

一般情况下,创业机会的市场规模越大,相应的创业企业的销售量增长速度也越快。创业机会带来的市场规模总是随时间变化而变化的,而随之而来的风险和利润也会随时间变化而改变。

4. 创业机会是否是好机会

即便创业机会有较大的原始市场规模,存在较大的时间跨度,市场规模也随着时间以较高的速度成长,创业者也要对该机会作进一步的评价,看它是否是好的机会。蒂蒙斯在《世纪创业》中认为,好的商业机会应具备以下四个特征:

(1) 它很能吸引顾客;
(2) 它能在商业环境中行得通;
(3) 它必须在"机会之窗"①存在期间被实施;
(4) 创业者必须拥有机会所需的资源(如:人、财、物、信息、时间)和技能。

5. 创业机会对创业者而言是否有可实现性

即使某个创业机会是较好的机会,即达到了前四点的要求,但对于特定的创业者而言,能否利用这一创业机会,要看创业者是否具备以下条件:

---

① "机会之窗"是指市场中存在的有一定时间长度的发展空间,它使创业者能够在这一时段中创立企业并获得盈利和投资回报。一般来说,"机会之窗"描述了一家企业能够正式融入新兴市场的时间。也就是说,一旦新产品的市场确立,它的机会之窗便打开,新的成分就会涌入;而市场成熟后,新产品的机会之窗便会关闭。

（1）拥有利用这个创业机会所需要的关键资源；
（2）遇到较大的竞争力量时能与之对抗；
（3）能够创造新市场并占领大部分新市场份额；
（4）可以承担创业机会带来的风险等。

（三）创业机会识别的方式

1. 洞察趋势

如前所述，环境发展的趋势中暗藏着商业机会的缺口。所以，创业者应运用宏观环境和产业环境的分析方法，及时把握经济、社会、科技进步和政治与制度等的变化，从新兴产业、成熟产业、衰退产业、分散产业、全球产业等各类产业中发现商机。

2. 解决问题

现实中有很多创业企业是因"解决问题"而创立的。因为很多创业者发现机会仅仅是注意到问题的存在，然后尽力想办法解决它。有的是通过洞察趋势，而有的则是用更简单的方法，如直觉、运气等，形成了很明确的解决问题的商业构想。比如：Symantec集团开发的Norton杀毒软件。

3. 寻找空白市场

大多数时候，创业者个人的一些特点往往会帮助创业企业很好地认识到机会，发现空白市场，这些特点包括：创业者的旧有经历、认知因素、社会网络和创造力等。

案例 2-2

靠什么书写两项创业"之最"

不熟悉傅章强的人会觉得他令人讶异：一个从福建南平考到上海来的大学生，没有任何背景和依靠，只是靠着自己的天赋和努力，还在大学三年级时，便在市科委负责一个攻关项目的开发；研究生一年级便以负责人身份向市科委申请到了另一个"九五"项目；而熟知傅章强的人却不觉讶异：一进海运学院计算机系，他便表现出了突出的才能和特别的努力。那时候的他，一清早便钻进机房，中午啃两个面包，直至次日凌晨一两点钟，满天星斗时才钻出来。日日如此，且这样的工作热情一直保持至今。天才加上勤奋，出成绩是必然的！真正开始创业，只是起源于一个念头：市科委的项目做出来以后，同行评价都非常高，认为达到了国内先进水平，但接下来的命运却是"高束焉，庋藏焉"，产业化根本没做好。傅章强心中很觉得可惜：科研成果只需适当包装、完善，完全可大范围推广，产生巨大的社会价值！基于此，他决定：自己开公司！1998年初，傅章强在学校附近租了一套两室一厅的房子，投资2万余元，置办了3台电脑，为创业做准备。到当年年中，他拟定了一份吸引风险投资的计划书，融得一笔100万元人民币的风险资金。年底，"必特软件"正式注册。"必特"，即英文中的"bit"谐音，代表计算机的二进制，而二进制是计算机的基础，暗含办企业要从基础做起的理念；同时，"bit"和"micro"一样，都有微小、微粒的含义，但"bit"比"micro"数量级稍大一些，其中，蕴藏着傅章强的"野心"。当时，作为上海第一个在校大学生办的企业，"必特软件"似乎还有着违反校规的嫌疑。一开始，傅章强只能瞒着学校偷偷运营。困难似乎也在意料之中。开业几个月，傅章强没有谈成一笔业务。

有时,有客户谈得已经很投机了,跑过来一看他的"两室一厅",业务便就此"夭折"。傅章强一直记得第一笔业务的成交。那是一个朋友介绍他承接上海新华律师事务所的一个项目,有40多万元产值,同时另一家单位也在争取这个项目。那段时间,傅章强一有空就往事务所跑,义务帮他们解决电脑方面的小问题,提供业务咨询,甚至编些小程序。"走出门,让客户了解自己,这很重要。我认认真真地做,并且把事情做好了。这样他们才会来买你的东西。"凭着这一点"小花招",感动了市场,傅章强赢得了自己创业生涯的第一笔业务,淘到了第一桶金。客户间的口口相传有时比自己上门推销要有效得多。第一笔业务让傅章强兴奋的同时,也充满着压力。他对自己的要求是不能松懈,永远要做得更好。他的业务量也如滚雪球般,有了良性上升的趋势。1999年下半年,在校学生创业得到政府的鼓励和提倡,傅章强的公司名正言顺地"公开化",甚至他还把自己的导师和学校的一些教授吸引而来。白天,傅章强去上导师的课,晚上,导师来协助公司做业务。1999年,他招聘了第一批专职的员工,从原来三四个人的"小作坊"向规模化、正规化过渡。

一个偶然的机会,傅章强了解到位于张江高科技园区内的浦东软件园开始招商。这是个由上海市和信息产业部联合创建的国家软件产业基地,政府对入驻软件园的企业给予一系列极其优惠的政策扶植,最现实的便是三年内办公楼免租金。傅章强当场拍板签下了协议书,成为第一个入驻浦东软件园的"知本家"。如今,"必特软件"已成为软件园的五家骨干企业之一,被信息产业部认定为国内第一批"软件企业",并获"国家高新技术企业"称号。在张江,"必特"也是第一个拿到科技部设立的科技创新基金的企业。公司从入驻张江时的40多人,发展到现在超过80人,产值与客户数都呈良好的上升趋势。傅章强没有自满,他一直记得领导前来视察的那一天。那一刻的感觉是无比的兴奋,兴奋之后又是沉甸甸的压力。"不过我是一个善于化解压力的人,化压力为动力,一天天做得更好!"傅章强的话掷地有声。最终傅章强用行动创下了两项上海"之最":第一位成功创业的大学生,第一位入驻浦东软件园的"知本家"。而像傅章强这样靠着自己的天赋和努力,靠着一股创业精神开创自己钟情的事业的大学生不在少数。

资料来源:佚名.没有背景和依靠,创业全靠自己天赋和努力[EB/OL].大学生创业网,http://www.studentboss.com/html/news/2010-10-19/54651_1.htm.有改动。

三、创业机会的评价

创业因机会而存在,而机会具有很强的时效性,甚至瞬间即逝,需要去发现和挖掘。因此,在创业过程中不论机会大小,对它的识别和评价非常关键,因为小机会往往是大事业的开端。符合现有资源情况和未来发展趋势的创业机会可以带来持久的成功,而这个创业机会"符不符合"的评价则需要创业者结合各方面实际和信息进行判断。

(一)创业机会评价的方法

创业者对机会的评价来自他们的初始判断,而初始判断通常就是假设加上简单的计算。在谈到牛奶的市场潜力时,牛根生曾说:民以食为天,食以奶为先。而我国人均喝奶的量只是美国的几十分之一。这就是他对中国乳制品市场机会和价值的直观判断。直观而言,这样的判断看起来是不可信的,甚至会觉得有些幼稚。但对于在乳制品行业经营多年的牛根生来说,这样的评判却是有效的。因为他知道机会转瞬即逝,如果都要进行周密的市场调查,经常会难以把握机会。对创业机会进行分析,一般可采用定性分析和定量分析两种方法。

1. 定性分析

对创业机会进行定性分析(qualitative analysis),就是运用归纳和演绎、分析与综合以及抽象与概括等方法,对所获得的各种创业资源或信息进行思维加工,从而达到认识创业机会的本质、揭示其内在规律的目的,辅助创业者或创业企业做出有效决策。通过定性分析,关键要解决创业机会"有没有""是不是"等问题。

当然,在分析某项市场机会是否是创业机会时也不能盲目轻率,分析中应避免出现两方面的错误:一是简单、武断地认为市场机会没有发展前途,而不将其作为创业机会看待;二是过高估计了企业自身的竞争优势,而将本企业不能享有最大差别利益的市场机会作为创业机会看待。此外,还应区别市场机会的类型,再进一步分析和评价自身与竞争对手相比的优势和劣势,最后再做出发展决策。因此,在进行定性分析时,应把握以下几项原则:

(1) 确定该市场机会所需要的成功条件;
(2) 分析本企业在该市场机会上所拥有的优势;
(3) 确定与竞争对手相比,本企业所拥有的竞争优势;
(4) 确定该创业机会与本企业的发展方向和目标是否一致。

2. 定量分析

常用的定量分析(quantitive analysis)方法包括回归分析、时间序列分析、决策分析、优化分析、投入产出分析等,在对创业机会进行定量分析时可加以应用。例如,通过专家对创业机会进行打分评价的标准打分评价法;利用一些关键指标计算并比较创业机会的优先级法;通过对相关选择因素的设定来对创业机会进行判断的选择因素法;采用从财务上对创业机会进行量本利分析等方法。

这里主要以量本利分析方法为例,简要作相应的应用说明。这种方法:一是要根据一系列的相关资料对市场需求量做出较为准确的预测,确定企业产品或服务的定价及销售量,这样就能较好地确定企业的销售额;二是对企业的总成本进行分析,成本包括采购成本、生产成本、销售成本等固定成本和可变成本;三是在了解了总销售额和总成本之后,推算出未来企业可能获得的利润,如果利润能达到创业者的预期目标,那么这种创业机会就具有较大的吸引力;反之,创业机会的吸引力就要打折扣。在创业机会分析中,这是一种比较好的定量分析方法,其所涉及的相关内容将在后续章节中作具体讨论。

(二) 创业机会评价的指标体系

既然创业机会既存在风险,也有益处,那么创业者该如何避险获益呢?表2-2展示了一组经挑选的创业机会的评价准则。这些准则是以成功的企业家、私人投资者和风险资本家们所运用的良好企业经营和市场竞争意识为基础的。

表2-2 创业机会的评价准则

准则	吸引力	
	较高潜力	较低潜力
一、行业和市场		
1. 市场		
① 需求	① 确定	① 不被注意
② 客户	② 可接受	② 不易接受
③ 对客户回报	③ 不到一年	③ 三年以上
④ 增加或创造的价值	④ 高	④ 低
⑤ 产品生命	⑤ 持久;超过投资加利润回收期	⑤ 不能持久;比回收投资期短
2. 市场结构	不完全竞争或新兴行业	完全竞争或高度集中或成熟行业或衰退行业
3. 市场规模	一亿美元销售额	不明确或少于1 000万美元的销售额
4. 市场增长率	以30%或50%或更高速度增长	很低或少于10%
5. 可达到的市场份额	20%或更多;领先者	不到5%
6. (五年内)成本结构	低成本提供	成本下降
二、资本和获利能力		
7. 毛利	40%~50%或更高;持久	不到20%;而且很脆弱
8. 税后利润	10%~15%或更高;持久	不到5%;脆弱
9. 所需要的时间		
① 损益平衡点	① 2年以下	① 3年以上
② 正现金流	② 2年以下	② 3年以上
10. 投资回报潜力	每年25%或更高;高价值	每年15%~20%或更低;低价值
11. 价值	高战略价值	低战略价值
12. 资本需求量	低到中等;有资助	非常高;无融资
13. 退出机制	现实或可望获利的其他选择	不确定;投资难以流动
三、竞争优势		
14. 固定和可变成本		
① 生产	① 最低	① 最高
② 营销	② 最低	② 最高
③ 分配	③ 最低	③ 最高
15. 控制程度		
① 价格	① 中到强	① 弱
② 成本	② 中到强	② 弱
③ 供应渠道	③ 中到强	③ 弱
④ 分配渠道	④ 中到强	④ 弱
16. 进入市场的障碍		
① 财产保障/法规中的有利因素	① 已获得或可以获得	① 无
② 对策/领先期	② 具有弹性和相应对策	② 无
③ 技术、产品、市场创新、人员、位置、资源或主产能力优势	③ 已有或能有	③ 无
④ 法律、合同优势	④ 专利或独占的	④ 无
⑤ 合同关系与网络、管理班子	⑤ 已实现;高质量;易进入;有很强运作能力	⑤ 粗超;有限;不易进入或仅创办者一人
⑥ 竞争者倾向和战略	⑥ 竞争性的;非自毁性	⑥ 麻木不仁

续表

准则	吸引力	
	较高潜力	较低潜力
四、管理班子		
17. 管理班子的问题	没有	
五、致命缺陷		
18. 致命缺陷	没有	一个或几个

表 2-2 中的评价准则由行业和市场、资本和获利能力、竞争优势、管理班子和致命缺陷等五个方面组成，共有 18 项评价指标。

1. 行业与市场

（1）市场。一个具有较大潜力的创业机会应表现为能够满足客户的明确的需求，能让顾客感到获得了具有较高价值的产品或服务，并且其所获得的价值或降低的成本不到 1 年就能获得回报。相反，潜力较低的机会往往会忽视顾客的需求。对客户来说，如果增加或创造的价值较低，并且回报时间超过 3 年，那这样的产品或服务就是缺乏吸引力的。

（2）市场结构。市场结构主要由销售者的数目及规模、产品的差别化、进入和退出的壁垒、购买者数目、成本、市场需求对价格变化的敏感程度等因素组成。那些市场不完善的、细分市场没有完全得到满足的、新兴的或在成长期的行业，常常会产生未满足的市场空缺。相反，如果市场完全竞争、细分得到很好的满足，或者行业进入了成熟期或衰退期，那么这种行业通常就没有吸引力了。

（3）市场规模。市场规模指的是市场的容纳量大小。一般而言，容纳量大则市场规模大，创业机会就较多。但也存在其他企业进入的可能，造成竞争过于激烈的局面。相反，容纳量小则市场规模小，创业机会也较少，因为一旦已有企业占据该市场，其他企业想要进入会十分困难。

（4）市场增长率。一个有吸引力的市场是容纳量大、增长迅速且持久的市场。增长率在 30%～50% 或以上的市场是潜力较大的市场；而增长率少于 10% 或更低的市场则是潜力较小的市场。

（5）可达到的市场份额。如果市场占有率在 20% 或以上，或者是市场领导者，那市场机会就会更多。相反，市场占有率不到 5%，则会失去很多市场机会。

（6）成本结构。提供产品或服务成本较低的企业在市场竞争中占有一定的优势。若低成本来自技术创新，则对创业企业而言，会存在较大的市场机会。但如果低成本来自规模经济或经验曲线，那么，对创业企业可能不一定是好事。

2. 资本和获利能力

（1）毛利。毛利指的是销售额减去所有的直接成本和可变成本后的收益。对创业企业来说，高的、持久的毛利对生存和发展十分重要。一般而言，毛利在 40%～50% 或更高可以为企业带来宽松的资金环境。相反，如果毛利低于 20% 且不持久，那么，这样的创业机会就没有吸引力。

(2)税后利润。一般高的、持久的毛利会转化为持久的税后利润。有吸引力的创业机会的税后利润应该在10%～15%或者更高,并且持久。而那些税后利润不到5%且脆弱的创业机会则没有吸引力。

(3)投资回报潜力。投资回报潜力所需要的时间是指达到损益平衡点和正现金流所需要的时间。如果所需的时间短,说明创业机会潜力大,反之,则潜力小。一般来说,如果达到损益平衡点和正现金流的时间在2年以下,那么创业机会的潜力较大;而时间在3年以上,那么机会的吸引力较小。

(4)价值。以高战略价值为基础的创业企业的成功可能性较大,而以低战略价值或没有以战略价值为基础的创业企业比较难成功。

(5)资本需求量。需要较少或中等量资本,且能获得资金资助的创业机会的创业机会有较大吸引力,成功概率较高。相反,创业需要较多的资金,且没有融资渠道,那创业成功比较难。

(6)退出机制。如果一个行业的退出壁垒较小,那么创业机会的吸引力较大。相反,如果退出壁垒较高,或投资难以流动,那么行业的吸引力就比较小。

3. 竞争优势

(1)固定和可变成本。成本优势是竞争优势的主要来源之一,成本可分为固定成本和可变成本。较低的成本给企业带来较大的竞争优势,从而使得相应的投资机会较有吸引力。

(2)控制程度。如果能够对价格、成本和销售渠道等实施强有力的控制,那么,创业企业对整个行业的控制力就很强,创业成功的可能性就大。

(3)进入市场的障碍。如果不能把其他竞争者阻挡在市场之外,新创企业的欢乐就可能迅速消逝。但对创业企业而言,要进入一个有较高进入障碍的行业并非易事,除非能改变该行业的竞争规则。

4. 管理班子

一支强大的、拥有行业"超级明星"的管理队伍,是创业机会具有吸引力的非常重要的条件。当然仅仅依靠一两个"明星"不能保证创业机会的商业化,还必须有完整的、称职的管理班子,才能使创业企业发展壮大。

5. 致命缺陷

一个或更多的致命缺陷使一个机会变得没有吸引力。因此,要对创业机会进行认真评估,了解它是否存在严重或致命的问题,以避免创业失败。

尽管上述一些指标也给出了定量标准,但由于创业所涉及的行业不同,这些定量标准只能供参考。一般来说,好的市场机会在上述所列准则的大部分指标中表现出巨大的潜力,或者将在一个或几个准则中展现出压倒性的优势。

> 专栏 2-4

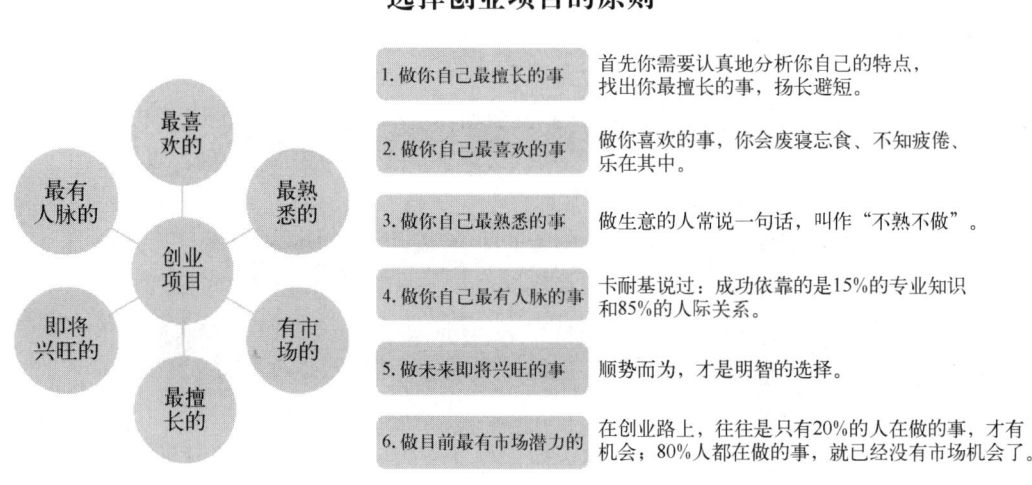

图 2-6 选择创业项目的原则

资料来源：稻田教育云官方网站（http://daotian.seentao.com）。

四、创业机会的开发

创业机会的开发指的是创业者决定选择创业机会、构建创业所需的资源平台以及创造价值的过程。

创业机会能否成功开发取决于机会特性和个人特点之间的相互作用。首先，机会的特性影响了创业者对其开发的意愿。一般而言，创业者会选择开发具有更高期望价值的机会。同时，开发机会的决定也取决于机会成本，一般在机会成本较低时才会决定开发机会。此外，开发创业机会的决定受个人感知能力的影响。研究者认为三种人更可能开发创业机会：

（1）具有更强自信心和控制力的人，因为机会开发需要面对其他人的质疑；

（2）对未知的风险有很大担当的人，因为机会开发涉及大量的不确定性；

（3）渴望成功的人，因为机会开发为这些人提供了一个机会。

创业者决定开发机会后，就需要建立一个资源平台来实现创业机会。首先，需要创建一个企业或组织；其次，企业或组织必须聚集资源；再次，企业或组织必须参与获取必要资源的交易过程；最后，是整合资源。这样创业者就把创业机会转换成可销售的产品或服务。在这个阶段成功之后，创业者拥有的不再是一个商业概念，而是一种现实的商业价值。由此，创业者通过现实可销售的产品或服务把创业企业和消费者连接在了一起。在此阶段，创业者必须思考潜在的消费者、销售价格、退出渠道等问题，用以指导企业与消费者的具体交易，从而创造出相应的价值。因此，创业者要成功开发创业机会，首先必须选择创业机会，根据资源的需要建立资源平台；进而有效地创造产品或服务，为消费者创造价值;最后获得相应的回报,形成相应的商业模式雏形。有关商业模式的内容将在后续章节进行探讨。

专栏 2-5

创业机会的识别与开发过程

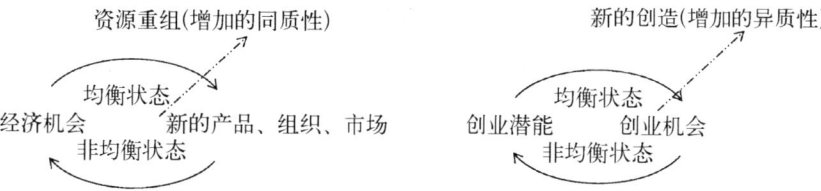

创业者发现市场中的经济机会,通过资源的重组产生新的产品、组织以及市场;新的产品和市场通过创新产生经济机会

创业者凭借警觉性识别出创业机会

1. 创业机会的出现:市场处于非均衡状态时,创业者凭借警觉性识别出创业机会。
2. 创业机会被发现后,进行开发到最终的实现:转为经济机会。
3. 有经济机会产生新的产品、组织和市场的过程是有层次;创业机会的开发是网状结构。

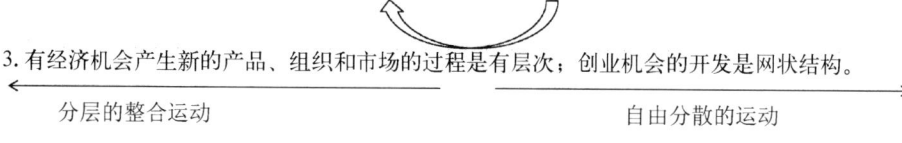

图 2-7 创业机会的识别与开发过程

资料来源:许小艳,李华晶.基于复杂适应系统理论的创业机会识别与开发过程研究——以桑德集团为例[J].中国科技论坛,2017,(2):178-185.

第三节 创业风险的识别与防范

一、创业风险的定义及特征

(一)创业风险的定义

通常而言,风险是指某种不确定事件发生的可能性或概率及后果的组合。它代表的是某种特定情况下,未来结果的不确定性或损失。面对风险,如果能采取适当的措施,使破坏或损失的概率降到最低;或者说通过合理的认知,理性的判断,继而采取及时而有效的防范措施,那么不仅仅可以规避了风险,还会带来比例不等的收益。这就是常说的风险越大,回报越高、机会越大。

创业风险是指由于创业环境的不确定性,创业机会与创业企业的复杂性,创业者、创业团队与创业投资者的能力和实力的有限性而导致创业活动的不确定性及其所产生的结果。创业风险包括企业在创业过程中所面临的各种风险。因此,在创业过程中,如何判断风险、规避风险、选择风险,甚至运用风险,在风险中寻求机会创造收益,对于创新创业而言意义更加深远而重大。

(二)创业风险的特征

虽然创业风险种类繁多,贯穿并交织于整个创业过程,但是这些风险具有一些共同的特征。

1. 客观性

创业本身就是一个识别风险和应付风险的过程,风险的出现是不以人的意志为转移的,所以创业风险的存在是客观的。

2. 不确定性

由于创业所依赖和影响的因素具有不确定性,这些因素是不断变化、不断发展的,甚至是难以预料的,因此创业风险具有不确定性。

3. 双重性

创业有着成功或失败的两种可能性,创业风险具有盈利或亏损的双重性。

4. 可变性

随着影响创业因素的变化,创业风险的大小、性质和程度也会发生变化。

5. 可识别性

根据创业风险的特征和性质,创业风险是可以被识别和划分的。

6. 相关性

创业风险与创业者的行为紧密相连。同一风险,采取不同的对策,将会出现不同的结果。

二、创业风险的表现形式

(一)按创业风险产生的原因划分

按创业风险产生的原因划分,创业风险可分为主观创业风险和客观创业风险:

(1)主观创业风险,是指在创业阶段,由于创业者的身体与心理素质等主观方面的因素导致创业失败的可能性。

(2)客观创业风险,是指在创业阶段,由于客观因素导致创业失败的可能性,如市场的变动、政策的变化、竞争对手的出现、创业资金缺乏等。

(二)按创业风险产生的内容划分

按创业风险产生的内容划分,创业风险可分为技术风险、市场风险、政治风险、管理风险、生产风险和经济风险。

(1)技术风险,是指由于技术方面的因素及其变化的不确定性而导致创业失败的可能性。

(2) 市场风险,是指由于市场情况的不确定性导致创业者或创业企业损失的可能性。

(3) 政治风险,是指由于战争、国际关系变化或有关国家政权更迭、政策改变而导致创业者或企业蒙受损失的可能性。

(4) 管理风险,是指因创业企业管理不善产生的风险。

(5) 生产风险,是指创业企业提供的产品或服务从小批试制到大批生产的风险。

(6) 经济风险,是指由于宏观经济环境发生大幅度波动或调整而使创业者或创业投资者蒙受损失的风险。

(三) 按创业风险对投入资金的影响程度划分

按风险对投入资金即创业投资的影响程度划分,创业风险可分为安全性风险、收益性风险和流动性风险。创业投资的投资方包括专业投资者与投入自身财产的创业者。

(1) 安全性风险,是指从创业投资的安全性角度来看,不仅预期实际收益有损失的可能,而且专业投资者与创业者自身投入的其他财产也可能蒙受损失,即投资方财产的安全存在危险。

(2) 收益性风险,是指创业投资的投资方的资本和其他财产不会蒙受损失,但预期实际收益有损失的可能性。

(3) 流动性风险,是指投资方的资本、其他财产以及预期实际收益不会蒙受损失,但资金有可能不能按期转移或支付,造成资金运营的停滞,使投资方蒙受损失的可能性。

(四) 按创业过程划分

按创业过程划分,创业风险可分为机会的识别与评估风险、准备与撰写创业计划风险、确定并获取创业资源风险和新创企业管理风险。创业活动须经历一定的过程,一般而言,可将创业过程分为四个阶段:机会的识别与评估;准备与撰写创业计划;确定并获取创业资源;新创企业管理。

(1) 机会的识别与评估风险,指在机会的识别与评估过程中,由于各种主客观因素,如信息获取量不足,把握不准确或推理偏误等使创业一开始就面临方向错误的风险。另外,机会风险,即由于创业而放弃了原有的职业所面临的机会成本风险,也是该阶段存在的风险之一。

(2) 准备与撰写创业计划风险,指创业计划的准备与撰写过程带来的风险。创业计划往往是创业投资者决定是否投资的依据,因此创业计划是否合适将对具体的创业产生影响。创业计划制定过程中各种不确定性因素与制定者自身能力的限制,也会给创业活动带来风险。

(3) 确定并获取创业资源风险,指由于存在资源缺口,创业者无法获得所需的关键资源,或即使获得了所需资源,但获得的成本较高,从而给创业活动带来一定风险。

(4) 新创企业管理风险,主要包括管理方式,企业文化的选取与创建,发展战略的制定、组织、技术、营销等各方面的管理中存在的风险。

(五) 按创业与市场和技术的关系划分

按创业与市场和技术的关系划分,创业风险可分为改良型风险、杠杆型风险、跨越型风险和激进型风险。

（1）改良型风险,是指创业者利用现有的市场、现有的技术进行创业所存在的风险。这种创业风险最低,经济回报有限。即风险虽低,但要想生存和发展,获取较高的经济回报也比较困难,一方面会遭遇已有市场竞争者的排斥或进入壁垒的限制,另一方面即便进入已有市场,想要占有一定的市场份额非常困难。

（2）杠杆型风险,是指创业者利用新的市场、现有的技术进行创业存在的风险。该风险稍高,对一个全球性公司来说,这种风险往往是地理上的,常见于挖掘未开辟的市场,如彩电行业,利用原有技术进入农村市场。

（3）跨越型风险,是指创业者利用现有市场、新的技术进行创业存在的风险。该风险稍高,主要体现在创新技术的应用方面,往往反映了技术的替代,是一种较常见的情况,常见于企业的二次创业,领先者可获得一定的竞争优势,但模仿者很快就会跟上。

（4）激进型风险,是指创业者利用新的市场、新的技术进行创业存在的风险。该风险相对于上述三种风险最大,如果市场很大,可能会带来巨大的机会,对于第一个行动者而言,其优势在于竞争风险较低,但是知识产权保护力度很弱,市场需求不确定,确定产品性能有很大的风险。

三、大学生创业的风险及防范

如前所述,由于创业环境的不确定性、创业机会与创业企业的复杂性,创业者、创业团队与创业投资者的能力与实力的有限性而导致创业活动有偏离预期目标的可能性。目前,大学生创业存在着一般创业风险,同时大学生作为创业的一个特殊群体,受教育背景、社会环境与创业政策的影响,又具有与众不同的特征。这些风险的存在,一方面是由于大学生本身的一些原因,另一方面则是由市场的复杂性、创业环境的不确定性和企业成长的不可预料性决定的。要防范这些风险,大学生必须不断健全知识结构,提高创业能力,学会识别这些风险并针对不同的风险类型做出不同的防范措施。

（一）大学生创业的风险

大学生创业存在的风险主要有以下六种,分别是:机会风险、资金风险、技能风险、资源风险、管理风险以及环境风险。

1. 机会风险

创业的机会风险是指创业者在选择创业项目时作出错误的决定,只能抓住正确的方向的可能性。如果对机会把握不准或者推理偏误,则会使创业在开始就面临方向错误的风险。同时,也会存在由于创业而放弃了原有的学业所面临的机会成本风险,或者选择创业就放弃了就业,也是该阶段存在的风险,构成机会成本风险。

2. 资金风险

资金风险是指因资金不能适时地筹集和供应而导致创业失败的可能性。可以说,资金风险贯穿在创业活动的整个过程。当今社会,如果没有足够的流动资金,很可能会导致创业者在创业初期就遭遇失败,资金风险普遍是创业前期的"命门"。大学生更是缺乏财务分析,在资金管理上表现出明显的不足,相当多的大学生创业企业会在创办初期因资金紧缺而严重影响业务的拓展,甚至错失商机而不得不关门大吉。

3. 技能风险

大学生从象牙塔走出来,还未实现由"学校人"向"社会人"的完全转变,在年龄、阅历、心理等方面与有社会经验的人相比处于劣势。创业本身是一个复杂的系统工程,市场不会因为创业者是学生就网开一面,在单纯的校园环境中成长起来的大学生,在面对社会和市场时,比有社会经验的人更容易迷失和迷茫,思考问题理想化,对困难估计不足。同时,大学生还缺乏创业必备的知识和能力,不了解创业的相关政策法规。大学生创业基本技能的匮乏直接影响创业的结果。

4. 资源风险

这里所说的资源风险主要是由于社会资源贫乏而产生的风险。大学生创办企业、开拓市场、宣传产品或服务等工作都需要调动社会资源。但是大学生在校期间进行创业策划所利用的社会资源相对较少,有老师、同学的帮助支持,无需太多宣传公关。当走入社会实施创业时,在宣传广告、市场营销、工商税务、融资租赁、生产服务等方面将会遇到很多挫折和困难,耗费很大精力。

5. 管理风险

由于长期接受应试教育,不熟悉经营"游戏规则",一些大学生创业者虽然在技术上出类拔萃,但财务、营销、采购、广告、管理等方面的能力普遍不足。大学生有理想与抱负,但初涉商场,知识单一,又缺乏实践经验,往往出现决策随意、信息不通、理念不清、用人不当,对具体的市场开拓缺乏相关的经验与知识等情况。在这些情况下,大学生创业就会遇到各种不可预见的问题,很可能会使创业者犯一些低级错误,导致创业困难。

6. 环境风险

环境风险是指在创业过程中由于环境发生变化而给创业带来的利益损失。这一风险也贯穿在创业的整个过程中,在中、后期的表现更为突出,一旦发生,可能给企业带来致命的打击。特别是高技术产品的创新活动,由于所处的社会、政治、政策、法律环境变化或由于意外灾害发生而造成失败的可能性更大,而且对这种变化,创业者自身通常是无能为力的。

案例2-3

常军:大学生创业,半年亏损12万

"别人开店开一个,我读了大学,我能开十个!"创业之初,常军信心满满。

今年27岁的常军现在就职于东太集团,"年薪几万块吧,收入还可以,没有自己开店时的压力,也没有那么辛苦"。去年9月份,他悄悄卖掉了坐落在贵州省贵阳市中心的"香港摩登"美容美发店。这是他大学毕业后第一次自主创业的结局。

2008年从中国矿业大学毕业后,常军进了江淮汽车集团,成为市场营销策划的储备军,先从一名车间工人做起,熟悉业务流程。工作压力并不大,却几乎每天都工作十三四个小时,常军觉得很不开心。

在校期间常军曾经和朋友开过校内花店,经营情况不错,此时他再度涌起了创业的热

情,于是,工作半年后便辞职了。

2009年春节,趁着全家人聚在一起,常军拿出了自己的创业方案:决定开一个美容美发店。他坦言,自己并不喜欢这一行,美容美发店只是他构想里的一个过渡。他在方案里写着:"赚到了第一桶金以后就会投资其他行业,有资金投入的亲戚可以继续持股,享有分红。"

他的诚意打动了长辈,长辈们也愿意给这样有激情的年轻人一个机会,于是常军从亲戚那里筹到了他所需要的资金——12万元。2009年3月,他和一个老乡先来贵阳探路。他说:"选择贵阳是感觉贵阳有市场,那里有品质的美容美发店很少。"

可是从筹备伊始,创业之路的艰辛很快就显现出来。"当时人生地不熟,一切都是赶鸭子上架,"他回忆说,"光选址、装修就折腾得够呛,以前几乎什么都没做过,当时几乎什么都做过了。为了省下工钱,店里的墙都是我们自己刷的。"

当年5月,店铺如期开业,却没有预想的客流滚滚。"半个月后,我发现我犯了两个不可原谅的错误。一是选址错误,虽然在市中心地带,但是那个地区人流量并不是特别集中,各项费用却很高,给后来的运营带来了沉重的负担。第二,我居然到后来才了解到,夏天,基本上从5月份开始,其实是美容美发的淡季……"开支远远大于收入,并不丰厚的创业资金所剩无几,常军只能更加卖力。为了让第一次来的顾客成为回头客,他陪顾客买电脑,给顾客介绍客户,根据顾客需要延长营业时间……他的努力也算是有了回报,经营一天一天步入正轨,可是问题总是一个接着一个,团队之间的摩擦日益增多。

"我那时心太急,太浮躁,又拿捏不好轻重。什么事当说,什么不当说,我也不知道。"常军说,自己一遇到挫折,比如当天客流量少、顾客不满意等问题,就变得很急躁,容易对员工发火,不知不觉把负面情绪转移给了他们,也让他们心生怨气。"刚创业的大学生,都没有什么管理经验。怎样去建立一个团队和培养一个良好的团队氛围,是我失败后经常会思考的事情。"常军说。

开销还是太大了,常军算了一下,就算完全步入正轨,也只是维持温饱而已,要达到策划时预期的效果,完全不可能。2009年8月中旬,贵州一所大专院校附近有一个美发店因老板有急事要转手,常军觉得这是自己翻盘的好机会。那个院校光学生就有8 000多人,8月盘下来,9月刚好开学,肯定赚钱。

在市中心店尚在风雨中漂泊时,他又把精力完全投入到另一个店铺。与老板洽谈,筹款,开始新一轮的四处奔波。正当事情就要一锤定音时,老板突然反悔了。而此时的市中心店因为疏于管理,已然不像样:员工懒散,处事马虎,待客不周到、不热情,营业额下降到只比刚开业时好一点。

"压垮我的最后一根稻草是,有一天,我无意中看到镜子里那个眼神疲惫、胡子拉碴的年轻人,完全看不到当初的激情和壮志,只剩下无奈、疲惫、身心憔悴以及自我否定。那个晚上我流泪了。"常军说,第二天,他就开始重新写简历找工作,并一边准备着卖掉店铺。

资料来源:万炜,朱国玮.创业案例集锦[M].北京:中国人民大学出版社,2017.

(二)大学生创业风险的防范

大学生要想防范创业风险,可采取以下五个措施。

1. 提升自身素质

大学生创业所存在的风险往往是由大学生这个特殊的群体在创业过程中具有的劣势造成的,因此想要规避风险,就必须从实际出发,提升大学生自身能力,学习各项创业所需的技能与素质。分析众多大学生创业成功的案例,大学生成功创业取决于以下几方面的能力:创新能力、策划能力、组织能力、领导能力、管理能力以及公关能力。也只有这几方面的能力同时具备,大学生在创业中才能技高一筹,降低失败的概率。

2. 准备好创业必备的硬件

俗话说"巧妇难为无米之炊",没有充分的硬件准备,再好的创意也难以转化为现实的生产力,再优秀的人才也没有用武之地。大学生创业所需要具备的硬件主要是经验、资本和技术。经验的积累避免陷进眼高手低、纸上谈兵的误区;资金为成功创业建立物质基础;技术则是大学生想要在高科技领域占有一方天地的王牌。

3. 接受风险意识教育

各高校可以有计划地开设有关于创业风险的课程,通过实际案例理性分析创业活动的复杂性,让大学生能够清醒地认识到创业历程中存在的风险,以及如何防范和应对创业过程危机,指导大学生在创业前期、创业当中如何对待和化解创业风险,促进大学生进行创业能力的自我培养和技能的提高。

4. 了解政策和相关法律

近年来,为支持大学生创业,国家各级政府出台了许多优惠政策,了解这些政策,有助于走好创业的第一步。同时应该要学习相关的法律知识,如工商注册登记、经济合同和税务等法律知识。这些是大学生创业过程必备的知识。大学生只有懂法、守法,并依据法律保护自己的合法权益,才能确保自己的创业行动稳健与长久。

5. 注意创业不同阶段的问题

当然,真正实际操作进行创业时,无论是在创业前期的准备、创业中期的运行还是创业后期的完善也都有许多问题需要注意。

在创业前期,要谨慎选择项目,避免盲目跟风;合理组建团队,避开熟人搭伙;注重实践磨练,回避准备不足。在中期要强化内部管理,培养骨干队伍,积极参与竞争,杜绝急功近利,加强内涵建设,创立品牌形象。在创业后期,面对"守业"的艰巨任务,要懂得建立激励机制,凝聚创新人才,尝试权力授予,完善组织架构,逐步合理扩张,健全制约机制。如此,才能算得上成功创业。

【核心概念】

创意　创意思维　机会　商业概念　创业机会　创业风险

【本章小结】

创意是创业者的一种与众不同的思想或一个绝妙的好主意,是对创业活动的初步设想,是创造性思维的产物。创意思维具有独特性、多维性、综合性、灵活性、敏捷性等特征;激发创意可以采用头脑风暴法、焦点小组访谈法、六帽思维法等方法。

创意是具有商业指向的创新性想法,是机会识别的基础;而创业机会是指经过评判并适合创业的创意或机会。

创业机会是通过创造性的资源组合,传递更明确的市场需求的可能性,是未明确的市场需求或者未被利用的资源或者能力,创业机会具有很强吸引力、较为持久性、适时性、立足消费者和可识别等特点。创业机会的来源可以概括为七个方面:意料之外的事件、不一致的状况、基于程序的欠缺、基于行业与市场结构的变化、人口的变化、基于价值观与认识的改变、新知识的涌现。从不同的角度和标准可以把创业机会区分为不同的类型。

对创业机会的识别主要包括信息的收集和研究、创业机会识别的内容、创业机会识别的方式,其中创业机会识别的方式为洞察趋势、解决问题、寻找空白市场。

对创业机会的分析评价是企业成功的重要前提和基础,对创业机会进行分析,一般可采用定性分析和定量分析两种方法,创业机会的评价准则由产业和市场、资本和获利能力、竞争优势、管理班子及致命缺陷五个方面组成,共有18项评价指标。

创业风险是指由于创业环境的不确定性,创业机会与创业企业的复杂性,创业者、创业团队与创业投资者的能力和实力的有限性而导致创业活动的不确定性及其所产生的结果。按照不同的划分标准,创业风险有多种表现形式。

大学生作为创业的一个特殊群体,受教育背景、社会环境与创业政策的影响,其创业面临着许多风险,主要体现在六个方面,分别是:机会风险、资金风险、技能风险、资源风险、管理风险以及环境风险。大学生创业风险的防范可以通过提升自身素质、准备好创业必备的硬件、进行风险意识教育、了解政策和相关法律、注意创业不同阶段的问题等途径实现。

【认知与训练】

个人任务:"选择项目方向"。具体要求如下:

为了参加团队项目遴选,请结合个人兴趣及对相关市场的初步了解,选择创业项目方向,并围绕"为什么选?""这个项目能触动什么人群的痛点或能解决什么问题?""准备从哪里入手?""你做此项目的优势有哪些?"等问题,撰写一份项目遴选的提纲。

【探究与拓展】

小组任务:"团队项目遴选及项目创业机会评价"。具体要求如下:

(1)从团队成员自选的项目中遴选本团队的创业项目,并对小组项目进行商机画布(图2-8)练习。

(2)对已确定的团队创业项目进行创业机会的评价。

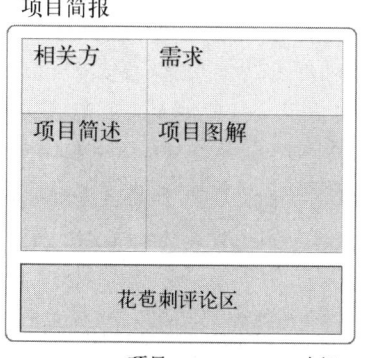

图 2-8 商机画布

【课后阅读案例】

三次"崛起"创造中国式商业传奇

1962年,史玉柱出生在安徽怀远。1984年他毕业于浙江大学数学系,分配至安徽省统计局。1989年1月,他从深圳大学研究生院毕业,成为一名软科学硕士。拿了硕士,他却随即下海创业,以借来的4 000元创业,在深圳以巨人汉卡起步。1993年,史玉柱因珠海"重奖"科技人员而闻名全国,成为改革开放知识分子创业的"典型"。1994年,短短5年创业使他位居福布斯"大陆富豪排行榜"第8位。意气风发的巨人集团开始凭借脑黄金"狂飙突进",同时,史玉柱做出了营建70层巨人大厦的决策。1997年,因巨人大厦"烂尾",使史玉柱成为"最著名的失败者"。他顷刻间又沦落为负债2.5亿元的"中国首穷"。1998年,脱胎换骨的史玉柱携脑白金卷土重来。2004年,他重返IT行业,注册了上海征途网络科技公司,以一款《征途》点燃了网游产业发展的第二把火。这家公司在2007年9月更名为上海巨人网络科技有限公司,由巨人网络集团控股上海征途网络,旋即他的巨人网络集团登陆美国纽约证券交易所,融资10.4亿美元,史玉柱的身家也一度突破500亿元,跻身中国IT业富豪之列。2008年9月10日,美国《福布斯》杂志公布了2008年全球互联网富豪排行榜,这一回,史玉柱以28亿美元个人净资产排名第7位,他也是该排行榜上排名最靠前的中国互联网富豪。在民营企业家命运沉浮变幻的序列中,史玉柱再次崛起的故事,突显出"执著与毅力"的魅力与价值。史玉柱个人与他所取得的商业成就,一定程度上浓缩了改革开放以来中国人、中国企业、中国经济的错综复杂、悲欢离合。

我们可以细细观察一下他的"三次崛起"的历程。

第一次创业:巨人倒塌,从富豪"老八"到"中国首负"。

1989年,史玉柱27岁。他借债4 000元,开始创业。他利用报纸《计算机世界》先打广告后收钱的时间差,用全部的4 000元,为其耗费9个月心血开发出来的M-6401桌面排版印刷系统,做了一个8 400元的广告。13天后,史玉柱收获15 820元;一个月后,4 000

元广告已换来10万元回报;四个月后,新的广告投入又为他赚回100万元。这一年,史玉柱产生了创办公司的念头,他想:"IBM是国际公认的蓝色巨人,我办的公司也要成为中国的IBM,不如就用'巨人'这个词来命名公司。"

1991年7月,"巨人"实施战略转移,总部由深圳迁往珠海,珠海巨人新技术公司迅速升格为珠海巨人高科技集团公司,下设8个分公司。这一年,M-6403桌面印刷系统共卖出2.8万套,盈利3500万元。到1993年7月,巨人集团下属全资子公司已经发展到38个,是仅次于四通公司的全国第二大民办高科技企业,拥有M-6405汉卡、中文笔记本电脑、手写电脑等五个拳头产品。

1994年初,巨人大厦动土。这座最初计划建18层的大厦,在众人热捧和领导鼓励中被不断加高,从18层到38层、54层、64层,最后升为70层,号称当时中国第一高楼,投资也从2亿元增加到12亿元。史玉柱基本上以集资和卖楼花的方式筹款,集资超过1亿元。与此同时,史玉柱开始了多元化扩张之路,他将自己未来的产业集中在三个领域:软件、药品、保健品。1995年,巨人打响了"三大战役",这一年,史玉柱推出了三个领域30个新品,砸了1亿元人民币投放广告。就这样,保健品脑黄金竟然取代了汉卡,成为巨人最赚钱的产品,高峰时期,脑黄金每年贡献的纯利润就有1亿元人民币。也正是这一年,33岁的史玉柱的声名达到巅峰状态,世界上著名的财经杂志《福布斯》发布了一个"大陆富豪排行榜",他名列第8。这时,危机的种子已经悄悄发芽。1996年,巨人大厦资金告急,史玉柱决定将保健品方面的全部资金调往巨人大厦,保健品业务因资金"抽血"过量,再加上管理不善,迅速盛极而衰。当时巨人集团危机四伏,脑黄金的销售额达到过5.6亿元,但烂账有3亿多元。

1997年初,只完成了相当于三层楼高的首层大堂的巨人大厦停工,各方债主纷纷上门,巨人现金流彻底断裂。媒体"地毯式"报道巨人财务危机。30天之内,上千篇报道铺天盖地地演绎了从天堂到地狱的现实版本,赞美和欢呼突然变成了气势汹汹的质问和指责。

史玉柱成了背负2.5亿元债务的"中国首负"。不久,便黯然离开广东。"没有那么大的头,不要戴那么大的帽。"提起这一段"老八到首负"的经历,史玉柱这样描述:"那时候就是穷,债主逼债,官司缠身,账号全被查封了。"他当时穷到刚给高管配的手机全都收回变卖,整个公司里只有他一人有手机用,大家很长时间都没有领过一分钱工资。当然,他很庆幸自己有"那一跤",因为他检讨自己错在以为自己做啥都能成。他甚至后悔这一跤摔得有点晚了,"1995年摔就更好了。"

第二次创业:卖保健品,一年就还清了所有债务。

幸运的是,受到重创的史玉柱,除了缺钱,似乎什么都不缺:公司20多人的管理团队,在最困难的时候依然不离不弃,没有一个人离开。而且史玉柱手上已经有两个项目可供选择,一个是保健品脑白金,另外一个是他赖以起家的软件。史玉柱算了一笔账,软件虽然利润很高,但市场相对有限,如果要还清2亿元,估计要10年,保健品不仅市场大而且刚起步,做脑白金最多5年。1998年,山穷水尽的史玉柱找朋友借了50万元,开始运作脑白金。

手中只有50万元,已容不得史玉柱再像以往那样高举高打,大鸣大放,最终,他把江阴作为东山再起的根据地。江阴是江苏省的一个县级市,地处苏南,购买力强,离上海、南京都很近。在江阴启动,投入的广告成本不会超过10万元,而10万元在上海不够做一个版的广告费用。

启动江阴市场之前,史玉柱首先做了一次"江阴调查"。他戴着墨镜走村串镇,挨家挨户寻访。由于白天年轻人都出去工作了,在家的都是老头老太太,半天见不到一个人。史玉柱一去,他们特别高兴,史玉柱就搬个板凳坐在院子里跟他们聊天。在聊天中,这些老人都会告诉史玉柱:"你说的这种产品我想吃,但我舍不得买。我等着我儿子买呐!"史玉柱敏感地意识到其中大有名堂,他因势利导,推出了家喻户晓的广告"今年过节不收礼,收礼只收脑白金"。

结果,大家知道,效果出奇的好。2000年,公司创造了13亿元的销售奇迹,成为保健品的状元,并在全国拥有了200多个销售点,规模超过了鼎盛时期的巨人。这一年,他悄悄还了所欠的全部债务。

继脑白金的一炮走红之后,2001年,史玉柱将维生素和矿物质合在一起的混合物类产品"黄金搭档"推向市场。"黄金搭档送长辈,腰好腿好精神好;黄金搭档送女士,细腻红润有光泽;黄金搭档送孩子,个子长高学习好。"如此通俗的广告,使史玉柱纯熟的广告策略和成熟的通路得以跟脑白金一起成为保健品市场上的常青树。为了平衡现金流,2003年,史玉柱将脑白金和黄金搭档的知识产权及其营销网络75%的股权卖给了段永基旗下的香港上市公司四通电子。数亿元的现金趴在账上,史玉柱开始向保健品之外的行业投资,首选的是回报稳定的银行业。2003年,史玉柱花了3亿元买入华夏银行和民生银行的法人股,三年赚了120多亿元!

第二次创业让史玉柱"可以踏实睡觉"了。巨人事件让他学会了不打无把握之仗,第一个项目稳定了、安全了,再做第二个项目。史玉柱坚持,"不追求销售额,追求利润。"他说,他曾经是一个著名的失败者,他害怕失败,他经不住失败,所以只能把不失败的准备工作做好。

第三次创业:开发网游,消遣方式成了赚钱秘术。

大家知道,史玉柱最早起家,就是靠卖软件开始的。他自然和电脑游戏不陌生,但他真正喜欢上电脑游戏是在1996年,当时巨人出现资金危机,债主接连登门,搞得史玉柱无法正常办公,于是,关起门来的史玉柱把电脑游戏当成了唯一的消遣方式。

2002年末,史玉柱开始玩盛大公司开发的在线游戏《传奇》,并很快上了瘾。那时,他每天要花四五个小时泡在《传奇》里,平均每月的开支超过5万元。对于游戏,史玉柱是个沉迷其中的玩家,但他从来没有失去作为一个商人的嗅觉和敏锐,他意识到:"这里流淌着牛奶和蜂蜜。"

2004年春节后的一天,史玉柱把几个高管召集在一起开会,讨论再投入网络游戏行业晚不晚。当时中国的网络游戏行业已经高速发展了三年,国内的盛大、网易、九城三家公司呈现三足鼎立之势,来自日本、韩国的游戏也有不小的市场份额,市场竞争形势不容乐观。但史玉柱还是说服了大家。2004年11月,史玉柱的征途公司正式成立。

当听说盛大的几个研发人员有独立创业的打算,史玉柱毫不犹豫地花了大价钱把他们集体挖来。就这样,2005年11月,《征途》推出市场。几年来,在线人数一路飙升,到华尔街上市时,它已经成为全球第三款同时在线人数超过 100 万的中文网络游戏。2006 年,《征途》的销售额达到 6.26 亿元。从公开的账面上看:巨人网络 2010 年第四季度财报显示,公司现金储备 9 亿多美元;在民生银行公告增发股票后,健特公司宣布认购 14.24 亿股,每股 4.57 元,需 65 亿元。巨人网络和健特公司的控制人,毫无疑问是史玉柱。

可以说,《征途》让史玉柱再次成功。2008《福布斯》全球互联网富豪排行榜中,史玉柱以 28 亿美元的身价列第 7 位,《福布斯》称他是"最富有的上海居民"。

资料来源:张小云.史玉柱的商业传奇[J].绿色中国,2012,(02):24-33.

讨论题:

1. 根据案例提供的材料,你认为史玉柱在创业过程中面临着哪些风险?
2. 风险是否一定意味着失败、亏损、危机?你如何看待应对风险策略的重要性?

第三章　创业者与创业团队

【学习目标】

1. 了解创业者的概念及其类型。
2. 了解创业者的基本素质。
3. 了解成功创业者的特质。
4. 理解创业团队的定义及特征。
5. 掌握创业团队组建的原则。
6. 掌握创业团队管理的基本方法。

引导案例

乔布斯的成功之道

乔布斯没有获得过任何编程、设计、工程或MBA学位,却能成为"商界贝多芬"(吉姆·柯林斯语);苹果从来没有真正发明过全新产品,但它总能颠覆前人的认知和经验,这些无一不让人感到诧异。

专注,是乔布斯的重要哲学。传统管理学让企业通过多元化分散风险;而苹果的哲学则是把所有资源都投入到尽量少的产品上。"质量比数量重要得多,一次本垒打要好过两次二垒安打。"在接受《商业周刊》采访时乔布斯说。

简约,是乔布斯的杀器。他为iPod、Macbook Aira和iPad做的经典注脚分别是:口袋里的1 000首歌;世界上最薄的笔记本电脑;无所不能的第三类设备。

极致和细节完美主义,确保苹果产品人见人爱。乔布斯对世界的评判是极端化的,产品在他看来要么是最好的,要么是最差的;下属要么是天才,要么是平庸之辈。苹果一直致力于生产艺术品,而非一般意义上的科技产品。

给团队拧紧发条,是乔布斯赋予自己的责任。乔布斯当初对Mac开机启动太慢时大吼:"你知道多少人要买我们的产品吗?想象一下,如果你让启动速度提高5秒,每天5秒乘以100万,那就是50人一辈子的时间,你就能拯救50条生命!"

坚持走自己的路。封闭的软硬一体化路线,是乔布斯在PC市场惨败的原因。但这并没有使他放弃此道。风水轮回之际,"封闭"的苹果在移动互联网时代打造出独此一家的无缝"用户体验"。

当然最重要的,是要有梦想。多年来,乔布斯一直在布道:"苹果的基因从未改变,那就是'科技民主化',把科技以令他们惊喜的方式带给普通人。"对于一以贯之的"拿来主义",乔布斯引用毕加索的话说:"优秀的艺术家模仿别人的作品,而伟大的艺术家则窃取别人作品中的精髓。"

资料来源:根据冯禹丁所著《乔布斯的创新密码》整理而成。

第一节 创业者及其素质

一、成为创业者的动因

创业体现的是创业精神与有价值的创业机会的结合,即创业动机强烈的人会投入较大的精力探寻创业机会。那么,是哪些因素在影响个人成为创业者?一般来说,直接的影响因素有三个方面:一是个人特质。事实上,每个人都具有创业精神,只是由于遗传和环境的原因,创业精神的强度有差别;二是创业机会。创业机会的增加会形成巨大的利益驱动,促使更多的人创业;三是创业的机会成本。创业的机会成本指的是创业者时间和劳动的投入。创业的机会成本越低,越能提高人们对创业的渴望。

虽然促使个人成为创业者的动力因素各种各样,但最常被提及的因素是独立性,比如不愿意为别人工作,想做自己的老板。这是促使全世界所有创业者愿意接受各种各样社会的、心理的和经济风险的原因。没有这种追求独立的因素,就很难让一个人去承受各种挫折和艰辛。熊彼特对创业者的创业动机在精神层面上进行了剖析,他将创业动机归结为"建设私人王国,对胜利的热情,创造的喜悦"。实际上,创业者希望摆脱任人摆布的命运,渴望独立,自由地分配时间,安排企业经营活动,实现自我价值。这种独立性、自由和自我发展是创业的关键动机。

从社会宏观环境来说,创业是创业者对时代潮流的顺应。一般而言,经济活跃期也是创业活跃期,因为这一时期市场机遇较多,创业机会也就多;同时,创业的踊跃又会促进经济的发展。当前,全球范围内之所以掀起创业大潮,中国之所以吹响"双创"的号角,就是因为当今的世界和中国处于造就创业英雄的时代。

从个人主观动机来说,创业者从事创业活动是由多种力量驱使的。一是由成就感驱使。创业者多有强烈的事业心和远大抱负,渴望成就一番事业。由于追求的层次高,而原单位因条件所限,无法施展才华,创业则是其事业上的一种选择。二是由利益驱使。巨大的商业机会和利润诱惑着创业者投身于创业活动,许多创业者实践所获得的成绩,也为其树立了典范。三是由环境驱使。许多人是因原工作环境不佳而投身于创业的,他们或者怀才不遇,未受重用;或是待遇低,心理失衡;或是学非所用,不能发挥专长;或是人际关系紧张,心情不畅。于是自我创业便成为其最佳选择。四是由生存压力驱使。创业者被老板解雇或下岗失业,迫于生存而创业。

一项针对130多位青年成功企业家的访谈以及10 000份对年龄在18~45岁创业者的调查结果揭示了创业者们创业初期的优先需求,如表3-1所示。

在调查中,创业者们对创业成功后的选择问题上,有70.9%的人决定扩大规模,26.3%的人愿意维持现状,仅有2.8%的回答选择见好就收;近70%的创业者继续奋斗的原因是为了满足实现自我价值、兴趣、尊重等方面的需求。对此,马斯洛的需求层次理论给出了合理的解释,他认为,需求是有层次的,低层次的需求基本得到满足后,它的激励作用就会降低,其优势地位将不再保持下去,高层次的需求将会取代它成为推动行为的主要动机。

表 3-1 创业的动机分析

创业的动机	频次/人	百分率
实现自我价值	281	38.9
生　存	174	24.1
做自己喜欢的事情	122	16.9
不满意现在的工作环境	42	5.8
赢得别人的尊重	40	5.5
羡慕成功的创业者	29	4.0
朋友的鼓励和协助	16	2.2
其　他	19	2.6
总　计	723	100

企业家们在第一次创业完成原始资本的积累后,热衷于二次创业正说明了这一点,即在充分满足了生存需求后,他们追求的是进一步的发展,或者说是自我实现的需求,这种需求不断激励着创业者的成就动机。

二、创业者的定义及类型

(一)创业者的定义

顾名思义,创业者是指从事创业活动的人。由于创业有广义和狭义之分,所以,创业者也有广义和狭义之别。广义的创业者是指在各种不同的领域和行业内创造性地工作并取得业绩的人。因此,广义的含义不仅仅指企业家,可能还包括工程师、医生、公务员或清洁工等各种具有创造性的人员;但狭义的创业者一般是指开创新事业的企业家或领导人。

本书将创业者定义为自主创业的个体或团队,即在追求个人富足和自身价值实现的同时,创造社会财富和吸纳劳动力,切实为社会进步和经济发展做出积极贡献的群体。具体包括以下几层含义:

(1)创业者既是创新者,又是继承者。创业者不论是创建新企业,还是在原有企业中采用新战略、开发新产品、开辟新市场、引进新技术或运用新资源,都是不同程度地开展创新活动,因而创业者首先是创新者,要具有创新的思维和能力。同时,任何创新活动都不能脱离实际,也就是要根据企业的原有条件、现实状况及未来发展方向去进行;另外,创业活动也是创业者本人的知识、经验和文化观念的反映,因此,创业具有传承性,创业者也是继承者。

(2)创业者既是生产者,又是消费者。创业是创建或运营经济实体,因而具有生产性。其生产的产品可以是有形的物质产品,也可以是无形的精神产品,但都应具有满足社会和人类某种需要的特性,否则,创业就是无价值的和无意义的,也就不能称之为"创业"。另一方面,创业既然是一种生产经营活动,就一定要不满消耗各种各样的资源。因而,创业过程是生产活动和消费活动的统一体,创业者也就成为生产者和消费者的统一体。

(3) 创业者既是领导者,又是劳动者。在企业中创业者通常居于管理者的位置,从事企业的日常经营与战略决策。在竞争日益激烈的市场经济条件下,可以说,管理者掌握着企业生死存亡的命脉。因而创业者是企业的领导者和带头人,引领企业的发展方向;同时,创业者又是普通的劳动者,具有普通劳动者的需要和特征。如希望通过诚实劳动获得收入,提高生活质量,获取相应的社会地位和社会承认与尊重,在劳动过程中实现自我价值等。

(二) 创业者的类型

1. 按创业的背景和动机来划分

(1) 生存型创业者。这类创业者大多为下岗工人、失去土地或因种种原因不愿困守乡村的农民,以及刚刚毕业找不到工作的大学生,这是中国数量最大的创业群体。其中,许多人是被"逼上梁山",为了谋生或保证必要的生存需要。他们的创业范围一般都局限在商业贸易,少部分创业者会从事生产制造,但主要涉及加工业。当然,这类创业企业也有一部分成长为大中型企业。在当今这个复杂多变的时代,生存型创业者仍占整个社会创业者中的大多数。

(2) 变现型创业者。这类创业者指过去在国企、民营企业当经理人期间积累了大量资源的人。在机会适当的时候,自己出来开公司、办企业,实际是将过去的权力和市场关系变现,将无形资源变现为有形的货币。

(3) 主动型创业者。这类创业者又可以分成两种情况:一种是盲动型创业者;一种是冷静型创业者。前一种创业者大多极为自信,做事冲动;后一种创业者是创业者中的精英,其特点是谋定而后动,不打无准备之仗,或是掌握资源,或是拥有技术,一旦行动,成功概率通常很高。

上述从创业的背景和动机的角度对创业者进行的划分较为通俗化,为了更全面、更具体地认识创业者的种类,以下将从创业者的身份特征来进行分类。

2. 按创业者身份来划分

(1) 自主创业者。自主创业者即企业的创始人或事业的发起者。自主创业者从策划到实施、从企业或事业组织的组建到运行管理都负担起主要或领导责任。自主创业者一般都是企业或事业组织的法人代表,是直接创造劳动岗位的人。自主创业者的创业形式可以是单独创业,也可以是合伙创业;可以是母体脱离、另辟蹊径,也可以是独立创业、开宗立祖。自主创业者是创业大军中的中坚力量,是促进经济社会发展的先锋。

(2) 从属创业者。从属创业者即跟随自主创业者进行创业的人。从属创业者一般是自主创业者的合伙人或主要帮手,在新创企业或事业组织中一般是中高层管理者。

(3) 内部创业者。内部创业者即在本职岗位上进行各种不同形式创新的人。比如进行工作创新、管理创新、技术创新或新产品开发、组织或制度创新。内部创业者不同于前两类创业者的地方是,前两类创业者创造劳动岗位,而内部创业者不创造劳动岗位,但能使已有劳动岗位变得更有价值。内部创业者丰富了创业大军的内容,是人数最多的创业群体。

专栏 3-1

创业家思维与企业家思维

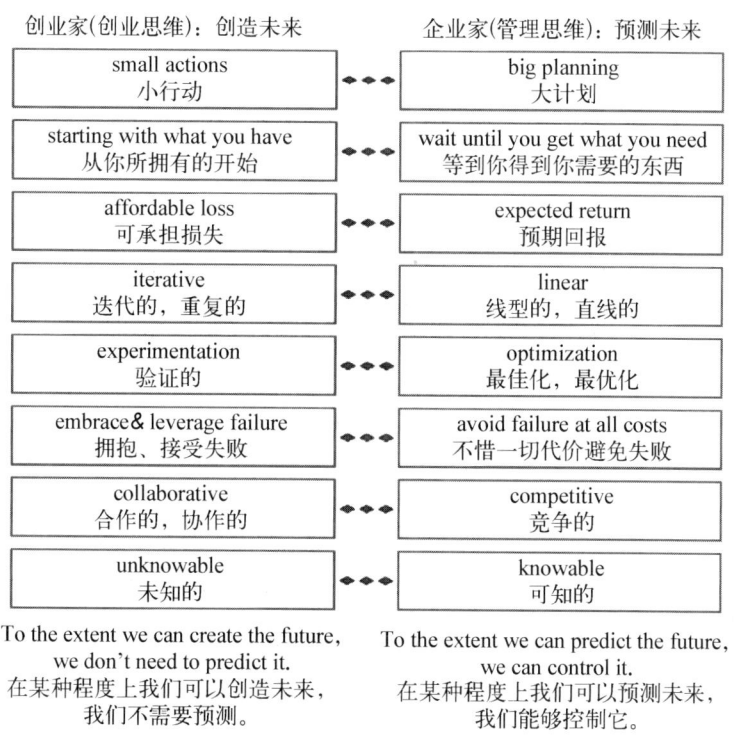

图 3-1　创业家与企业家的思维对比

资料来源：稻田教育云官方网站（http://daotian.seentao.com）。

三、创业者的基本素质

有人说，想创业不一定能创业，而能创业也不等于一定能成功创业。成功的创业者之所以往往会在各种关键时刻展现出卓越的能力，主要是由于他们具备许多有别于非创业者或不成功创业者的特质。有人认为这些特质是成功创业者与生俱来的；有的人则认为，成功创业者的特质是可以通过专门的创业教育培养的，可以后天赋予。概括来说，创业者成功创业需要具备以下相应的素质和能力。

事实上，任何成功者都是从平凡者开始起步的，大多数成功者并不是所谓的"天才"，如果仔细剖析会发现，他们具有和大多数人相同或相似的特质，即作为一个从事或即将从事某种职业的社会人，在他身上所具备的该项职业所需的基本条件。总体而言，创业者的基本素质包括能力、人格、理念和健康四大要素，在每一个要素之中又有若干子要素。

（一）能力

能力是最重要的创业素质，往往需要通过有针对性的培训方能得到培养和提高。能力素质包括知识、智力、社会智力、从业能力、特殊能力和创造力。

专栏 3-2

大学生创新创业能力评价指标体系

"互联网+"背景下给当代大学生学习和搜集资料提供了较大的方便,对大学生的信息搜集和处理的能力也提出了新挑战。考虑我国高校大学生创新创业能力的影响因素,并结合我国高校大学生创新创业能力的现状,筛选整理出主要影响指标,最终拟从其思维优化能力、学习消化能力、知识储备能力及科研创造能力4个一级指标出发构造出包括14个二级指标的大学生创新创业能力综合评价指标体系。其中,思维优化能力指标下主要选取逻辑思维能力、批判思维能力及发散思维能力3个二级评价指标;鉴于"互联网+"背景下的要求,本文主要从信息搜集、知识更新、问题发现、理论转化为实际4个具体方面的能力来对大学生学习消化能力进行衡量和考察;知识储备能力的衡量指标主要包括基础知识、专业知识、相关知识以及创新知识4个二级评价指标;科研创造能力的二级衡量指标主要包括:论文发表能力、专利发明能力及科创项目申请能力等,具体的评价指标体系如图3-2所示。

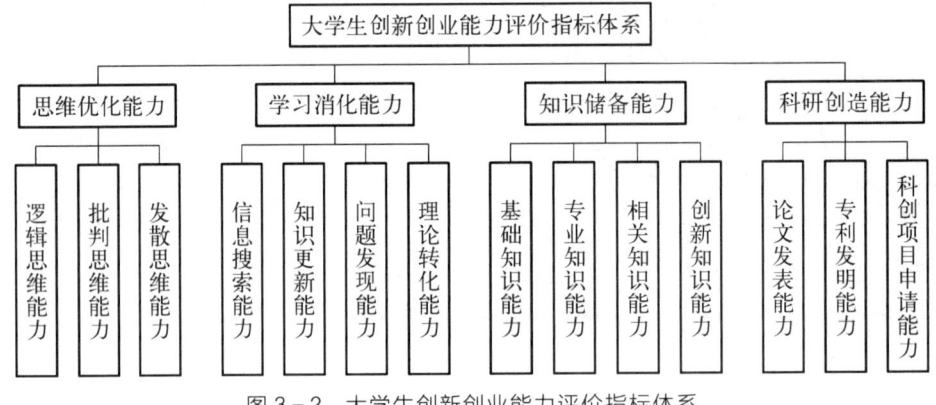

图 3-2 大学生创新创业能力评价指标体系

资料来源:兰国辉,陈亚树."互联网+"背景下大学生创新创业能力评价研究[J].安徽理工大学学报:社会科学版,2017,19(5):94-95.

1. 知识

知识是指人们头脑中所记忆的经验和理论。知识可分为"一般经验"和"理论"两种。当知识带有逻辑性、体系性、科学性时,就成为理论;而一般经验则是零碎的、片段的。从社会职业活动的角度看,知识又可分为一般知识和专业知识,专业知识则包括理论知识和工作经验。在现实社会中,教育部门主要负责传授专业基础理论、知识和方法;培训机构则着重传授工作经验和操作技能。一个人受教育的程度或者拥有技能的状况,往往是社会判断其知识水平的依据。因此,人们一般通过这些部门或机构增加相关的知识储备,以便提高自身的人力资本存量。

2. 智力

智力是指人认识客观事物并运用相应知识分析、解决实际问题的能力。对于智力水平,心理学采用"智商"(IQ)指标来衡量。一般来说,人的智商标准平均状态为100分,分数越高,说明智力水平越高。智力一般包括感知力(特别是其中的观察力)、记忆力、思维力和想象力四个方面。

3. 社会智力

社会智力是指人们所具备的社会活动能力、人际交往能力,一般包括:计划或规划能力、决策能力、组织或协调能力、人际或沟通能力、领导能力、自控能力等。一个人的社会智力水平对于其职业生涯(包括创业生涯)的设计、实践和获取成功都有着巨大的影响。

4. 从业能力

从业能力也就是通常所说的技能,即经过训练而熟练化、规范化的动作系列或思维系列,是从事具体职业活动的能力,这是从业的条件或职业对于从业资格的要求。其包括能向[①]、普通教育程度、专门职业培训、环境条件、体力活动、工作兴趣、性格等。

5. 特殊能力

特殊能力指部分人在某个特殊领域具有更为突出的能力,即更擅长于某项工作。国外专家研究指出,有人可以在以下这些能力上表现出过人之处:语言能力、数学计算能力、空间判断能力、形态知觉能力、文书事务办公能力、手指灵活性、辨色能力、动作协调能力(眼—手动作协调或眼—手—足配合能力)等。创业能力就是创业者的一种特殊能力,它往往影响创业活动的效率和创业成败。

6. 创造力

创造力指的是产生新思想,发现和创造新事物的能力和素质的总和。它是人所具有的一种复杂的、高层次的心理特质和综合本领;是由一定知识、智力、能力及优良的个性品质等诸多因素综合优化构成的。与一般能力相比,创造力具有新颖性和独创性;与智力相比,创造力显得更为复杂,内容也要丰富得多,对于成功的影响作用也更加深远。

(二) 人格

人格是指一个人的整体精神面貌,是与他人相区别的独特而稳定的思维方式和行为风格等心理特征的总和。人格可以分为气质、向性和情感三个方面。

1. 气质

气质是指表现在人的认识、情感、言语和行为中的强度、速度、灵活性与指向性等方面的一种相对稳定的个人心理特征。人的气质不以人的活动目的、内容和动机的改变而改变。任何一种气质都有积极和消极两个相伴而生、相互依存的方面,气质本身并无好坏之分,但它会影响着一个人的工作效率,甚至在一定程度上还关系到事业的成败。

具有某种气质特征的人,一般会在不同的活动中都表现出相同的心理活动和外部特点。例如:有的人脾气暴躁,容易冲动;有的人性情温和,不慌不忙;有的人聪慧机敏,灵活好动;有的人反应迟钝,喜欢安静。所以,不同气质的人完成同一种工作的效率和所付出的精力是不同的。

[①] 能向是指人们从业能力方向,或者说是智力和各种特殊能力的不同和组合结构。一个人要获得成功就必须要让自己选择的职业或者事业与能向尽量保持一致。

2. 向性

向性，也可称之为性格特征。性格是指表现在人的态度和行为方式中较为稳定的心理特征的综合。性格是经常性的态度和行为方式，人的性格形成受到所处的社会和家庭环境、各自身体状况、社会阅历、知识结构、主观努力的影响。

心理学家把人的向性分为外向型和内向型。外向型的人大多开朗、活泼，为人处世灵活、果断，情感外露，独立性强，但有时做事马虎、松散，有始无终，容易急躁；内向型的人心理活动倾向于内部，容易墨守成规，反应迟钝，优柔寡断，为人孤僻，但也有可能对问题考虑得更成熟、更全面。一般而言，如果一个人的个性喜好与其从事的职业相适应，工作中就会充满愉快感，而愉快的体验容易激活大脑兴奋中心，从而提高工作效率。

3. 情感

情感是人在外部刺激情境下对待客观事物的态度、体验、感受以及相应的行为反应。它可以分为基本情绪和情绪状态两个方面。快乐、愤怒、恐惧和悲哀是人的最重要和最常见的四种基本情绪；情绪状态则包括心境、热情和激情三方面情感内容和与外部事物关系的应激、挫折状态。人的感情是非常复杂的，对人的成长、成功的重要作用也日益被重视。情商（EQ）理论一经提出便得到了广泛的认同。

（三）理念

理念就是理想化的想法、思维活动模式或者见解，是客观事实的本质性反映，表现为具有指导意义的基本生活态度和基本行为准则，在不同领域里可以有不同的表现。从职业发展的角度看，理念的内容包括一般道德、职业道德、职业价值观、责任心、意志力、创业观念、创业精神等。对于创业者而言，理念特质显得十分重要，可以说一项成功的创业必定以一个正确的理念作为起点。

（四）健康

"出师未捷身先死"的诸葛亮于戎马倥偬岁月中，因一直无暇调整自己疲惫的身心，最后英年早逝，留下了千古遗憾。现代经济学认为健康是人力资本的重要组成部分，是一种人力资本投资，而"健康是革命的本钱"更是已广泛被人们接受。定期参加体育、休闲活动，不仅能保持身心愉悦，释放、缓解工作压力，还可以提高工作效率，延长工作时间，实际上是减缓了人力资本的折旧。世界卫生组织对健康下的定义是："不但是没有身体的缺陷和疾病，还要有完整的生理、心理状态和社会适应能力。"即包括身体健康和心理健康。

1. 身体健康

身体健康意味着身体结构正常、生理机能良好、体魄强健；意味着抵御疾病的能力较强；还意味着适应社会生活的能力较强。它对那些面对艰辛创业之路的人来说是不可或缺的。现代社会竞争日益激烈，对于事务繁忙的创业者来说一定要树立这样一个理念：保持身体健康的一切活动并不仅是休闲性的消费，而是重要的投资。

2. 心理健康

心理健康是指个体心理在自身及环境条件范围内所能达到的最佳状态。心理健康能够有利于充分发挥既有的素质，也能够更好地激发自身潜能，有时还能弥补身体健康的不足。

以下六方面是达到心理健康的具体标准：① 认知过程正常,智力正常;② 情绪稳定、乐观、心情舒畅;③ 意志坚强,做事有目的、有计划、有步骤、有方法,能克服困难达到目的;④ 人格健全,性格、能力、价值观等均正常;⑤ 养成健康的习惯,无不良行为;⑥ 精力充沛地适应社会,人际关系良好。

上述四类创业的基本素质有些是可以较为明显地被自己认识的,而有些则需要通过一定的辅助工具方能明确;有些是属于先天的禀赋,有些则可以通过后天的训练获得或改进。因此,在创业的每一个阶段,创业者都有必要对自己的各类基本素质定期进行"盘点",时刻都清楚自己的优势和潜力在哪里、还缺乏什么、应弥补什么以及如何弥补等等。

专栏 3-3

成功创业者的 10 个"Q"

现代社会随着心理学和经济学、管理学的进一步交融,人们通过制定不同的指标和概念对创业者的商业才能进行分析,以下是一个合格创业者应具备的 10 个"Q"。

(1) 德商(MQ)：指一个人的道德人格品质。德商的内容包括体贴、尊重、容忍、诚实、负责、平和、忠心、礼貌、幽默等各种美德。

(2) 智商(IQ)：是一种表示人智力高低的数量指标。也可以表现为一个人对知识的掌握程度,反映人的观察力、记忆力、思维力、想象力、创造力以及分析问题和解决问题的能力。

(3) 情商(EQ)：指管理自己的情绪和处理人际关系的能力。

(4) 逆商(AQ)：指面对逆境承受压力的能力,或承受失败和挫折的能力。

(5) 胆商(DQ)：是一个人胆量、胆识、胆略的度量,体现了一种冒险精神。胆商高的人能够把握机会,凡是成功的商人、政客,都具有非凡的胆略和魄力。

(6) 财商(FQ)：指理财能力,特别是投资收益能力。财商是一个人最需要的能力,但往往会被人们忽略。

(7) 心商(MQ)：就是维持心理健康、缓解心理压力、保持良好心理状况和活力的能力。心商的高低,直接决定了人生过程的苦乐,主宰人生命运的成功。

(8) 志商(WQ)：指一个人的意志品质水平,包括坚韧性、目的性、果断性、自制力等方面。

(9) 灵商(SQ)：就是对事物本质的顿悟能力和直觉思维能力。

(10) 健商(HQ)：是指个人所具有的健康意识、健康知识和健康能力的反映。

以上这些创业者的特质也可以认为是其所具备的创业精神,是他们进行创业活动的精神驱动力。毫无疑问,创业精神是任何商业组织(包括小企业或大企业,新创企业或历史悠久的企业)取得长期成功的根本要素。

资料来源：刘志阳.创业学[M].上海：格致出版社,2008：131-132.

四、成功创业者的特质

创业是极具挑战性的经济活动和社会活动,是对创业者创业意识、创业心理品质、创业精神、竞争意识和创业能力的全方位考验。从史蒂夫·乔布斯、比尔·盖茨、迈克尔·戴尔、马云、史玉柱等成功创业者的创业经历中可以看到,他们除了具备前述的基本素质外,往往在创业过程中还表现出下述几方面的关键特质。

(一) 持久的创业激情

创业激情是成功创业者对于开拓和发展事业的热情,表现在"创业者坚信自己的产品和服务将积极影响大众生活理念"的执着上。它源于:① 创业者的欲望,实际上就是一种人生理想。一个真正的创业者一定是强烈的欲望者,他们想实现自身价值,想获得社会地位,想得到别人尊重,想拥有财富。这是成功创业的内在驱动力,往往伴随着创业者的行动力和牺牲精神。因为创业者的欲望总是高于现实的,需要踮起脚才能够得着,有的时候甚至需要跳起来才能够得着。② 创业者独到的眼光,即一种超前的预见、敏锐的穿透力和对商机的洞察力。有眼光的创业者,其目标自始至终都非常明确,不计较眼前的得失,能果断决策,提供的产品或服务总能满足顾客的需求,得到市场的认可和推崇。③ 创业者超凡的胆略,即遇事敢作敢为,勇于冒险,敢于投入,懂得放弃,能够突破陈规陋习,乐于接受挑战,并从克服困难中获得无穷乐趣。尽管创业存在风险,在创业的道路上,很多创业者都有过"惊险一跳"的经历,但创业毕竟不是赌博,创业者也不是赌徒,成功的创业者不会在绝望或者疯狂中孤注一掷、不计后果,而是在经过努力后获得有可能得到,且是值得得到的东西。

案例 3-1

李嘉诚对创业机会的把握

1940 年,11 岁的李嘉诚为了逃避日军侵略战火而不得不随家人辗转迁徙中国香港。14 岁,李嘉诚父亲早逝,为了帮助母亲养家糊口,他辍学求职。由于时局动荡,经济不景气,再加上李嘉诚年龄太小,身体单薄,工作并不好找。几次碰壁之后,终于在一家茶楼找到了一份堂倌的工作。在茶楼跑堂时,李嘉诚每天工作长达 15 小时以上,异常辛苦。此时,他的舅父让李嘉诚到他的中南钟表公司工作,但是李嘉诚不愿受别人太多的荫庇和恩惠,哪怕是亲戚。他认为这样会失去自我的进取心。

身处逆境是改变命运的机会。17 岁时,李嘉诚去一家五金厂负责推销镀锌铁桶,成为一名推销员,颇有业绩。此时,他看好了塑胶行业的发展前景,毅然加盟塑胶公司。李嘉诚凭借自己的勤勉和机灵,取得了出类拔萃的销售业绩。18 岁那年,李嘉诚被提升为部门经理,两年后,又以杰出的成就,成为塑胶公司的经理。但是李嘉诚选择了离开,因为他心中已有着自己的计划:创办自己的塑胶厂。

把握机会,就得敢于挑战,果断迈出第一步。1950 年,22 岁的李嘉诚用做推销员积攒下来的 5 万港元,创立了长江塑胶厂,取名"长江",寓意为"长江不择细流,故能浩荡万里",足见李嘉诚的胸襟与抱负。创业初期,为了节省成本,李嘉诚到远离市区的地方找廉价的厂房,技工、设计、推销、采购、会计、出纳,几乎什么事都是他一手操持。随着塑胶业的发展日新月异,在他的努力经营下,塑胶厂得到了稳健的发展。

坚持学习的李嘉诚，居安思危，思考着塑胶厂的未来。他将目光放向全球，一次从《塑胶》英语杂志上看到欧美市场已经出现塑胶原料制成塑胶花的消息，嗅觉敏锐的他立刻意识到机会的到来。他推想，欧美家庭都喜爱在室内户外装饰花卉，但是快节奏的生活使人们无暇种植娇贵的植物花卉，而塑胶花正好弥补这个缺陷。李嘉诚对机会做出判断——塑胶花的面市，必将会引起塑胶市场的一场革命。

机不可失，时不再来，善于捕捉机会的李嘉诚迅速出动。1957年，李嘉诚前往意大利学习制造塑胶花的技术。他以购货商、推销员的身份，有时甚至出苦力打短工，一点点地搜集技术资料。

不久，他完全掌握了制作塑胶花的各项步骤和技术要领。返回中国香港后，开始生产当时在香港地区尚属"冷门"的塑胶花，并大肆进行广告宣传。

机会总是青睐第一个吃螃蟹的人。李嘉诚的塑胶花产品很快打入了中国香港地区和东南亚市场。同年底，欧美市场对塑胶花的需求也越来越大，订单成倍地增长。世界塑胶花市场的这种旺势一直持续到1964年，在前后7年时间里，李嘉诚获得了数千万港元的利润。长江公司成为世界上最大的塑胶花生产基地，李嘉诚也以"塑胶花大王"的美誉而名声大噪。机会是具有时效的，并非永久存在。李嘉诚长远地看到，欧美人天性崇尚自然，塑胶花革命势必不会持久。当塑胶花生产非常热门的时候，他就预料到这种局面维持不了几年，他相信物极必反的道理。于是，他急流勇退，及早收手。

当一个机会窗口关闭的时候，总会有另一个机会窗口被打开。李嘉诚不知不觉地将生产重点转移到了已逐渐被人们冷落了的塑胶玩具上面，并很快跻身国际市场。一两年后，当所有塑胶花厂商为产品严重滞销而苦不堪言的时候，曾经是世界最大塑胶花生产商的长江公司，却正在国际玩具市场中大显身手，每年出口额高达1000万美元，又成为香港地区的"塑胶玩具大王"。

时势造英雄，机会源于对宏观环境的把握，李嘉诚较早就意识到了中国香港已开始繁荣。1958年，李嘉诚在中国香港的北部购置了一块土地，正式向房地产产业进军，20世纪六七十年代，香港地区的房地产市场看好，长江实业大获其利；1978年他又收购了历史悠久的英资水泥公司青洲水泥，在房产再度兴旺时，李嘉诚连创佳绩，从而巩固了大房产公司的地位。紧接着1979年收购拥有贸易、商业、房地产等诸多子公司的哈奇逊公司，终于在1981年，长江集团成为中国香港最大的企业集团。这距李嘉诚创业仅30年的时间。这之后，已经是华人首富的李嘉诚又涉足能源、海外投资、电信传媒等行业，可以称得上建立了一个商业帝国。

资料来源：根据佚名所著《李嘉诚的创业发财史》等公开资料整理而成。

（二）耐挫的创业毅力

"艰难困苦，玉汝于成"和"筚路蓝缕"都表达了创业的不易，创业者常常要忍受肉体上和精神上的折磨。创业过程面临各种内外矛盾、问题，比如：人才流失、资金匮乏、产品或服务质量出问题、市场突变，有时会让人感到濒临崩溃。对创业者来说，耐挫是必须具备的品格。如果有心自己创业，一定要先问一问自己，能不能面对从肉体到精神上的全面折磨，如果不能，创业便不是一个合适的选择。正如马云所说："今天很残酷，明天很残酷，后天很美好。可大多数人死在明天晚上。"经不起挫折的创业者往往会在创业路上半途而废，而很多创业者在成功之前总是经历过一次又一次的失败。只有在创业中不断摸索，能够不屈不挠、忍辱负重的人，才能走向成功。可以这样说，在创业的旅途中，折腾是检验创业人才的硬指标，而坚韧不拔则是应对创业折腾的利器。俞敏洪的"揉面定律"正好阐明了这个道理："人刚开始没有任何社会经验，也没有任何痛苦，就像一堆面粉，手一拍，它就散了。可是你给面加点水，不断揉搓，它就有可能成为你需要的形状——虽然它还是面，却不会轻而易举地折断。不断被社会各种各样的苦难所揉搓，揉到最后，结果是你变得越来越有韧性。"

案例 3-2

高德康的致富法宝

依靠 8 台缝纫机起家，经过 30 年的打拼，高德康把波司登做成了世界品牌。

高德康，江苏常熟白茆镇山泾村的一个农民。起步时他做裁缝，组织了一个缝纫组，靠给上海一家服装厂代工赚钱，每天要从村里往返上海购买原料、递送成品。从村里到上海南市区有 100 公里路，每天他骑自行车要跑个来回，骑了几次，车就不行了。于是就挤公共汽车，背着重重的货包挤上去，再挤下来，累得满头大汗。因为是上班高峰，背着货包的他好不容易挤上去，车上的人闻到他一身臭汗，就把他推下来。有时腰扭伤了，有时被别人骂……但是不去上海，他就没有活干，就吃不上饭。所以，只能硬着头皮上，乖乖地上。"做生意龙门要跳，狗洞要钻，没办法，只能受点委屈。"高德康如是说。后来，高德康从借品牌做到了自创品牌。

自从做了波司登，他经常"晚上睡不着，想心事。常常半夜里醒过来一身冷汗"。即便后来他的事业做大了，波司登已经成为中国羽绒服第一品牌，自己也变成了千万、亿万富翁了，他却仍然常常睡不着觉。高德康总是在反省自己，为了一些想不明白的问题，他还特意跑到北京大学、清华大学上了一年学。他说："我总是在听人家讲，听了以后抓住要害，再在实践中去检验，到最后看结果，看到底是不是真的。"高德康只有小学文化，而他现在最大的爱好竟然是看书。"时间再紧张，学习也不能马虎。平时很少有时间去看书，有的时候在飞机上看看。在这种学习时间很少的情况下，每个月一定要集中 3 天时间学习。集中 3 天学了之后，把自己的思路理顺。作为一个企业的领导，整天忙得不得了的领导不一定就是好领导，你必须把思路理顺，用一种思维的状态来考虑这个企业的发展。"

高德康作为一个文化程度不高的农民，部分上海人嘴巴里的"乡巴佬"，最后却能让人们抢着购买自己的羽绒服，把钞票大把大把地揣进自己的兜里，成就了从 3 000 元到 20 亿元的创富之路，成功的缘由想必已是不言自明了吧。

资料来源：根据刘嘉怡、吴蔚、韩音梅所著《心有所向 行有所往——访波司登集团董事局主席兼总裁高德康》整理而成。

(三)一流的创业执行力

创业实践中常常会出现一种现象,即三流创意加上一流执行力的公司能够超过一流创意加上三流执行力的公司,这主要取决于创业者是否具备将创新思想、想象力和创意转化为行动与可测量结果的能力;是否有信心让纯粹的商业策划变得实际可行。成功的创业者与众不同的地方在于他们强烈的自信心,确信自己的能力和经验。北京某涂料公司为了展示其产品的绿色无毒,总经理很认真地做实验,请小猫、小狗喝涂料,引发一群动物保护组织的成员举行抗议。在此情景下,总经理伸手拿来一杯涂料,张口喝了下去……在场的人惊呆了。事后证明,该公司当年的销量增加了400%。在创业期间,只有自信的创业者才能顶住压力,由此看来,如果能将简单的事情重复地做,并把执行力贯彻到位,创业付出总会有收获。事实上,许多创业者用自己亲身经历验证了这个道理。

(四)持续的学习和改造

善于学习、总结和勇于反省是创业者获得成功的重要法宝,新时代的创业者应树立"与时俱进,活到老,学到老"的终身学习观。终身学习是指个人一生中,为增进知识、发展技能和改善态度所持续进行的有目标和有意识的学习,其主张的是学习的连续性和一贯性。众所周知,创业活动不是一次性完成的,而是一个连续不断的发展过程;创业的征程也不可能一帆风顺,会遇到各种难题和困境。只有善于学习和改进的创业者,才懂得及时总结创业经验或教训对于提高自身能力的重要性;才会明了终身学习是使自身人力资源保值、增值的重要途径;也才能做好充分准备从容应对挑战和渡过难关。古人云:"吾日三省吾身。"创业者应该时刻警醒、反省自己,惟其如此,才能不断取得进步和成功。

专栏 3-4

戴维归纳成功创业者特征及创业者失败的特征

图 3-3　创业者成功的特征

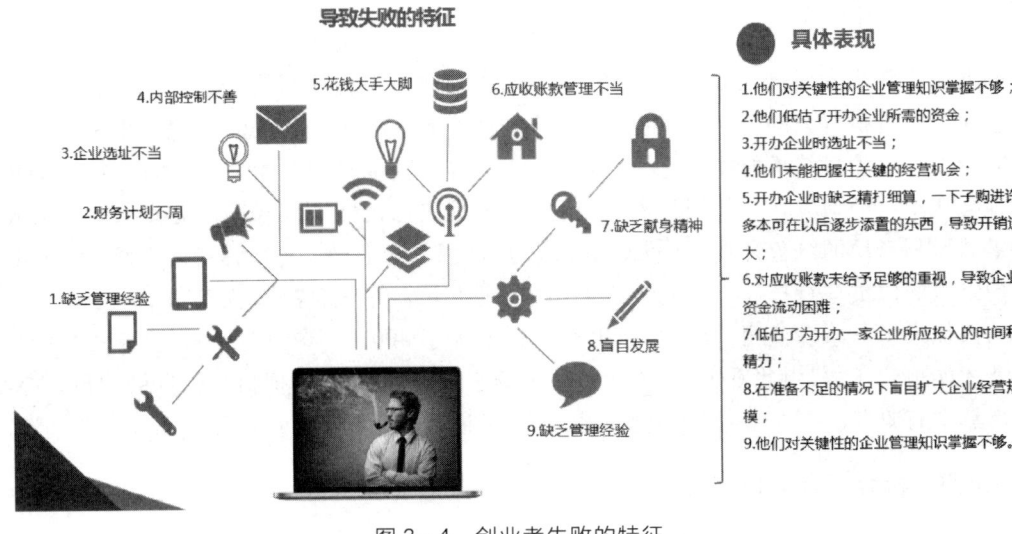

图 3-4 创业者失败的特征

资料来源：稻田教育云官方网站（http://daotian.seentao.com）。

第二节 创业团队的组建和发展

有人曾问史玉柱："决定创业成功的首要条件是什么？"他回答道："三个。一个好的团队，一个好的产品，再加上一个好的策划。"他把"好的团队"作为创业成功的首要条件。无独有偶，比尔·盖茨也认为，没有完美的个人，只有完美的团队。尽管创业的成败在一定程度上与创业者个人的素质和能力密切相关，但大部分成功创业的企业往往都拥有一支协同、高效的创业团队。优秀的创业团队具有良好的工作绩效，组建一支优秀的创业团队有利于人力资源的合理整合和配置，并且能够避免由于创业者个人思维和一些重要能力的缺乏而带来的风险，从而有助于新事业的开启和发展，能够给创业企业带来巨大的经济效益和社会效益。难怪有人认为，执行的独特性比创意的独特性更重要。大量的实证研究也表明，团队创办的企业在存活率和成长性两方面都显著高于个人创办的企业。

一、创业团队的定义及分类

（一）创业团队的定义

团队是指为了实现某种共同目标而组合在一起的、相互协作完成各自承担的任务、具有互补能力的群体。

影响团队构成的要素包括：目标（为什么要建团队）、人员（由哪些核心成员构成）、定位(具有什么功能的团队)、职权(有怎样的责任和权限)和计划(如何执行)。

在各种不同类型的团队中,创业团队是一种较为特殊的群体,对它的理解,学者们从不同的角度给出了不同的定义,具体如表3-2所示。

表3-2 学者对创业团队的不同定义

认识的角度	定 义	代表学者
所有权、参与创业过程并投入资金	创业团队是指两个或两个以上参与公司创立并投入资金的个人,是企业的所有者	Kamm 等(1990);郭洮村(1998)
对企业影响	创业团队应该包括对企业战略选择产生直接影响的个人,也就是应该把董事会尤其是占有一定股权的风险投资人包括在内	Enskey, Banks(1992);Gartmer 等(1994)
企业创立过程	创业团队是指参与且全身心投入公司创立过程,并共同克服创业困难和分享创业乐趣的全体成员	Mitsuko Hirata(2000)
参与时间、所有权	创业团队指的是公司成立之初执掌公司的人或是在公司运营的头两年加盟公司的成员,但不包括没有公司股权的一般雇员	GaylenN. Chandler, Steven H. Hanks(1998)
创业初期	在创业企业成立时和成立前履行职务的成员都可被认为是创业团队的成员	Leon Schjoedt(2000)

资料来源:根据公开资料整理而成。

从学者的观点可以看出,创业团队具体可从狭义和广义两个层面来理解。狭义的创业团队是指由具有互补能力的两个或两个以上的创业者组成的,彼此通过分享认知和信息,能共担新创企业责任、共享创业收益的,为社会提供新产品或服务,实现共同的创业目标而形成的利益共同体。广义的创业团队不仅包括狭义创业团队中的成员,还包括与创业过程有关的各种利益相关者,如:风险投资家、供应商、专家咨询群体,他们在新创企业成长过程的某些阶段中起着至关重要的作用,同时也为社会提供了一定的新增价值。简而言之,创业团队指的是由企业创始人、关键员工、顾问和各种利益相关者组成的,把创业从一种构想转变成完全公司运作的利益共同体。通常,创业团队不会在企业开创之初就完全形成,而是当新创企业有能力雇佣新成员时才会有所增员;同时,团队不一定只包括受薪雇员,可能还有董事会顾问、专业人士等。

在风险投资家圈子里有一种流行的说法:"宁要一流的人才和二流的项目,也不要一流的项目和二流的人才。"这实际上是说明了一个好的创业团队对新创企业的成功起着举足轻重的作用。创业如同拔河比赛,人心齐则泰山移;创业如同赛龙舟,步调一致才能不偏不倚、独占鳌头。可以说,创业中团队的力量被越来越多的人所看中,尤其对于创业起步阶段的企业,如果没有一个成功的团队,再完美的创业计划也可能会"胎死腹中"。因此,创业者在注册企业时就应该组建好相应的创业团队。一般来说,新创企业的发展潜力与企业管理团队的素质之间有着十分紧密的联系。创业团队的凝聚力、合作精神、立足长远目标的敬业精神会帮助新创企业渡过危难时刻,加快成长步伐。另外,团队成员之间的互补、协调及平衡,对新创企业降低管理风险、提高管理水平起着关键性的作用。

一项关于美国"128号公路一百强"的研究显示:在100家创立时间不长,但销售额却高于平均水平几倍的企业中,70%的企业都有多位创始人;此外,还有许多研究和实践都证明了团队工作方式能够有效地提高企业绩效。Robbins(1996)认为在企业中采用团队形式至少有以下几方面的作用:① 能促进团结合作,提高士气,增加满意度;② 让管理者有时间进行战略性的思考;③ 提高决策的速度;④ 促进成员队伍的多样化;⑤ 提高团队和组织的绩效。

(二) 创业团队的分类

1. 星状创业团队

星状创业团队也被称为核心主导型创业团队,一般是指在团队中有一个核心主导人物充当领袖角色。这种团队在形成前,通常是核心领袖根据自己的设想组织创业团队,选择恰当的人加入团队,这些加入团队的成员,有的是核心领袖熟悉的人,有的可能是不熟悉的人,他们在企业中更多时候是支持者的角色。这类创业团队的优点:一是组织结构紧密,向心力强,主导人物在组织中的行为对其他成员的影响非常大;二是决策程序相对简单,组织效率较高。其主要的缺点:容易形成权力过分集中的局面,使决策失误的风险增大。尤其是在其他团队成员和核心成员发生冲突时,由于核心主导人物的特殊权威,其他团队成员往往处于被动地位,在冲突严重的情况下,其他团队成员一般都会选择离开团队,因而对组织的影响较大。

2. 网状创业团队

网状创业团队也称为群体型创业团队,主要由志趣相投的伙伴组成。在创业团队组成时,没有明确的核心人物,大家根据各自的特点进行自发的组织角色定位。创业初期,各成员基本扮演的是协作者或者伙伴的角色。这种创业团队的优点:一是团队的成员关系较为密切,容易达成共识,发挥各自的特长和作用;二是成员的地位相对平等,有利于沟通和交流;三是发生冲突时,一般采取平等协商、积极解决的态度消除冲突,团队成员一般不会轻易离开。其不足之处在于:一是团队没有明显的核心,整体结构较为松散,容易形成多头领导的局面;二是组织决策一般采用集体决策的方式,大量的沟通和讨论往往会使组织的决策效率相对较低;三是由于成员在团队中的地位相似,一旦他们之间的冲突升级,使某些成员撤出团队,就容易导致整个团队的涣散。

3. 虚拟星状创业团队

虚拟星状创业团队是以网状创业团队为基础,结合了星状创业团队的部分优势演化而来的。在这种团队中也有一个核心成员,但是其地位的确立是团队成员协商的结果,因此,核心人物充当的是整个团队代言人的角色,而不是主导人的角色,其一言一行必须要考虑其他团队成员的意见。这种团队的优点:一是核心成员由团队成员推选出来,因而具有一定的威信,能够作为团队的领导;二是团队的领导是在创业过程中形成的,所以,领导人物的权力既不像星状创业团队那么集中,也不像网状创业团队那么分散。然而它的缺点就是决策一般也要通过集体的方式来作出,有些时候核心人物的权威性不足,导致议而不决的情况出现,降低了决策的效率。

二、创业团队的组建

良好的创业团队是评估创意可行性、识别商机、转化商机和创建新企业的基本前提。创业活动的复杂性决定了所有的事务不可能由创业者个人包揽,要通过组建分工明确的创业团队来完成,而这需要一个过程。创业团队的优劣,基本上决定了创业是否成功。这就不可避免地涉及两个层面的问题:一是创业团队成员在企业中是否有适当的角色定位,是否有基本素质和专业技能;二是创业团队是否能团结合作,优势互补,取决于团队成员之间是否有一个统一的核心价值观,是否做到了责任和利益的合理分配。

(一) 创业团队组建的基本原则

拜尔斯公司合伙人约翰·都尔认为:"当今世界拥有丰富的技术、大量的创业者和充裕的风险资本,而真正缺乏的是出色的创业团队。如何创建一个优秀的团队将会是你面临的最大挑战。"事实上,创业实践中并没有一种现成的、共同的团队组成方式。应该说,每家拥有团队的企业都有其建立团队的方式,而且团队成员走到一起的方式也是多种多样的。当然,通过对大量团队形成方式的调查可以发现,这些千变万化的组成方式中蕴藏着一些共同的规则,主要表现在如下三个方面。

1. 互补原则

互补原则是指团队成员的构成在性格、背景、知识结构和能力上要能实现相互补充,这是保证团队异质性的重要基础。这就是为什么许多创业者在建立团队时,通常都会把"主内"与"主外"的不同人才,具有战略眼光的"领袖"和耐心的"总管",技术与市场等方面的人才都考虑进来的原因。比如:科技型企业的创业团队一般要体现优秀的管理、技术、营销三方面人才的有机结合。当然,团队成员可以有一定的交叉,但又要尽量避免过多的重复。比如:创始人不可能也没有必要对企业经营中所有的方面都精通,他可能在某些方面存在不足,那就有必要利用其他团队成员或是外部资源来弥补。

2. 渐进原则

创业团队的创建不可能一蹴而就,需要有一个逐步完善的过程。从创业企业创建的实际情况看,很多创业企业注册之前都是单打独斗走过来的,并不是所有的企业创立之时都能配备完整的团队。专家建议一般可按照"按需组建,磨合调整"的方式创立和建设团队,也就是说,团队的创建不一定要一步到位,创业者应根据企业的各方面状况,分步骤地考虑和规划团队的创建事宜,尤其是在正式吸收新成员之前,最好留出一段时间让团队成员之间来互相了解和磨合。比如:马云在1995年创办他的"中国黄页"网站时,创业团队就是由他本人、他的妻子和一位朋友组成的。而再看看他现在的阿里巴巴团队,可谓是今非昔比,20余年的逐渐调整和修炼才造就了这样一个庞大的创业团队。

3. 动态原则

企业成员的聚散乃是组织经营和发展过程中的一种常态,创业企业也概莫能外。创业企业在发展过程中也会面临团队成员可能有更好的发展机会,或者团队成员的能力已经不能满足企业需求等各种情况,这时团队成员的调整在所难免,要么是主动要求离开团队,要么是被动地离开。因此,创业者在团队创建时就应该预见到这种可能的变动,并根据对团队成员意愿的调查,制定成员一致认同的流动规则,主要包括:一是每个成员都认可,在流动时首先应该体现企业利益至上的原则;二是当自己能力不再能支持企业发展时,应让位于更适合的人才;三是公正评价并充分肯定原团队成员对公司的贡献。

案例 3-3

携程团队

在众多合伙开办的中国民营企业中,有一支特别值得让人关注的团队,它好像茫茫宇宙中的北斗七星,突出而明亮。

这个团队就是"上海携程四人组",有人也把它称为"交大系创业四人组"。它可以称得上是各路创业大军中攻无不克、战无不胜的铁骑劲旅的典范。

早在1999年决定创业之前,季琦、梁建章、沈南鹏已是好朋友。当三人相约准备进入旅游业后,就希望找一位旅游业人士加盟。他们认为,创业伙伴起点一定要高、宁缺毋滥。为此,季、梁二人遍访上海旅游界的能人,只要看中的就一一登门造访,这其中还包括春秋旅行社的创始人王正华。但最后,"真正有这个激情、冲动和胆量跳出来的也就是范敏一个。"梁建章说。季琦至今仍对当年的"冷遇"跟范敏说笑。1999年末第一次去找范敏的时候,"来意不明"的季琦被范敏的秘书挡在门外,坐了几十分钟"冷板凳"。范敏说,幸好季琦没有因一时之气离开,否则自己失去了一个机会,携程也可能就不会这么完美。

1999年,携程创立之初的四位创始人依据各自经历大体定下了人事架构。沈南鹏出任CFO,他此前是德意志银行亚太总裁。季琦和梁建章相继出任CEO,前者此前创办上海协成科技,擅长市场和销售,主外;后者曾是甲骨文中国区咨询总监,擅长IT和架构管理,主内。最后一个加入的范敏,此前是上海旅行社总经理和新亚酒店管理公司副总经理,则出任执行副总裁,打理具体旅游业务,而后逐步升任COO以及CEO。

四位创业伙伴全部是名牌大学硕士毕业,三位来自上海交通大学,一位来自美国耶鲁大学。论及性格,季琦有激情、锐意开拓;沈南鹏风风火火,一股老练的投资家做派;而梁建章偏理性,用数字说话,眼光长远;范敏则善于经营,方方面面的关系处理得体。四人特长各异,各掌一端。范敏用一个比喻来形容四个创始人的定位。"我们要盖楼,季琦有激情、能疏通关系,他就是去拿批文、搞来土地的人;沈南鹏精于融资,他是去找钱的人;梁建章懂IT、能发掘业务模式,他就去打桩,定出整体框架;而我来自旅游业,善于搅拌水泥和黄沙,制成混凝土去填充这个框架。楼就是这样造出来的。"他坦言道,"光靠一个人做到底的公司,是一个没有希望的公司。"

事实上,携程团队的"壮举"不只如此。

创业之初,携程的启动资金仅仅是一百万,后来竟能"忽悠"来风投三次的追加投资,资金高达1800万美元;自1999年创立以来,携程仅用了4年就在纳斯达克上市,并且每年实现35%以上的盈利增长;艾瑞数据显示,2007年它已占据了上海旅游市场的大部分,而且份额还在扩大;7年间能将2家公司做上市。看似简单的"呼叫中心+互联网"的携程模式,一直无法让后来者复制或超越。

资料来源:根据朱瑛石、马蕾所著《第一团队》及其他相关公开文献整理而成。

(二) 成功创业团队的基本特征

从上述"携程团队"的案例可看出,一支优秀的创业团队对企业的创业成功具有关键性作用。其实中国从不缺少创业团队,但有些创业团队,在企业步入正轨之前就已经作鸟兽散了。既然"携程团队"这么优秀,那肯定有值得学习的地方。柳传志曾说过:"领军人物好比是阿拉伯数字中的1,有了这个1,带上一个0,他就是10,两个0就是100,三个0就是1 000。"这说明,创业者应该关注和学习构建卓有成效的创业团队,而非成为个人英雄主义的个体创业者。没有团队的创业也许不一定会失败,但要创建一个没有团队的高成长性的企业,却是件不太容易的事。

那么,怎样的团队才是成功的团队呢?一般而言,成功的创业团队,需要在目标、理想、理念、文化、价值观等方面保持相对一致,并能取得默契,从而形成一个共同体。Jon R.Katzenbach(1997)认为,好的团队有如下特征:① 团队拥有一个共同的任务和目标;② 团队成员同舟共济,共同承担风险与责任;③ 团队成员间的知识、技能具有互补性;④ 团队成员间信息共享,彼此尊重、信任;⑤ 成员对团队的事务尽心竭力,全方位奉献。除此之外,成功的创业团队还有以下重要的特征。

1. 整体协调统一

团队并非几个人的简单集合,它是由一群有共同理想、能同甘共苦的人组合在一起的。在这个组合中,成败属于整体而非个人,成员不但要同舟共济,而且还要公开合理地分享经营成果,整个团队具有较强的凝聚力与统一性。

2. 团队利益至上

每一位团队成员都能充分认识到团队利益高于个人利益,自觉将团队利益置于个人利益之上,团队中每一位成员的价值,都表现为其对于团队整体价值的贡献。

3. 经营原则正确

一个成功的创业团队必须坚持顾客第一、质量至上、保障工作安全与员工利益、诚信无欺等经营原则,并以此作为组建团队的基本理念,具体落实到企业的各项规章制度和经营运作之中。

4. 成员忠诚守信

作为成功创业团队的一员,每一位成员都了解企业在成功之前将面临艰苦的挑战,并承诺不会因为一时利益或困难而退出,例如,同意将股票集中管理,如有特殊原因提前退出团队时,必须以票面价值将股权出售给原公司团队。因此,团队成员通常都对创业企业经营成功给予长期的承诺并能切实履行。

5. 兼顾长短期利益

团队成员应正确处理好短期利益与长期利益的关系。不能用牺牲长远利益的办法来换取短期利益,尤其在创业之初,团队成员要发扬艰苦奋斗的精神,不计较眼前的短期薪金、福利、津贴,而应该重视创业目标实现或创业成功后持续的利益分享上。

6. 致力于创新

创业就是一种创新的过程,是创造新价值的事业。因此,团队成员应一致认识到创造企业新价值才是创业活动的主要目标,并认识到唯有新企业得到发展,不断增值,创业团队各成员的利益才能得到保障。

7. 股权分配合理

团队成员的股权分配不一定要均等,但必须合理、透明与公平。通常主要贡献者会有比较多的股权,但只要与他们所创造的价值、贡献能相匹配,就是一种合理的股权分配方式。平均分配股权并不能体现责、权、利的统一,不利于企业的发展和团队成员积极性的发挥。如果创业者碍于情面,不能根据团队成员的才能、贡献分配股权,就会造成团队的涣散甚至分裂。

8. 分配机制恰当

创业之初的股权分配与以后创业过程中的贡献往往并不一致,常会发生某些具有显著贡献的团队成员拥有股权数较低,贡献与报酬不一致的现象。因此,好的创业团队需要一套公平的、有弹性的利益分配机制,以弥补上述不公平的现象。比如:创业企业可以保留一定比例的盈余或股权,用来奖赏日后有显著贡献的创业成员。

9. 共享经营成果

除了团队成员要有合理的分配机制外,对员工也要有合理的分配制度,能使大家共同分享经营的成果,从而使企业能够长存。国外企业一般是将10%~20%的利润分配给关键岗位的员工。我国的一些成功创业企业,尤其是一些高新技术企业,用员工持股的办法,使员工合理享受到企业的经营成果。

常言道,罗马非一日建成。创业团队的组建也不可能一蹴而就,更不可能一成不变,它往往是在创业企业发展过程中组建孕育,逐步完善的。在这一过程中,创业成员也可能因为理念不合等原因出现更替。尽管创业团队的构建会遇到各种困难和问题,但团队组成及其运作水平对创业成败具有关键影响力。所以,创业者必须高度重视创业团队的组建和发展问题,着力打造一支团结协作、创新高效的团队。

专栏 3-5

股东意愿调查提纲

表 3-3　股东意愿调查提纲

敬请各位股东认真仔细地填写以下内容,注意所填写的内容一定要客观不空洞,不够请加页。

姓名:＿＿＿＿＿＿＿＿　　　　　　　年龄:＿＿＿＿＿＿＿＿

一、要求方面

1. 最低的总工资收入:＿＿＿＿＿＿＿元(每年/每月)
2. 您愿意投入到创办企业的资金数额:＿＿＿＿＿＿＿＿＿＿＿＿＿元;是以您的现金投入还是以您的资产抵押担保?＿＿＿＿＿＿＿＿＿＿＿＿＿＿＿＿＿。
3. 您要求持有的股份比例是百分之几?＿＿＿＿＿＿＿＿＿＿＿＿＿。
4. 您希望一共有多少股东?＿＿＿＿＿＿＿＿＿＿＿＿＿＿＿。
5. 其他股东分别持有的股份是百分之几?＿＿＿＿＿＿＿＿＿＿＿＿＿＿＿

续　表

6. 其他股东的退休时间是否与您的一致？＿＿＿＿＿＿＿＿＿＿＿＿＿＿＿＿＿＿＿＿＿＿。
7. 您是否认为目前的股份划分是公平的,为什么？＿＿＿＿＿＿＿＿＿＿＿＿＿＿＿＿＿。
8. 如果是两人合伙,请说明股份划分情况。＿＿＿＿＿＿＿＿＿＿＿＿＿＿＿＿＿。
9. 您与其他股东是否已有了一个具有法律效力的股东协议？如果没有,为什么？＿＿＿＿＿＿＿＿＿＿＿＿＿＿＿＿＿＿＿。
10. 如果您和其他股东完全闹翻了会出现什么情况？＿＿＿＿＿＿＿＿＿＿＿＿＿＿＿＿。
11. 您想为公司工作多少年？是否与其他股东的想法一致？＿＿＿＿＿＿＿＿＿＿＿＿＿＿＿＿。
12. 如果您去世了,希望由谁来继承您的股份？＿＿＿＿＿＿＿＿＿＿＿＿＿＿＿＿＿＿。
13. 在出现上述情况时,您是否愿意按照事先约定的数额把所持有的股份自动回售给公司,并就此事办理保险？＿＿＿＿＿＿＿＿＿＿＿＿。
14. 请描述一下股东之间的个人关系和工作关系。＿＿＿＿＿＿＿＿＿＿＿＿＿＿＿＿＿＿。
15. 每年您所期望从公司得到的回报是多少？＿＿＿＿＿＿＿＿＿＿＿＿＿＿＿＿＿＿＿。
16. 请描述一下您所期望的其他福利待遇：＿＿＿＿＿＿＿＿＿＿＿＿＿＿＿＿＿＿。
17. 您希望在公司担任什么职位？＿＿＿＿＿＿＿＿＿＿＿＿＿＿＿＿＿＿＿＿＿。
18. 您与公司之间是否签订了劳动(雇用)合同(仅限于有限责任公司的情况填写)？＿＿＿＿＿＿＿＿＿＿＿＿＿＿＿＿＿。
19. 您所要求的红利分配政策应该是什么样的？分红的时间间隔应该多长？＿＿＿＿＿＿＿＿＿＿＿＿＿＿＿＿＿＿。

二、意愿方面

20. 您打算何时退休？＿＿＿＿＿＿＿＿＿＿＿＿＿＿＿＿＿＿＿＿＿＿＿。
21. 您对公司的期望是长期发展还是短期利润回报,为什么？＿＿＿＿＿＿＿＿＿＿＿＿＿＿＿＿＿。
22. 您希望公司发展到多大规模？＿＿＿＿＿＿＿＿＿＿＿＿＿＿＿＿＿＿＿＿。
23. 请分别描述一下您对公司未来的憧憬：6个月以后、1年以后、3～5年以后、10年以后。＿＿＿＿＿＿＿＿＿＿＿＿＿＿＿＿＿＿。
24. 要实现上述成就,您认为公司的三个主要优势和劣势是什么？＿＿＿＿＿＿＿＿＿＿＿＿＿＿＿。
25. 与市场上的其他公司相比,您的公司显得与众不同的独特营销思路是什么？＿＿＿＿＿＿＿＿＿＿＿＿＿＿＿＿。
26. 您的"独特的营销思路"是否瞄准了客户对市场的抱怨和不满？＿＿＿＿＿＿＿＿＿＿＿＿＿＿＿＿。
27. 请描述一下贵公司的顾客价值观：＿＿＿＿＿＿＿＿＿＿＿＿＿＿＿＿＿＿＿＿。
28. 请描述一下贵公司的管理制度、组织结构、管理关系及是否有效。＿＿＿＿＿＿＿＿＿＿＿＿＿。
29. 请描述一下贵公司所处市场的发展方向和前景。＿＿＿＿＿＿＿＿＿＿＿＿＿＿＿＿。
30. 贵公司的客户群是：＿＿＿＿＿＿＿＿＿＿＿＿＿＿＿＿＿＿＿＿＿。
31. 贵公司发展新业务的最大机会在哪里？＿＿＿＿＿＿＿＿＿＿＿＿＿＿＿＿＿。
32. 其他相关信息：＿＿＿＿＿＿＿＿＿＿＿＿＿＿＿＿＿。

资料来源：菲利普·韦布,桑德拉·韦布.创业向左 快乐向右[M].高核,译.北京：中国市场出版社,2010：5－8.

三、创业团队的发展

如前所述,创业离不开创业团队,成功的创业企业大都有好的创业团队。如果说创业之初的重心是创建一支高效的创业管理团队的话,那么,随着企业的成长,新创企业建立专业化的管理组织后,最为重要的就是加强管理团队和员工团队的管理和建设。

(一)团队管理

1. 选任有效的管理者

汉高祖刘邦驰骋疆场数十年,亡秦灭楚身经百战。在对项羽的战争中,因为力量悬殊几乎每战必败,但最后仍能一统江山。刘邦总结道:"夫运筹帷幄之中,决胜千里之外,吾不如子房;镇国家,抚百姓,给饷馈,不绝粮道,吾不如萧何;连百万之众,战必胜,攻必取,吾不如韩信。三者皆人杰,吾能用之,此吾所以得天下者。"刘邦认为,他的成功在于得到并用好了这三人,使他们各自充分发挥了自己的才能。

企业管理效率的高低通常取决于管理体制和管理人员的素质。当管理体制一定时,管理人员素质的高低就是决定性的因素。所以,选择优秀的管理者是保证有效管理的前提,对企业的发展至关重要。对于创业企业来说,技术、生产、市场、财务、行政等部门的主管非常关键,因为供应、生产、销售、资金、公共关系和人力资源等管理工作对企业的成长十分重要。因此,选任优秀的管理人员,无论采用内升制还是实行外聘制,都应注意把握好如下几个原则:① 机会均等、公正、公平竞争;② 用人所长;③ 考虑年龄因素;④ 避免任人唯亲;⑤ 无论是内升还是外聘,都需要认真考核;⑥ 强调敬业与创业精神。对于企业何时需要相应的人员,可结合招聘工作来综合权衡。

2. 招聘和培训企业成员

(1)企业成员的招聘。企业成员的招聘要注意结合企业成长不同阶段的特点进行。在人力资源的需求上,创业初期的企业和已经发展成熟的企业各有其特点。

在创立阶段,企业面临经营资金匮乏、投资风险较大等问题,技术、管理、信息等资源都处于匮乏的状态。所以,创业初期对外部人才的需要不突出,家庭成员的参与常常是创业需要的低成本组织资源,家庭经营模式是比较广泛的。

随着企业在市场上站稳脚跟并且进一步发展,专业技术人员和部门管理人员也需要从量上加以补充,这也是对创业初期就在企业工作的员工起到提升人才竞争压力、促进其加快提升自身素质水平的作用。

随着企业的成熟,对一般执行层次的人力资源数量需求相对弱化,对能够参与决策的高层次人力资源需求力度明显变强。在引进策略选择方面要强调职业方向认同,要侧重选择那些对企业发展目标清楚、对业务结构和资源构成清楚、对未来需求满足趋势清楚和个人职业定位清楚的人才,尤其是需要有职业经理来辅助创业者进行管理。

(2)企业成员的培训。创业企业要注重对人才的使用,但是对人才的使用不是单方面的,在使用过程中还必须注重对人力资源的培训,使得企业内的人力资源在技术上和能力上能够跟上企业发展和时代的要求,从而为企业做出更大的贡献。总的来说,培训的方式多种多样,主要取决于企业成员本人及其所承担的工作性质。新创企业可以通过在职或脱产的方式对人力资源进行培训。

在职培训是采用最广泛的一种培训。最常用的途径有:① 指导。通过指导来激励受训人并向他提出应该如何做的建议。比如:很多企业普遍采用的"师带徒"的方式。② 工作轮换。也就是让每个人在不同岗位锻炼,一般是在每个岗位待数个月,其目的是获得不同的工作经验。总之,在实践中培养人才,是企业成员培养的有效途径。

3. 企业成员的绩效考评

绩效考评在管理团队中有着不可替代的作用,创业者需要认真对待企业成员的绩效考评。有专家指出:"员工考核在人力资源管理中的作用,就好比那油盐酱醋,不论你做哪道菜,都离不开它。"(叶向峰等,1999)绩效考评可以分为定性和定量两个方面,在企业创建初期,对于管理、决策人员主要应以定性的方法进行考评,可以从德、能、勤、绩四个方面进行,在每个指标下再细分为若干个亚指标,对各个指标做优、良、中、差等各个等级的评价。而对于生产、销售人员主要以定量方法为主、定性方法为辅的方法,用与绩效相联系的数量指标对各个成员进行考评。

根据上述的方法进行考评之后,企业需要对考评结果进行评价,并将最后的评价结果作为激励团队成员的依据。通常,成果评价既是企业实行奖惩的依据,也是上下左右沟通的机会,同时还是成员一种自我控制和自我激励的手段。所以,组织对不同成员的奖惩可以是物质的,也可以是精神的。公平合理的奖惩有利于维持和调动组织成员饱满的工作热情和积极性;奖惩有失公正,则会影响成员行为的改善。总之,成果评价与奖惩,既是对某一阶段组织活动效果以及组织成员贡献的总结,也为下一阶段的管理提供参考和借鉴。

(二) 团队发展

在有序和良好的团队管理的基础上,创业企业不仅可以展开新一轮的管理循环,同时,团队的健康发展也将是企业需要考虑的重要问题。创业团队要健康稳定地发展下去,就必须做好激励体制的构建、组织沟通机制的完善和企业文化的建设等工作。

1. 构建激励体系

在创业企业团队的发展中,需要构建良好的激励体系和采取相应的激励措施。通常激励的措施包含目标激励、精神激励、物质激励三个方面的内容。目标激励旨在激发企业成员的事业心,使其有所追求、不断创新;精神激励,即通过给予企业成员各种精神鼓励,培养荣誉感,为其工作提供精神动力;物质激励,即为企业成员提供与其付出相适应的薪酬。

(1) 目标激励和精神激励。在创业初期,由于企业对资金的需求巨大,创业者们多数是有共同的理想和价值观才走到一起开始创业的。所以,在激励体系中,目标激励和精神激励的比重要大于物质激励。

在目标激励中,应注重目标、责任、管理、绩效、利益的五点统一,特别关注目标的设置。另外,新创企业的人才往往有强烈的事业心和成就动机,希望在自己的专业方向上有所建树,对于他们来说,提升专业领域里的成就、名声以及相应的学术地位很可能比物质利益的需求更高。因此,企业就是要创造一切机会和条件保证他们能施展才华,以达到对他们的精神激励,特别是事业激励。同时,创业企业还要正确运用情感激励,培养企业人才对企业的忠诚和信任。包括对人才的尊重、理解与支持、信任与宽容、关心与体贴。

（2）物质激励。新创企业一般具有较大的风险,因此,可以在物质激励中引入风险机制,主要可以采用股权、期权等激励机制。

企业收益分配中除了货币收入形式以外,还可以实行股权、期权分配机制,其具体做法为：① 收入股份化,在考核的基础上,企业经营者将自己的部分收益转化为企业股份；② 设置管理股,让经营者以企业股份的形式享受企业经营收益；③ 设置股份期权,使企业员工享有在未来某一时期,按照确定价格购买企业一定股份的权利；④ 技术人才的技术专利、专有技术可以作为出资的一种形式入股。采用这些方式可以保证创业企业的资金处于比较充足的状态。当然,对于企业薪酬体系的设计,创业者还可以借助专业书籍或聘请专业人士协助。

2. 完善沟通机制

沟通是指可理解的信息或思想在两人或两人以上的人群中传递或交换的过程。实际上,企业的整个管理工作都与沟通有关。良好的内部沟通机制不仅能够充分体现企业对成员的尊重与重视,同时,也能够及时发现企业在经营管理方面存在的问题。相互平等、相互尊重、有人情味的关系和氛围是企业保持稳定和持续发展的必要保障。

而企业内部成员或部门之间往往存在着沟通障碍,管理者无法听到来自底层的声音,原因通常是沟通机制不完善,员工的意见往往无从表达,有时即使提出也无法上传到管理层；或者员工觉得根本就没有必要提出,因为管理者不会认真对待,也许还可能招致更坏的后果。由于彼此不能良好地沟通,不仅使得员工士气低落,而且公司管理中存在的问题得不到及时发现和解决,导致企业整体效率低下、企业凝聚力下降。

因此,完善企业内部沟通十分重要,企业可以通过建立全方位的沟通机制来改善管理中存在的沟通问题。众所周知,所有的企业在发展过程中都会碰到沟通不良的问题。一般来说,企业的机构越复杂,管理层次越多,职能越不明晰,其沟通的效果就越差,高层指令传达到基层的时候往往已经走样；同样,底层人员的建议与意见传达至管理者之前,历经层层反映往往已经消失殆尽。建立全方位的沟通体制,首先,要摒弃那种只是由公司领导层向下属发布命令,下属的反馈和意见却很少有人倾听的单向沟通模式,这样的沟通方式不仅无助于监督与管理,长此以往也会严重挫伤员工的积极性。其次,要明确良好的沟通机制应该是多角度、双向的、多级的。应该在企业内部形成管理层与部门领导、部门领导与普通员工、管理层与普通员工、普通员工之间的多层次交流对话机制,保持沟通渠道的畅通。要让员工意识到管理层乐于倾听他们的意见,他们所做的一切都在被关注,使每个员工都有参与和发展的机会,从而增强管理者和员工之间的理解、相互尊重和感情交流。具体来说就是要搭建有效的沟通平台,比如：① 部门内部的沟通平台。有效管理要求各部门管理人员每周要制定周计划,每周计划完成后要进行周小结。为使管理人员的周计划做得科学合理,部门负责人应对周计划进行审核,并与管理人员进行沟通,对计划的制定情况进行指导,提出改进意见,并与计划制定者达成共识。在计划实施后,部门负责人对计划完成情况进行测评后,将测评结果通知被测评者,对被测评者提出的疑问给出合理的解释,并达成共识。为了进一步强化沟通效果,各部门在每周例会上,由部门负责人对上一周管理人员的计划完成情况进行点评,同时管理人员之间进行经验交流,以达到经验共享的目的。② 跨部门的沟通平台。一般说来,企业内部的沟通以与命令链相符的垂直沟通居多,部门间、车间间、工作小组间的横向交流较少,而平行沟通却能加强横向的合作。所以,可以定期举行由各部门负责人参加的工作会议,其主题是允许他们相互汇报本部门的工作、对其他部门的要求等,促进企业部门间的交流与信息传递,从而强化他们之间的横向合作。

3. 建设企业文化

企业文化是指企业内共同的假设、信念和价值观。它根植于企业内部,最终与周围环境的和谐共融,并在企业中传承下去。企业文化要实现四个方面的内容：① 给企业成员一种认同感及共同愿景；② 要求企业成员拥有一种比自由更大的责任；③ 提供一种企业社会系统的稳定感；④ 提供共同行动的基本方向。企业文化是企业形成的一种共同的认识与行动,从而影响决策者的思路,并为其行动提供一种指南。

综上,如果创业企业能认真、踏实地管理团队和发展团队,那么,团队的工作热情与积极性将会极大提升,新创企业也将会更加顺利地发展。

【核心概念】

创业者　生存型创业者　变现型创业者　主动型创业者　自主创业者　从属创业者　内部创业者　创业团队　星状创业团队　网状创业团队　虚拟星状创业团队

【本章小结】

创业动机是选择成为创业者的根本原因,它往往受多种因素的影响,而动机由需要所激发,创业者正是在创业各阶段不同需要的激励下,不断进行创业和创新活动。本章对创业者的概念进行了归纳,并且从不同的角度对创业者的类型进行了划分,而无论是哪种类型的创业者,他们在创业的不同阶段发挥着不同的作用。此外,创业者具有和大多数人相同的基本特质,主要体现在能力、人格、理念和健康四个方面,而成功的创业者往往还具有持久的创业激情、耐挫的创业毅力、一流的创业执行力和持续的学习改造等的特质。

面对复杂多变的创业环境,一支有效的创业团队在创业初期尤为重要。本章主要就创业团队的内涵,星状创业团队、网状创业团队和虚拟星状创业团队等类型,以及互补、渐进和动态等团队组建原则进行了阐述,归纳和分析了成功创业团队的九项特征,提出了新创企业管理和建设好创业团队的一些思路。

【认知与训练】

个人任务一:"开展创业者素质测评"。

具体要求:

请查找创业者素质测评方法,从中挑选一种您认为适宜的方法,然后寻找身边至少2~3名伙伴或创业者进行测评,并记录下您的发现和分析相关的测评结果。

个人任务二:"公司章程查阅与学习"。
具体要求:
请查找至少2或3家公司的公司章程,认真阅读,并记录下您认为重要的内容,同时比较不同公司的章程,看看您还有什么发现?

【探究与拓展】

小组任务:"组建创业团队"。具体任务如下:
1. 选人(5人);
2. 设计各自团队的名称、Logo、口号等;
3. 进行团队的岗位设置、人员分工;
4. 开展团队创始人意愿调查;
5. 设计并撰写公司章程。

个人任务:
请从团队构成的五要素分析原西天取经团队,并回答以下问题。如果重新组建西天取经团队,谁到御马监任职?带哪两位徒弟到西天完成取经任务?是否要再挑选一位三国英雄?挑选谁?
【背景条件为:(1)难度更大(九九八十一难与来自高丽、突厥、琉球等竞争对手的麻烦);(2)必须留下一名徒弟担任弼马温;(3)可以考虑在《三国演义》的诸多英雄中任意挑选一位助阵】

【课后阅读案例】

在激励中打造创业团队

曾就职于麦肯锡的黄晓南与曾就职于联邦快递的谢鹏在2008年创立了北京品友互动信息技术有限公司(简称"品友互动"),其致力于打造中国人群定向数字广告第一平台,主要从事的是互联网展示广告的精准投放。当时,精准投放概念对于大多数人来说都很陌生。然而在美国,行为定向广告已发展了很多年。基于两人在跨国公司的经历,他们看到了其中的商机,打算在这个领域搏一搏。于是,也就成了中国精准投放广告领域"第一个吃螃蟹的人"。事实证明,他们的确抓住了先机,到2011年,公司营收规模达千万元,年收入平均增长300%。品友互动在员工的招聘及培养上有许多值得借鉴的地方。该公司并没有因规模的快速增长而急速扩大员工队伍。相反,2011年之前,公司将所有精力都投入到技术研发上,专心练好内功。他们在员工的招聘上可谓是精挑细选,一个岗位通常会面试30到40人,从中找到最合适的人选,并将其打造成能独当一面的人才。

(一)入门激励

品友互动的CEO黄晓南曾很形象地比喻道:"员工在大公司是螺丝钉,在品友是承重墙。"而她开拓事业的信心很大程度上正是建立在公司那些"承重墙"上。她一直强调企业文化对公司发展的重要性,从员工的第一次入职培训开始,就要让"事止于我、互信互助、持续创新、追求胜利"的企业文化深入每个员工的内心。

为聘用到适合企业文化的员工,品友互动的招聘是非常严格和苛刻的,而是否拥有一颗创业之心是选人的重要依据。公司认为,这种做法除了为公司考虑外,也是为员工负责。只有找到真正喜欢这个工作且这个工作也符合个人长期发展方向的人,才能让品友互动在持续经营和发展中避免创业公司比较容易出现的人才动荡的问题。

(二)发展激励

与大公司的运作方式不同,像品友互动这样的科技型新创企业,员工需要具备较为综合的能力,好比承重墙一样能独当一面。为了打造这样的人才,公司借鉴国际知名大公司的员工培训经验,构建了一套针对性较强的、适合品友互动的员工培训体系。

(1)开放式培训。这类培训按岗位和职能的不同,设置与相应专业技能有关的必修课、选修课和业余课,每周两次。培训讲师有来自公司各部门的员工和管理人员,或者是外聘的行业专家。培训活动不仅公司员工可以参加,只要有意愿加入品友互动的人都可以参与。在"请进来"的同时,品友互动的员工也有机会"走出去",参与合作伙伴的技术培训活动。而"乐在品友"的各类课外文化活动,让员工有了更多的交流互动,对公司更加有归属感和责任感。

(2)体验式学习。在品友互动,公司专门建立了跨部门调动机制,让员工有轮岗体验的机会。根据一定的流程,员工可被安排到不同的部门体验学习。比如:为了做好本职工作,销售部门会组织员工到技术部门去了解产品的特点,以便能更好地与顾客沟通;而技术部门的员工也会到销售部门去深入地了解市场需求,更好地研发产品。通过全面培训、灵活轮岗的培训机制,品友互动的每一名员工都是多面手。销售人员往往既懂业务又懂技术;而技术人员则可以和客户公司的各个部门进行业务交流。同时,这也有助于培育互信互助的企业文化。

(三)合作激励

从成立至今,品友互动有6位重要的投资人及顾问。黄晓南说:"我们选择的投资人都是可以在不同领域帮助我们的人。"品友互动的天使投资人中有一位是雅虎(美国)销售行为定向广告部门的,他给品友带来第一手的经验,让品友少走了许多弯路。还有一位天使投资人给黄晓南介绍了硅谷的一位朋友,这个人对品友互动日后的发展起到了至关重要的作用,他就是行为定向广告技术专家——沈学华,曾就职于谷歌和美国最大的行为定向数据公司,现在是品友互动的联合创始人和CTO。他除了在技术上为品友互动作出了贡献外,还把硅谷的管理方法带入了品友互动。

(四)创新激励

在目前品友互动管理团队的黄晓南、谢鹏、沈学华和姚远四人中,虽然前三人有不同跨国公司任职的背景,而四人又专注于不同的领域,但其价值观和目标是一致,在管理上也容易达成一致,比如:全员持股、鼓励犯错。全员持股这种在硅谷创业公司中很常见股权分配方式,在中国创业公司中是非常鲜见的。而品友互动就实现了这样的创新。即便是前台的员工,只要工作到一定年限,并且考核达到一定要求,也可以分得股份。"我们要求员工发挥承重墙的作用,同时也应该给予对等的鼓励,在创业公司,全员持股对个人和公司都是有好处的。"黄晓南说。硅谷精神、学习型的团队的特点也在沈学华所主导的技术团队中体现得淋漓尽致。沈学华说:"我们不怕有错,我们甚至欢迎做错,因为发生错误说明是在发展的趋势中。"他的部门,定期会举行分享学习活动、创新奖评选活动等,让员工在交流、学习和竞争中不断得到成长。

资料来源:根据品友互动网站(http://www.ipinyou.com)及其他公开文献资料整理而成。

讨论题:
1. 品友互动的创业团队是如何组建的?
2. 从他们的创业经历中,让您体会最深的是什么?

第四章　市场分析与产品设计

【学习目标】

1. 了解市场创新战略。
2. 掌握市场分析的三种模型。
3. 掌握市场调查的步骤及方法。
4. 掌握问卷设计的流程与原则。
5. 熟悉市场定位基础及策略。
6. 熟悉产品和服务的构成要素和设计流程。

引导案例

海尔、华为、联想：创新源自情报调查

在2010年美国《商业周刊》评选的全球最具创新精神的50家企业中，海尔排在第10位，联想排在第30位。与此同时，2010年华为获得了英国《经济学人》杂志的公司创新大奖。这三家中国企业在创新上赢得全球尊敬与荣誉并非偶然，它们的竞争情报工作在国内都堪称标杆。

海尔：技术与市场并重

海尔早期的竞争情报工作从手工卡片时代开始。1988年海尔就建立了简便易查、全面实用的专利卡片检索系统，该系统搜集了自1974年至1986年世界25个主要工业国家有关冰箱的1.4万条专利文献题录。

1995年，海尔建立了中国家电行业专利信息库，定期提供最新的专利信息，跟踪研究发达国家和国内同行的技术水平、发展状况和市场需求，紧紧抓住了进入欧美市场的切入点、时机、销售方式和海外销售商。同时，对已有产品项目进行国内外技术动态信息监控，从相关专利和技术领域对国内外目标公司从不同角度进行专利跟踪，形成强大的综合专利情报资料库，做到随查随用。

海尔中央研究院是最重要的情报中心，伴随着海尔的国际化战略，公司在洛杉矶、东京、悉尼、里昂和中国香港都设立信息站，及时搜集国内外的科技和市场情报，监测竞争对手的发展趋势和变化。海尔中央研究院的核心工作包括：(1) 动态跟踪、采集、分析全球经济、市场和技术动态，为集团决策提供依据。(2) 为集团在全球制造、采购和服务部门提供研发能力和技术支持。(3) 整合全球科技资源，实现超前技术项目的商品化，为公司国际化发展提供源源不断的技术支持。

同时，海尔还在国内构建了深入到县级市场的情报网络，情报站点将搜集到的国

内外市场需求和情报快速反馈到总部,技术转化部负责对专利情报的分析,并快速将情报分析结果以专项报告、情报课题的形式呈送给高层管理者,同时反馈给彩电和冰箱事业部负责人,中层管理者也能收到行业内最新信息和重要的情报分析。

华为:以专利为核心,注重反情报

华为的情报工作以搜集国际竞争对手和领先企业的最佳实践,以及国际领先的管理方法和专利技术为主。早年资金短缺时,华为采纳"压强原则",对核心技术和专利研发进行重点投入,目的是在局部核心技术领域有重点突破。在专利技术情报搜集、分析和专利保护上,形成了一整套的方法理论和情报体系。具体包括:(1)情报搜集与研发定位,华为运用定量、定性分析方法,结合国际竞争需要和企业需求及能力,将专利文献中的技术内容、人(专利申请人、发明人)、时间(专利申请时间、专利公告日)和地点(受理局、指定国、同族专利项)进行系统的调查和统计分析,为制定企业研发重点和战略提供决策支持。(2)情报整合和价值判断,根据专利申请量盘点技术发展史、技术发展趋势和目前所处阶段以及成熟度,以判断研发该技术的价值含量。(3)情报分析和决策支持,华为根据对全球专利的系统搜集和分析,预测未来新技术的发展方向和市场趋势,为公司发展策略的制定提供参考。

随着华为研发能力与创新能力的不断增强,华为的反竞争情报及商业秘密保护工作做得也非常出色。华为的商业机密和信息安全保护有三层:一是制度设计,二是管理授权设计,三是技术设计。在制度设计上,华为有一整套管理文件,并赋予该管理文件以最高权力,如果有工程师触犯相应的管理规定,就要承担非常严重的后果。在管理授权方面,华为建立了基于国际信息安全体系架构的流程和制度规范。举例来说,在"进驻安全"和授权的控制上,华为采取"相关性"原则和"最小接触"原则,所有的文档和技术根据其保密的分级分层来进行不同的授权,只有一个完全必要的人才能接触相关技术,而且接触是在相应的控制和监督的情况下进行的。为此,华为的《信息安全白皮书》对该过程做出了明确的规定和约束。在技术设计的手段方面,华为的研发网络与互联网是断开的。在全球化异域同步开发体系中,研究人员开发的成果并不在本地的计算机上,而是在一个设控状态的服务器上,任何从该服务器发出的信息都有备份,如果有问题可以回溯和检查。

联想:一切围绕"复盘"

企业建立竞争情报系统还有一项重要的功能是战略反馈。也就是说,对已经搜集到的情报、决策和执行过程进行事后反思。

在联想公司,复盘工作包括三个环节:第一,不断检验和校正目标是否正确;第二,在每一个小的里程碑节点中,检验当初决定的正确与否和执行情况;第三则是在过程中总结规律。

在联想文化中,复盘有一套规范的流程。复盘的价值主要体现在四个方面:(1)找到假设中对因果关系的认知偏差、决策失误和行动缺陷,发现问题并改变行为。在竞争情报工作中,复盘有助于确认情报的哪些来源是更准确和更真实的,它对鉴别不同情报的价值来说是非常重要的工具。(2)复盘过程是行动的直接参与者发现问题、分析问题与解决问题的过程,由亲自参与实践的人提出关键性的建议,并让参与复盘的人们把经验教训带回到实践中,知识转移的距离最短,效率更高。(3)在单一情景下所获得的经验或教训并不一定正确,复盘可以不断修正或减小在认知和行动中的错误,在知识与行动者之间高度关联。(4)组织之间阅历的分享,复盘把失败或试错当做最有价值的老师,避免类似的错误重犯。虽然复盘是一种"秋后算账",但它有利于竞争情报系统的调节、修正和改进,尤其是情报人员纠错意识的强化。

资料来源:《中国四家创新企业:竞争情报堪称国内标杆》,http://money.163.com/11/0718/10/79869OS700253G87.html.2012-05-07。

讨论题:结合此案例,谈谈您对"市场调查是伴随企业发展始终的基础性工作"的理解。

第一节 市场创新战略选择

市场创新是企业赖以生存和发展的生命之源。然而,没有适当的战略,企业便不能成功地进行市场创新。所谓市场创新战略,就是企业进行市场创新时所预期要达到的目标以及为实现目标而制定的相关管理方针和实施手段。制定市场创新战略的意义在于分析企业所处的市场地位、所拥有的资源条件和创新优势,并根据相关实际情况来确定相应的市场创新目标,选择适当的市场创新方式。为了减少市场创新的风险,提高创新的效果,企业在制定市场创新的战略目标时,必须充分考虑企业的实力、企业在同行业中的地位以及市场环境的变化对企业创新活动的影响等因素。一般而言,具备不同条件的企业,应该选择不同的市场创新战略。

一、市场领先者的创新战略

在绝大多数行业里,都有一个被公认为市场领先者的企业。这类企业的相关产品不仅占有最大的份额,而且在价格变化、技术改进、产品创新、分销渠道和促销方式方面起着领导作用。然而,市场领先者的地位并不是不可动摇的。相反,其他企业随时可能向其发起冲击。所以,市场领先者想要保持市场统治地位和竞争优势,就必须不断进行市场创新。

(一)保持现有市场地位

一是主动保护。采取各种措施,在产品品种、价格、广告、分销、服务等方面进行全方位的保护,或在竞争对手发起进攻前抢先进行正面或迂回反击,以阻止其进攻,从而达到保持相应的市场份额及市场竞争力的目的。二是运动防御。向市场纵深领域或更广泛的范围拓展市场,通过建立新市场或多样化市场,形成新的进攻和防守中心。三是战略撤退。对于市场领先者来说,暂时放弃力量较弱的市场领域,适时地、有计划地收缩市场战线,反而有助于巩固市场地位和提高市场竞争力。

(二) 扩大现有市场份额

一般说来,企业的市场占有率越高,盈利水平也越高。所以,市场领先者应该努力扩大现有市场占有率。同时,还应面向整个市场,依靠规模经济来取得成本优势和较高的市场占有率、利润率,从而更好地适应市场环境,保持市场统治地位。

(三) 扩大总市场需求

由于市场领先者通常都拥有较高的市场份额,当一种产品的总市场需求扩大时,受益最多的就是市场领先者,它可以获得更大的市场和利润。因此,市场领先者应该把扩大总市场需求作为自己进行市场创新的一个主要的战略目标。通过寻找新用户、开辟新用途和扩大使用量的途径来实现一种产品的市场需求量的不断扩大。

(四) 开辟新产品市场

面对来自现有的、潜在的、替代性的竞争者的竞争压力,以及与供应商和顾客的讨价还价,如果无法不断地推出新产品,任何一个市场领先者都难以保持其市场统治地位。因此,市场领先者既要超过对手,更要超过自己。

二、市场挑战者的创新战略

市场挑战者要认真分析产品市场结构、市场占有状况及其变化趋势,寻找竞争对手的市场防线的薄弱环节,捕捉有利的进攻时机,制定有效的市场进攻战略,以便充分发挥自己的竞争优势。

(一) 正面进攻

正面进攻是指市场挑战者集中各种资源或优势直接攻击竞争对手长处,与对手进行产品、广告、价格等方面实力较量的一种方式。这种市场争夺战的结果主要取决于谁有更大的市场实力和持久的耐力。

(二) 侧翼进攻

如果正面进攻不易得手,市场挑战者就要及时找到市场防御者的比较薄弱的地方,集中自身优势,看准进攻时机,做到出其不意,攻其不备,出奇制胜地获取预期的市场。

(三) 包围进攻

如果市场挑战者拥有足够的优势,可以在若干市场上同时向竞争对手发起进攻。采用这种包围战略时,挑战者必须集中资源和优势,选择适当的包围圈,全面出击,各个击破。

(四)迂回进攻

这是一种比较间接的市场进攻战略。在市场挑战者实力不够强大的情况下,就可以绕过对手,不失时机地攻击比较容易进入的市场,以不断地扩大自己的市场基地,壮大自己的市场实力。

三、市场追随者的创新战略

市场领先者总是少数,大多数企业都只不过是少数领先者的追随者,这些市场追随者一般是中小型企业,其战略目标重在盈利而不在市场占有率。所以,它们往往不直接向领先者挑战,而只是追随市场领先者来发展某一类产品的市场,致力于市场领先者没有顾及的某一细分市场。这样不仅可以减少承担产品开发和市场开发的巨大费用,避免市场风险,而且还能快速获取市场利润。

(一)直接性追随

当市场领先者推出一种新产品或一种新的销售方式时,市场追随者可以及时紧紧地追随其后,运用市场细分化和差异化策略来进行创新性模仿。在某些难以采用产品差异化和形象差异化的行业里,市场追随者应该采用价格差异化和服务差异化策略。

(二)选择性追随

市场追随者也可以同市场领先者保持一定的距离,在主要市场、产品创新、一般价格水平和推销方式上追随市场领先者,同时,又要进行一定程度的市场创新,树立自己的市场特色和竞争优势。

(三)投机性追随

这种方式也被称为寄生性的追随方式。这类市场追随者专门仿制世界各国的名牌产品,然后以低价冲击市场领先者的市场领地。这种方式具有较大的市场危害性。

综上所述,在激烈的市场竞争中,任何一家创业企业只有采用符合市场规范和秩序,且适合自身条件及特点的市场创新战略,扬长避短,找到自己的市场位置,不断提升自己的市场地位和竞争能力,才能在市场竞争中立于不败之地。

案例 4-1

方太厨具:"老二主义"换来 10 亿元品牌资产

方太董事长茅理翔早在 1998 年概括出"不争第一,永保第二"的韬略。有人讥笑:"你方太当不了第一,当然只能自圆其说,这是懦夫哲学。"

茅理翔的理解却是:"当第一太累了,会成为众矢之的,天天战战兢兢,怕掉下来。事实上,当老二,也不是件简单的事,能永当老二,更是极不容易的。企业是有寿命的,3 到 5 年,10 到 20 年,长寿企业毕竟是少数。但长寿企业均有一个相似之处,即均是强势品牌企业、稳健发展企业。"甘当老二,这其实是一种策略。老大最怕有人超过他,往往最怕老二,因此,也最痛恨老二,会不惜一切手段去打压老二,不叫他上来;老三、老四也往往首先把目标对准老二,能把他拉下来,自己去取代他。所以老二的日子是很不好过的。这时,如果你来一个表示,不争第一,甘当老二,并且事实上,不去打击第一,甚至有时还要同情第一、保护第一,会使老大不恨你、不防你,那么它就不打你。这样,老二就可以保存精力,好好练内功。为什么甘当第二?这还与方太的市场定位有关。很简单,方太的市场定位是中高档,从市场占有率来说,中高档是永远当不了第一的,方太可以争第一品牌,但不可以争第一销量。所以,茅理翔说:"我们要老老实实甘当老二,能长久当老二,就是一个成功者、胜利者。即使哪一天,老大下来,你也不要急于去争老大,肯定会有人去争老大,你还是保老二。千万记住,永当老二,才是你的出路。"

方太没有争第一销量,但是到 2003 年为止,连续保持了 7 年的国内市场占有率第二的位置,同时却一直争做第一品牌。据某一资产评估报告显示,方太到 2003 年的品牌价值达到了 10.01 亿元,成为中国最有价值的品牌之一。

资料来源:根据徐友龙所著《方太的"老二主义"策略》整理而成。

第二节 市场分析及定位

创业企业只有通过对拟进入的市场的宏观环境、整个行业及自身的基础数据资料进行汇集、整理和研究,才能有效地把握市场及相关方面的动态和实际情况,更好地细分市场和做好客户定位,以及制定基本的营销战略及计划,进而设计适宜的营销策略,把产品和服务及时地推向市场。

专栏 4-1
市场分析的三大经典模型

一、PEST 分析模型

PEST 分析是对影响一切行业和企业的各种宏观环境因素进行分析的一种方法,也称为一般环境分析。对宏观环境因素的分析,不同行业和企业根据自身特点和经营需要,分析的具体内容会有差异,一般从政治、法律环境(political)、经济环境(economic)、技术环境(technological)和社会文化环境(social)四大类影响因素进行分析。如图 4-1 所示:

二、波特"五力模型"

"五力模型"是迈克尔·波特于 20 世纪 80 年代初提出的,一般用于对企业行业竞争环境和竞争态势的分析。"五力模型"主要分析行业内现有竞争对手之间的竞争能力、潜在进入者的能力、替代品的替代能力、供应商的议价能力、购买者的议价能力等。如图 4-2 所示。

三、SWOT 分析模型

SWOT 分析模型,也称为道斯矩阵,是对企业内外环境进行态势分析的一种方法,常常被用于企业战略选择和制定等场合。SWOT 分析模型主要分析和概括企业自身的优

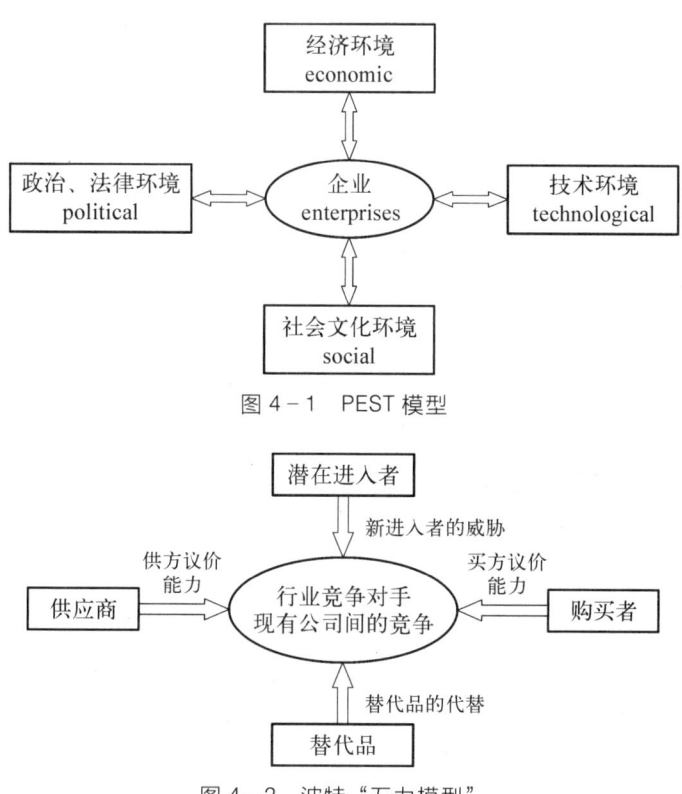

图 4-1 PEST 模型

图 4-2 波特"五力模型"

势(strengths)和劣势(weaknesses)及企业所面临的机会(opportunities)和威胁(threats)等内外部条件,如图 4-3 所示。通过 SWOT 分析,可以帮助企业把资源和行动聚集在自己的强项和机会最多的行业、市场或领域,并让企业的战略方向变得更加明确。

	内部优势(S) 1.…… 2.…… 3.……	内部劣势(W) 1.…… 2.…… 3.……
外部机会(O) 1.…… 2.…… 3.……	SO 战略 依靠内部优势 利用外部机会	WO 战略 利用外部机会 克服内部劣势
外部威胁(T) 1.…… 2.…… 3.……	ST 战略 依靠内部优势 回避外部威胁	WT 战略 减少内部劣势 回避外部威胁

图 4-3 SWOT 分析模型

资料来源:根据公开资料整理而成。

一、市场调查与分析

市场调查就是指运用定性、定量等方法,有目的地、系统地搜集、整理相关市场的信息和资料,为市场预测和营销决策提供客观的、合理的依据。其主要包括:市场环境和状况调查、销售可能性调查,以及消费者行为及消费需求、企业产品或服务、价格、影响销售的主客观因素、销售渠道等调查。市场调查是狭义的市场分析,是市场分析的基础。基于市场调查的数据资料,对市场的现状及其发展趋势、具体的位置、规模、性质、特点、容量及吸引范围等所进行的分析。为可行市场的开拓、产品或服务潜在销量的明确及在时间和空间上的合理安排、市场份额的预测等奠定坚实的基础。

(一)市场调查的步骤及方法

1. 市场调查的内容

市场调查的内容涉及市场营销活动的整个过程,主要包括:

(1)市场环境的调查。市场环境调查的对象主要包括经济环境、政治环境、社会文化环境、科学环境和自然地理环境等。具体的调查内容可以是市场购买力水平、经济结构、国家的政策和法律法规、风俗习惯、科技发展趋势、气候等各种影响市场营销的宏观因素。一般采用 PEST 分析模型来进行分析。

(2)市场需求调查。市场需求调查主要包括消费者需求量调查、消费者收入调查、消费结构调查、消费者行为调查,包括消费者为什么购买、购买什么、购买数量、购买频率、购买时间、购买方式、购买习惯、购买偏好和购买后的评价等。

(3)市场供给调查。市场供给调查主要包括产品生产能力调查、产品实体调查等。具体为某一产品市场可以提供的产品数量、质量、功能、型号、品牌以及生产供应企业的情况等。

(4)市场营销因素调查。市场营销因素调查主要包括产品、价格、渠道和促销的调查。① 产品的调查主要有了解市场上新产品开发的情况、设计的情况、消费者使用的情况、消费者的评价、产品生命周期阶段、产品的组合情况等。② 产品的价格调查主要有了解消费者对价格的接受情况,对价格策略的反应等。③ 渠道调查主要包括了解渠道的结构、中间商的情况、消费者对中间商的满意情况等。④ 促销活动调查主要包括各种促销活动的效果,比如:广告实施的效果、人员推销的效果、营业推广的效果和对外宣传的市场反应等。

(5)市场竞争情况调查。市场竞争情况调查主要包括对竞争企业的调查和分析,了解同类企业的产品、价格和他们所采取的竞争手段及策略等方面的情况。通过调查做到知己知彼,帮助企业确定竞争策略。① 对竞争对手的调查和分析。明确是现有、潜在还是替代性的竞争对手;把握竞争对手的基本信息、管理情况及盈利、市场份额、资金流动、技术领先、服务超前、细分市场等目标。② 对竞争对手营销管理的调研。包括其市场份额测算及产品范围、结构、价格、质量认证、采用新技术的情况和新产品的研发情况等。③ 对竞争对手广告活动的分析。主要观察和收集竞争对手广告的媒介形式、内容、时间间隔、组合广告运用情况、实施的范围及效果等情况。④ 对竞争对手分销策略的分析。包括对竞争对手对产品分销的重视度、具体的销售渠道、分销成本等分析。通常可采用"五力模型"进行分析。

案例 4-2

上海家化的五力分析

1. 现有竞争者的威胁

我国日化产业是最先向国外开放的产业之一。在20世纪80年代随着保洁和联合利华这两个日化巨头在我国驻扎,我国日化市场始终存在着本土品牌与国外品牌的激烈竞争。可以说,我国日化产业在一开始的成长环境就是极具挑战的。

目前,本土品牌主要有上海家化,两面针,广州浪奇,相宜本草等,抢占中、低档市场。国际品牌宝洁,联合利华,欧莱雅等日化产业巨头,则覆盖低、中、高整个市场。在本土日化产业中,除了上海家化一直被认为是中国日化领域硕果仅存的民族企业以外,其他的本土企业在宝洁,联合利华等的冲击下,只能在夹缝中生存。所以说,目前上海家化的现有竞争者主要是国际品牌。事实上,保洁、联合利华、强生、雅芳等国际日化企业,他们都注重科技研发,选择合适的市场定位后,投入大量资金,运用高效的营销手段将新产品强有力的推向市场,引起消费者的注意,击败竞争对手。

2. 供应商的议价能力

供应商可以通过提价或者降低服务或者质量来增强自己的议价能力。日化产业的供应商是根据其采购量占总销售量的比例决定采购价格的。所以对于中小企业来说,供应商的议价能力是比较大的。此外,由于近些年国际原油价格的暴涨,日化行业原材料成本的价格也是水涨船高。而且,有一些原材料的转化成本过高,直接造成日化产业对供应商的依赖性,增加了供应商的议价能力。

3. 购买者的议价能力

顾客让渡价值是科特勒在《营销管理》一书中提出来的,他认为顾客让渡价值是指顾客总价值与顾客总成本之间的差额。顾客在选购产品时,往往从价值与成本两个方面进行比较分析,从中选择出价值最高、成本最低,即"顾客让渡价值"最大的产品作为优先选购的对象。由于目前日化产业产品的同质性,无论是产品功效还是配方都大同小异,只是品牌和经营渠道不同,因此顾客对上海家化的忠诚度不高,同时由于转化成本很低,所以消费者的议价能力较强。

4. 替代品的替代威胁

随着社会发展进步,人们对于身体保健的追求越来越高。目前的日化市场,虽然产品品牌很多,种类更是多样化,但是产品品质趋于同质化,很多消费者不再满足于传统的日化产品,而是转向其他替代品。一方面,随着科技发展,很多生产商瞄准市场,开发了很多辅助美容的器械。比如减肥仪、按摩仪等,以此来达到保健养身的效果。另一方面,很多消费者从传统的日化产品转向药品,尤其是保健品,试图通过服用没有副作用的中药等,排毒养颜,强身健体,从内向外调节身体。

5. 潜在竞争者的能力

为了适应现代经济的发展,很多企业都选择多元化策略,也有不少企业试水日化产业。例如,五粮液推出了"丝姿"品牌;娃哈哈集团试水儿童化妆品等;健康药业与济南东风制药联合开发新肤螨灵系列产品。

资料来源:根据李丽菲、杨金山、罗聪所著《日化产业的五力模型分析——以上海家

化为例》整理而成。

在上述分析的基础上,创业企业再提出具体的市场竞争策略。一是采用"同质"还是"异质"竞争。所谓"同质竞争"就是竞争者以提供相似的商品或者服务争取顾客,谋取或扩大市场占有率。例如:可口可乐与百事可乐,相互争取可乐饮料市场。所谓"异质竞争"就是不同商品厂家提供不同产品或服务,却争取同一市场区域的顾客。例如:铁路、航空、高速公路,相互竞争为旅客提供交通方便。每个创业者都将面临同质竞争和异质竞争的问题。异质竞争可从更广义的角度去看问题,有助于创业者产生创新观念,克服市场竞争所带来的威胁并能随时衍生出更多可能的机会。二是采用"价格"还是"非价格"竞争。所谓"价格竞争"就是创业者采取价格手段来维护既有市场或获取同业市场其他份额。这种做法很容易引起同业的仿效和报复,形成恶性竞争,最终造成整个行业利润的下降。如前几年国内彩电业诸家企业大打价格战,导致整个彩电行业利润的大幅度下滑,有的生产厂家出现了严重亏损。所谓"非价格竞争"就是并非采取价格手段来维护既有市场或获取同业市场其他份额,而是以价格以外的要素进行市场竞争。如强化企业形象及品牌形象,广告促销及宣传,有效的销售渠道及严密的销售网络,源源不断的市场供给等。其主要目的在于满足消费者各种各样的需求,提高消费者的满意度。非价格竞争的意义在于增进消费者对企业供应的产品或服务的信赖度,进而形成消费者购买意愿及良好的口碑效果。现代营销观念越来越追求以非价格竞争的手段在市场竞争中获胜。创业者若想采取非价格竞争策略,创造竞争优势,需着重考虑产品价值、服务、品牌忠诚度、商誉等因素。

2. 市场调查的步骤

市场调查是由一系列收集和分析市场数据的步骤组成。某一步骤做出的决定可能影响其他后续步骤,某一步骤所做的任何修改往往意味着其他步骤也可能需要修改。市场调查的步骤一般按如下程序进行:明确调查的问题与假设—确定所需的资料—选择收集资料的方式—抽样设计—资料的收集—资料的整理分析—撰写调查报告。

(1) 明确调查的问题与假设。由于市场调查的主要目的是收集与分析资料,以帮助企业减少决策中的失误。因此,调查的第一步就是要求决策人员和调查人员认真研究,确定目标。任何一个问题都存在着许多值得调查的方面,而对一个问题做出恰当界定相当于解决了一半的问题。如果对该问题不做出清晰的定义,那收集信息的成本可能会超过调查提出结果的价值。此外,是做出较为恰当的假设。给出研究目标的主要原因是为了限定调查的范围,并从将来调查所得出的资料来检验所做的假设是否成立,然后写出调查报告。

例如:某公司发现其销售量已连续下降达6个月之久,管理者想知道真正原因究竟是什么。是经济衰退、广告支出减少、消费者偏爱转变,还是代理商推销不力。市场调查人员应先分析有关资料,然后找出需要研究的问题并进一步做出假设、提出研究目标。假如通过初步分析,调查人员认为上述问题是消费者偏爱转变的话,那么再进一步探讨、提出若干假设。如消费者认为该公司产品设计落伍还是竞争产品品牌的广告设计较佳等。

(2) 确定所需的资料。确定问题和假设之后,下一步就应决定要收集哪些资料,这自然应与调查的目标有关。例如:消费者对本公司产品及其品牌的态度如何、消费者对本公司品牌产品的价格的看法如何、本公司品牌的电视广告与竞争品牌的广告,在消费者心目中的评价如何、不同社会阶层对本公司品牌与竞争品牌的态度有无差别。

(3) 选择收集资料的方式。即要求制定一个收集所需信息的最有效的方式,包括确定数据来源、调查方法、调查工具、抽样计划及接触方法。

如果没有适用的现成资料(二手资料),那么,原始资料(第一手资料)的收集就成为必需的步骤。采用何种方式(问卷调查、访谈法、实验法、观察法等)收集资料,这与所需资料的性质有关。前述例子提到的,如果所需资料是关于消费者的态度,那么市场调查人员可采用问卷调查或访谈法收集资料,这种方式便于相互之间的深入交流。

(4) 抽样设计。在抽样对象已确定的基础上,抽样设计主要从以下两方面来考虑。一是考虑采用概率抽样还是非概率抽样,这具体要以调查所要求的准确程度而定。概率抽样的估计准确性较高,且可估计抽样误差较小,从统计效率来说,自然以概率抽样为好。不过从经济性的角度看,非概率抽样设计简单,可节省时间与费用。二是考虑样本数目的问题,这最好与经济效率问题结合在一起来权衡。

(5) 资料的收集。资料的收集必须通过调查人员来完成,而调查人员的素质往往会影响到调查结果的准确性。调查人员最好是有市场调查经验的资深人士或者大学的市场营销学、心理学、社会学的学生,因为他们已受过调查技术与理论的训练,在一定程度上可降低调查的误差。

(6) 资料的整理分析。资料收集完成后,应对相关资料进行整理,剔除不完整的或不满足调查要求的数据资料,或者再次询问相关被调查者,以求填补资料空缺。在此基础上,可运用定性或定量(相关分析、回归分析等统计方法)的分析方法对调查资料进行分析,并将分析结果编成统计表或统计图,方便决策者了解调查结果,把握结果与调查问题假设之间的关系。同时,还可将调查结果以各类资料的百分比与平均数形式表示,有助于决策人员对分析结果形成清晰对比。

(7) 撰写调查报告。根据上述调查和分析,撰写一份书面报告。一般而言,书面调查报告可分为专门性报告和通俗性报告。专门性报告针对的是需要对整个调查设计、分析方法、研究结果以及各类统计表了解的人员,他们对市场调查的技术已有所了解。而通俗性报告是针对主要兴趣在于听取市场调查专家建议的人员,例如一些企业的最高决策者。

3. 常用的市场调查方法

(1) 电话调查。电话调查是取得信息最快,回答率较高的方法。如果是同城电话则费用也较低。不足之处是被调查对象仅限于通话者,对问题只能做简单地回答,有时不易得到调查者的合作,而且往往因被调查对象的拒绝而降低效率。

(2) 在线访问。随着互联网的普及,企业也常常利用在线的调研、免费的网上文字评语等收集相关信息。相对而言,在线访问比传统邮寄调查具有更高的反馈率和一定的成本优势,便于快速分析数据;但缺点在于可能产生不准确的回复,如被调查对象自动回复系统所带来的误差等,导致信息的不准确或不完整。

(3) 定点访问。也称为 CLT(central location test),是一种被广为应用的综合了入户访问与街头拦截访问优势的数据采集方法。它一般是在人流量大的繁华区域设立安静、优雅的会场,访问员在户外邀请合格的过路行人到会场依序接受访问;或者将事先通过电话预约到的目标被访者集中到同一个会场接受访问的方法。这种方法的好处是被访者一般符合调查主题的要求,并且能够就访问主题与他们进行较为深入的交流。但这种方法对访问人员的要求较高,必须是能客观地了解讨论的主体和行业情况,并具有小组组织能力和消费行为常识的有经验的人员。在一般情况下,为了吸引消费者参与,需要派送一些小礼品,并在访问的过程中配有茶点等。

(4)问卷调查。问卷调查是根据调查目的设计各类调查问卷,然后采取抽样的方式确定调查样本,通过调查人员对样本的访问,完成事先设计的调查项目,最后,通过统计分析得出调查结果的一种方法,是目前企业广泛采用的调查方法。可以由企业自行设计问卷进行调查,也可委托调查机构来完成。问卷调查要求调查人员要具备较好的沟通和引导能力,同时,在问卷设计之前,应对所要了解的消费品背景、市场行情等有一定的了解,并对调查过程及被调查对象的心理状态做到心中有数。

表4-1对一些常用的调查方法进行了比较。

表4-1 常用调查方法的比较

标　准	直接/简单的邮寄问卷(1)	分组邮寄调查问卷(2)	电话调查(3)	家访(4)
复杂性和多样性	不显著	不显著	很显著,但难以用于复杂或大规模的调查	灵活性很强
获取资料的数量	大量	大量	较少,持续时间最多在15~30分钟	最多
样本控制	较难控制	很好,存在反馈问题	较好,但没有调查到家庭问题	从理论上讲可控性最强
数据质量	对敏感或令人尴尬的问题而言较好;没有访问者在场说明	相较于小质量更高	有利的是访问者可以澄清任何疑问,不利的是可能得到社会普遍认同的答案	存在欺骗的可能
反馈率	通常较低,只有10%左右	70%~80%	60%~80%	大于80%
反馈速度	数周,若重复连续发信,速度会加快	不连续发信需几周,连续发信则时间更长	大规模调查需3~4周	比邮件调查快,比电话调查慢
成本	廉价,每个调查对象只需少量成本	最低	不如(1)、(2)廉价,成本视问卷的长短与电话的频率而定	可能较高,但成本波动幅度大
用途	企业运营、产业研究、药品和读者调查	市场调查的各个领域,对发生率较低的部门特别有用	对需要全国样本的研究特别有效	在产品测试和其他需要、产品原型的研究中仍有广泛的应用

（二）问卷设计的流程与原则

1. 问卷设计的流程

为了使问卷具有科学性、规范性和可行性，一般可以按照如下七个步骤进行问卷设计。

（1）确定调查目的及预期结果。调查目的应当尽可能精确、明了和细化，而预期结果要符合产品或服务市场化的目标，并明确它们间的逻辑关系。

（2）确定调查形式。根据调查目的和要求，明确调查方法、问卷的类型及相关数据资料的收集方法。

（3）确定问题的内容及措辞。即提问方式的设计和选择，要求用词必须清楚，尽量避免个人隐私，要考虑被调查对象回答问题的能力及意愿。

（4）确定问卷的编排。要有逻辑地编排问卷的每一部分内容和问题。逻辑性越强，越有利于被调查对象的回答，也有利于企业后期数据资料的整理。

（5）评价问卷。当问卷初稿设计好后，应召集相关人员进行批评性评估，如：问题是否必要；问卷是否太长；问卷是否回答了调研目标所需的信息；邮寄及自填问卷的外观设计；开放性问题是否留足了空间；问卷说明是否用了醒目字体等。

（6）预测试及完善。当问卷获得各方面的认可后，还必须通过试访问寻找问卷中还存在的错误解释、不连贯及不正确的地方。当然，最好能运用统计方法对问卷进行信度及效度的检验。

（7）定稿。在进一步校对的基础上，对问卷进行精确的打印、装帧。

2. 问卷设计的原则

（1）目的性原则。调查问卷的问题必须与调查主题和目标密切关联，重点突出。

（2）非导向性原则。调查问卷的问题应该避免隐含某种假设或期望的结果，避免题目中体现出某种思维定势的导向。

（3）简明性原则。问卷所设计的内容要简明扼要。① 问卷设计的形式要简明易懂、易读；② 力求以最少的、必要的问题设计，获得相关的信息资料；③ 问卷完成的时间一般控制在 30 分钟以内。

（4）可接受性原则。问卷导语应将调查目的、意义以及为被调查对象回答情况保密等明确告诉被调查对象，以消除其心理压力，自愿参与并认真填好问卷；问卷用语要亲切、温和，提问部分要自然、有礼貌，调查问卷中问题的语言风格与用语应该与被调查对象的身份相称；必要时可以采用一些物质鼓励的手段。

（5）顺序性原则。设计问卷时，要注意问题的逻辑顺序，如时间顺序或类别顺序等的合理排列，使问卷条理清楚，以提高回答问题的效果。通常，容易回答的问题放在前面，较难回答的问题放在中间，敏感性问题放在后面，关于个人情况的事实性问题放在末尾；封闭性问题放在前面，开放性问题放在后面。

（6）编码性原则。问卷设计时应事先考虑对问题结果做适当分类，这样便于借助于编码技术和计算机，以便减轻调查资料统计汇总的工作量；同时也便于对调查资料和结果进行检查、数据处理和交叉分析。

专栏 4-2

大学生网购调查问卷

你好,我们是×××,我们正在进行一项关于大学生网购的调查,想邀请你用几分钟时间帮忙填答这份问卷。本问卷实行匿名制,所有数据只用于统计分析,请你放心填写。题目选项无对错之分,请你按自己的实际情况填写。谢谢你的帮助!

1. 你的性别?(单选题 * 必答)
   ○ 男　　　　　　　○ 女

2. 你所在的年级?(单选题 * 必答)
   ○ 大一　　　○ 大二　　　○ 大三　　　○ 大四
   ○ 研究生

3. 你过去 3 个月是否曾经在网络上购买东西?(单选题 * 必答)
   ○ 是　　　　　　　○ 否

4. 你选择网络购物的主要原因是?(单选题 * 必答)
   ○ 方便快捷,节省时间　　　○ 品种齐全
   ○ 价格便宜　　　　　　　　○ 时尚有趣
   ○ 实体店难以买到　　　　　○ 网购时间不受限制
   ○ 其他

5. 你主要在哪些网站上购买东西?(多选题 * 必答)
   ○ 淘宝网　　○ 京东商城　　○ 卓越亚马逊　　○ 当当网
   ○ 拍拍网　　○ 其他

6. 你在网上主要购买哪些东西?(多选题 * 必答)
   ○ 服饰鞋帽　　○ 饰品　　○ 电子产品　　○ 生活日用品
   ○ 化妆品　　　○ 书籍　　○ 其他

7. 你选择这些网站购物,主要看重哪些因素?(多选题 * 必答)
   ○ 产品种类的丰富性　　　　○ 网站页面设计
   ○ 网站广告宣传和促销　　　○ 销售商家信用度
   ○ 商家服务态度和互动程度　○ 网站/品牌知名度
   ○ 退换货便利性　　　　　　○ 产品价格
   ○ 产品质量描述　　　　　　○ 发货及送货速度
   ○ 售后服务　　　　　　　　○ 购买者评论
   ○ 其他

8. 你平时网购的频率是?(单选题 * 必答)
   ○ 每天一次或以上　　　○ 每周 4~5 次
   ○ 每周 2~3 次　　　　　○ 每周 1 次
   ○ 每月 4~5 次　　　　　○ 每月 2~3 次
   ○ 每月 1 次　　　　　　○ 少于每月一次

9. 你平均每个月花费在网购上的费用是多少钱?(单选题 * 必答)
   ○ 100 元以内　　○ 100~300 元　　○ 301~500 元　　○ 501~1 000 元

○ 1 000 元以上

10. 你喜欢的促销方式有哪些？（多选题＊必答）
○ 免邮费　　　　○ 打折　　　　○ 送分送礼物　　　○ 赠送优惠券
○ 其他

11. 网购时，你经常使用哪种付款方式？（单选题＊必答）
○ 网上支付　　　○ 货到付款　　○ 邮局汇款　　　○ 银行转账
○ 其他

12. 你对网银、支付宝、财富通等网络支付手段的态度？（单选题＊必答）
○ 放心，方便快捷又安全　　　　○ 比较放心
○ 不放心，感觉不安全

13. 网购时，对于货物，你通常采用哪种邮递方式？（单选题＊必答）
○ 平邮　　　　　○ 快递　　　　○ EMS　　　　　○ 其他

14. 网购时，你对于货物送达能够接受的最长时间是？（单选题＊必答）
○ 1 天　　　　　○ 2~3 天　　　○ 4~5 天　　　　○ 6~7 天
○ 8~10 天　　　○ 无所谓

15. 网购过程，你最担心的因素是？（单选题＊必答）
○ 支付的安全性　　　　　　　　○ 商家的诚信
○ 图片和实物有差距　　　　　　○ 产品质量不合格
○ 运货过程货物受损　　　　　　○ 其他

16. 总体而言，你对网购是否满意？（单选题＊必答）
○ 非常满意　　　○ 比较满意　　○ 一般　　　　　○ 不满意
○ 非常不满意

17. 你对网购有什么改善建议？（填空题＊必答）

再次感谢您的配合和支持并祝您生活愉快！
资料来源：问卷星官网（https://www.wenjuan.com/）。

（三）市场分析的基本方法

通过市场分析，创业企业可以对市场状况和运行规律既有概括的了解，又有具体的认识，并能更好地识别产品的供求比例关系，采取正确的经营战略和策略，满足市场需要，提高企业经营活动的效益。总的来说，市场分析主要包括以下几种方法：

1. 系统分析法

市场是一个多要素、多层次组合的系统，运用系统分析的方法对宏观环境、行业市场和企业自身情况进行分析，可以使创业企业用联系的、全面的和发展的观点来研究市场的各种现象及其逻辑关系和发展趋势，从而做出正确的营销决策。

2. 比较分析法

创业企业在市场分析中，不能孤立地去认识市场现象和事物，尤其是在对竞争对手的

分析中,一定要从横向和纵向两个方面展开。横向比较有利于明确竞争对手所处的市场位势,纵向比较则有助于了解竞争对手的经营历史、现状和未来。通过比较分析,创业企业才能更好地找准自身的位置和经营发展的方向。

3. 匹配分析法

市场分析的对象是以满足消费者需求为中心的企业市场营销活动及其规律。所以,创业企业不仅需要关注作为其营销对象的消费者的不同需求,还需要分析产品或服务的运动规律,只有实现产品、服务与消费者价值诉求的匹配和有机结合,才能保证产品或服务的适销对路。

4. 案例分析法

对于没有营销经验的新创企业而言,通过学习典型企业的营销成果,从中发现市场和营销规律,创造性地用于自身的营销活动,不失为一种可取的路径。

5. 定性与定量分析结合法

任何市场营销活动,都是质与量的统一。进行市场分析,必须进行定性分析,以确定问题的性质;也必须进行定量分析,以确定市场活动中各方面的数量关系。只有将两者有机结合起来,才能使创业企业的市场决策科学有效。

案例 4-3

康颜化妆品公司的 SWOT 分析

化妆品是消费者每天都在使用的产品,安全性至关重要。所以,化妆行业受到的监管一直都非常严,有很多技术法规和强制性标准。总的来说,中国化妆品的科技含量相对较低,但是,随着行业的发展和消费者需求的升级,一些新的技术正在被逐步引进到化妆品的设计和生产中,比如生物工程技术、纳米技术、太空工程技术、天然萃取技术等。化妆品行业的监管在加强,但是国家的宏观政策也给行业带来了机遇。国家"十五"规划提出发展包括日化在内的轻工业,拉动内需。另外,在中国经济快速发展的驱动下,随着城市化进程的加快,中国的社会结构和消费结构,以及居民的消费需求和能力也在发生变化。中国中产阶层队伍也在不断壮大,到 2020 年预计将达到 7 亿人,占到总人口的 48% 以上。作为消费量很大的日常用品之一,化妆品将有非常大的市场空间和消费潜力。

目前康颜化妆品公司的主要竞争对手分为三类:一是比较有影响的国际一线品牌,其渠道主要在商场专柜,以雅诗兰黛为代表;二是比较有影响力的国内一线品牌,主要渠道在化妆品精品店,以自然堂为代表;三是一些国内的二、三线品牌,渠道比较分散,以上海媚兰为代表。

从康颜公司自身情况看,其工程师绝大多数为江南大学(原无锡轻工大学,号称日化行业的黄埔军校)化工科班出身,且在日化行业做研发工作多年。员工 80% 以上为本科及以上学历,且大都非常年轻,有相对敏锐的市场嗅觉,能短时间开发出市场需要的产品。由于是新创企业,公司人数不多,实行的是扁平化管理,上下沟通迅速,部门之间也可以快速响应。

但是康颜公司作为一家新公司,其品牌知名度比较低,而且规模不大,所处的行业为传统行业,主要靠自己的实力发展,比较难找到其他的融资渠道。这使其在寻求合作伙伴时也存在一定的困难,对方或者不愿意合作,或者提出很苛刻的条件。正是因为没有强势的品牌基础和雄厚的资金实力,所以,在建设销售渠道时也受到很大阻力,很难形成网络。

通过以上对康颜公司内外情况的分析,现将该公司的态势总结如表 4-2 所示。

表 4-2 康颜公司 SWOT 分析

优　　势	劣　　势
一、研发实力雄厚	一、品牌知名度低
二、有高素质的核心员工队伍	二、公司规模小
三、产品创新能力强	三、市场渠道不完善
四、公司组织结构高效	四、融资能力不强
五、公司产品线完善,质优价廉	
机　　会	威　　胁
一、国家大力推动消费类轻工业的发展	一、行业竞争无序
二、行业保持快速增长	二、进入壁垒低
三、农村市场竞争不强烈	三、供应商、零售商议价能力增强

资料来源:李明明.新创化妆品企业的营销策略研究[D].上海交通大学,2011.

二、市场定位

(一) 市场定位的定义

市场定位是指确定企业产品和服务在目标市场上所处的位置。即企业根据竞争者现有产品和服务在市场上所处的位置,针对顾客对该类产品和服务某些特征或属性的重视程度,为本企业产品和服务塑造与众不同的,给人印象鲜明的形象,并将这种形象生动地传递给顾客,从而使该产品和服务在市场上找到适当的位置。

市场定位的主要内容包括:产品定位、企业定位、竞争定位、消费者定位等。产品定位侧重于产品实体,包括对质量、成本、特征、性能、可靠性、款式的定位;企业定位主要是对企业形象品牌塑造、员工的能力及言表等方面的定位;竞争定位在于确定企业相对于竞争者的市场位置;消费者定位旨在确定企业的目标顾客群体。

产品定位,是指消费者根据产品的重要属性定义产品的方法或者说是相对竞争中的其他产品而言,产品在消费者脑中所占有的位置。例如,汰渍的定位为强力、多用途的家庭用洗衣粉;Solo 牌定位为有膨松剂的液体洗衣剂;Cheer 牌定位为适应各种温度的洗衣粉。

(二) 市场定位的基础

创业企业要做好市场定位,就必须先做好市场细分及目标市场的选择。

1. 市场细分

市场细分指的是企业在市场调查的基础上,根据消费者在需求、欲望、购买行为和购买习惯等方面的差异,把某类产品或服务的市场逐一细分的过程。也就是说,每一个细分市场都是由具有某种消费倾向的消费群体构成,充分体现了消费群体的多元性和差异性。通常可以基于以下四方面进行市场细分。

(1)地理细分。按消费群体的国家、地区、城市、农村、气候等进行细分。

(2)人口细分。按消费群体的年龄、性别、职业、收入、受教育程度、家庭人口、家庭类型、民族、宗教、社会阶层等进行细分。

(3)心理细分。按消费群体的社会阶层、生活方式、个性、消费偏好等进行细分。

(4)行为细分。按消费群体对产品或服务的了解程度、忠诚程度、态度、使用情况、消费习惯及反应等进行细分。

根据市场细分维度可以看出,市场细分的过程本质上是一种对消费者思维的研究。对于创业企业来说,谁能够首先发现新的划分客户的依据,谁就能率先获得进入这一细分市场的机会。所以,创业企业要在市场细分方面有更多的创新理念、思维和组合,并且能够充分利用互联网帮助企业进行市场细分。

2. 目标市场的选择

目标市场是指企业从细分后的市场中所选择出来的、决定以相应的产品或服务进入的一个或多个市场。由于目标市场是对企业最有利的市场组成部分,所以,创业企业可以根据各个细分市场的独特性和企业自身的目标,选择相应的目标市场,以下三种策略可供参考。

(1)无差异市场策略。也就是企业把整个市场都作为目标市场,通过推出一种产品或服务,采取一套市场营销方法来吸引消费者。主要考虑市场共性而非差异性。这种策略虽然产品单一,但质量有保证,且能规模化生产,在一定程度上可降低生产和销售成本。但是,当遇到实力较强的竞争对手时,无差异化策略就显现出其局限性。

(2)差异化市场策略。就是将整个市场划分为若干个子市场,然后针对不同的子市场,设计不同的产品或服务,制定不同的营销方式来满足不同消费者的需求。如有的服装企业,按生活方式把女性服装消费者分为时尚型、实惠型和男子气型,并针对她们各自的偏好设计不同风格的服饰,以吸引各类消费者。采取这种策略有利于扩大市场,提高企业声誉。其不足在于由于产品的差异化,使生产、销售和管理各环节的成本和费用增加。实力较强的大企业通常采用这种策略。

(3)集中性市场策略。就是在细分市场上,选择两个或少数几个作为目标市场,实行专业化生产和销售。这种策略多为中小企业采用。采取这种策略,往往能集中企业的优势,向市场提供适销对路的产品或服务,有利于提高企业的市场份额和知名度。但由于产品单一、市场范围较小,当遇到竞争对手进入或消费者消费偏好改变时,企业会面临较大的经营风险。

从上述分析中可知,三种目标市场选择的策略各有优势和不足,而选择适合企业的目标市场是一项复杂的工作。因此,企业必须考虑企业面临的各种因素和条件,尽可能发挥优势,扬长避短,把握时机,采取灵活的适应市场态势的创新策略来选择目标市场,从而使创业企业的市场定位更加合理、有效。

(三)市场定位策略

与传统的产品差异化市场定位观点不同,本教材中的市场定位是创业企业在对市场分析、细分市场和目标市场进行选择的基础上,通过强化或放大某些产品或服务因素,形成与众不同的形象或鲜明的个性,从而建立独特的市场形象,赢得消费群体的认同。

由于创业企业市场定位的实质是明确自身在目标市场中相对于竞争对手的位置,所以,在市场定位过程中应尽可能避免出现定位混乱、定位过度、定位过宽或定位过窄的情况。一般来说,创业企业市场定位的策略主要有以下四种:

1. 避强定位策略

避强定位策略指的是创业企业为了避免与目标市场中实力最强的或较强的企业直接发生竞争,而将自己的产品或服务定位于市场的某个区域内。这种策略的优势在于能在特定的市场领域突出自身产品或服务的特征和属性,使企业较快地在市场上站稳脚跟,并能在消费者心中树立形象,风险相对较小。但是为了避强,企业往往也只能放弃某个最佳的市场位置,使企业处于相对不利的市场地位。

2. 迎头定位策略

迎头定位策略是指创业企业与市场上占支配地位的、实力最强或较强的竞争对手发生正面竞争,从而使自己的产品或服务进入到与对手相同的市场位置。这一策略的优点在于竞争过程中往往会产生强烈的市场反响,有一定的广告效应,有助于创业企业及其产品、服务能较快地被消费者认识和了解,起到树立市场形象的目的。但是,如果创业企业自身实力或产品、服务等特色有限,采取这样的策略往往会给企业带来较大的风险。

3. 创新定位策略

创新定位策略是指创业企业在市场细分中发现具有一定市场潜力的未被开发的市场。这是一种填补市场空缺策略,生产或提供市场上没有的、具备某种特色的产品或服务。采用这种策略时,创业企业必须明确创新定位所需的产品或服务在技术上、经济上、流程上是否可行,市场容量是否足够,能否为企业带来合理而持续的盈利。

4. 重新定位策略

重新定位策略是指由于市场环境、竞争对手战略或策略、消费群体偏好等发生了单一或多重的变化,使创业企业需要重新进行市场定位。这种策略的目的是为了实施更有效的定位,是一种以退为进的策略。

专栏 4-3

江苏省五台山健身会馆的 STP 营销策略

近年来,南京健身业蓬勃发展,众多健身场馆如雨后春笋般出现。伴随着健身会馆的日益增多,在激烈的健身营销大战中如何吸引更多的消费者,是健身会馆生存和发展的关键。五台山健身会馆正是在这种情境下,把如何全面加强营销管理,实施营销管理理念和实践创新等,作为企业决胜未来市场的关键要素。

一、五台山健身会馆的 STP 营销策略分析

(一)健身会馆的市场细分(S)策略

健身会馆根据五台山周边的消费群体,设置了个体、企业两大类服务对象。其中个体包含了青少年、成年男士、成年女士,年龄跨度较大,覆盖面较广。企业则主要指一些内部

没有健身场所的中小型企业和单位。健身会馆还对个体中的每个群体进行进一步的细分,例如,成年女士,有塑形(减肥、增肌、产后修复)、运动损伤修复、健体等项目。

(二)健身会馆选择目标市场(T)策略

健身会馆根据选定的细分市场,设计游泳、壁球、乒乓球、心肺功能练习、力量练习、团体操、搏击7大类课程,而且每一类课程根据消费者的需求再进行细分,例如,团体操设计了20余项小课程、搏击有3项小课程。同时,面向企业开发企业专项活动策划和组织,为企业定制员工运动会(游泳、田径、健身等)方案等;面向社会开设健身教练资格培训、一级社会体育指导员培训等。

(三)健身会馆的市场定位(P)策略

通过市场细分和目标市场的确定,五台山健身会馆找到了差异性市场定位,并采取了相应的市场促进策略,开展了很多有特色的营销活动。例如,每年选择17天节假日开展免费体验活动,让市民了解并体验健身会馆开设的项目,享受免费的体测和健身方案。同时,会馆经常开展壁球、游泳、乒乓球比赛等活动,在活动中交流训练心得,提高训练效果,增加会馆的凝聚力。

二、健身会馆基于STP的营销发展思路

(一)推进品牌化、特色化产品策略

五台山健身会馆可借助五台山独有的区位优势、专业优势和人文优势深度打造专业健身品牌,大力实施品牌战略,把场馆资源优势转化为综合效益优势。同时,充分挖掘"五台山"品牌的市场价值和潜力,通过管理输出、连锁经营等手段拓展空间,凸显品牌的张力。

(二)开展服务营销,提升服务水平

随着顾客健身消费行为的日趋理性和成熟,服务质量将成为健身会所保持竞争优势的生命线。因此,健身会馆要建立以顾客为导向的服务体系,突出服务特色,增强竞争能力。另外,还要大力实施内部营销,将员工对企业自身的信赖和认可外化为对顾客的高质量服务,最终赢得顾客的满意。

(三)依托网络平台,拓展营销范围

会馆建立了微信公众号,一方面宣传会馆的活动及开设的项目,另一方面,客户也可以通过微信预约自己的健身教练等。

资料来源:根据袁一宁所著《基于STP模式的健身会馆营销策略探索——以江苏省五台山健身会馆为例》整理而成。

第三节　产品和服务设计

德鲁克曾经说过:"创办企业的目的是创造顾客。"经过前述创意思维的激发到商机的识别和开发,再到市场的细分、选择和定位,创业企业接下来需要考虑的问题是如何设计好的产品和服务来满足已确定的目标市场客户群的需求。

专栏 4-4

产品层次理论

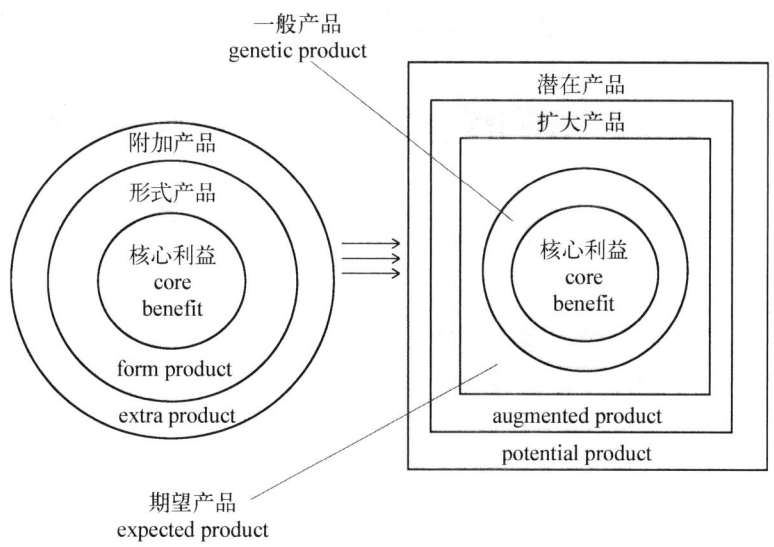

图 4-4 产品层次理论

（1）核心利益。核心利益是指消费者购买某种产品时所追求的利益，也就是顾客真正要购买的服务和利益，核心利益层在产品的整体性概念中也是最基本、最主要的部分。比如：旅店的消费最终是为了休息、睡觉。

（2）一般产品。一般产品是满足消费者核心利益的物质表现形式，也就是产品基本的有形形式，是核心利益借以实现的形式。

（3）期望产品。期望产品指符合消费者喜好的，包括价格、方便性，以及产品功能表现等各个因素。也就是购买者购买产品时期望的一整套属性和条件。不同的人对这种期望是不同的。

（4）扩大产品。这一层次包括供应产品时所获得的全部附加信息和利益，包括送货、维修、保证、安装、培训、指导及资金融通等，还包括企业的声望和信誉。

（5）潜在产品。潜在产品是指某种产品最终可能的所有的增加和改变，是企业努力寻求的满足顾客并使自己与其他竞争者区别开来的新方法。

资料来源：根据宋咏梅、孙根年所著《科特勒产品层次理论及其消费者价值评价》整理而成。

一、产品与服务的关系

（一）对产品与服务关系的认识

由于社会经济的发展和人们消费观念及行为的变化，产品与服务的内涵及外延也在发生演变,而站在不同的角度,对于产品与服务的认识也会存在一定的差异。概括起来有如下几种观点。

1. 传统观

传统观主要从形态的角度看待产品与服务,这类观点基于对传统产业和传统商业模式及行为的认识。通常认为产品与服务是主体与客体的关系,两者密不可分,提供的是产品和服务的效用。一是产品是有形的,而服务是无形的,是产品的延伸;二是服务本身就是一种无形的产品。它与有形产品是并列的关系,不是主体与附属部分的关系;三是产品是服务的载体,服务是产品的本质。当产品被当作是服务的一种形式时,它才有存在的价值。

2. 消费观

消费观则主要是基于对消费群体价值诉求多元化和多层次的认识,从消费行为的角度来看待两者的关系,认为根据实际消费场景,两者可分可合,但不论消费产品还是服务,其目的都是帮助消费者获取他们所需要的价值或者解决问题方案。尽管产品和服务可以不同的形式呈现,但两者的目标却是一致的。

3. 生态观

生态观主要基于对互联网时代技术迭代、消费群体需求及行为变化加快和新兴商业模式的认识,从可持续的消费群体的价值认可,以及创业企业稳定性和自我发展能力提升的角度来看待两者的关系,认为产品和服务的界限变得越来越模糊,呈现出融合发展的态势,提供更多的"产品+服务生态"的价值形态。

(二)产品与服务的构成要素

作为都是用于消费的价值形态,产品和服务包含特定的构成要素,而创业企业了解和熟悉这些构成要素,对于产品与服务的设计和开发将起到积极的作用。总体来看,产品与服务有如下构成要素。

1. 基本形式

对于产品来说,其基本形式指的是产品的外观造型;而对于服务来说,则指的是服务的基本流程。一般通过工程技术和艺术手段,根据用途或需要而设计、开发和塑造的形象,主要用来体现与其他产品或服务所具有的不同风格,并将其最后统一在产品或服务的功能、结构、工艺、宜人性、视觉传达、市场关系等方面。

2. 功能

产品或服务的功能是指产品或服务给消费群体所能提供的功用,包含基本功能、心理功能和附加功能三层内涵。一般可以根据使用功能和审美功能,将产品或服务划分为功能型、风格型和身份型三种类型。不同的类型可以从不同的侧面展现产品或服务的多样化、人性化、关怀度,也可以供产品或服务设计时参考。

3. 技术

产品或服务的技术指的是开发、设计和制造产品或服务所运用到的系统知识,通常以技术资料的形式呈现,包括产品或服务说明书、主要性能指标、基本构造、用途、工艺流程、设计图、操作方法或使用规程等。技术要素往往为产品或服务注入更多宜人的特性,包括先进性、高效性、便利性和安全性等。

4. 硬件要素

对于产品而言,硬件要素指的是开发、生产和制造产品所需的各类材料;而对服务来说,硬件要素则是指设计和提供服务所需要的场所、基本的设施及条件。这是产品和服务得以呈现的基本要素,通常突出了产品或服务物性的方面。

5. 软件要素

这是产品和服务的独特要素,也是体现产品和服务灵魂的要素。在开发、设计或制造产品或服务的过程中,往往通过色彩、特殊工艺、专有元素、象征性符号等的运用及特定的布局或安排,使产品或服务具有个性、时尚性、趋异性,从而带来品质、品牌延伸、和谐、环保、人本等方面的特殊价值。

二、产品与服务设计的基本原则、流程及方法

(一) 产品与服务设计的基本原则

1. 实用性原则

实用性原则是所有设计的基础,产品与服务的设计也应遵循这一原则。因此,在产品和服务设计中,要紧紧围绕消费者的需求,任何脱离产品与服务实用性的细节设计都是多余的。

2. 舒适性原则

在设计过程中,要确保产品与服务舒适度的最大化,也就是说,设计应该更加人性化。因此,在设计过程中,要综合考虑颜色、材料、结构、性能等产品与服务软件方面的要素。

3. 审美性原则

设计的审美性始终贯穿于产品与服务的外在和内在两方面,并支撑着产品与服务的发展。由于许多产品与服务的同质化越来越突出,使得消费者在选择产品与服务的过程中,越来越注重产品的外观和服务的感受。为此,在产品与服务设计的中,要通过各种手段最大限度地满足消费者的现代审美的需求,以增强产品与服务对消费者的吸引力。

(二) 产品与服务设计的流程与方法

1. 产品与服务设计的流程

产品与服务设计的流程主要有以下几个步骤。

(1) 确定产品与服务需求。这是设计工作的基础。确定产品需求及其类型、数量,能让创业企业清楚开发产品与服务的目的和需要解决的问题,并从中确定亟待满足的、合理的需求。

(2) 竞品分析。找到市场上与创业企业产品与服务需求类似的产品与服务进行优劣势方面的分析,弄清本企业是否具备开发、设计相关产品与服务的条件。是否需要调整正在设计或已设计好的产品与服务。如果本企业开发设计的是市场上没有的产品与服务,那就需要明确目标竞争对手所提供的产品与服务是什么,提供给怎样的消费者,是否还有吸引力。

(3) 设计需求及执行。在竞品分析的基础上,创业企业可以根据市场合理的产品与

服务需求设定设计需求,然后根据产品与服务的构成要素来实现设计需求目标,然后形成产品与服务原型,或者最小可行性产品与服务。

(4)测试阶段。为了获得目标消费群体的认可,进一步明确商业前景和下一步的市场营销,创业企业应对设计出的产品与服务原型或最小可行产品进行市场测试和评价,以便从技术性、经济性和独特性等方面对产品与服务进行迭代和优化。

当设计和测试结束后,产品与服务就进入生产和上市阶段。对于创业企业来说,即便产品与服务能顺利在市场站稳脚跟,也需要随时跟踪市场动态和需求变化,有前瞻性的对产品和服务进行必要的再设计和在开发,使企业的产品与服务不断推陈出新。

专栏 4-5

新产品开发流程

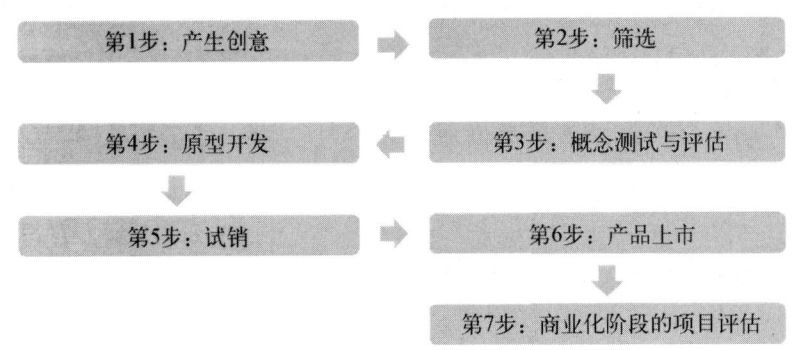

图 4-5　新产品开发流程

资料来源:稻田教育云官方网站(http://daotian.seentao.com)。

2. 产品与服务设计的方法

了解不同产品与服务设计相关的原则和流程,并不能保证就可以设计出合适、恰当的产品与服务。产品与服务设计的方法和工具可以帮助创业企业认识和理解如何将这些原则和对象在产品与服务设计相应的流程阶段得以实现,以及怎样才能使设计的产品与服务得到消费者的认可。

不同的设计阶段会分别用到相应的工具和方法,主要的设计方法有:分布式场景头脑风暴法、移情工具法、计算机辅助服务设计法和体验调查法等。

专栏 4-6

其他有关产品和服务的设计方法

1. TRIZ 方法

TRIZ 方法是由苏联发明家和教育家根里奇·阿奇舒勒及其研究团队提出来的。他们认为在发明创造的过程中存在一些基础性的原则,而这些原则加以总结和抽象之后,可以使得创新的过程变得更加具有可预测性和可控性。TRIZ 有一套完整的流程和工具来帮助人们实现创新。在新产品开发的过程中,TRIZ 也得到了广泛的应用。因此,有学者也提出将TRIZ引入到新服务的设计过程中,在概念设计和服务思维创新阶段,给设计者以指导和帮助。事实上,TRIZ在克服设计者的思维惯性,产生新思想、新概念方面具有很大的优势。

2. 质量功能展开

质量功能展开是一种将顾客需求转化为设计要求和参数的有效方法,它通过质量屋矩阵,将顾客的需求,包括主要需求、详细内容和重要性评分等,通过关系矩阵和相应的评估流程,转化为详细的设计要求和参数指标,保证了最终的产品符合客户的需要。

3. 服务原型

服务原型是用于在最终设计的服务在正式发布之前的模拟和测试。在设计的早期阶段,粗略的服务原型可以为后续的设计提供修改性意见和方向,也是对良好服务设计的一个验证。

资料来源:根据相关公开资料整理而成。

【核心概念】

市场分析　PEST分析模型　五力模型　SWOT矩阵　市场细分　目标市场　市场定位

【本章小结】

为了使创业企业明确市场状况和趋势以及应对消费者的需求和变化,本章简述了市场创新的领先者战略、挑战者战略和追随者战略三种战略;阐释了市场分析常见的三个模型,即一般环境分析模型(PEST)、行业竞争环境分析模型(五力模型)及创业企业内外态势分析模型(SWOT),及其具体内容;为了明确市场分析中的具体问题,创业企业还需进行必要的市场调查,掌握市场调查的步骤及方法,特别是能运用问卷调查法开展市场调查;在市场分析的基础上,创业企业还应该通过市场细分、目标市场选择来明确自身在竞争市场上的位置,进而结合目标客户群体的需求和所定位市场的特点,做好产品和服务的设计和再设计,提供能获得消费者持续认可的产品和服务,最终满足消费者的价值诉求,使创业企业获得源源不断的盈利和发展的机会。

【认知与训练】

小组任务一:"市场分析工具的运用"。具体要求如下:

(1) 运用SWOT矩阵,对本团队项目自身的优势和劣势以及面临的机会和威胁进行分析；

（2）完成题后画布（概括分析结果填入画布内）。

图 4-6　SWOT 矩阵画布

小组任务二："产品或服务原型设计"。具体要求如下：

对本团队项目的产品或服务进行原型设计，完成题后画布，并把产品/服务名称、产品/服务图解、产品/服务理念、工作原理/服务流程、功能模块/服务内容等要素填入画布相应位置。

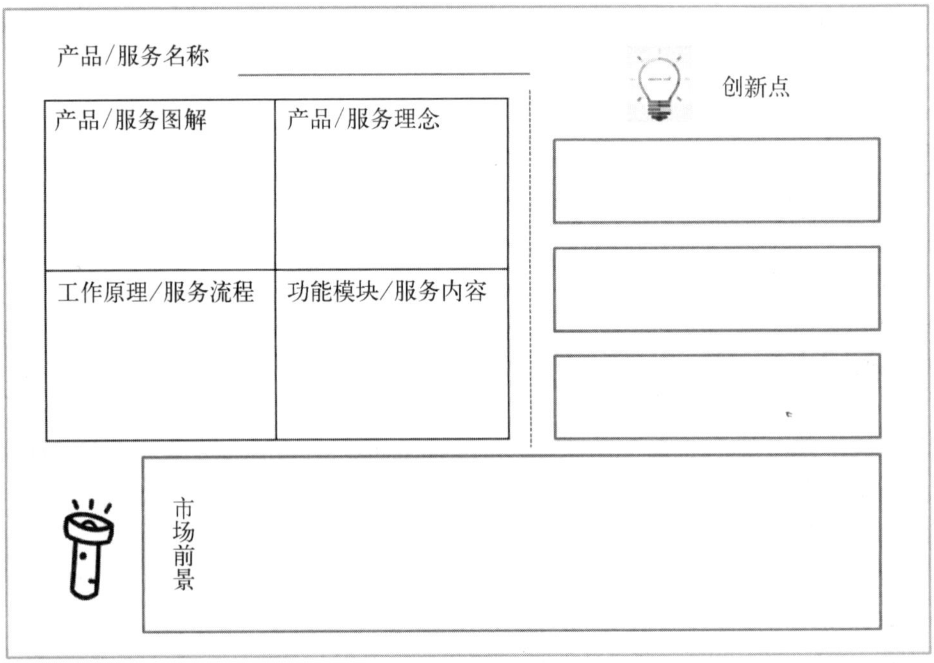

图 4-7　产品或服务原型设计画布

【探究与拓展】

个人任务:"学习与分享"。具体要求如下:

请查阅相关资料,归纳总结移动互联网时代在产品/服务设计及商业模式设计时应该注意的事项,并与同伴分享心得。

【课后阅读案例】

可口可乐标志设计的演变

可口可乐不仅是全球最著名的品牌之一,而且还成为美国文化的代表。饮料标志的两位创始人以该饮料糖浆成分"古柯叶"和"可拉果"两词为命名依据,从美观的角度将"Kola"的"K"改成"C",在两个单词之间用一横杠进行连接,于是就产生了 Coca-Cola 这个最初的饮料标志。可口可乐的标志在几次变化中始终保持了斯宾塞字体、标准可乐红和曲线飘带等,这3个经典特征,并且在经历了时间的考验后依然经久不衰。

1. 早期的可口可乐标志

1886 年,可口可乐标志正式在美国专利局注册。早期的可口可乐标志出于不同场合的使用需要出现了不同的字体,其标志字体主要有打印的和手书的两种,前者中规中矩,后者奔放飘逸。早期的可口可乐标志如图 4-8 所示,图 4-8(a)是 1886 年用粗衬线体打印的第一个可口可乐标志,图 4-8(b)是 1887 年罗宾逊用斯宾塞体手写的第一个可口可乐标志。打字机打印的粗衬线体的识别性和企业特征都不够突出,相反,手写的斯宾塞体有着更流畅的曲线和优雅的飘带,字体不仅容易区别,而且独一无二,能给人们带来不一样的审美感受。因此,斯宾塞体的标志设计最终成为企业商标并被固定下来。斯宾塞体的标志为塑造企业个性打下了坚实的基础,也为今后可口可乐成为引领时代的品牌奠定了基础。

图 4-8 可口可乐早期标志

2. 第二次世界大战时期的可口可乐标志

第二次世界大战时期,可口可乐的标志设计逐渐形成了完整的视觉传达体系,确定了以斯宾塞字体为标准字体、以红色为标准色的标志,完善了企业形象设计的标准化准入机制。1934 年,美国著名的工业设计大师雷蒙德·罗维接手了可口可乐公司饮料瓶与标志的设计业务。罗维根据女人的曲线和人机工程学原理重新设计了可乐瓶,改进了可口可乐标志,雷蒙德·罗维设计的可口可乐标志如图 4-9 所示。

图 4-9 第二次世界大战时期可口可乐的标志

罗维以深红色为底色来映衬流畅的白色斯宾塞字样,以字母连贯性形成的白色波状曲线造成一种连续变化的效果,给人一种液体流动的感觉。从此以后,可口可乐标志一跃成为继基督教十字架标志、伊斯兰教新月标志之后的又一个世界性标志。同时,这也为可口可乐销售额的迅速提升奠定了基础。

3. 成长期的可口可乐标志

第二次世界大战后,企业家更加重视企业文化和标志的设计,可口可乐由此迈入快速成长期。在 20 世纪五六十年代,可口可乐标志设计相比之前出现了较大的变化,可口可乐的标志变迁如图 4-10 所示。

(a) 1950—1960年   (b) 1960—1970年   (c) 1985年

(d) 1987年   (e) 1990年

图 4-10 成长期可口可乐的标志

可口可乐做出这些改变主要是由于战后单一、平面化的现代派设计形式已无法满足人们的审美需要。设计师在后现代派的影响下,在技术和形式上进行了开拓创新,创造出了更精致与新颖的作品。创意与技术的紧密结合使标志设计更具层次感,这丰富了企业标志的内涵,并从多个角度诠释了可口可乐公司的企业形象。

4. 成熟期的可口可乐标志

现代派标志设计摒弃了过去繁杂的设计特点,在表现手法上趋于简洁化和符号化。而后现代派又厌倦过于单一的平面形象,转而探讨具象化的可能性。可口可乐标志设计在经过了多种形式的改变之后,最终又回归经典,即以斯宾塞字体为标志,放大并重复了那根飘带,体现了简约、优雅、大方的设计风格。这种做法既延续了可口可乐标志设计的3个特点,又给人一种清新自然的感觉,从而得到了大众的喜爱。在2009年的标志设计中,设计师干脆放弃了斯宾塞字体下方的白色飘带,直接使用了老的手书体,把白色字体改成了红色,这样既简约又醒目,使其传达性更强。2000—2009年的可口可乐标志如图4-11所示。

(a) 2000年　　　　　　(b) 2009年

图4-11　成熟期可口可乐的标志

可口可乐标志虽然经历了多次改变,但是每次的调整都是在斯宾塞字体、标准可乐红和曲线飘带这3种视觉元素的基础上进行的,或增添或删减,力求在遵循品牌理念、符合人们审美需求的同时进行革新。

资料来源:吴卫,郭柳.探析可口可乐标志设计的发展与流变[J].包装工程,2016,37(06):29-32.

第五章 创业营销

【学习目标】

1. 了解销售预测的程序和方法。
2. 掌握创业营销中的相关策略和战术。
3. 理解客户关系管理。
4. 了解客户关系管理技巧及其实施步骤。

引导案例

创意营销群英会

许多创业者认为,创业的过程实际就是企业营销的过程。我们熟知的很多创业企业正是通过创意营销的理念、方法获得了快速的成长,赢得了品牌价值。

1. 屈臣氏的"自动识别技术"

在CRM战略中,屈臣氏发现在竞争日益同质化的零售行业,如何锁定目标客户群是至关重要的。屈臣氏通过自动识别技术纵向截取目标消费群中的一部分优质客户,横向做精、做细、做全目标客户市场,倡导"健康、美态、欢乐"经营理念,锁定18—35岁的年轻女性消费群,专注于个人护理与保健品的经营。屈臣氏认为这个年龄段的女性消费者是最富有挑战精神的。她们喜欢用最好的产品,寻求新奇体验,追求时尚,愿意在朋友面前展示自我。

靠自有品牌产品掌握了雄厚的上游生产资源,屈臣氏就可以将终端消费市场的信息第一时间反馈给上游生产企业,进而不断调整商品。而自动识别技术的应用又可以使其从商品的原料选择到包装、容量直至定价,每个环节几乎都是从消费者的需求角度出发,从而使得所提供的货品就像是为目标顾客量身定制一般。哪怕是一瓶蒸馏水,不论是造型还是颜色,都可以看出屈臣氏的产品与其他产品的不同。

2. 周鸿祎的"免费安全"

奇虎360是中国第一大互联网安全服务提供商。按照用户数量计算,目前奇虎360是中国第三大互联网公司。该公司董事长周鸿祎是提出并实践了互联网"免费安全"理念的第一人。在他的领导下,奇虎360在五年时间内通过免费的商业模式、产品创新和技术创新,改变了网络安全市场格局,迅速成长为中国最大的互联网安全服务提供商。从此以后,"免费安全"成为市场主流,就像即时通信、搜索、电子邮箱一样,成为互联网基础设施的重要组成部分。作为"免费安全"的首创者,奇虎360为近

4亿中国互联网用户提供领先的互联网和无线安全产品及服务,覆盖率近90%。奇虎360通过提供细致、完善的平台服务以及网络安全服务,以开放平台实现商业价值,与合作伙伴共同建立起多方共赢的互联网生态体系。

3. 李战洪的"邻里文化"

与大多数地产公司不同的是,金科地产集团股份有限公司2011年逆势成功借壳上市,在时下越来越难的光景里,继续追求绩优、稳定下的规模发展,实现有质量的理性增长。这些源于公司副总裁李战洪善于把握"非常态"的市场机会。未来的发展,李战洪制定的策略是:"上行通道做利润,下行通道做品牌"和"一线城市做品牌,二线城市做利润,三线城市做规模"。

李战洪在金科集团围绕"关联、关系、反应、回报",推行以市场竞争为导向,以建立客户忠诚为目的"4R"营销模式。李战洪围绕"敬老、爱妻、亲子、睦邻、惜己"十个字,提出"隔壁邻里文化"主张,推动"中国式美好",大幅度提升了金科品牌的内涵。

4. 张勇的"捞"实优质服务

如果您走进海底捞,排队等待用餐往往是不可避免的,但这一个极其枯燥的过程,在海底捞却成为一个让顾客印象深刻的环节。其间,服务员会时不时送上免费的饮料、水果和点心,顾客既能免费享受擦皮鞋、上网、美甲等服务,也可以随意挑选打牌、下棋之类的娱乐项目。因此在漫长的等待中客人们感到不那么着急了。针对不同的顾客还有特殊服务,比如:对女士,会赠送皮筋,用来绑起头发,避免粘到食物;顾客中有孕妇,服务员会送上柔软的靠枕;戴眼镜的客人则会得到擦镜布,以免热气模糊镜片……

这就是张勇——一位从四张桌子麻辣烫生意的老板华丽转身为资产总额达2.5亿元的餐饮连锁企业的掌门人的管理智慧。

资料来源:根据王巍栋所著《辉煌的背后……自动识别技术在零售行业中的经典案例》及佚名所著《2011年营销案例候选人之人物篇》整理而成。

讨论题:上述各路英雄的做法,对准备创业的人来说有何启示?

第一节 销售预测

销售计划的中心任务之一就是销售预测。无论创业企业规模的大小、销售人员数量的多少,销售预测影响到包括计划、预算和销售额确定在内的销售管理的各方面工作。销售预测是指对未来特定时间内,全部产品或特定产品的销售数量与销售金额的估计。销售预测是在充分考虑未来市场各种影响因素的基础上,结合本企业的实际,通过一定的分析方法提出切实可行的销售目标的过程。

一、销售预测的影响因素

尽管销售预测十分重要,但进行高质量的销售预测却并非易事。在进行预测和选择最合适的预测方法之前,了解对销售预测产生影响的各种因素是非常重要的。一般来讲,在进行销售预测时应考虑两大类因素。

(一)外部因素

1. 需求变动趋势

需求是外部因素之中最重要的一项,比如:流行趋势、消费者偏好的变化、生活形态变化、人口流动等,都可能成为产品或服务需求的质与量方面的影响因素。因此,创业企业应尽量收集消费者购买动机及其相关的市场资料,或者市场调研机构的调研资料等统计资料,进而对其加以分析,以掌握市场的需求动向。

2. 经济发展状况

销售收入通常会受到经济变动的影响,经济因素是影响商品销售的重要因素。因此,为了提高销售预测的准确性,创业企业尤其要关注市场供求情况的变化,比如:未来的资源问题、政府及实业界对经济政策的观点、科技及信息的快速发展、工业生产及经济增长等指标的变动、突发事件对经济的影响等。

3. 同业竞争动向

销售收入的高低还会受到同业竞争者的影响。古人云"知己知彼,百战不殆",为了生存和发展,创业企业应尽可能地掌握对手在相关市场领域的活动,比如:竞争对手的目标市场、产品价格的高低、渠道建设情况、促销与服务措施等。

4. 政府、消费者团体的动向

此外,还要考虑政府及其相关部门的各种经济政策、方案措施,以及消费者团体所提出的各种要求等。

(二)内部因素

1. 营销战略及策略

创业企业的销售活动离不开营销战略及其策略的指导。因此,在进行销售预测时要考虑市场定位、产品政策、价格政策、渠道政策、广告及促销策略等因素对销售收入所产生的影响。

2. 销售政策

基于销售战略,在此方面主要考虑变更管理内容、交易条件或付款条件及销售方法等对销售收入所产生的影响。

3. 销售人员

事实上,从销售活动这种人与人之间的互动过程看,它就是一种以人为中心的活动。所以,营销中不能忽略人为因素对销售目标实现的深远影响。

4. 生产状况

在有市场需求的前提下,创业企业的产能是否具备、货源是否充足、能否保证提供优质的产品和服务等,就成为企业销售收入能否实现的根本保证。

二、销售预测的程序

销售预测可以看作是一个系统,是由有关信息资料的输入、处理和预测结果的输出所组成的信息资料转换过程。对于复杂的预测对象,有时要把它进行分解,对分解后的子系统进行预测,在此基础上再对总体目标进行预测。

销售预测是一项非常复杂的工作,要使其能够有条不紊地进行,就必须遵循一定的程序和步骤。

(一)确定预测目标

销售预测是以产品的销售或服务的提供为中心的。产品的销售或服务的提供本身就是一个复杂的系统,有关的系统变量很多,比如:市场需求量、市场占有率、产品的售价等。销售预测分为长期预测和短期预测,不同的销售预测往往对预测变量的多少、资料的要求、预测方法的选择都有所不同。所以,预测目标的确定是销售预测的关键环节。

(二)收集和分析资料

为满足预测工作的要求,在预测目标确定后,必须收集与预测目标有关的资料,所收集到的资料的充足与可靠程度对预测结果的准确度具有重要的影响。所以,对收集到的资料应进行必要的梳理和分析,使其满足如下条件:

(1)资料的针对性。指的是所收集的资料必须与预期目标的要求相一致;

(2)资料的真实性。即所收集的资料必须是从实际中得来的并经核实的资料;

(3)资料的完整性。零散的资料必定不利于销售预测工作的进行,因此,必须采取各种方法,以保证得到较为完整的资料;

(4)资料的可比性。对于同一种资料,来源不同,统计口径不同,可能差别也很大。所以,在收集资料时,对所得到的资料必须进行筛选,如:剔除一些随机事件造成的不真实资料,对不具备可比性的资料通过分析进行调整等,以避免资料本身原因对预测结果造成的误差。

三、销售预测的方法

(一)定性预测方法

定性预测方法是销售预测中常用的一种方法。这类方法的特点就是通过调研研究或征询各类专家的意见,以经验判断为主,对未来市场发展变化趋势进行预测。由于这类方法不需要收集太多的资料,较为简单易行,所以,往往用于那些一时难以收集许多数据和资料,对预测结果要求也不是非常精确的预测。由于这类预测的方法非常多,在此主要介绍常用的几种方法。

1. 主观概率法

主观概率法是指预测人员根据企业中与销售相关人员"经验"的特定结果所做出的个人主观判断的度量。比如：根据一定的经验，判断某事发生的概率有多大。在销售预测中，一般采取：

（1）高级经理意见法。它是依据一位或多位销售经理或其他高级经理的经验与直觉的综合意见，而对企业销售预测值进行确定的方法。

（2）销售人员意见法。它是利用销售人员对未来市场的判断进行销售预测的方法。有时是由每位销售人员单独做出相关的预测；有时则是销售人员与销售经理共同讨论后做出预测。通常，预测结果是以地区或行政区划一级一级汇总，最后得出企业的销售预测结果。

2. 购买者期望法

许多企业经常关注新顾客、老顾客和潜在顾客未来的购买意向情况，如果存在少数重要的顾客占据企业大部分销售量的情况，那么，购买者期望法是一种非常实用的方法。这种预测方法属于重点调研法，它是通过征询重点顾客或客户的潜在需求或未来购买商品计划的情况，了解顾客购买商品的行为变化及特征等，然后在收集消费者意见的基础上分析市场变化，预测未来市场的需求。

3. 德尔菲法

德尔菲法又称专家咨询法，它是指按规定程序，以"背靠背"的方式征询专家对企业有关销售预测方面问题的意见，然后根据专家意见作出销售预测的方法。这种预测方法的特点是充分利用专家的经验和知识，反复多次地咨询专家的意见，对过去发生的事件及资料进行分析研究，对未来事件的发展趋势作出判断和预测。一般来说，专家第一阶段得到的结果总结出来可作为第二阶段预测的基础。通过所有专家的判断、观察和期望来进行评价，最后得到具有更少偏差的预测结果。德尔菲法的最大优点是充分民主地收集专家意见，把握市场的特征，具有匿名性、多层次反馈性和广泛性的特点，但这种方法由于专家较为分散，征询问卷往来的时间较长，意见不易集中，所以，比较适合用于在缺乏客观材料和历史数据情况下的长期、综合性的预测，而且它的有效使用有赖于企业对专家的选择及其人数的确定、征询表及其问题的设计、专家意见的汇总及整理等。

（二）定量预测方法

在销售预测中，除了使用上述定性预测方法外，也经常使用定量预测方法。定量预测方法主要包括时间序列预测法和因果关系分析预测法。

1. 时间序列预测法

时间序列预测法也称为趋势外推法或历史延伸法，它是利用预测变量与时间存在的关系，根据时间序列变动的方向和程度向前延伸来揭示以后一期或若干期可能的市场需求、销售量或销售收入等变化情况的一类预测方法。时间序列预测法已成为销售预测中具有代表性的方法，它包括简单平均法、算术移动平均法、加权移动平均法和指数平滑法等方法。

2. 因果关系分析预测法

因果关系分析预测法也称为相关分析预测法，这是一类从分析销售发展变化的因果关系入手,通过建立数学模型进行预测的方法。各种事物彼此之间都存在直接或间接的因果关系,同样的,销售量亦会随着某些变量的变化而变化。当销售与时间之外的其他因素存在相关性时,就可运用相关分析预测法进行销售预测,比如:一元线性回归分析法、一元非线性回归分析法、基数迭加法等。

第二节 营销方案设计

在创业过程中,创业者筹措资金、调动各种资源的原因之一是为了获得一定的利润。如果企业缺乏营销能力,无法使自己的产品被消费者理解和购买的话,就没有办法实现利润。所以,企业要想获得创业的成功,必须拥有出色的营销管理能力。从本章引导案例中相关创业企业的做法可以看出,创业企业不仅要有先进的营销理念,还要有富有特色的营销策略,只有这些因素组合在一起,才能使企业在激烈的市场竞争中立于不败之地。

一、创业营销的新理念

(一)知识营销

知识营销指的是通过科普宣传等知识传播手段和途径,把创业企业所拥有的、有利于提升客户价值的产品知识、专业研究成果、经营理念、管理思想以及优秀的企业文化等知识传递给企业的现有和潜在客户,使他们充分认识到这些新的知识对其生活的影响,由此重新建立新的产品、服务和品牌观念,进而培养客户萌发对新产品、服务和品牌的需求,达到转化潜在客户、拓宽市场的目的。例如:比尔·盖茨的先教如何使用电脑,再卖电脑的做法就是典型的知识营销,值得创业企业在营销中学习和借鉴。他曾斥资2亿元成立"盖茨图书馆基金会",为全球一些低收入地区的图书馆配备最先进的电脑,又捐赠软件让公众接受电脑知识。

1. 网络营销

网络营销是知识营销目前最重要的部分,它是利用网络平台和手段进行的营销活动。随着知识经济与网络技术的快速发展,网络技术被广泛运用于生产经营的各个领域。实际上,网络营销就是一种虚拟营销的方式,主要通过在互联网上建立虚拟商店和商业区来向全世界进行营销活动。对于创业企业来说,这种营销方式具有成本低、服务时间长、无地域限制等优势;同时,企业还可在网络上进行广告促销和市场调研以及收集信息等活动。因此,可以成为许多处于起步阶段创业企业营销方式的选择。

2. 绿色营销

随着环境污染、食品安全等问题的日益突出,在生活水平提高的情况下,人们已不再满足于传统的商品及服务消费,而是更加关注消费的健康化、原生态。基于这样一种消费趋势,创业企业营销时应充分利用"绿色"理念,开发"绿色产品",提供"绿色服务"。所谓绿色营销,是指企业在整个营销过程中充分体现环保意识和社会责任,向客户提供达到特定环保要求、有利于节约资源和符合良好社会道德准则的产品和服务,并采用无污染或少污染的生产和销售方式,引导并满足客户有利于环境保护及身心健康的需求。同时,在营销策略上应注重"绿色情怀"。因为只有在创业企业发展的任何阶段都做到健康营销,企业营销才会得到社会的肯定和客户的信任,企业也才可能取得持续发展。

3. 学习营销

常言道:"活到老,学到老。"在知识经济时代,终身学习已成为越来越多人的共识。因此,创业企业要想走得更远,就必须将学习理念逐步贯穿于整个营销过程中。"学习营销"是一个双向互动的过程,它主要包括两个层面的内容:一是企业向客户和利益相关者宣传新产品和服务,推广普及新技术,并对客户进行传道、授业、解惑,实现产品和服务知识及信息的共享,消除客户的消费障碍,从而"把蛋糕做大";二是创业企业在进行营销的过程中不断地向客户及其他同行学习,发现自己的不足,吸取好的经验方法,提升自己的营销管理能力。

(二) 个性化营销

个性化营销,也就是通常所说的服务营销。它是一种企业直接服务于客户,并按其特殊要求设计、制造个性化产品和提供个性化服务的新型营销方式。面对"客户经济"时代,特别是随着信息技术的发展,个性化营销的重要性日益凸显,许多企业把对客户个性释放及个性需求满足的关注放到营销的中心位置,以一种创新的方式接近客户,与其建立更为个人化的联系,及时了解市场动向和他们的需求,采用灵活的战略适时调整企业与客户间的关系,尽可能地按客户要求进行生产,迎合他们的个性需求和品味。这种营销方式以多品种、中小批量混合生产取代过去的大批量生产;同时,它避开了中间环节,更关注产品设计的创新、服务管理水平的提高、企业经营资源整合的效率,有利于降低销售成本,实现市场的快速形成。实践中,创业企业可以从许多成功案例中获得创新经营的有益启示。比如:戴尔公司的个性化营销模式。当戴尔公司通过福特公司内联网接到订货时,就马上知道订货的是哪个工种的员工,他需要哪种计算机,戴尔公司便组装合适的硬件和软件,很快送到客户手中。

案例 5-1
亚马逊的个性化推荐系统

据统计,84%的美国网购消费者在登录亚马逊(Amazon)(http://www.amazon.com/)时并不确定自己想买什么。然而,亚马逊的"个性化推荐系统"发挥了巨大作用,系统的"智能"和"人性化"成功地为消费者"创造"并满足了其需求。

众所周知,亚马逊最早是一家网上书店,它没有自己的店面,而是在网上进行在线销售,如今它已发展成为一家网上购物商城,其中的商品琳琅满目。亚马逊综合了多种推荐服务类型,比如:基于物品相似性和相关性;基于浏览或购买历史;基于协同过滤等。亚马逊并没有生硬地去套这些东西,而是能够根据客户当前查看页面类型,当前关注的产品信息等内容动态地组合这些推荐服务,显得很生动,很人性化。当然,推荐的准确性直接影响客户对于推荐服务的认可程度。如果推得不准,客户将不会买账。因此,亚马逊除了组合多种推荐形式外，还不断改进个性化推荐体验，允许用户提供或修正推荐所依赖的信息，比如：用户可以查看并修改自己的档案、浏览历史，可以对感兴趣的或不感兴趣的商品进行管理和打分，可以通过社区进行讨论、评论、反馈相关商品，而所有这些信息一经修改或产生后就会直接对推荐的结果产生影响，从而提高了推荐的准确性。另外，亚马逊的推荐不回避个人信息的获取和捕捉，在这些数据的开放和透明以及数据对客户价值呈现的角度方面做得比较到位。

就亚马逊书店来看，它提供了高质量的综合节目数据库和检索系统，用户可以在网上查询有关图书的信息。如果用户需要购买的话，可以把选择的书放在虚拟购物车中，最后查看购物车中的商品，选择合适的服务方式并且提交订单，这样读者所选购的书在几天后就可以送到家。同时，书店还提供先进的个性化推荐系统，能为不同兴趣偏好的用户自动推荐符合其兴趣需要的书籍。亚马逊能对顾客购买过的东西进行自动分析，然后因人而异地提出合适的建议。这种推荐软件对读者曾经购买过的书以及该读者对其他书籍的评价进行分析后，将向读者推荐他可能喜欢的新书，只要点一下鼠标，就可以买到该书；而读者的信息将被再次保存，这样顾客下次来时就能更容易地买到想要的书。此外，完善的售后服务也是亚马逊的优势，读者可以在拿到书籍的 30 天内，将完好无损的书和音乐光盘退回亚马逊，并将获得原价退款。当然亚马逊的成功还不止于此，如果一位顾客在亚马逊购买一本书，下次他再次访问时，映入眼帘的首先是这位顾客的名字和欢迎的字样，非常贴心！

资料来源：根据张弓、周萍所著《亚马逊图书双向品牌营销模式研究》整理而成。

（三）整合营销

整合营销是一种综合协调和系统化结合各种营销工具、手段和传播方式，以统一的目标和传播形象，传递一致的产品信息，根据内外环境条件进行动态修正，实现与消费者的双向沟通，以使双方在交互中实现价值增值的营销理念与方法。整合营销开始于 20 世纪 90 年代，由于它能迅速在企业客户心目中树立产品品牌的地位，建立产品品牌与客户长期密切的关系，提高广告传播和产品行销的有效性，因而得到逐步推广。

整合营销中的整合表现为：一是推销人员、广告、产品管理、营销调研等各种营销职能必须彼此协调；二是让公司营销及其他部门树立"想客户所想"的观念，即营销是整个公司的导向问题，并非某一个部门的工作。因此，整合就是把广告、直接营销、销售促进、人员推销、包装、事件、赞助和客户服务等各个独立的营销方法和手段综合成一个整体，以产生协同效应。

（四）大市场营销

著名营销大师菲利普·科特勒针对世界经济全球化的趋势和企业间无国界竞争的态势，提出了"大市场营销"观念，并在营销 4P 策略的基础上增加了 2P，即权力（power）和公共关系（public relation），从而把营销理论进一步扩展。

按照科特勒的观点，大市场营销是指在策略上通过协调使用经济的、心理的、政治的和公共关系等手段,以获得经销商、供应商、客户、营销研究机构、相关政府部门及人员、各利益集团及媒体等各有关方面的配合及支持,从而成功进入特定市场,并在那里从事业务经营活动的营销方法。尽管大市场营销是在传统市场营销组合战略的基础上不断发展起来的,但与传统营销不同,大市场营销更强调在营销目标、策略、手段方面的创新;相对于传统营销来说,其实施的期限较长,成本较高,参与的人员也较多。

(五) 全球营销

全球营销观念是20世纪90年代以后,市场营销观念的最新发展,它是指导企业在全球市场进行营销活动的一种崭新的营销思想。全球营销观念在某种程度上完全抛弃了本国企业与外国企业、本国市场与外国市场的概念,而是把整个世界作为一个经济单位来看待。全球营销观念强调营销效益的国际比较,即按照最优化的原则,把不同国家中的企业组织起来,以最低的成本,最优化的营销去满足全球市场需要。

全球营销在发展演变过程中形成了六种观念:国内市场延伸观念、国际有限差异化观念、国际本土化观念、全球标准化观念、全球本土化观念、全球混合化观念。

案例 5-2

宜家的全球营销战略

宜家是创立于1943年的一家瑞典家居企业,创始人是瑞典人坎普拉德,创立之初主要经营文具邮购、杂货等业务,后转向以家具为主业,在不断扩张过程中,产品范围扩展到涵盖各种家居用品。宜家发展稳健而迅速,在60多年的时间内,成为全球最大的家居用品零售商。以顾客为导向的营销策略是其经营管理的一大亮点,有很多值得创业企业借鉴的地方。

1. 产品设计重视顾客需求

宜家进行新的产品开发设计时,十分重视让市场一线人员参与到设计过程中来,因为只有他们才更了解顾客的需求。另外,宜家的产品开发人员有很大一部分直接来自零售部门,他们有直接和顾客打交道的经验,比较了解顾客的需求,正所谓:知己知彼,百战不殆。

2. 卖场的人性化布局,处处体现以顾客为导向

宜家的商场布置显示着对顾客的重视。宜家的卖场设计有标准规范,进入商场后,地板上有箭头指引顾客按最佳顺序逛完整个商场。主通道旁边为展示区,展示区的深度不会超过4米,以保证顾客不会走太长的距离。展示区按照客厅、工作室、卧室、厨房、餐厅、儿童房的顺序排列。这种顺序是从顾客习惯出发定制的,客厅最为重要,是人们处理日常事务的地方,工作室紧随其后,这种展示方法有利于给客户一个装饰效果的整体展示,同时还有利于连带购买,买很多东西。

3. 对顾客的人性化关怀,体验式服务

在宜家购物,顾客可以通过自己动手来省钱——自己选购、自己运送回家和自己组装家具。也可以预约宜家的室内设计师,请他们设计新房,或提出改造旧居的建议。轻松、自在的购物氛围是全球180多家宜家商场的共同特征。宜家鼓励顾客在卖场"拉开抽屉,打开柜门,在地毯上走一走,或者试一下床和沙发是否舒适"。如果顾客需要帮助,可以和店员说一声,但除非要求帮助,否则店员绝不会打扰,以便让顾客静心浏览、轻松自在购

物。跟国内家具店动辄在沙发、席梦思床上标出"样品勿坐"相反,在这里,宜家鼓励顾客亲自去体验商品的独特品质,所有能坐的商品顾客都可以坐上去试试感觉。宜家出售的"桑德伯"沙发,"高丽可斯达"餐椅的展示处还特意提醒顾客:"请坐上去,感觉一下是多么的舒服!"宜家总是提醒顾客"多看一眼标签:在标签上您会看到购买指南、保养方法、价格"。如宜家出售的四季被的标签上是这样写的:"季被,三被合一,一层是温凉舒适的夏季被,一层是中暖度的春秋被,你也可以把两层放在一起,那就是温暖的冬季被。被芯填料:65%鸭绒,35%鸭毛,被芯外套为100%棉。四季被可在60℃温水中清洗,也可用干衣机甩干。"宜家的《商场指南》写着:"放心,您有14天的时间可以考虑是否退还。"14天以内,如果你对已购货物不满意,可以到宜家办理更换等值货物或退款手续。如果你不懂得怎样挑选地毯,宜家会用漫画的形式告诉你,用这样简单的方法来挑选我们的地毯:一是把地毯翻开来看它的背面;二是把地毯展开来看它的里面;三是把地毯折起来看它鼓起来的样子;四是把地毯卷起来看它团起来的样子。每个顾客在做出购物决定之前,如果对所购商品的特性一无所知,那么他肯定会感到束手无策;反之,顾客掌握的商品信息越全面、越真实,他就越容易做出购买决定。

4. DIY方式

宜家最为人津津乐道的特点还有DIY,宜家的所有家具都需要顾客自行组装。宜家为所有的家具都配有十分具体的安装说明书,顾客可以根据说明书轻松的把家具组装起来,这种消费者自己动手组装的方式,节省运费的同时,也让消费者体验到了自己动手的乐趣。从宜家的国际营销产品策略中,我们可以深切地体会到宜家并没有以将家具卖给消费者为主要目的,他们卖的是一种服务理念,一种人性化、一种人文关怀、一种家具思维。他们更多注重根据产品的特性为消费者提供更多的服务,让消费者享受产品消费的过程,更加注重他们的心理、情感、精神上的满足。

资料来源:杨帆.IKEA的基于产品服务的营销[J].艺术与设计(理论),2010,2(2):214-215.

综上可知,创业企业营销获得成功的关键策略就是把创新理论运用到市场营销中,让企业各层次成员随时保持营销思维模式的灵活性和创新性,让他们成为营销新思维的开创者,实现营销观念的创新、营销产品的创新、营销组织的创新和营销技术的创新。

专栏5-1

营销理念的演变

表5-1 营销理论演变过程

理 论	演 变 过 程
消费需求	简单需求→相同需求→个性化需求→感觉化需求
营销导向	生产导向→市场导向→顾客导向→竞争导向
宣传重点	忽视宣传→产品知识→企业形象→合作双赢

续表

理　论	演　变　过　程
理论基础	生产理论→产品策略→传播与沟通→关系营销
营销方式	忽视营销→规模营销→差异营销→整合营销
营销组合	没有组合→4P→4C→4R

资料来源：根据郑锐洪所著《西方营销百年理论发展重心的转移及启示》及彭新武所著《论当代营销观的演变逻辑》整理而成。

二、创业营销方案设计的基本方法

任何企业从事市场营销活动，不仅要考虑企业的各种外部环境，而且还要设计营销方案和制定营销策略。通过方案的制定和策略的实施，满足客户的需要，从而实现企业的经营目标。

在创业营销方案设计中，最重要的任务就是营销策略的制定。20世纪的60年代初，美国学者麦卡锡教授提出了著名的4P营销组合策略，由产品（product）、价格（price）、渠道（place）和促销（promotion）四项企业可控的市场营销因素构成。他认为，企业营销活动的本质就是一个利用内部可控因素适应外部环境的过程，即一次成功和完整的营销活动是以适当的产品、适当的价格、适当的渠道和适当的促销手段，将适当的产品和服务投放到特定市场的行为。随着市场环境的不断演化和科学技术的日益发达，营销策略呈现出多元化发展的态势，竞争逐步从产品转向人才，从人才转向知识，营销策略也随之不断改进和完善，如表5-2所示。

表5-2　几种常见的营销组合策略

组合名称	代表人物	策　略	具体内容
4P	E. Jerome McCarthy（1960）	—	产品、价格、渠道、促销
4Ps	Philip Kotler（1967）	—	产品、价格、渠道、宣传
6P	Philip Kotler（1984）	大市场营销	产品、价格、渠道、促销、政治权力、公共关系
4C	Robert F. Lauterborn（1986）	整合营销	客户、成本、沟通、便利
4R	Don E. Schultz（1999）	关系营销	关联、反应、关系、报酬
8P	Isabell Deheye（2010）	服务营销	产品、价格、渠道、促销、伙伴关系、公共关系、取悦客户、影响力

续表

组合名称	代表人物	策略	具体内容
4I	Don E. Schultz（20世纪90年代）	网络整合营销	趣味、利益、互动、个性
4V	Jingming Wu（20世纪90年代后）	差异化营销	差异性、功能化、附加价值、共鸣

资料来源：根据刘蓓、彭林所著《市场营销组合理论模式的演变与发展研究综述》整理而成。

专栏 5-2

几种营销组合的比较

表5-3　4P、4C、4R营销组合的比较

项　目	4P组合	4C组合	4R组合
营销理念	生产者导向	消费者导向	竞争者导向
营销模式	推动型	拉动型	供应链
满足需求	相同或相近需求	个性化需求	感觉需求
营销方式	规模营销	差异化营销	整合营销
营销目的	满足现实、具有相同或相近的顾客需求，并获得目标利润最大化	满足现实和潜在的个性化需求，培养顾客忠诚度	适应需求多变，并创造需求，追求各方关系互惠最大化
顾客沟通	"一对多"单向沟通	"一对一"双向沟通	"一对一"双向或多向沟通或合作投资
成本和时间	短期较低，长期较高	短期较低，长期较高	短期较低，长期较高

资料来源：根据尹坤、李欣所著《4P与4C营销理论的比较研究》，景进安所著《从4P、4C营销理论到4R营销理论》整理而成。

这里，本书将重点介绍4P营销组合策略。站在创业企业的角度，透过4P营销组合策略的内容，创业者可以更好地来研究市场的需求及变化，把握好竞争中取胜的机会。也就是说，创业企业应注重开发产品的功能，使其具有独特的卖点，将产品的功能诉求放在第一位；并根据不同的市场定位，制定不同的价格策略，根据企业的品牌战略定价，重视企业品牌价值；同时要注重经销商的培育和销售网络的建立。此外，企业还应以品牌宣传（广告）、公关、促销等一系列的营销方式来刺激消费者的购买欲望。

企业营销活动的本质是利用企业内部可控因素适应外部环境变化的过程，即通过产品、价格、渠道、促销计划的实施，对外部环境做出积极的动态反应，以促成交易的实现。市场营销活动的核心在于制定并实施有效的市场营销组合，4P营销组合策略的提出并奠定了市场营销的基础理论框架。

(一)产品策略

产品是创业企业整个营销活动的关键,包括产品的实体及服务、材质、规格、样式、质量、品牌、包装等,其最重要的特性是使目标客户的价值增值。当企业准备销售产品时,应将其区分为核心产品和有形产品两个层面的内容,然后根据企业自身的能力,确定是以技术还是设计为该产品的卖点。然而无论怎样,创业者都要确保产品有实质上的创新。

我们都知道,任何一种产品都有其生命周期。在产品的开发和导入阶段,创业者必须采取创新手段,让潜在客户及早获得产品的相关信息(如:怎样使用以及可以满足什么需求等),打破客户的消费惯性,使产品或服务尽快打入市场。在接受和成长阶段,对于成功进入市场的产品来说,销售额和利润将会继续上升。在竞争和成熟阶段,销售额上升,利润达到最高,然后随着竞争者进入市场而下降。在产品生命周期的饱和阶段,销售额达到顶峰,这标志着引入下一代产品时机的到来。而到了产品衰退阶段,销售额继续下降,利润急剧减少,但是这并不意味着产品注定要失败,企业可以通过产品创新和改进使其重新获得客户的青睐。

(二)价格策略

以价格为中心,打价格战是许多企业较为热衷的方式,但打价格战需要企业有大规模的生产能力,行业要有规模经济性等前提条件。企业为了产品销售而根据市场确定或调整价格,对于新创企业来说,应根据不同的市场定位来制定相应的价格策略。一项产品或服务的价格定位通常在上限(市场承受能力)和下限(企业成本)之间。创业者通常有三种基本的定价策略:

(1)渗透定价。为了让产品或服务在大众市场上能被迅速接受和广泛推广,企业应该以低价导入产品和服务,从而使其能成功渗透进高度竞争的市场;

(2)撇脂定价。当创业者将新产品或服务引入无竞争或竞争很少的市场中时,经常采用过滤式定价策略。企业采用高于正常水平的价格,为的是迅速收回产品的最初开发和推销成本。其基本设想就是价格远高于单位总成本,并高强度地进行促销活动,从而吸引对价格不敏感的细分市场;

(3)按需求曲线定价。创业企业以低价导入一种产品或服务,然后利用自身的技术进步,在迅速降低产品价格或服务成本方面获得比竞争对手更多的优势。

创业者还可以采用其他定价策略来制定产品和服务的价格。比如:成本加成定价法、奇数定价法、系列定价法、诱导性定价法、区域定价法、投机定价法、折扣以及建议零售价等。

(三)渠道策略

要想将产品或服务顺利传递到客户手中,创业者就需要根据目标客户群的消费行为、习惯或偏好,明确将要采取的渠道类别(是直销渠道还是分销渠道)、渠道地点(是实体销售还是网络销售,抑或是线上线下并用)和物流方式(自己配送还是第三方物流配送)等。创业者可以通过直销的方法直接将产品送到客户手中,也可以通过销售网络传递其产品或服务。分销渠道建立起客户和创业企业之间的沟通和联系。在选择渠道的时候,创业者通常利用其特有的一些优势,比如创新性、灵活性等,建立独具特色的竞争优势。当前,在网络迅速普及的情况下,创业者一定要充分运用因特网的特点来建立网络渠道。

(四)促销策略

应用促销策略,要求创业企业的企划能力、激励能力和品牌传播能力比较强,需要对产品和服务的目标人群定位比较精准。可以通过销售行为的改变来刺激消费者,以短期消费行为,比如:让利、折扣、买一送一、代金券等,吸引消费者或者引导提前消费来促成消费的增长。促销可采用公关、人员推销和广告宣传等手段,并在运用中进行必要的创新。

1. 公关促销

公关促销是指为了获得顾客的信赖,树立企业或产品形象,或者帮助实施销售,企业采用非付款的方式通过各种公共平台所进行的宣传活动,包括一切对企业或产品形象有利的公共宣传。事实上,公共促销并不是推销某个具体的产品,而是利用公共关系,把企业的经营目标、理念、政策等传递给社会公众,使公众对企业有充分了解,扩大企业的知名度、信誉度和美誉度,为企业营造一个和谐、友好的营销环境,从而间接地促进产品销售。对于创业者而言,为了有效促进公关,释放企业的正能量,可以采取各种形式的活动,比如:写一篇客户感兴趣的文章;赞助一件非常规性的活动;接受电台和电视台的采访;出版业务通信;资助学术会议;为媒体写新闻稿;参加社会团体、行业协会;资助一项社区工程或支持非营利组织,促进一项公益事业等。

2. 人员推销

许多成功的创业者都是一流的销售人员。成功的人员推销在很大程度上取决于销售人员的技能,一流销售人员的某些特征促成了卓越的销售业绩,这些特征主要表现在:对新机会的热情和机敏;销售人员精通销售的产品和服务;专注于精选的项目;计划周详;采用直接方式;参照过去成功的案例;以销售量和客户的满意度作为评价标准等。

3. 广告宣传

广告宣传是指非人员的推销,由明确的赞助商支付费用的销售陈述。对于创业者来说,有许多可以选择的广告媒介,比如:口碑、自媒体、报纸、电台、电视、杂志、邮件、移动广告、电话本、展销会、特殊事件、商场广告等。

案例 5-3

康颜公司的 4P 营销策略

2010 年几位大学毕业生创建了上海康颜化妆品有限公司(以下简称康颜公司)。公司拥有由博士、硕士、高级工程师等组成的强大科研技术团队,是一家集研发、生产、销售、服务于一体的专业化妆品公司。公司旗下有两个品牌共 100 多种产品,其中,"十娇堂"品牌下有定位于低端市场的"纯天然花蕊系列"和定位于中端市场的"鲜果水润"系列护肤品;"妮维姿"品牌则为定位于高端市场。

由于公司产品最初只进入了山西市场,公司目前的营销状况非常薄弱。所以打算开拓新的市场,并复制当前的产品和销售模式。那么,如何整合资源,利用山西经验切入到其他市场就成为公司急需解决的问题。为此,公司开展了一系列对包括政府政策及监管、行业标准、发展趋势、消费者需求变化、行业竞争对手比较,以及公司内部资源、管理和条件等情况的调查和分析,得到了如下调查结果:一是国家大力发展消费类轻工业,化妆品行业增长较快,农村市场还有较大的发展空间;二是公司不仅有较强的研发及产品创新能力,且产品线完善,质优价廉,还有高素质的核心员工队伍及高效的组织结构;三是行业发展不够规范,低端产品进入门槛较低,供应商和零售商的议价能力增强;四是公司知名度不高和市场渠道有限,规模小且融资能力不强。

根据上述分析结果,在进一步的市场细分和目标客户定位调查的基础上,康颜公司最终确定了向整个河南市场的女性提供天然纳米化妆品的营销战略。为此,公司围绕该战略从产品、价格、渠道及促销四个方面制定了相应的营销策略。

1. 产品策略

(1) 加快新产品开发。充分发挥康颜公司的技术优势,赋予产品更多的核心价值。

(2) 领军单品策略。从现有的三个系列产品中,每套产品选出一个拳头产品。一是有助于产品宣传;二是突出领军产品的卖点;三是为口碑营销提供条件。

(3) 产品线全覆盖策略。进一步丰富产品线,以满足不同消费能力的消费者在目标市场上不留市场空白,以便打造地区性的强势品牌。

2. 价格策略

(1) 成本导向定价法。主要是定位于低端市场的"纯天然花蕊"系列采用此种方法,它有利于快速打开农村市场,提高市场占有率。

(2) 竞争导向定价法。"鲜果水润"系列是公司的利润产品,定位于中端市场,可以考虑使用此方法。结合自身是新公司、新产品的情况,价格可以比老牌竞争对手的低一点。

(3) 顾客导向定价法。"妮维姿"系列作为公司的高端产品,主要是打造公司的品牌形象,突出的是产品的功效性及美白祛斑产品的时效性,可以定相对较高的价格。

3. 渠道策略

除了目前的城市渠道之外,康颜公司打算拓展其他的渠道方向。

(1) 农村市场及渠道。虽然中国农村经济在迅速增强,但总体而言,农村消费者的消费能力相比城市还是较低,所以,拓展农村市场应主推"纯天然花蕊"系列和"鲜果水润"系列,逐步向中档扩展。在渠道上,要选择县城最大的化妆品专营店或大型购物超市,并形成稳定的伙伴关系。

(2) 互联网渠道。充分运用互联网这种新兴营销渠道,帮助公司快速提升知名度和美誉度。

4. 促销策略

(1) 媒体促销。康颜公司整合多种大众传媒,比如在地方电视台黄金时间上广告,在时尚杂志上刊登公司的产品信息和促销信息,以及赞助一些热门活动,以便在区域市场形成强势的品牌效应。

（2）不定时促销。面对不同的情况采用独到的促销方法，以达到提升销量的目的，比如打折、抽奖、赠送样品、特价（如买 2 送 1、多送 125 毫升等）、赠送礼品、好奇促销、会员活动、会员积分等。

资料来源：李明明.新创化妆品企业的营销策略研究[D].上海交通大学，2011.

第三节　客户关系管理

客户关系管理（customer relationship management，CRM）又称为客户管理。它的产生是市场与科技发展的结果，是一种旨在改善企业与客户之间关系的新型管理机制，它应用于企业的市场营销、销售、服务与技术支持等与客户相关的领域。而在线 CRM 是基于互联网模式、专为中小企业量身打造的在线营销管理、销售管理、完整客户生命周期管理工具。据美国市场研究机构的研究显示，成功应用 CRM 系统将给企业年销售总额的增加、市场销售费用和管理费用的减少、预计销售成功率的提升、每笔生意价值和客户满意率的增加等方面带来显著效益。

一、客户关系管理的含义和核心

所谓客户关系管理，就是一个不断加强与客户交流，了解其需求，并不断对产品及服务进行改进和提高以满足顾客需求的连续管理过程，是企业利用信息技术和互联网技术实现对客户的整合营销。它有三层含义：一是体现为新的企业管理指导思想和理念；二是创新的企业管理模式和运营机制；三是企业管理中信息技术、软硬件系统集成的管理方法和应用解决方案的总和。

对客户关系管理应用的重视源于企业对客户长期管理的观念，而这种观念认为客户是企业最重要的资产并且企业的信息支持系统必须在给客户以信息自主权的要求下发展。因此，客户关系管理的方法在注重 4P 关键要素的同时，反映出在营销体系中各种交叉功能的组合，其重点在于赢得客户。

概括来说，其核心思想是：客户关怀是客户管理的中心，客户关怀的目的是与所选客户建立长期和有效的业务关系，在与客户的每一个"接触点"上都更加接近客户、了解客户，最大限度地增加利润。通过一对一的营销，满足不同价值客户的个性化需求，提高客户忠诚度和保有率，实现客户价值持续贡献，从而全面提升企业盈利能力。

二、客户关系管理的技巧

与传统的以产品或市场为中心的营销方式不同，客户关系管理注重的是与客户的沟通，为客户提供多种交流的渠道。所以，做好客户管理就是既要留住老客户，也要大力吸引新客户。

(一) 留住老客户的主要方法

1. 为客户提供高质量的服务

为客户提供服务最基本的就是要考虑到客户的感受和期望,从他们对服务和产品的评价转换到服务的质量上。质量的高低关系到企业的利润、成本、销售额的高低。因此,每个企业都在积极寻求留住企业优质客户的方法。

2. 严把产品质量关

质量是企业为客户提供产品和服务的关键保障。没有好的质量,企业持续发展就是一个遥远的梦想。许多国际大企业,被曝出"质量门"事件,让对手有机可乘,致使客户群体部分流失。

3. 加强与客户信息的及时互通

与客户信息的及时互通也就是及时为客户提供知识信息,让企业的服务或营销人员协调好与客户的关系,传达好客户的要求、意见。显然,这对企业员工的职业素养提出了较高的要求,不仅要有对市场的敏感性,而且要有较为丰富的客户管理技巧。当然,相关人员也要注意,不能忽视在客户管理中的人际角色,除和客户正常的业务以外,不要掺杂其他内容,否则会影响客户关系。

4. 保证高效快捷的执行力

要想留住客户群体,良好的策略与执行力缺一不可。许多企业虽能为客户提供好的策略,却因缺少执行力而失败。在多数情况下,企业与竞争对手的差别就在于双方的执行能力上。事实上,制定有价值的策略,管理者必须同时确认企业是否有足够的条件来执行。面对激烈的市场竞争,管理者的角色定位需要变革,从只注重策略制定,转变为策略与执行兼顾。

(二) 吸引新客户的方法

相对于留住老客户,吸引新客户会有一定的难度。所以,创业企业要充分利用各种渠道和带有创意性的方法,达到吸引新客户的预期目标。比如:可以市场调研为由,收集客户名单;或以企业做活动,参加抽奖为由,收集相关客户的名单;还可以开发已签单的客户,做好服务;寻求转化介绍。应该说,吸引新客户是一个专业的过程,需要精心安排每一个步骤来扩展潜在客户,概括而言,一是建立潜在客户数据库;二是找到现有最佳客户的特征;三是根据特征扩充潜在客户数据;四是策划有针对性的营销活动;五是吸引、转化符合条件的潜在客户;六是把结果反馈到数据库中。以下是需要重点做好的几方面的工作。

1. 挑选适宜的客户

结合企业产品的特点和优势,仔细选择资料中的客户,挑选出可能适合企业产品的客户群。产品的特点和优势是吸引新客户的最大亮点,而新客户之所以愿意亲近某个企业,无外乎有这几种情况:一是该产品是新开发的,客户需要增加这样的新产品;二是客户对原来的供应商不满意,而该企业正好有同类产品可提供;三是客户对产品的需求量增加,而原来的供应商无法满足,客户需要寻求新的供应商;四是该产品正好是客户在进口的,其质量相同或更好,价格上具有明显的竞争优势。

2. 把握与新客户接触的态度和尺度

保持良好的心态联系客户,使其愿意和企业深入接触。千万不要给新客户一种急于求成的感觉,而是让其感受到企业有稳定的销售渠道,双方联合将会获得更多的发展机会。对于还在犹豫的新客户,千万不要催促,但也不要轻易放弃。可以过一段时间给客户传递一些新产品图片等来让他感受到他的重要性。只要你比别人做得好,客户最后是属于你的。

3. 注意联系方式的选择

如果是首次联系,建议尽量采用电话和传真相结合的方式。通过电话,尽量找到这家公司具体与企业产品相对口的部门的采购经理或具体人员及其他们的名字和传真等。如果获得对方的回复,在以后的联系中,就可以与具体的人员进行 E-mail 往来了。但切忌采用邮件群发或传真群发的方法联系客户。

4. 重视客户开发中网络等新技术的运用

建立专门展示产品的网站对联系和开发新客户非常重要。这既可以给新客户进行详尽的产品介绍,又可以避免过早的产品传递带来的昂贵费用。网站中的产品内容越专业、越详尽、越具体越好。

三、客户管理实施的主要步骤

(一)确立业务目标

创业企业在考虑部署"客户关系管理"方案之前,应了解这一系统的价值,首先要确定利用这一新系统需要实现的具体目标,例如:提高客户满意度、缩短产品销售周期以及增加合同的成交率等。

(二)建立 CRM 员工队伍

为成功地实施 CRM 方案,创业者还须对企业业务进行统筹考虑,并建立一支有效的员工队伍。

(三)评估销售、服务过程

在评估一个 CRM 方案的可行性之前,企业需多花费一些时间,详细规划和分析自身具体业务流程。为此,需广泛地征求员工意见,了解他们对销售、服务过程的理解和需求;确保企业高层管理人员的参与,以确立最适宜的方案。

(四)明确实际需求

在充分了解企业业务运作的基础上,接下来要从销售和服务人员的角度出发,确定对其有益的及其所希望使用的功能。比如:企业的销售管理人员感兴趣的是市场预测、销售渠道管理以及销售报告的提交;而销售人员则希望迅速生成精确的销售额和销售建议、产品目录以及客户资料等。

(五) 选择供应商

确保所选择的供应商对企业所要解决的问题有充分的理解。即企业要了解其方案可以提供的功能及应如何使用其 CRM 方案,并确保该供应商所提交的每一软、硬设施都具有详尽的文字说明。

(六) 开发与部署

CRM 方案的设计,需要企业与供应商两个方面的共同努力。为使这一方案得以迅速实现,企业应先部署那些当前最为需要的功能,然后再分阶段不断向其中添加新功能。其中,应优先考虑使用这一系统的员工的需求,并针对某一客户群对这一系统进行测试。另外,企业还应针对其 CRM 方案确立相应的培训计划。

案例 5-4

沃尔玛:啤酒加尿布

关于 CRM 数据挖掘提供的最有趣的例子就是沃尔玛啤酒加尿布的故事。

一般看来,啤酒和尿布是顾客群完全不同的商品。但是沃尔玛经过一年数据挖掘的结果显示,在居民区中尿布卖得好的店面啤酒也卖得很好。原因其实很简单,一般太太让先生下楼买尿布的时候,先生们一般都会犒劳自己两听啤酒。因此啤酒和尿布一起购买的机会是最多的。这是一个现代商场智能化信息分析系统发现的秘密。这个故事被公认是商业领域数据挖掘的诞生。

沃尔玛能够跨越多个渠道收集最详细的顾客信息,并且能够造就灵活、高速供应链的信息技术系统。沃尔玛的信息系统的主要特点是:投入大、功能全、速度快、智能化和全球联网。沃尔玛美国总部与各地区公司之间的联系和数据都是通过卫星来传送。沃尔玛美国公司使用的大多数系统都得到充分的应用,这些系统包括:存货管理系统、决策支持系统、管理报告工具以及扫描销售点记录系统等。当沃尔玛的商店规模成倍地增加时,它们不遗余力地向市场推广新技术。比较突出的是借助 RFID 技术,沃尔玛可以自动获得采购的订单,更重要的是,RFID 系统能够在存货快用完时,自动给供应商发出采购的订单。

另外沃尔玛还采用"零售商联系"系统使沃尔玛能和主要的供应商共享业务信息。举例来说,这些供应商可以得到相关的货品层面数据,观察销售趋势、存货水平和订购信息甚至更多。通过信息共享,沃尔玛能和供应商们一起增进业务的发展,能帮助供应商在业务的不断扩张和成长中掌握更多的主动权。沃尔玛形成了以自身为链主,链接生产厂商与顾客的全球供应链,并能够参与到上游厂商的生产计划和控制中去,因此也就能够将消费者的意见迅速反映到生产中,按顾客需求开发定制产品。

沃尔玛超市天天低价广告表面上看与 CRM 中获得更多客户价值相矛盾。但事实上,沃尔玛的低价策略正是其 CRM 的核心,与前面的"按订单生产"不同,以"价格"取胜是沃尔玛所有 IT 投资和基础架构的最终目标。

资料来源:根据王巍栋所著《辉煌的背后……自动识别技术在零售行业中的经典案例》及其他公开文献资料改编而成。

【核心概念】

销售预测　知识营销　个性化营销　整合营销　大市场营销　营销组合策略　客户关系管理

【本章小结】

本章主要介绍了创业企业在营销过程中应该重点关注的问题,包括销售预测、营销业务和客户关系管理。新创企业起步之时,最需要的是在市场调研的基础上,根据收集到的相关信息资料,运用销售预测方法来做好销售预测。

同时,还需要不断提升创业企业的营销能力,这是创业企业走向成功的重要保证。所以,企业不仅要有先进的营销理念,还要设计有特色的营销策略做支撑。只有这些因素组合在一起,才能使企业在激烈的市场竞争中立于不败之地。

从长远发展看,客户是新创企业成长的源泉。因此,创业企业还应重视客户关系管理,掌握相关的客户关系管理技巧和实施步骤。

【认知与训练】

小组任务:"开展销售预测"。具体要求为:

根据本团队所选项目的问卷调查数据及对其的基本分析结果,结合项目的销售政策及生产条件,进一步明确项目产品/服务的市场容量、目标客户群的基本特征及价值诉求、有效市场需求、市场增长状况、成本、销量、销价等,并做好详细记录。

【探究与拓展】

小组任务:"设计并撰写项目营销方案及产品/服务迭代方案"。具体任务为:

(1) 结合"销售预测"等资料,利用4P工具设计并撰写本团队项目的营销方案,包括产品策略、渠道策略、价格策略和推广策略等。

(2) 选择项目确定的部分目标客户,对项目产品/服务原型进行市场测试,并详细记录测试结果;然后根据对市场测试结果的分析,撰写产品/服务迭代方案。

【课后阅读案例】

十年前的创业经历

我们的出发点是做与灯具配套的遥控智能系统,让一个简单的遥控器就能够控制家庭内所有的灯具开关。当时市场上还没有同类产品,因此,我们直观地觉得这是一块较大的空白市场,具有广阔的前景。

市场调研结果令人振奋

我们兵分三路,一位朋友负责产品技术可行性分析;一位朋友负责公司注册咨询;我负责市场调研和消费者测试。经过两个星期的调研,结论令我们为之振奋:首先是产品技术并不复杂,可以由中国台湾获得,成本也不高;其次是市场充满机会。

消费需求调研后,我们发现,消费者对于一种遥控器能够控制房间内所有灯具的概念非常感兴趣,并且认为可以带来快速开关灯具、省去临睡时下床关灯的麻烦,而更重要的是大部分人认为这是现代生活的象征。购买意向调研显示,只要价格合理,超过80%的被访者有兴趣尝试。

深入的竞争调研也令我们振奋,目前市场上还没有一种能满足这些需求的产品,因此产品利益及竞争策略迎刃而解。

明晰战略战术

于是,公司很快在广州成立,市场及产品策划紧锣密鼓,产品的目标市场包括两个部分:一是城市家庭,以新婚和小孩出生不久的年轻家庭为主。这些人具有收入较高、品位较高和新居为主的特点;二是房地产开发商。期待有新的房产卖点,其目标群定位同以上人群。

针对目标市场的需要,我们的产品有两个系列:一是具有节能控制系列的节能控制系统,命名为"节能星";另一个就是我们的主打产品,可以控制四路、六路灯具的多路控制遥控系统,命名为"智慧星"。这几种产品都采用小的接收器,以能够安装进吸顶灯内为标准,不破坏整体美观。

在产品定价方面由于缺乏参照,针对过去节能遥控系统的价格,我们把"节能星"的价格定为稍高于老产品的35元;把"智慧星1"(4路控制)定为228元/套,"智慧星2"(6路控制)定为298元/套。该价格经市场调研,大部分目标群体都愿意接受。

在销售渠道方面,确定了分销与直销相结合的方式。分销采取直供小区灯具终端,开发市内小区,利用批发开发市郊市场;直销方面重点发展房产开发商,争取一次性覆盖整个楼盘,保证零售,同时开展商区直销,扩大渠道接触面。

在宣传推广方面,因为是新类别产品,要求厂家要拿出一定的费用来开辟市场,但是我们不具备这种实力,我们准备采取渐渐渗入的方式,先进入家庭,再采用媒体宣传的方式,期待市场缓慢升温。刚巧这时候,电子开关领域的某巨头也看中了这块市场,很快就会在广东攻城略地,由此我们长舒了一口气。有人开路对我们这些小企业来说再好不过,于是我们的竞争策略就随之而出了。

当时我们得到的信息是：某巨头的产品具有电脑控制、智能化程度高、质量信誉保证的优点；但是其产品也具有价格高（1 000元以上）、线路多（需要额外增加线路）、施工困难和破坏已经装修好的房间美观的缺点。因此，我们在重点宣传产品带来的直观利益的同时，强调价格优势和安装简单，不用增加线路，不破坏房间美观的设计特点。为更加有效的贴近目标群，我们把广告口号定为"新生活，我有自己的标准"，塑造个性化和时代感的品牌性格。

定位和竞争战略有了，接下来就是市场推广。我们确定了针对不同渠道开展不同宣传的办法。针对房产开发商，采取与上层紧密沟通，先包装样板房积累口碑，时机成熟一次性进入的方式；针对分销网点和小区终端，采取布置宣传、陈列物，重在产品展示和效果演示方面的推广；针对家庭直销，采取直销广告入户、报纸夹带，适度媒体投放广告的策略。同时，为配合直销系统，我们建立了一支专业化的安装队，保证在24小时内上门送货安装。在推广的顺序上，我们采取先激活家庭直销和小区终端、再影响经销商分销和切入房产商的推广顺序，以保证推广的连续有效。

产品入市，深受打击

当我们准备就绪正要进入市场时，巨头企业的电子智能控制系统也开始在各种大媒体上狂轰滥炸，这个时候，我们还上不上？为了能够生存，必须做弱者，等待市场机会，我们最终达成统一的意见，大家决定等两个月。这样就可以有效利用巨头企业形成的市场。

两个月后，我们的产品按计划上市。最初的设想是许多消费者一看到广告，就会有购买需求，进而产生购买。最初的市场调研也支撑了我们这种想法，但是结果却出人意料，广告宣传了一个月，应者寥寥，要求安装的更是少得可怜，大家都感觉到了前途的渺茫。这时，我们的投入已经快断档了，而产品没有销售给了我更大的压力，广告需要有一个产生效果的过程与时间，我们一边耐心等待，一边寻找对策。问题出在消费者那里，于是我们立即开始新一轮的市场调研。

消费者的调研令我们大吃一惊，大部分人已经收到了产品信息，也有安装的冲动，但是仍担心安装的风险，因此回应者不多。我们在市场调研初期犯了一个常识性的错误，没有考虑到市场的缩小效应，当时调研的结论放到市场实际中就会严重缩水，这需要一个长期的培育过程。另一方面，等待巨头产品上市的时间过短，市场还没有形成购买习惯，而巨头的产品也遇到了同样的问题，同样没有很好的解决办法。这样，我们就失去了可以利用的载体。怎么办？光有意向不购买，我们岂不是要饿死？

转变策略，销售出现转机

面对这一局面，我有点一筹莫展，这时，一件偶然的事情给了我很大的启发。我与一家广告公司的梁先生探讨洗碗机市场。梁先生说上市前的调研表明大多数人有购买兴趣，其中，超过30%的人肯定购买，但是一上市就没人买了，这是需求的特点决定的。闻听此言，我的眼前为之一亮，对呀，智能遥控系统不就是另一个洗碗机吗？消费者的需求可以划分为必然需求与边际需求，而边际需求的产品就会产生购买和使用障碍，速溶咖啡当年也碰到了这种情况，解决的办法就是先试用，再购买。办法找到了，我立即着手进行下一步的推广。

先安装试用，再付款的方案出台了，在市区的所有用户都可以享受先安装，后付款的优惠政策,期限是两个星期,不满意可以退货。广告一出,形势立即好转,要求参加者由少变多。最直接的销售出现在直销领域,方案出台第一周,我们就接到了100多个要求安装的电话,小区直供终端也售出了几十套产品。一个月后,我们的销售就达到了十多万元,且收款也极为顺利。与此同时,房产商方面也传来喜讯,经过样板房试安装操作,一家有3 000多户规模的房产商要求进行安装。

为进一步炒热市场,我们开始在各大媒体上采用软文的形式进行整体推广,市场进一步升温,销售超出预期。接下来我们利用经销商的关系,在一些知名品牌的灯具上直接安装遥控系统,这样消费者就有了两个选择:一个是智能化的,一个是普通的,通过对比可以有效推进我们产品的销售。这种做法使得我们的产品供不应求,我分明看到了成功的曙光。

但是危机也许就隐藏在胜利之中,成功与失败也只有一步之遥。

产品质量,成为永远的痛

产品上市近两个月的时候,产品质量问题出现了。

开始时,我们原本想直接引进台湾地区的产品进行销售,但由于成本太高而作罢,于是采用国内委托加工的方式生产。但国内上规模的电子厂不多,而且一般不进行对外加工,退而求其次,我们的产品生产是在一家规模很小的电子厂进行的,基本上是手工出品,于是产品质量问题一直让我最担心。为了保证产品质量,我不得不请一大批技术人员逐个进行产品检验。刚刚上市的产品都达到了质量要求,但一个月之后,我们开始接到投诉——遥控距离变短,且灵敏度下降。我立即查找原因,想办法解决,并开始对用户进行新品更换。但了解到真正的原因之后,我变得束手无策了。一方面,我们引进的台湾地区技术是已经落伍的技术;另一方面,生产工厂为了降低成本,大量使用了质量没有保证的电子元件。导致产品质量问题是全面性的,而不是某一项改进所能解决的。面对如此困境,我们期待着通过解释与维护工作,保持现有客户,以保证市场规模;同时快速接触上规模、有技术的电子厂家,实现产品更新换代。但是市场是无情的,不可能给我们充足的改进时间。在解释及调换多次仍不满意后,超过80%的个人用户要求退货,楼盘开发商也要求停止安装,并拆除所有已经安装的产品,此时,已经是无力回天了。

资金没了,产品积压,投诉不断,新产品开发仅仅是一句空话,内忧外困之下,我们都成了失败者,股东撤资离去,公司也基本处于停业状态,直至关门,转做其他。

资料来源:根据互联网相关资料整理而成。

讨论题:

1. 请总结案例中采用的营销策略。
2. 从"我"的创业经历中,您得到哪些失败的教训?您认为应如何避免?

第六章　创业融资

【学习目标】

1. 了解创业融资的来源和方式。
2. 了解创业融资决策的原则。
3. 把握创业融资需求分析的方法。
4. 了解盈亏平衡点分析方法在新创企业中的运用。

引导案例

何 处 取 金

镀铝公司（AlumiPlate Inc.）是一家生产工艺获得多项专利的金属电镀公司。企业主管格尔文正面临许多创业者难以回避的难题：他最近接到一位大客户的大额订单，但公司没有完成订单所需要的生产能力。格尔文说："你巴望着有大买卖，但自己各方面又不够强大，无法及时满足大客户的要求。"为了拿下这份订单，格尔文必须投入 1 000 万美元将工厂的规模扩大 20 倍，但是，他没有钱。

格尔文仔细地计算后认为，尽管所需的资金数额比较大，但公司可以凭借这一机会"更上一层楼"。他说："如果我们有 1 000 万美元，每年回报可达 30%。"此外，企业还可以为汽车行业的巨头和电脑、电器行业的半导体制造商提供服务。

但遗憾的是，格尔文没能说服贷款人和投资者投入这 1 000 万美元的扩建资金；银行也拒绝了他的请求。格尔文解释说："银行对该项目根本不感兴趣，因为我们的企业太小了，且没有经营大规模工厂的经验。"尽管他是那么迫切地希望得到资金扩建工厂，但他仍然清醒地意识到融资来源选择不当的危险性。因为他曾亲眼目睹过其他创业者失去对公司的控制，因此，他不想重蹈覆辙。格尔文一直都是这样，在寻求资金的同时，仍坚持稳健地发展企业。

资料来源：根据相关文献资料整理而成。

讨论题：

1. 若您是格尔文的财务顾问，您会建议他到何处去寻求扩大企业所需的资金？请说明理由。

2. 如果他成功获得了所需的资金，会面临什么风险？您将建议他如何控制和管理这些风险？

第一节 创业融资概述

在需要的时候获取适当的资金,不仅是新创企业创建及成长过程中至关重要的问题,而且是创业企业持续发展的关键能力之一。由于创业过程中的不确定性和信息不对称等原因,使创业融资客观上存在着很多障碍,普遍有融资难的问题,从而造成许多缺乏自有资金的创业企业在创业融资时存在:高估价值,低估风险;急于大量融资;外部投资者的选择不当;融资谈判过于拘泥于小利益;融资时过早或过度稀释了原有股东的股权等方面问题。因此,创业者把握相关的融资原理和知识,对企业做出正确的融资决策,更好地规避融资风险,将起到非常重要的作用。

一、创业融资的定义及分类

(一) 创业融资的定义

企业不论大小,资金在其生存和发展过程中的作用是不言而喻的。而与此相对应的,融资便是企业各种经济行为中最基本的行为之一,是保证企业各项生产经营活动进一步推进的基础。顾名思义,融资就是有关资金融通的行为和过程,包括资金的融入和投出两方面的活动,这也就是广义融资的概念。所谓的资金融入就是通常所说的企业通过各种渠道获得资金的行为,也被称为狭义的融资;而资金的投出则是指企业将筹集到的资金运用或投资于进一步发展领域的行为。

本教材中的创业融资指的是狭义融资的概念,即是创业企业根据自身发展战略的要求,结合生产经营、资金需求等现状,通过科学的分析和决策,借助企业内部或外部的资金来源渠道和方式,筹集生产经营和发展所需资金的行为和过程。

(二) 创业融资的分类及特点

企业融资有着各种各样的方式,创业企业一般也是通过这些方式获得资金。总体来看,创业融资主要可以分为以下几类。

1. 内源融资和外源融资

内源融资是基于企业内部进行资金筹集的一种方式,它指的是企业将在生产经营过程中形成的资本积累和增值(主要包括资本公积、盈余公积、未分配利润、折旧和内部集资等)转化为投资的过程。内源融资具有使用上的自主性、融资成本低、不影响原股东的控制权等优势,因而成为企业首选的融资方式,也是创业企业生存与发展重要的资金来源。其不足之处在于融资规模有限,有时很难满足创业企业发展的需要;同时,如果企业股利支付过少,会减少企业投资的吸引力。

一般来说,只有当内源融资还是无法满足企业经营发展资金需求时,企业才会转向外源融资。所谓外源融资是指企业通过一定渠道向企业外部的其他经济主体筹集资金并将其转化为投资的过程。外源融资包括：金融机构融资、担保融资、发行股票、债券融资、产权融资、企业间的商业信用、租赁融资等方式。随着科技水平的不断提升和企业生产规模的日益扩大，单纯依靠内源融资已很难满足企业的资金需求，外源融资已逐渐成为企业获得资金的重要方式。外源融资具有方式多样、资金规模大、灵活高效等优点，但缺点是手续繁琐、融资成本高、风险较大。

2. 直接融资和间接融资

根据资金提供方是否是金融或中介机构，可以将企业外源融资分为直接融资和间接融资两种方式。企业选择以直接融资还是间接融资为主的方式进行资金的筹措，除了受自身财务状况的影响外，还受国家或地区融资体制等的制约。直接融资活动先于间接融资而出现，是间接融资的基础；而间接融资又大大地促进了直接融资的发展。在现代市场经济中，直接融资与间接融资是并行发展、互相促进的。

直接融资也被称为直接金融或资本市场融资，是资金供求双方通过一定的金融工具（以股票、债券、商业票据和直接借贷凭证等为主）直接形成债权债务关系的融资形式和融资机制。商业信用、企业发行股票和债券，以及企业间、个人间的直接借贷，均属于直接融资。它的优点在于：筹资范围的广泛性、资金供求双方关系的直接性和双赢性、融资者在融资的对象和数量选择上的较强自主性。但它也存在信用风险、投资者部分资金的不可逆性、所使用的金融工具的流通性相对间接融资较低等缺点。

间接融资是直接融资的对称，也称为间接金融，指的是通过金融中介机构进行的资金融通方式。具体来说就是在一定时期里，资金盈余单位将资金存入金融机构或购买金融机构发行的各种证券，然后再由这些金融机构将集中起来的资金以贷款、贴现等形式（或通过购买需要资金的单位发行的有价证券）有偿地提供给资金需求单位使用，从而实现资金融通的过程。其主要特点是资金的供求双方不直接见面，他们之间不发生直接的债权债务关系，而是由金融机构以债权人和债务人的身份介入其中，实现资金余缺的调剂。间接融资包括银行信用和消费信用两类。和直接融资相比，其优点主要是方式的灵活便利性、规模的经济、安全性较高和投资者资金的可逆性；缺点则是投资者对筹资者资金使用的约束力低、筹资成本较高。

3. 债务融资和权益融资

按照在融资过程中产权归属的不同（实际上是企业资本结构选择的不同），可以把融资方式分为债务融资和权益融资。

所谓债务融资，就是通过发行企业债券或者是借贷的形式来获得资金的一种方式，主要有获取银行信贷融资，非银行金融机构借款融资、发行普通债券和可转换公司债券融资、发行短期融资券融资、通过委托贷款融资等。债务融资在企业的每一个阶段都会存在，资金的所有者拥有对企业的债权，许多创业者认为债务融资是必要的。期限为1年或1年以内的为短期借款，通常用作营运资本，一般通过销售盈利来偿还；而期限为1年到5年及以上的为长期债务，通常用来购买机器设备和其他资产，这些购得的资产被看成是间接贷款。债务融资的优点在于其不需要让渡企业的所有权，融资成本稳定；但是，融资后企业将面临到期还本付息的固定财务压力、资金流动性不足及过度使用债务融资等带来的风险。

权益融资也称为股权融资。主要指以企业权益从企业出资者那里获得资金的一种方式。企业可在经营期内,根据经营的需要持续使用这些资金。典型的权益融资是以股权的方式进行融资,发行普通股的方式有公开发行和私募发行两种。采用股权融资,企业避免了到期还本付息的压力,但出资者获得了企业的所有权,并要求分享企业的盈利。此方式通常会在企业刚成立或是在企业扩大经营的时候使用。

除上述划分方式外,在全球经济一体化的大背景下,跨国公司的快速发展,世界资本的流动更加灵活和快速,越来越多的企业到国外去进行融资。比如:新浪和腾讯等实现了到美国去进行融资,这样能够有效地利用国外的资本。所以,根据出资方是国内的经济主体还是国外的经济主体,还可把融资方式划分为内资融资和外资融资。外资融资与内资融资相比较而言,前者的风险更高、操作更加繁琐。

专栏 6-1

小型民企的财务困境

甲民营企业,从事 IT 行业的商品流通,企业注册资金 500 万元,设有财务部、销售部、工程部。未设行政部,有专职内勤兼任简单的行政工作。财务部一人,出纳兼会计。企业为一般纳税人,年销售额 1 000 万元左右,年度企业增值税税负约为 16% 左右。在与该企业负责人的交谈中得知,其不懂财务,财务上的工作全部由财务部一人完成,出纳来到企业工作时刚刚大学毕业,经验不多,独自承担会计及出纳的工作,这样的状态已维持 5 年左右。查看企业账簿,总账与明细账无法核对相符;银行日记账与银行对账单余额不等,没有银行存款余额调节表;库存商品、固定资产余额为负数;经进一步与供货商、企业客户对账发现,往来账账面余额与实际不符;账务处理中,存在无原始凭证即编制记账凭证情况;缺乏相应的授权审批,费用报销及付款随意;空白支票与印鉴均由出纳保管;未定期进行库存商品盘点,无库存商品明细账及盘点表;采购随意,付款先于发票,企业需要付出很多时间和人力向供货商催要发票。检查出纳办公桌,有大量票据未入账,散落在办公桌的各个角落,其中包括进项增值税专用发票。

资料来源:张霞.基于案例论小型民营企业如何完善企业财务管理[J].商场现代化,2010,(23):166-167.

二、创业企业的资金来源渠道

根据上述概括可知,无论内部筹资、外部募资,还是政府投资等,都有创业企业可利用的资金来源。一般地,内部筹资是指依靠创业者自己或亲朋好友等来筹集创业企业所需资金的方式;外部募资则是采取债权或股权的方式来获得资金。如果创业企业具备核心技术或其他竞争优势,且具有良好的外部经济性,可以申请政府的资金支持。

(一)自筹资金

这种融资方法指的是创业者通过个人渠道所进行的融资,其资金主要来源于创业者的个人储蓄、信用卡筹资、亲朋好友的借款或股权投资、房屋或汽车抵押等。实际上,许多创业企业启动时的资金通常都来自创业者自己的资金或者亲戚和朋友等,尽管所能融到的资金非常有限,但对于刚刚起步的企业来说,却能起到解燃眉之急的作用。此外,创业者将自己的资金投入到新项目中的行为,传达的是对新事业的信心,这也有利于吸引更多的外部投资者。当然,除了便捷、灵活的优势外,这种方法也存在一些不足之处:并非所有初创企业的创业者都拥有自筹资金的渠道和能力;投融资双方可能会产生法律纠纷;资金量小,难以满足企业快速成长的需要。

专栏 6-2

大学生创业融资渠道

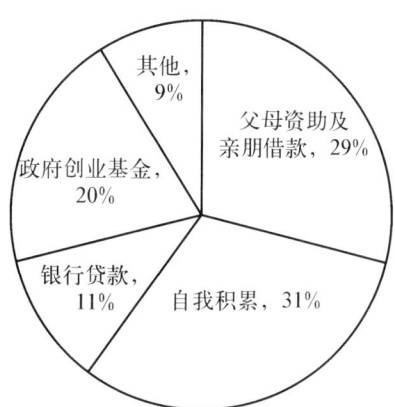

图 6-1 大学生创业融资来源分布

资料来源:根据朱雅琴、陈奇所著《大学生创业融资的现状调查与解决策略》整理而成。

(二)天使投资

天使投资是创业投资的形式之一,被西方国家称为是创业企业的"婴儿奶粉",最早起源于 19 世纪美国的百老汇。近年来,天使投资也开始受到国内创业投资界的关注,2011 年 3 月国内著名的天使投资家发起成立了"天使会",并于 2012 年 4 月召开了首届中国天使投资人大会,这将有利于国人更好地了解和认识天使投资这一创投方式。

专栏 6-3

天 使 汇

一、成立

天使汇于 2011 年 11 月由国内著名天使投资家发起设立。

二、宗旨

促进中国天使投资事业的健康发展,树立具有公信力的行业标杆、协力帮助拥抱追逐梦想的创业者,积极交流投资经验、参与社会公益活动、分享幸福人生。

三、组织构成

（一）天使汇理事

华兴资本 CEO 包凡、4399 游戏董事长蔡文胜、今日投资董事长何伯权、汉庭酒店连锁执行董事长季琦、小米科技董事长雷军、创新工场董事长兼 CEO 李开复、Startup Capital Ventures 创始合伙人吕谭平、清科集团董事长倪正东、源政投资董事长杨向阳、真格基金创始人徐小平、著名天使投资人薛蛮子、德迅投资董事长曾李青。

（二）天使汇执行机构成员

首任轮值主席：薛蛮子；投资委员会主席：雷军；秘书长：创业邦 CEO 兼出版人南立新。

四、2012 年首届中国天使投资人大会

2012 年 4 月 21 日，首届中国天使投资人大会在北京召开，国内 600 多位顶级天使投资人、著名 VC 机构代表和知名创业者齐聚一堂，就中国新一波的创业趋势、投资生态，特别是中国刚刚兴起的天使投资热潮背后的一系列话题展开了热烈讨论。

大会由国内顶级天使投资人的组织机构——天使汇发起并主办，创新工场、创业邦、德讯投资、汉庭连锁酒店、华兴投资、今日资本、4399 游戏、清科集团、顺为基金、源政投资和真格基金协办。本届中国天使投资人大会在规模上远超以往同类会议。

天使汇首任轮值主席做了主题为"迎接中国天使投资的春天"的开幕演讲。他认为，中国天使投资的现状是需求很大、供应不足，"2012 年是中国天使投资元年，在这个春暖花开的季节，把中国广大的天使投资人聚到一起，互相切磋，是一件非常有意义的事情"。

从另一个角度看，虽然中国天使投资人在整体数量上还与美国有着较大差距，尤其还不能满足国内创业者日益增长的需求，但这个群体增速惊人。根据创业邦研究中心最新的一份报告显示，中国大部分天使是从 2005 年以后开始投资的，2005 年以前开始投资的人只占约 14%。

这份报告进一步指出，"从他们开始做天使投资的时间分布上，也可以看出中国天使投资不断升温的过程，尤其是 2009 年和 2010 年，这两年当中第一次做天使投资的人数有了明显的上升。实际上，2009 年以后开始天使投资的人的比例接近 60%"。而正如大部分创业者感受到的，从 2011 年开始的以移动互联网创业为标志的新一波创业高潮，也吸引了更多有条件的人加入到中国天使投资行业中来。

天使汇理事、真格基金创始人徐小平表示，只有更多不追求短期回报、怀有理想主义的天使投资人的不断涌现，才能帮助更多的创业者把自己的想法变成商业产品、商业服务，也才有可能让中国的创业氛围尽快追赶上硅谷。

天使汇理事、小米科技董事长、金山软件董事会主席雷军认为，鼓励天使投资就是鼓励创新，在硅谷，天使投资人是创业公司的第一个动力源，天使投资鼓励了社会的再投资，是企业家回报社会的一种做法，也是创业经营管理经验的积累和传承。他表示，将尽最大努力投钱投时间帮助后来的创业者成就伟大公司，这是他个人回报所有帮助过他的人的最好方式。

对于此次天使大会的意义，天使汇理事、创新工场创始人李开复表示，"如果仅仅是少

数的超级天使聚会,那活动本身达到的效应是有限的。这次我们组织天使投资人大会,就是希望更多的天使投资人能够在这个平台上与我们实现对接,分享他们的经验,一起推动中国天使投资行业的健康发展"。

当晚,大会举行了天使大会揭牌仪式,为中国天使投资人大会揭牌。

资料来源:根据佚名所著《首届中国天使投资人大会在京举行》整理而成。

天使投资指的是有富余资金的个人或任何愿意投资的自由投资人或非专业的风投机构,直接对具有专门技术或独特构思的原创项目或小型初创企业所进行的一次性前期投资,这是一种权益资本投资,能让天使投资人在体验创业乐趣的同时获得投资增值。通常,天使投资人投资的动机包括冒险、获得社会荣誉感和期望获得高额的投资回报。天使投资的特点有:资金来源主要是民间资本;投资金额通常不大;要求天使投资人要具备一定的伯乐眼光、风险承受能力和较为成熟的投资心态;一般对创业企业的审查并不特别严格。其优势体现在:投资人不仅带给企业资金,还带来其关系网络,甚至产生名人效应,并在一定程度上提高企业的信誉;天使投资通常是一种参与式投资,投资人投资后,往往积极参与被投企业的相关管理工作,比如:战略决策和战略设计、提供咨询服务、协助公关等。然而,由于投入的资金较少,这种方式一般适宜在创业企业起步时使用;此外,也并不是所有的天使投资家对投资后参与企业管理持一致的观点。根据创业企业成长状况的不同,天使投资可选择如下某一种方式退出,主要包括:IPO、由发起人或创业企业出售或回购股票、买壳或借壳上市、并购、清算等。

(三)信用担保

一般来说,创业企业由于缺乏金融机构所需的信用,往往很难直接获得贷款。当出现这样的情况时,创业者可以通过当地相关的信用担保体系来获得帮助。所谓信用担保就是指企业在向金融机构融资的过程中,由依法设立的担保机构为其提供担保,并依据合同约定,在企业不能履行债务时,由担保机构承担相应的偿还责任,从而保障金融机构债权实现的一种金融支持制度。无论在国内还是国外,信用担保制度在分散金融机构风险,解决中小企业创业和经营融资难题中起到了非常重要的作用。比如:美国的中小企业管理局就是通过协调贷款和担保贷款等形式,帮助中小企业解决发展资金不足的问题;日本在第二次世界大战后相继成立了三家金融机构,专门向中小企业提供低息融资;而我国的台湾地区则有专门的中小企业信用保证基金;大陆地区采取省级再担保机构、城市担保机构等方式。

由于资金运作方式、操作主体等的不同,信用担保体系可划分为实收制和权责制、政府操作型和市场操作型两类。尽管各国各地区的信用担保运作的方式有很多差异,但它们也有一些共同特征:① 运作主体多样化,包括政府相关部门、协会、公司或专门银行等;② 政府通常扮演出资、资助或补偿者的角色;③ 政府中小企业管理部门负责信用担保机构的组织和管理工作。总的来说,国内外信用担保运作的主要内容包括以下几方面:① 由中央和地方政府编列担保资金的预算;② 确定担保资金的放大倍数,一般是 10 倍左右;③ 划分担保机构与协作金融机构间所承担的责任比例,一般为 7∶3;④ 明确担保期限,大多数国家和地区的担保期限都在 2 年以上;⑤ 收取较低的担保费用,一般为 1% 左右;⑥ 规定担保贷款的最高限额;⑦ 规定从事中小企业信用担保业务协作金融机构的要求和条件;⑧ 担保风险的控制方式因信用担保类型的不同而有所不同,比如:政府操作型的一般通过多协作金融机构的授信管理来控制风险,而市场操作型的则以担保资金的放大倍数来控制风险。

(四)创业投资

创业投资也被称为创业资本,是指投资主体对风险项目的投资行为,通常指的是专门用于高技术企业创建的资本投资。由于这类投资往往与冒险行为、创新行为、创业企业等密不可分,有时也被称作是风险投资。

创业投资的特点是:高风险、高回报、长期性、权益化和专业化。所以,其往往将高新技术企业这类"襁褓中的巨人",而非一般的小企业,作为主要的投资对象。总体来看,创业投资是一种能有效满足创业活动的投资制度,其优势在于与创业企业同甘共苦;提供专业的咨询或管理增值服务,创业企业的规范化管理;改善内部治理机制,为构建现代企业奠定基础。美国从 20 世纪 40—90 年代期间,一大批闻名全球的公司都是通过创业投资造就的,比如:英特尔公司、苹果公司、微软公司、联邦快递公司、雅虎公司等;我国对创业投资的探索始于 20 世纪 80 年代中期,尽管创业投资的整体实力不够强,但也培育出了一批新兴的企业,比如:携程网、Tom 在线、中芯国际、盛大国际、前程无忧网、金融界、李宁、蒙牛、腾讯等。

(五)金融机构贷款

所谓金融机构贷款就是创业企业向金融机构提供其所认可的财产或信用作为抵押或担保,而获得贷款的融资方式。这是创业企业外源融资的重要来源,但在创业企业起步或初创时期,由于信用或抵押物等的缺乏,要想直接获得贷款是会有一定的难度。所以,如前述提到的,可以通过政府管理的信用担保体系的支持来获得贷款。当然,如果创业企业能顺利发展,逐步进入成长及成熟阶段,便可以通过自己相应的实力获得贷款。传统的金融机构贷款方式包括如下几种:

1. 抵押贷款

抵押贷款一般指的是贷款人向金融机构提供一定的财产作为信贷抵押物,从而获得贷款的方式。金融机构一般会提供期限为 1 到 5 年的中期贷款,大约 90% 的贷款中,金融机构要求贷款人以存货、机器设备、房产等为抵押,而且还要制定系统的还款计划。所以,为取得贷款,创业者通常要对诸如"您打算用这笔钱做什么?""您需要多少资金?""何时需要这笔资金?""需要贷款多长时间?""怎样偿还贷款?"等金融机构关心的问题进行认真的回答,之后,如果金融机构认为您的创业计划可行,则资金申请将很容易得到批准。此外,金融机构也可以为新创企业提供许多服务,比如:支付职工的工资、信用证、国际结算、金融租赁和货币市场行情报告等。

2. 信用贷款

信用贷款是指贷款方不需要向金融机构提供抵押物或第三方担保,金融机构只凭借对贷款方的资信而发放的贷款。由于这种方式的风险比较大,为了防范贷款带来的风险,金融机构通常要对创业企业的原有贷款的总额及归还情况、资产负债率、经营现金流及净现金流量、不良信用记录等与企业经济效益、经营管理能力和发展前景相关的状况进行较为详细的考察。

3. 担保贷款

担保贷款是指以担保人的信用为担保进行资金融通的贷款方式。相关内容详见前述的信用担保。

4. 贴现贷款

贴现贷款指的是贷款方在急需资金的时候,可以使用未到期的票据向商业银行或贴现公司等申请贴现而获得贷款的方式。对于创业企业来说,这是一种非常灵活的短期融资方式;而对于银行而言,贴现后的票据具有流体性好、信用关系简单、用途明确、自偿性强和安全性大的特点。

5. 其他创新的贷款方式

近年来,为了积极响应国家提出的缓解中小企业融资难的问题,更主要的是提升自身的竞争实力,金融机构都特别重视此方面融资服务的创新,设计出了许多新的金融产品,比如:保全仓库贷款、动产质押担保贷款、应收账款质押贷款、联保协议贷款、创业贷款等。

(六) 其他来源

除了上述这些获得资金的来源外,创业者和创业企业也应拓宽自己的思路,通过更多的方式筹集企业创建和发展所需的资金。

1. 非金融公司

在企业的成长过程中,创业企业还可考虑向有闲置资金的企业等进行融资。一般来说,大企业或企业集团在规模扩张完成后,大量的资金需要寻找新的投资渠道,以提高自身的长期竞争能力。所以,通常会进入风险投资领域,选择一些有发展潜力的创业企业,对其进行战略性的投资。

2. 商业信用融资

商业信用融资是指创业企业在与其他企业之间进行商品买卖的时候,利用商业信用来筹集短期、小额资金的一种方式。所谓商业信用是指企业间在商品交易中,由于延期付款或延期交货所形成的借贷关系,包括应付账款、应付票据、预收账款等。由于商业信用融资具有筹资便利、限制条件少等优势,所以,对于创业企业扩大生产起到了一定的促进作用。比如:创业者可以通过与供应商达成延期付款的协议来取得短期资金。不过,商业信用的使用往往也限制了企业选择供应商的灵活性,同时也制约了与供应商讨价还价的能力。

3. 政府引导基金

政府引导基金又称为创业引导基金,它是一种不以营利为目的的政府主导下的专项资金,由政府及其相关部门出资,通过引导创业投资行为,吸引金融机构、投资机构和社会资本,以股权或债权等方式投资于创业风险投资机构,或者新设创业风险投资基金,用来支持种子和起步期的创业企业及其技术创新和发展。比如：中小企业担保基金、科技型中小企业技术创新基金、留学生创业基金等。其中，技术创新基金根据中小企业项目的不同特点，一般通过贷款贴息、无偿资助和资本金投入等方式来扶持和引导这类企业的技术创新活动。

4. 融资租赁

融资租赁又称为金融租赁，是指出租人根据承租人对供货人和租赁标的物的选择，向供货人购买租赁标的物，然后租给承租人使用，承租人则分期向出租人支付租金的一种融资方式。这种方式不占用创业企业的银行信用额度，并且创业企业支付了第一笔租金后就可使用所需设备。由于其融资与融物紧密结合的特点，因此，在办理融资时对企业资信和担保的要求不高，非常适合创业企业融资。

5. 公开发行

公开发行是指创业企业通过公开市场销售股票的方式来筹集发展所需资金的方式。这种方式具有筹资数量大、流动性强、公司价值公开化等优点。同时，也存在着一些问题，比如：筹资成本高、信息须披露、规定较严格、管理压力大等。由于不同的上市地点有不同的要求和优势，所以，创业企业要根据企业的情况选择合适的上市地点。

6. 私募发行

私募发行又称为不公开发行或内部发行，是指面向少数特定的投资人，比如：个人投资者或机构投资者发行证券的方式。由于私募发行有确定的投资人，发行手续简单，可以节省发行时间和费用。但其不足之处在于投资者数量有限，流通性较差，不利于提高发行人的社会信誉。

专栏 6-4

中国青年创业国际计划（YBC）

一、什么是中国青年创业国际计划

中国青年创业国际计划（英文名称为 YOUTH BUSINESS CHINA，简称 YBC）由共青团中央、中华全国青年联合会、中华全国工商业联合会于 2003 年 11 月共同倡导发起，是团中央、全国青联与英国威尔士王子国际商业领袖论坛、英国青年创业国际计划合作开展的国际项目，该项目参考在英国的青年创业国际计划（Youth Business International，简称 YBI）扶助青年创业的模式，动员社会各界特别是工商界的力量为青年创业提供咨询以及资金、技术、网络支持，以帮助青年人创业。YBC 通过接受社会捐赠和资助，建立青年创业专项基金，为符合条件的青年创业者提供无息启动资金和导师辅导等公益服务。

二、组织机构和人员设置情况

YBC 倡导机构和倡导人共同倡导树立社会责任意识，鼓励有条件的青年人勇敢创业，以创业带动就业，推动青年创业国际计划先进理念和先进模式在中国的实践，为 YBC 发展创造良好的社会和舆论环境。

倡导机构有共青团中央、中华全国工商联合会、国家劳动和社会保障部、国家工商行政管理总局、国家统计局、威尔士国际商业领袖论坛、英国驻华大使馆等。

理事会：理事会是 YBC 的决策执行机构。理事会设常务理事会，代行部分理事会职能。理事会下设资源协调委员(负责资金和资源的筹募工作,发展和协调伙伴关系)、基金管理委员会(负责基金发放、使用和回收的管理工作)、项目审核委员会(负责创业青年和创业项目的筛选审核工作)、导师委员会(负责导师的招募、培训、指导、协调、服务和创业项目的辅导工作)。

总干事:YBC 总干事由理事会专聘,负责领导 YBC 实施。总干事可聘请执行总干事若干名,协调工作。YBC 总干事是谷丽萍女士。

全国办公室:由 YBC 理事会设立,设主任一名,副主任和项目官员若干名。

地方办公室:由 YBC 全国办公室设立,设主任一名,主任人选由依托的法人机构提名,协商 YBC 全国办公室考察,有 YBC 总干事聘任;设副主任和项目官员若干名。

地方服务站:YBC 服务站可由社会各类机构以公益形式支持,经 YBC 地方办公室审核,须有稳定的场所,在项目经理的主持下开展工作。

合作机构:是 YBC 组织的专业化合作伙伴,主要包括律师事务所、会计师事务所、商业银行、媒体等机构。

三、为什么要开展中国青年创业国际计划

青年就业问题一直是一个全球性话题。中国是青年人口大国,中国政府和社会一直高度重视青年就业问题;创业是解决就业问题最好、最积极的方式;青年创业是促进青年、经济和社会三方面都实现可持续发展的有效办法。

四、YBC 的使命

(1) 扶助青年成功创业,带动就业。
(2) 辅助企业家实现社会责任,活跃经济。
(3) 协助政府解决就业难题,促进社会和谐。

五、YBC 帮助哪些人

凡符合以下条件者均可提出申请:
(1) 年龄介于 18~35 岁。
(2) 失业、半失业或者待业。
(3) 有一个很好的商业点子和创业激情。
(4) 筹措不到启动资金。

六、基金发放的特点

(1) 发放启动金。
(2) 不需要抵押担保。
(3) 分期偿还式的基金资助。
(4) 资助金额 3~5 万元人民币。

七、扶助的内容

(1) 免费培训:为创业者提供系统的创业培训。
(2) 咨询服务:帮助青年解答创业过程中遇到的经营问题。
(3) 创业指导:为创业者提供"一对一"的创业导师。创业导师由成功企业家、专家志愿担任,创业导师与创业者之间签订一份协议书,免费提供为期三年的陪伴式创业咨询和指导。

（4）启动资金：由青年创业专项基金为青年提供免息免担保的创业启动资金。

资料来源：创业网（http://ybc.cye.com.cn）。

三、创业融资决策的基本原则

对于创业企业来说，选择适宜的融资方式或渠道是一项非常复杂的决策，必须充分考虑各方面的因素，包括：企业自身的特点、所处的发展阶段、融资的结构、资金的需求量及使用时间的长短、偿付能力、融资方式的特性、融资成本及风险、国家或地区的融资体制等。概括起来，创业者和创业企业在融资决策时应该把握以下几方面的原则。

（一）做好融资成本与效益的分析

尽管呈现在创业企业面前的融资方式或渠道非常多，但每一种方式或渠道的使用，最终都需要创业企业承担相应的资金使用代价。所以，创业企业进行融资决策的首要任务是明确融资需要花费多少成本、融资后会产生多大的效益等问题。

融资成本是资金所有权与资金使用权分离的产物，它是指创业企业通过各种渠道获得和使用资金所要支付给资金提供者的报酬，包括融资费用、资金使用费和融资风险。融资费用就是企业在资金融通过程中发生的各种费用，一般要在资金筹措阶段结束时结清；资金使用费是指企业生产经营或投资过程中为所使用的资金而支出的相关费用；融资风险则指企业融资方式选择而带来的企业未来价值损失的可能性，其表现为股权结构的变化形成的风险、负债比例过高带来的风险、支付能力不足产生的风险等。显然，不同的资金来源渠道的融资成本是不一样的。比如，就内源融资方式中的留存收益或折旧基金等来源来说，理论观点认为在不考虑机会成本的前提下，创业企业无需实际对外支付融资成本，一般是可以"无偿"使用的，也就是说，这类资金的使用是无成本的。但从社会各种投资或资本所取得平均收益的角度看，这些资金的使用客观上是存在使用成本的，但几乎不存在融资风险成本。如果从外源融资的角度看，融资成本的衡量要根据企业选择的是直接还是间接的方式。通常，直接融资的融资费用包括委托金融机构代理发行股票、债券等而支付的注册费、代理费、承销费、评估及评审等费用；使用费则指向股东支付的股利；股权融资的风险主要是控制权的改变或丧失。间接融资的融资费用包括向金融中介机构借款时发生的手续费等；资金使用费是指向债权人支付的利息等；债权融资的风险主要是破产风险，这是由于企业无法向债权人还本付息所带来。因此，只有经过科学的分析和比较，明确资金使用的预期总收益大于融资总成本时，才能考虑如何去融资的问题。

（二）融资方式的选择应与创业企业的成长阶段相匹配

在众多的融资方式中，创业企业必须要根据自身所处的成长阶段，尤其是根据不同阶段资金需求的多少，来确定具体的融资方式。惟其如此，创业企业才能更好地将需要与可能很好地结合在一起，制定出切实可行的融资计划。

在创业企业萌芽期，由于企业尚处于创意转化到产品或服务开发阶段，还没有收入来源,企业的组织和管理都非常松散,很多地方都需要不断地投入,尽管资金需求量不太大,但各种风险非常多。所以,敢于与创业者和创业企业一起来承担风险的机构和个人并不多。因此,创业企业一般选择的是股权融资的方式,即通过创业者自筹、天使投资或创业投资机构等渠道获取此阶段所需资金。待企业步入创立期,工作的重心转到了生产规模扩大和市场开拓上,资金的需求量比萌芽期要大得多,原有的资金来源渠道已很难满足要求。因此,除了可以继续用内部人投资来吸引外部的风险投资的方式外,企业还可以通过信用担保机构来获得商业银行的贷款、政府财政投资或采用商业信用融资。当创业企业进入成长期后,企业有了一定的规模和相关的经营记录,承担风险的能力增强,逐步具备了更加主动的融资地位。基于此,企业可以采取多种融资组合的方式筹集企业所需资金。为了避免股权被稀释,企业应重点考虑商业银行贷款、非金融机构的债务性融资等。而处于成熟期的创业企业,由于自身具有较大的资金实力,能够在很大程度上满足自身资金的需要,一般可以采取内源融资的方式。如果在此阶段,企业还有更好的项目和经营发展的需要,且外部投融资环境和体制也非常有利,风险可控等情况下,企业可考虑在资本市场上进行股权和债权等形式的规模化融资。

表6-1中列举了几种创业企业可利用的资金来源,从中可清晰地看到它们是如何与新创企业相关特征相匹配的,以供创业企业根据自身情况,利用相应的资金来源渠道时参考。

表6-1　与新创企业特征相匹配的资金获取方式

新创企业特征	适当的资金获取方式
具有高风险、不确定回报的企业: 现金流少;高负债率;处于低或中等发展阶段;管理层的经营管理能力尚未得到认可	自筹资金等
具有低风险、较易预测回报的企业: 现金流多;低负债率;有优秀的管理层;健康的资产负债表	贷款等
提供高回报的企业: 独特的商业创意;高成长;利基市场	风险投资等
提供高回报、优秀的高新技术企业: 独特的核心技术;良好的外部经济;高成长;有优秀的管理层	公开发行、政府基金等

(三)确定适度的融资规模及融资期限

融资规模适度是创业企业资金筹措中要特别关注的问题,这是创业企业经营发展稳定的一个重要表现。因为筹资不足会影响企业正常的业务开展和投资计划的落实;但是,融资过度又会增加企业的融资成本,造成不必要的资金闲置和浪费,还可能由于过多的债务融资,给企业带来支付和财务杠杆等方面的风险。所以,创业企业的融资决策一定要量力而行,综合考虑企业自身条件、融资的成本和难易程度等情况,通过定性或定量方法来预测和估算企业的融资规模,具体方法将在下一节进行介绍和分析。

创业企业融资决策中,除了考虑融资规模外,还要充分考虑融资的用途及期限。一般来说,企业资金的需求有长期与短期之分,资金主要用于流动、固定和发展等三方面的投入,而不同期限的融资又会直接影响到企业的融资成本及效益。所以,需要企业从资金的用途和融资者的风险好恶等角度,在长短期融资间进行比较和平衡。

通常情况下,如果企业融资主要满足企业日常性的需要,投向流动资产的话,根据其流动快、易变现、所需资金量不大等特点,选择短期融资时重点考虑融资成本、资金来源的可靠性和灵活性,适合选择金融机构短期贷款、商业信用、票据贴现等;如果企业融资是用于购买固定资产等,则由于这类资产占用时间长、资金需求量大、资金成本高和筹资不频繁等特点,建议采取发行股票或债券、内部积累、长期贷款等长期融资的方式。如果企业融资是用来进行技术开发、产品研发、市场开拓等资金需求量很大的发展性项目,那么,仅仅依靠创业企业自筹或自身的积累是不够的。所以,可以采取增资扩股或银行贷款的方式解决。在进行融资期限的决策中,假设决策者偏向于追求风险,则其通常会采取激进型的融资策略,即用临时性的负债来满足流动资金的需要,同时也用来解决部分长期资金的需要。这种策略往往是风险大,收益也大,但成本相对较小。如果决策者属于风险回避者,那么,其多采用稳健型的融资策略,即用长期融资的方式同时满足长期和流动资金的需求。这种策略则表现为风险、收益都不大,但融资成本较高。而决策者是风险中立者的话,其融资策略的选择是以预期收益的大小来判断,一般是运用临时性负债融资来满足流动资金的需要,用长期负债、权益融资等方式筹措长期投入所需的资金。这是一种融资风险、成本和收益都适中的策略。

(四)把握合理的融资结构及控制权

创业企业的融资结构是指其由不同渠道获得的资金的构成及其比重关系,其中,债务资本和权益资本的构成比例居于核心地位,在企业融资决策中起着非常关键的作用。从融资结构中不仅可以看出企业产权的归属及债务负担的高低,而且还能了解企业的风险状况,进而可以衡量企业的价值。尽管创业企业的价值受多种因素的影响,但企业的价值只有在收益和风险达到均衡时才能达到最大。一般而言,收益与风险共存,收益越大往往意味着风险也越大;而风险的增加将会直接威胁企业的生存和发展。因此,企业必须在考虑收益的同时考虑风险,在筹资环节中,安排合理的融资结构,这不仅能直接提高筹资效益,而且对风险也起一定的调控作用。

创业企业融资行为所形成的融资结构与企业控制权之间存在着紧密联系。融资结构不仅影响到企业收入的分配,而且影响着企业控制权的变化。而这种控制权或所有权的变化,往往会直接影响到创业企业经营管理的自主性、独立性,还会引起企业利润分流,损害原有股东的利益,甚至可能会影响到企业的近期效益与长远发展。比如:将股票融资和债券融资两种方式进行比较,增发新股往往会稀释原有股东对企业的控制权;而债券融资主要增加的是企业的债务负担,并不影响原有股东对企业的控制权。因此,创业企业在考虑融资的代价时,只考虑成本是不够的。一定要掌握各种融资方式和融资规模对企业控制权产生的影响,尽可能将企业的控制权把握好。然而,也不能一概而论,如果在一些特殊的情况下,比如:创业企业急需一笔发展资金,否则企业将难以维系生存,而此刻有相关的风险投资公司愿意投入,但条件是拥有较大比例的股权。面对这样的情况,企业只能做长远打算,选择以股权换取自身生存的机会。

第二节 创业财务预测

众所周知,创办一家企业都需要一定的资金,而创业者一般在企业产生收入前就有很多的前期投入,哪怕是步入自行发展阶段,也仍然离不开资金的支持。比如:对于创办制造类的企业,有时甚至需要非常多的资金进行机器设备等固定资产的投入。现实中,许多创业企业运作失败的原因不是因为创意不好,而是由于没有进行资金需求的预测。因此,每一位创业者都必须在创立企业前逐一打开如下问号:开创一项新事业到底需要多少资金?如何获得以及怎样使用所筹集到的资金?没有进行资金需求分析和估计的创业者经常会遇到很多不必要的风险。而要做好融资需求的分析,必然离不开对新创企业进行系统的费用、收入和现金流的预算,编制相应的财务报表,制定合理的财务计划。

一、收入预测

对于新创企业而言,估计销售收入是编制财务报表的第一步。收入预测即是企业根据自身情况,结合对市场未来需求的调查,对产品销售收入所进行的预计和测算,用以指导企业经营决策和产销活动。由于销售量是新创企业财务计划中收入预测的重要依据,而且新创企业相关运营成本及费用等都与销售量有关。所以,为了预计长期融资需求,创业者首先要进行销售预测。

根据前述创业营销方面的相关知识,创业者可以对未来一定时期的销售增长率及销售量进行估计。与预测现有企业的销量不同,新企业没有可供销售预测使用的历史数据和资料,所以,其销售增长率及销售量的预测会较为困难,结果也可能会不够确切。为此,创业者可以通过综合分析或标杆企业分析等方式得到企业的预测值。

(一)综合分析

所谓综合分析就是对市场基本面的情况所进行的分析。首先是进行市场调查,重点对市场内的潜在顾客数及其购买的产品数量和结构等特征进行估计。这方面的预测可通过对所涉及行业的销售人员进行意见征询,对消费者进行购买意向的调查,或者进行专家咨询等获得相关信息资料。当然,行业销售量和相关经验也能为预测提供依据。其次是在上述估计和相关资料获取的基础上,创业者可以采取时间序列等预测技术来进行月度销售量的预测,并由此得出年度市场的总体规模。

(二)标杆企业分析

对于许多新企业来说,通过获取同类创业企业的数据资料来进行预测,也不失为一种很好的选择。这里所说的标杆企业是与新创企业在预计产品市场、分销渠道、生产技术等多个角度可以进行比较的现有企业。

标杆企业分析的优势主要在于数据资料获得较为便利。通常建议选择同类上市创业企业为标杆企业。因为上市的小企业需对其上市前的许多资料在招股说明书中进行披露。并且小企业选择上市的目的之一是进行股权融资,也就是说,从另一个侧面反映出这类企业发展较快且有外源融资的需求。通过对这些信息资料的研究,新企业可以从中把握企业较为可行的销售增长率;并且还可以得到有关这类企业在不同成长阶段的数据,或者融资需求及其方式等资料。此外,标杆企业的财务报表还可以辅助新创企业合理设置相关的财务假设。

基于上述分析得出的相关资料,新企业进行销售预测时应注意以下几点内容。

(1) 在进行销售增长率估计的时候,要把握好影响销售增长率波动的各种因素,比如:通货膨胀的因素、国内生产总值变动的情况、社会经济因素、行业特殊因素等。

(2) 在对销量的预测中,除了根据市场调查分析估出的实际产量外,对于季节性需求变化较大或有高库存需要的创业企业,比如制造企业,还应考虑季节性或营销策略带来的需求变化而产生的预计销量的变化,具体如表6-2所示。

(3) 根据预计销量和相应产品的售价就可以估算出新创企业未来的销售收入。

表6-2 20××年某新创企业前两个季度的生产预算表　　　　单位:件

项目＼月份	1月	2月	3月	4月	5月	6月
预计销量	3 000	5 000	4 000	3 500	3 000	2 000
期望期末库存	100	300	300	200	200	100
可用销量	3 100	5 300	4 300	3 700	3 200	2 100
期初库存	0	100	300	300	200	200
总产量	3 100	5 200	4 000	3 400	3 000	1 900

从表6-2可看出,该企业存在季节性需求变化的情况,从而使20××年前两个季度库存的需求量随着销售量的增减而增减。由于收入预算中只能反映已销售产品的实际成本,不便于估计包括库存产品在内的生产成本。所以,这种预测是创业者进一步预测现金需要非常有效的一种方法。

二、费用预测

明确了销售收入预测之后,接下来更为关键的是要关注新创企业的运营成本,编制一份运营成本预算表。创业的运营成本一般包括企业运营的固定资产、流动资产和企业的税费等投入。表6-3所示的是一家制造型的新创企业的运营成本预算表。从中可以看出,第1个月的成本相对较高,而后续月份中成本费用的变化要符合商业计划中的企业整体发展战略安排,应将后续发展中要增加空间、新员工和广告等投入的预测也要纳入运营成本的预算中。

表6-3　20××年某新创企业前3个月的运营成本预算表　　　　单位：元

费用项目	1月	2月	3月	三个月支出合计
工　资	8 000	9 500	8 000	25 500
租　金	2 000	2 000	2 000	6 000
水电费	400	400	400	1 200
广告投入	1 300	1 700	1 300	4 300
销售费用	1 000	1 000	1 000	3 000
保　险	240	240	240	720
税　金	300	350	300	950
折　旧	260	260	260	780
办公费用	1 500	1 500	1 500	4 500
购置设备	30 000			30 000
期初库存	8 000			8 000
押　金	2 000			2 000
现　金	9 000			9 000
其　他	2 000			2 000
总　计	66 000	16 950	15 000	97 950

从表6-3的这个例子可以看到，由于2月份是销售旺季，广告投入增加了；同时还增加了一名员工，从而相应的工资和税金支出也增加了。此外，对于一些项目成本费用，比如：租金、水电费、工资、广告、折旧和保险等的估计，一般可凭个人经验、通过查找行业标准或政策规定来确定，当然，也可通过向房产经纪人、保险代理或相关顾问咨询后来确定。

案例6-1

"佳缘"校园文化咖啡厅联盟的投资预算

本项目投资预算为30万元人民币。主要用于初创阶段的固定资产、管理费用、营销费用、流动资金等方面的开支。具体如下。

（1）固定资产投资。主要包括咖啡屋租金一年80 000元/年、咖啡机28 000元/台、雪糕机4 000元/台、空调5 000元/台、冰箱1 500元/台、饮料机3 000元/台、桌椅多套，共计5 750元。

（2）流动资金投入。主要包括物流中心咖啡原料采购24 000元、物流中心饮料及水果采购18 000元、物流中心冷冻品采购12 000元、其他6 000元。

（3）经营管理费投入。广告宣传费5 000元、业务费2 000元、人员工资67 200元、办公费用13 200元、其他3 000元。

除上述费用外，还需留存一些备用资金以备不时之需，大概22 350元。

资料来源：根据谭全所著《"佳缘"校园文化咖啡厅联盟商业计划书》整理而成。

因此，经过运营费用的预测，创业者不仅可以较为清楚地把握企业开始运作时的资金总需求，进而有利于其融资方式选择时的决策；还能更好地明确所获得资金的用途，并使资金的使用更加有效。总之，在预测启动资金时，创业者要既满足启动初期企业运营的需要，又要厉行节约，在不影响正常经营的情况下，可以考虑通过租赁经营场所或购置二手设备等方式减少相关费用。

案例 6-2

创业中的 26 种省钱方法

在创业之初，哪个创业者不是预算有限呢？那么，在有限的财务预算下，真的有必要节衣缩食。

常言道：有钱须念无钱苦。如下提供的是一系列帮助新创企业节省支出的方法。

表 6-4 创业过程中的省钱方法

省钱的推广	多做顺带式广告	雇用的学问	租借员工
	进行推广合作		随机应变
	请求朋友帮忙		发挥实习生的价值
	让顾客感受愉悦		委托销售
	利用特殊的电视时段	缩减专业咨询费用	缩减顾问咨询费
	提供专家意见		了解法律
利益互联网	开始搜索		学些新知识
	设立网上商店		遵守法律
	和用户进行网络沟通	采购的智慧	以货易贸，扩展预算
	传播自我		比较各种付款方式的优点
节省办公开销	购买可重复使用的打印墨盒		加入协会
	使用免费的表格		招标时要货比三家
	获得免费的软件		
	购买二手设备		

资料来源：策乐.创业中 26 种省钱方法[J].双足与保健，2014，(02)：64-66.

三、新创企业的财务报表预编

（一）新创企业利润表的预编

由于新企业起步时的市场推广费用很高，使销售收入的增加与为此所支付的成本很难同步增加。所以，在前述销售及费用预算和分析的基础上，企业应按月对第 1 年的相关收入和费用进行预测。除了为新创企业预算第 1 年的月度收入和费用外，还应该预算第 2

年和第3年的。通常,投资者希望看到3年的收入预算。在预测第2年和第3年的运营成本时,可参考第1年各支出项目占销售额的比例。在此基础上,企业就可估算出其各项利润指标,编制预计利润表。

预计利润表是反映新创企业在将来一段时期的经营成果和盈利或亏损的情况的报表,一般是根据收入与费用配比原则及"利润=收入-费用"会计平衡等式编制的,主要是用来预测可留用利润的一种报表。通过这张报表,可以帮助创业者把握内部筹资方式能提供的资金量。具体方法将在后续内容中介绍。

(二)新创企业现金流量表的预编

现金流量表是指反映新创企业某一期间内用于经营活动的现金流入及流出状况的会计报表。与利润不同,现金流是企业实际现金收入与现金支出的差额,现金只有当企业实际支付或产生收入时才会流动。也就是说,现金不等同于利润。现实中我们常看到这样的情况,有的企业账面上有许多销售收入及利润,但却由于缺乏现金,获利的公司却最终也倒闭了。所以,创业者一定要重视企业资产的流动性,尤其在创业之初,应按月估计现金流量,对日常经营所需的现金需求有一个清楚的把握。

那么,如何才能更好地预测现金流?事实上,与收入预算一样,现金流预测也是基于良好的估计。换言之,就是在合理假设的基础上,对新创企业的月度现金收入和支出进行保守的估计。通常,现金流预测中的数据来自收入预测,只是为了反映现金收付时间的变化而进行了相应的调整。比如,在某新创公司中,假设其每个月销售额的65%可采用现金的方式收取,而剩下的35%则将在下一个月支付。基于此,下一个月份来自销售额的现金收入应该这样计算得出:

$$本月销售额\times 65\% + 上个月的销售额\times 35\%$$

以此类推,就可以估计出企业创建后第1年其他月份的现金收入。同理,对于成本支出也可以进行类似的假设,并对相应的现金支出作出估算。

对于新建企业而言,在其运营的初期,往往会出现负现金流的情况,即总的现金收入减去总的现金支出后的差额为负值。但由于各新创企业业务特点的不同,负现金流数额和持续时间也是不一样的。所以,在预测现金流的过程中,创业者不仅要注意现金的来源项目,也要注意现金流入流出的比例。此外,创业者还应加强对现金流的管理,特别是对现金流影响比较大的应收账款、存货及应付账款等的情况进行有效监控。

总之,创业企业一旦建立起来,对现金流预算进行动态调整是非常有必要的。这既可以使创业者熟悉影响企业运营的相关因素,保证现金流估计的准确性,也可以更好地防范资金风险,避免企业陷入生存危机。创业者如果在现金预算中能将各种因素考虑得较为全面,就可为潜在投资者理解现金流数据的来源打下坚实的基础。

(三)新创企业资产负债表的预编

预计资产负债表是反映新创企业在未来一个时点(如:月末、季末或年末)的资产、负债和资本状况的报表。通过这张表,不仅可以了解资产、负债和留存收益有关项目的数额,以及企业财务变化的趋势,而且还可以根据平衡表中的数据资料对企业经营和财务能力进行分析,更为重要的是便于创业者预计企业需要外部融资的数额。

专栏 6-5

财务分析指标

财务分析指标是用来收集和传达财务信息,说明资金活动,总结和评价经营成果的相对指标,主要包括偿债能力指标、营运能力指标、盈利能力指标和发展能力指标等。以下介绍的是部分财务分析指标。

一、偿债能力指标

（一）短期偿债能力指标

1. 流动比率＝流动资产/流动负债×100%＝(现金+应收+存货)/流动负债×100%
2. 速动比率＝速动资产/流动负债×100%＝(流动资产－存货)/流动负债×100%
3. 现金流量比率＝经营活动现金流量/流动负债×100%

（二）长期偿债能力指标

1. 资产负债率＝负债总额/资产总额×100%
2. 权益比率＝所有者权益/资产总额×100%
3. 利息保障倍数＝息税前利润/利息费用

二、营运能力指标

1. 应收账款周转率(次数)＝赊销收入净额/平均应收账款余额
2. 应收账款周转天数＝365/应收账款周转次数
3. 存货周转率(次数)＝主营业务成本/平均存货余额
4. 存货周转天数＝365/存货周转次数
5. 企业经营周期＝应收账款周转天数+存货周转天数
6. 流动资产周转率(次数)＝主营业务收入净额/平均流动资产总额
7. 流动资产周转天数＝365/流动资产周转次数
8. 非流动资产周转率(次数)＝主营业务收入净额/非流动资产平均净值
9. 非流动资产周转天数＝365/非流动资产周转次数
10. 总资产周转率(次数)＝主营业务收入净额/平均资产总额

三、盈利能力指标

1. 主营业务利润率＝主营业务利润/主营业务收入净额×100%
2. 成本费用净利率＝利润总额/成本费用总额×100%
3. 总资产报酬率＝息税前利润总额/平均资产总额×100%
4. 净资产报酬率＝净利润/平均净资产×100%
5. 资本保值增值率＝扣除客观因素后的年末所有者权益/年初所有者权益×100%

四、发展能力指标

1. 销售增长率＝本年主营业务收入增加额/上年同期主营业务收入额×100%
2. 资本积累率＝本年所有者权益增加额/年初所有者权益×100%
3. 总资产增长率＝本期总资产增长额/年初资产总额×100%

4. 固定资产成新率＝平均固定资产净值/平均固定资产原值
5. 技术投入比率＝当年技术转让费支出与研究投入/当年主营业务收入净额×100%

相对而言，预编资产负债表比较复杂，一般需要完成运营预算和现金流预算后才能更好地进行编制。表中的数据都是按原始成本计算的，在编制预计资产负债表时要遵循"资产＝负债+所有者权益"的会计恒等式的基本原理。

1. 资产

资产是指企业过去交易或事项形成的、由企业拥有或控制的、预期会给企业带来经济利益的资源，包括各种财产、债权和其他权利等可以用货币进行计量的资源。按流动性不同，资产可分为流动资产和非流动资产。其中，流动资产是指预计可以在 1 年或者超过 1 年的一个正常营业周期中变现、出售或耗用的资产，包括库存现金、银行存款、交易性金融资产、存货、应收利息、应收及预付款项、应收股利、其他应收款等。新企业的应收账款一般是创业者为了吸引客户，采取赊销方式而形成。非流动资产，也称为长期资产，是指企业不准备在 1 年或者超过 1 年的一个营业周期内变现或耗用的资产，主要包括持有到期投资、长期应收款、长期股权投资、投资性房地产、固定资产、在建工程、无形资产、长期待摊费用、可供出售金融资产等。

2. 负债

负债是指企业过去交易或事项形成的、预期会导致经济利益流出企业的现时义务，它代表着企业偿债责任和债权人对资产的求索权。也就是说，负债是企业承担的，以货币计量的在将来需要以资产或劳务偿还的债务。按流动性不同，负债可分为流动负债和非流动负债。其中，流动负债是指将在 1 年或者超过 1 年的一个营业周期内偿付的债务，包括短期借款、应付票据、应付及预收款项、应付工资、应交税金、应付利润、应付利息、其他应付款和预提费用等；而非流动负债，即长期负债是指偿还期在 1 年或者超过 1 年的一个营业周期以上的各种债务，包括长期借款、应付债券、长期应付款等。比如：如果创办企业的投资来自创始人的初始投入，则初创企业负债项目中就没有长期负债。

3. 所有者权益

它是指企业投资人对企业净资产的所有权，即企业资产扣除负债后所有者享有的剩余权益，在股份制企业中又称为股东权益，包括实收资本（或股本）、资本公积、盈余公积和未分配利润。比如：某新创企业的 4 位所有者投入的 100 万元人民币就包括在所有者权益或资产负债表中的净值部分，而新企业经营业务产生的任何利润也将纳入净值作为留存收益。

第三节 创业融资需求分析

一、创业企业融资需求的分析方法

科学确定资金需求量是任何一家新创企业进行融资管理时都将面临的问题。因为融资过多会增加融资成本,降低资金的使用效率;但资金不足又会影响企业生产经营活动的正常开展。所以,在融资之前,采用一定的方法做出资金需求量的预测非常重要。一般来说,资金需求预测的方法分为定性预测和定量预测两类。定性预测主要是利用一些较为直观的资料,凭借预测者个人的经验及主观分析和判断,对未来企业的资金需求量进行估计,通常在企业缺乏相关历史数据资料的情况下使用。而定量预测是利用企业相关数据资料,通过数学模型预计企业资金需求量的方法,常用的方法包括:销售百分比法、因素分析法和资金习性预测法等三种,其中,销售百分比法较为常用。

(一) 销售百分率法的基本原理

销售百分率法是把企业生产经营中的销售因素与资产因素联系起来,根据销售增长与资产增长之间的关系,来预计企业未来资金需要量的方法。

(二) 销售百分率法运用的假设条件

运用销售百分率法的基本假设为收入、费用、资产、负债与销售收入之间有着固定比例关系。具体来说,要有效使用这种方法,还需考虑以下的假设条件:

(1) 销售的预测要比较准确;

(2) 可以将预计资产负债表中的项目分为敏感项目与非敏感项目。所谓敏感项目就是预计随销售变动而变动的项目;而凡是不随销售变化而变化的项目则称为非敏感项目;

(3) 敏感项目与预计销售额之间为正相关;

(4) 基期与预测期的情况基本不变,即企业资金周转的营运效率基本保持不变;

(5) 企业的内部资金主要指留存收益,或者企业当期计提的折旧在当期全部用来更新固定资产。

(三) 销售百分率法运用的基本步骤

在实际使用销售百分率法时,通常是借助预计利润表和预计资产负债表来进行的。通过前者可以预测企业留存收益这一内部资金来源的增加额,而通过后者则可预测企业资金需要总量和外部融资需求量。

1. 内部融资量预测的基本步骤

(1) 获得基期利润表,计算利润表中各项目与销售额的百分率。计算公式为:

$$某项目基期的销售百分率 = 该项目金额 / 基期销售额 \times 100\%$$

(2) 计算预计利润表中各项目的预计销售百分率。计算公式为:

$$某项目的预计销售百分率 = 预计销售额 \times 该项目基期的销售百分率$$

(3) 计算预计留存收益额。计算公式为:

$$预计留存收益额 = 预计净利润 \times (1 - 股利支付率)$$

(4) 计算内部融资量。计算公式为:

$$内部融资量 = 预计留存收益额 + 非付现成本$$

2. 外部融资量预测的基本步骤

（1）根据基期资产负债表，确定哪些是会随销售额的变动而变动的敏感项目。从实践经验看，现金、应收账款、存货等经营性资产项目及应付账款、应付费用及其他应付款等经营性负债通常与销售额保持一定的比例关系，而对外投资、利息费用、税金、净利润、固定资产净值、短期借款、长期负债等则与销售额的比例并不是固定的。

（2）分别计算敏感项目的销售百分率，包括敏感资产的销售百分率及敏感负债的销售百分率。计算公式为：

$$某敏感资产基期的销售百分率 = 该敏感资产金额 / 基期销售额 \times 100\%$$
$$某敏感负债基期的销售百分率 = 该敏感负债金额 / 基期销售额 \times 100\%$$

（3）确定需要增加的资金量。计算公式为：

$$需要增加的资金量 = 增加的资产 - 增加的负债$$
$$= \sum 增加的某敏感资产 - \sum 增加的某敏感负债$$

其中，

$$增加的某敏感资产 = 预计增量收入 \times 某敏感资产基期的销售百分率$$
$$增加的某敏感负债 = 预计增量收入 \times 某敏感负债基期的销售百分率$$

（4）确定外部融资量。计算公式为：

$$外部融资量 = 增加的资产 - 增加的负债 - 增加的留存收益$$

其中，

$$增加的留存收益 = 预计销售收入 \times 销售净利率 \times 利润留存率$$

（四）销售百分率法的优势及不足

相对来说，销售百分率法是资金需求量预测方法中较为简单的一种。其优势在于：为筹资管理提供短期预计的财务报表，便于创业者了解各主要变量间的关系；易于使用，使用成本低。其不足的方面是：假设条件有时会与实际情况不符，现实中由于存在规模经济和批量采购问题，很多情况下资产、收入、负债、成本与销售收入不一定成正比例变动。所以，这种方法无法对长期资金需求进行准确的预测，一般适用于预测较短期的资金变动和需求。

二、新创企业的盈亏平衡分析

在创业企业初创期，对企业进行盈亏平衡分析不仅将有助于创业者清楚企业何时能实现利润，而且还将有利于其进一步考察新企业业务的财务潜力。因此，创业者需要掌握这种分析工具。

越是处于竞争性的市场环境，创业者越是需要及时的、准确的信息来帮助他们为产品和服务制定具有竞争性的价格，从而获得可观的利润。盈亏平衡分析是能提供这类信息的方法。盈亏平衡分析法也称为本量利分析法,是通过分析成本、产(销)量和利润之间的关系,来把握企业的盈亏情况,从而对企业经营状况和经营决策做出评价的方法。

盈亏平衡方法中本量利之间的基本关系可用公式(1)表示:

$$R = I-C = PQ-(VQ+F) = (P-V)Q-F \tag{1}$$

式中,R 为利润;I 为总收入;C 为总成本;F 为总固定成本;V 为单位变动成本;Q 为产(销)量;P 为价格。

运用盈亏平衡分析方法的主要难点是在于固定成本或可变成本的确定。所谓固定成本是指那些在企业不改变目前生产能力的情况下,不随产(销)量变化而变化的成本;而可变成本则是指那些受产(销)量变化影响的成本;单位可变成本是生产单位产品的成本,该成本在确定的生产范围内是不变的。一般来说,可将折旧、职工薪酬、租金、保险费等确定为固定成本;而原材料、销售费用、直接人工费用等作为可变成本。单位可变成本通常是按直接人工、直接材料和其他费用等的单位发生额分配得到。

通过盈亏平衡分析,创业者可以确定在特定价格时应生产或出售多少单位的产品,或者有多少产(销)量必须实现,才能达到收支平衡。

盈亏平衡分析的方法主要包括边际收益法、图表法和管理可疑成本三种方法,其中,前两种方法使用较多,其基本原理和本质是一致的。就边际收益法来看,这里所指的边际收益就是单位售价和单位变动成本的差额。也就是说,只要单位售价高于单位可变成本,则有些收入可被用来支付固定成本,企业将实现盈利。换言之,盈亏平衡点反映的是能承担总可变成本和固定成本的产(销)售额。因此,盈亏平衡点是指既不盈利也不亏损的产(销)量。当实际产(销)量高于盈亏平衡点时,企业通常有盈利;而实际产(销)量低于盈亏平衡点时,企业一般会亏损。

根据上述基本原理,可得出如下盈亏平衡公式:

$$(P-V)Q-F = 0 \tag{2}$$

此时,将 Q 记为盈亏平衡点 Q_0,则:

$$Q_0 = F/(P-V)Q \tag{3}$$

例如,某汽车零部件生产企业确定其某种零件的单位销售价格为 40 元,其当年的固定成本为 600 万元,产品销售成本占销售收入的 50%。请确定该企业的盈亏平衡点销量。

根据公式(3)计算,得,该企业的盈亏平衡点销量 $Q_0 = 30$ 万元。即如果销量超出 30 万元,那么,超出的每单位销量将会有盈利,否则,企业将会有损失。

在实际经营中,有些创业企业生产多种产品,各种不同产品生产的数量也不一样,或者当遇到客户是大量购买的情况下,就不适合对任何个别产品进行盈亏平衡计算,而应采取估计所有产品的平均销售价格的方式用于计算;或者将固定成本分配到每一种产品上,才有可能对每一种产品计算盈亏平衡点,而固定成本的分摊则按加权的方式,具体的权重为每一种产品的预计销售额占预计总销售额的比例。比如,如果 A 产品占 20% 的销售额,则有 20% 的固定成本分摊给该产品。

盈亏平衡分析的一个独特地方是可以用图表的方式形象地展现出来,如图 6-2 所示。盈亏平衡图上交叉的两条线分别表示总收入和总成本,它们的交点,即总收入等于总成本的点,就是盈亏平衡点。而企业的可变成本和固定成本也可在图 6-2 上表示出来。通过图示,创业者可以很方便地了解企业的成本结构。

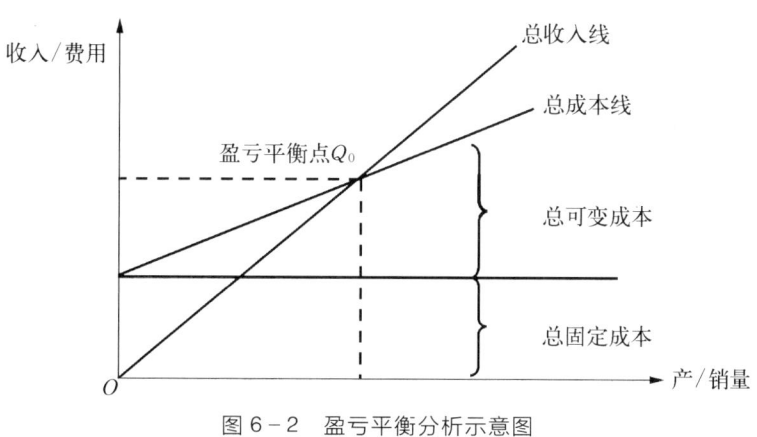

图 6-2　盈亏平衡分析示意图

此外,由于创业过程的复杂性和动态性,创业者应根据内外部环境条件的变化,尝试不同的价格、成本费用状况,比如:不同的销售价格、不同的固定成本或可变成本等,来确定其对盈亏平衡及利润的影响。

【核心概念】

创业融资　内源融资　外源融资　直接融资　间接融资　权益融资　债务融资　天使投资费用预算　收入预算　现金预算　融资需求

【本章小结】

任何企业的发展都需要资金,创业企业创立、成长的全过程中更是贯穿着对资金的需求,尤其是在起步阶段,创业者常常会受到资金匮乏的困扰。所以,创业者和创业企业要在充分了解各种融资渠道和方式的情况下,结合企业自身特点、资金的用途、融资成本及风险、融资结构及控制权等,进行合理的融资决策。

一般地,创业企业可优先考虑内源融资,当企业经营发展对资金需求增加时,再通过外源融资寻找相应的融资方式;在外源融资渠道中,可以先采用间接融资的方式,再考虑直接融资的方式;在直接融资中,适合先考虑债权融资,然后考虑股权融资。

事实上,选择何种融资方式,还要结合创业企业不同的资金需求量。对于创业者来说,进行必要的资金需求分析,对企业的生存和发展至关重要。而要做好融资需求的分析,必然离不开对新创企业进行系统的费用、收入和现金流的预算,编制相应的财务报表,制定合理的财务计划。此外,创业者还可以掌握一些有助于融资需求预测和创业经营决策方面的方法,比如:销售百分比法、盈亏平衡分析法。

【认知与训练】

小组任务:"制定融资计划",具体要求如下。
(1) 对小组创业项目一年期预计的收入及费用进行预测。
(2) 对小组创业所需的融资需求进行分析,并形成项目融资计划。

【探究与拓展】

个人任务:"换位思考",具体要求如下:
请在当前市场上选择一家新创企业,运用相关经营分析工具和财务分析方法对其经营情况进行分析。如果您是一名投资人,您是否打算投资这家企业?为什么?

【课后阅读案例】

马克书店的财务状况

马克·塞勒克一直梦想能拥有自己的企业。在了解到斯普里菲尔德将要开设一个小商业区时,他意识到或许他会由此找到开创自己事业的机会,于是他决定去考察一下这个商业区。

这个商业区离他家大约50英里,马克很吃惊地发现它是那么繁华,于是他想开办一家书店。大约一个月后,马克的书店便准备正式开业了。马克雇用了三个人和他一起负责白天的销售工作,另外还雇用了两个人负责晚上的工作。他所雇用的兼职人员工作报酬是每小时9美元,这种报酬在整个小商业区还是挺不错的。根据书店的营业时间,马克计算了一下,这样每天他就得支付288美元的日薪(不包括专职经理的薪水)。他决定每天支付的薪水在他需要的时候就直接从每天的销售收入中提取,不过尽量将从中提取的金额控制在每周500美元左右。

书店的生意开始时极为火爆。第一周的销售额高达15 000美元,并且看起来似乎任何时候书店里都有顾客。然而,书店的销售额不久就开始下降。马克发现,书店的生意常常处于两端:高峰和低谷。有时,每周营业额不足5 000美元;有时却又高达10 000美元,甚至15 000美元。因此,马克对这种现象并不感到惊慌。相反,在任何情况下,他对自己的工作及管理手下人员的能力都极为满意。

然而,在书店经营到8个月的时候,问题出现了。当时,马克手里的周转资金只有1 500美元,而一些书商开始强烈地让他支付所欠的书款,他们说,这些书款已经拖延很久了。当马克把每个月所进图书的书款加到一起的时候,他很吃惊地发现他欠书商的书款

【课后阅读案例】

高达80 000多美元。为了还清债务,他不得不去请求在银行的朋友为他贷款80 000美元,银行在贷款前需要了解他书店的财务情况,于是马克填写了一份银行的财务账目表。事实上,由于马克对财务的忽视,他根本就不了解他到底拥有多少资产,也就是说他不知道现在他书店具体的财务情况,但是为了能获得银行的贷款,他凭想象,用下列数据对自己书店的财务情况进行了总结,如表6-5所示。

表6-5 马克书店财务情况

项 目	金额(美元)	项 目	金额(美元)
库存现金	1 500	需要支出费用	20 000
能够收回资金	10 000	其他债务	0
库存图书价值	150 000	M.塞勒克资金	171 500
书店装置价值	30 000		
书店资产合计	191 500	应付款合计	191 500

当银行问及他贷款目的时,马克不得不撒谎说是他需要资金改建住房并增加书店的图书进货。银行在要求马克和梅兰两人签字后,将款贷给了马克。

实事求是地说,在申请银行贷款时,尽管马克对书店库存图书的具体价值不太清楚,但他相信应接近75 000美元。因此,无论在任何情况下,他都应该有能力用销售这些库存图书所获得的资金偿付他所欠出版社的书款。在他用贷款付清所欠书款后,他又进了一批新书。现在,随着书店库存图书的丰富,书店的营业额又开始上升,每天他都能够收回大量的现金。这时,马克检查了一下自己的银行账目,他发现他的现金已下降到大约3 000美元,这不足以支付已经拖欠了好多天的房租,或者他所雇员工的薪水。对此,他非常苦恼,却又一筹莫展。这时他能到哪儿去筹集必须支付的房费呢?幸运的是,就在此时,书店的营业额又进入上升期,这使他能够支付房租及雇员们的薪水并盈利700美元。但是好景不长,州税务局又找上门来了,因为马克从来未曾为自己的零售业务上交过税款,税务局没收了他在银行的所有账目。他们通知马克,企业的财务应由企业主核算,而不是由消费者说了算。他们要求马克就自己书店的财务情况上交一份详细报表,以确定他应交的税款。

最后,马克不得不将一位会计师请回书店,并让他给自己整理一份财务账目。这位会计师为他准备了一份看起来合格的账目,但却未能获得银行的证明。这份账目所涉及的数据如表6-6所示。

表6-6 马克书店财务账目

项 目	金额(美元)	项 目	金额(美元)
库存现金	800	应付账款	126 675
银行现金(可领取)	3 000	应付支票	80 000
库存图书价值	50 000	应付税费	35 000
其他物品价值	15 000	其他费用	25 000

续　表

项　　目	金额(美元)	项　　目	金额(美元)
固定资产	20 000	应付费用总计	266 675
		赤字	(177 875)
书店资产合计	88 800	总计应支付费用及资金	88 800

　　对这份统计表,会计师强调他是根据马克所提供的信息制作的,他不负任何责任。至于马克的书店破产的数据,马克将会对此作出很多解释。

　　一直以来,马克对书店的经营情况印象都保持得很好。他认为书店的生意进展并不差。可是现在,实际情形却令人沮丧。他欠他父母及岳父母借给他的所有债款,他自己也还欠银行的抵押贷款。另外,在书店的业务方面他的债务即高达 266 675 美元。

　　资料来源:企业国际化管理研究课题组.中小企业财务国际化管理案例[M].北京:光明日报出版社,2005.

　　讨论题:您认为,哪些原因导致了马克现在的财务困境?他今后该怎么办?

第七章　商业模式

【学习目标】

1. 理解商业模式的内涵及作用。
2. 掌握商业模式的构成要素。
3. 掌握商业模式的设计思路、步骤、原则及方法。
4. 理解商业模式创新的动因及方法。

引导案例

两家草根企业选择的商业模式

管理学大师彼得·德鲁克曾经说过:"21世纪企业的竞争,不再是产品与服务之间的竞争,而是商业模式之间的竞争。"美特斯邦威和谭木匠就是我国近年来选择了独特商业模式而获得快速发展的创业企业。

美特斯邦威于1995年创办。当时,创业者周成建仅仅是温州妙果寺服装市场的一位普通的个体户。但是,周成建具有远见卓识,认识到休闲服饰在未来有长足的发展空间,便果断地退出了仍然火爆的妙果寺服装市场,投入50万元资金,自创了洋味十足的美特斯邦威品牌,其产品迎合年轻消费者的需求,走时尚路线,"不走寻常路",逐步发展,迅速成为国内颇具影响和特色的休闲服饰企业,年销售额达30亿元。

谭木匠集团由谭传华创办,创业之初主要生产民间传统的木制梳子,并创立品牌谭木匠。该公司在经营中赋予产品十足的中国传统文化韵味,其产品用料精细、做工考究、古朴典雅,市场份额逐步扩大,谭木匠商标被国家工商行政总局认定为驰名商标。

这两家企业经营的产品虽然大相径庭,但创业之初都是缺乏资金、缺少技术实力、更没有什么官方背景和垄断资源,是同期千百万创业企业中普通一员。10多年过去了,许多创业企业消失了,更多企业默默无闻、停滞不前,但这两家企业却逐步发展壮大,成为各自行业中的佼佼者。独特商业模式的选择与实施是成功的关键。

美特斯邦威自创品牌后,有限的资金成为企业发展最大瓶颈,如果仍然沿用传统的经营方式,为满足市场需求就要购买大量的机器设备扩大生产,而如果把有限的资金用于建立工厂,自己建立终端销售渠道,既无法实现大规模生产和销售,又影响了其他工作的顺利进行,同时品牌的创建也就化为泡影,美特斯邦威现在也就只能是温州一家普普通通的服装企业。周成建"不走寻常路"的理念使其开始了自己独特的虚拟经营模式,企业倾注所有资源,全力打造和强化企业的核心竞争力。

美特斯邦威抓住服装企业经营中的关键环节,精心营造品牌,先后重金聘请郭富城、周杰伦作为企业品牌形象代言人;同时,聘请具有国际水准的顶级设计师根据市场状况,设计各种款式的迎合市场需求的休闲服饰,提升了设计水平。企业还与广东、江苏、浙江等地的100多家服装加工企业建立长期合作关系,这些强大产能为美特斯邦威定牌生产。这样,生产环节就委托其他企业外包出去了。同时,采取特许连锁方式,通过"共担风险,实现双赢"在全国各个区域招募加盟商,建立美特斯邦威专卖店,到目前全国已有1 000多家美特斯邦威专卖店。这样,企业把销售环节也外包出去了。

谭木匠用一把木梳打天下,把一件不起眼的小产品赋予浓郁的文化韵味,企业做得个性十足。1997年,企业发展遇到资金瓶颈,银行认为生产木梳的企业发展前景不好,并没把这家小企业纳入贷款范围之内。谭木匠公司面对困难,及时策划,在重庆商报上刊登"企业招聘银行"的广告,向社会诉求企业发展所遇的资金困难和未来发展前景,使得银行竞相和企业接触并向谭木匠公司主动提供贷款。这一举措既是一次成功的企业公关活动,也解决了企业发展的资金瓶颈。企业通过全力打造"谭木匠"品牌,塑造了高品质的具有中国传统文化内涵的木梳产品形象,产品在市场上具有较高的美誉度。在此基础上,企业通过虚拟经营的方式利用外部资源,在全国招募和遴选经销商,逐步在全国建立了500多家特许加盟店,建立了覆盖全国的销售渠道。虽然谭木匠的年销售收入仅亿元左右,但是却进入了一个几乎没有同类竞争的领域,成了该行业的"隐形冠军"。

国外理论界在20世纪末提出的虚拟经营的企业发展理论,被美特斯邦威和谭木匠很好地运用于企业实践。通过虚拟经营,企业整合和充分利用了外部资源,从而把有限的资金用在企业发展的关键环节,有效培育和打造了企业的核心竞争力。

资料来源:根据徐世伟所著《草根企业的虚拟经营与信息化建设》整理而成。

讨论题:两家企业的商业模式有哪些独特之处?它们的商业模式在其创业过程中发挥了怎样的作用?

有人说,有了一个好的商业模式,创业成功就有了一半的保证。事实上,在当今创业者和风险投资者的心中,一个好的商业模式就是一项创业或创业企业可持续和发展的代名词。通俗而言,商业模式代表的是企业赚钱的途径或方式。比如,饮料公司通过卖饮料来赚钱;快递公司通过送快递来赚钱;网络公司通过点击率来赚钱;通信公司通过收话费赚钱;超市通过平台和仓储来赚钱;等等。只要有买卖,就有商业模式存在。

第一节　商业模式及其构成要素

一、商业模式的概念及作用

（一）商业模式的概念

尽管早在 20 世纪 50 年代就有人提出"商业模式"的概念，但直到 90 年代后才被广泛使用和传播开来。所谓模式就是做某事或描述某事时所用的计划或图表。泰莫斯认为，商业模式是指一个完整的产品、服务和信息流体系，包括每一个参与者及其所在当中起到的作用，以及每一个参与者的潜在利益和相应的收益来源和方式。在分析商业模式过程中，主要关注一类企业在市场中与客户、供应商、其他合作伙伴的关系，尤其是彼此间的物流、信息流和资金流。

商业模式形成的基础主要是创业者的创意，而这些具有商业潜在价值的创意来自各种机会的丰富和逻辑化，并有可能最终演变为商业模式。即由于市场需求日益清晰以及资源日益得到准确界定，机会将超脱其基本形式，逐渐变成为创意（商业概念），包括如何满足市场需求或者如何配置资源等核心计划。进而，随着商业概念的提升，它变得更加复杂，形成了各类差异化的创意，包括产品/服务概念、市场概念、供应链/营销/运作概念等，而它们的逐渐成熟才最终演变为完善的商业模式，从而形成一个将市场需求与资源结合起来的系统。

长期从事商业模式研究和咨询的埃森哲公司认为，成功的商业模式具有三个特征。

1. 能提供独特价值

有时候这个独特的价值可能是新的思想；而更多的时候，它往往是产品和服务独特性的组合。这种组合要么可以向客户提供额外的价值；要么使得客户能用更低的价格获得同样的利益，或者用同样的价格获得更多的利益。

2. 难以模仿

企业通过确立自己与众不同的能力，如：对客户的悉心照顾、无与伦比的执行能力等，来提高行业的进入门槛，从而减少利润所受到的侵犯，甚至保证不受侵犯。比如直销模式，人人都知道戴尔公司是直销的标杆，但仅凭"直销"本身，还不能称其为一个商业模式。戴尔模式之所以很难复制，原因在于"直销"的背后，是一整套完整的、极难复制的资源和生产流程。

3. 持之以恒

做企业一定要量入为出、收支平衡，这似乎是一个不言自明的道理。然而，要想年复一年、日复一日地做到，却并非易事。现实中不持续关注自身的盈利途径、不重视追踪客户为什么看中自己的产品和服务，不了解有多少客户实际上不仅不能带来利润，反而在侵蚀收入等关键问题的企业，往往是存在不少的。

总之，商业模式是一种包含了一系列要素及其关系的概念性工具，用以阐明某个特定实体的商业逻辑。它描述了公司所能为客户提供的价值以及公司的内部结构、合作伙伴网络和关系资本等用以实现（创造、推销和交付）这一价值并产生可持续盈利收入的要素。换言之，商业模式是企业如何竞争、如何运用资源、如何构架关系、如何接触顾客和创造价值，并在基本利润基础上来支撑自身发展的计划或图表。它是创业过程中可重复的、互相强化的赚钱的关键环节和逻辑，是用来形容企业如何在市场中竞争的所有活动。

时代华纳前首席技术官迈克尔·邓恩在接受美国《商业周刊》采访时曾指出："作为一家新兴企业，它必须首次建立一个稳固的商业模式，相对于商业模式而言，高技术反倒是次要的。虽然我是一个倡导高技术的人，但在经营企业的过程当中，商业模式比高技术更重要，因为前者是企业能够立足的先决条件。"事实证明，企业必须选择一个适合自己的、有效的和成功的商业模式，并且随着客观情况的变化不断加以创新。惟其如此，企业才能获得持续的竞争力，从而保证自己的生存与发展。

专栏 7-1
影响中国企业创新的 10 大商业模式

在所有的创新之中，商业模式创新属于企业最本源的创新。离开商业模式，管理创新、技术创新等都失去了可持续发展的可能性，而企业也将失去持续盈利的基础。如表 7-1 所示，是 10 种当前对中国企业影响最大的商业模式，它们有的借助新技术或者整合了新资源；有的开拓了新的盈利模式；有的则是模式具有可持续性和良好的业绩；还有的模式给其他行业很好的启发，并带动各行业模仿和创新。

表 7-1 对中国企业影响最大的商业模式

商业模式名称	代表公司	模式关键词
B2B 电子商务模式	阿里巴巴、环球资源、生意宝	汇集大量市场信息，提供增值服务；在线贸易，信用分析，商务平台
P2P 信贷模式	人人贷、恒大金服、拍拍贷	个人对个人、点对点，互联网金融，金融平台
O2O 消费模式	饿了么、去哪儿网、携程	线下实体商业与线上网络营销，电子支付结合在一起，便捷高效的本地化服务
C2C 电子商务模式	淘宝网、Ebay、腾讯拍拍	网上支付，安全交易，免费模式，娱乐营销
国美模式	国美、苏宁、大中、鹏润	资本运作，专业连锁，低价取胜，利润主要来自供应商的返利和通道费
网络游戏模式	盛大、网易、第九城市	免费模式互动娱乐，满足用户需求，延长游戏的生命期，提供更持久的现金流
网络搜索模式	百度、谷歌、雅虎	竞价排名，网络广告，搜索营销
虚拟经营模式	耐克、美特斯邦威	虚拟经营外包，降低生产成本
经济型连锁酒店模式	如家、锦江之星、7 天、汉庭	酒店连锁低价，快速地加盟、复制、扩张
共享经济模式	ofo 共享单车、Uber、滴滴打车	使用权的暂时转移，生产要素的社会化

资料来源：根据南林所著《正在影响中国管理的 10 大商业模式》及其他相关公开资料整理而成。

(二) 商业模式的作用

当创业团队瞄准某一商机之后,就应寻找与商机相匹配的商业模式。机会不能脱离必要的商业模式的支撑而独立存在。成功的商业模式是一座桥梁,富有市场潜在价值的商业机会将通过这一桥梁过渡为企业;而缺乏良好的商业模式,机会就不能实现其市场价值。

德鲁克认为:"商业的目的不是创造产品,而是创造顾客。""当今企业之间的竞争,不是产品之间的竞争而是商业模式之间的竞争。"由此看来,商业模式的作用是在原有的或新环境条件下,发现新的市场机会、细分市场和瞄准组织结构及生产服务流程中存在的低效部位,吸收和整合企业可以使用的外部资源,通过各种创新加以挖掘和利用,从而为投资者和包括客户、合作伙伴在内的利益相关者创造更多的价值。商业模式可谓是企业在知识经济条件下,面对技术进步、市场需求等竞争压力,寻求能够使企业生存、发展的新途径。如今,国内外许多知名企业都正以各自不同的方式构建起富有特色的商业模式。通过对这些企业的商业实践进行总结,商业模式的作用具体表现在以下几个方面。

(1) 发现和挖掘客户的真实需求,关注顾客的体验和个性差异,通过产品和服务的创新给客户创造最大价值。如戴尔公司,在所服务的市场上传递最佳的顾客体验。为达到这个目的,戴尔在如下方面满足顾客的要求:高品质、领先技术、有竞争力的价格、良好的服务、优异的企业形象,并把企业客户与政府机构作为它的目标市场。

(2) 超越自我局限,开展商业合作,建立战略联盟,积聚战略资源。如雅虎网站起初提供免费的互联网搜索服务,并通过在网站上创造广告空间来获利。到 2000 年早期,广告收入锐减,雅虎网站及时修改了它的商业模式,将更多的订刊服务纳入服务内容,以创造更稳定的收入流。

(3) 扬长避短,积累和培育独特核心能力,构筑模仿壁垒,形成核心竞争力。如李维斯牛仔裤、苹果电脑、索尼公司的小型化能力等,它们都是在某个核心业务方面处于领导地位。有研究表明,企业在一个或两个业务上做好,比在许多业务上保持平均水平要好得多。

(4) 整合产品和服务价值链的全过程,对企业理念、要素和流程进行系统集成,也对企业战略动态组合。太阳微系统公司每年 50 亿美元的支出中有 90% 付给了 20 个供应商。同样,戴尔也维持了与供应商的密切关系,并且使用高级软件来提高供应链的绩效,构建了一个协作严密的供应链,支持公司以合理价格提供最新技术电脑的核心战略。

二、商业模式的构成要素

商业模式的内容十分广泛,凡是与企业活动有关的内容,几乎都可以纳入商业模式的范围。虽然目前对商业模式的构成要素尚没有统一的意见,但基于现实中较为典型的商业模式,众多学者认为,有效的商业模式具有一系列共同的特征。其中加里·哈默尔

(Gary Hamel)的观点最具代表性,并得到较为普遍的认同,即商业模式主要由核心战略、战略资源、伙伴网络和顾客界面四个要素构成,而关注这些要素对新创企业成功至关重要。

(一)核心战略

核心战略是从企业的使命、产品/市场范围、差异化基础等方面描述企业如何与竞争对手竞争。

1. 企业的使命

企业的使命就是通常所说的企业使命陈述,是对企业经营范围和发展方向的定位,它描述了企业做什么、为什么存在、将会怎样。这是企业最高层次的目标和追求,也是制定战略的出发点。例如:戴尔的使命是成为世界上最成功的电脑公司,在所服务的市场上传递最佳的顾客体验;美国星巴克的使命是把星巴克建成世界第一流的高品质咖啡店;微软公司的使命是使每一个家庭都使用微软公司的软件;波音公司的使命是让空中旅行走进千家万户;英特尔的使命是成为全球新兴计算机行业的卓越的模块供应商。透过上述这些企业的使命陈述可以看出,在不同程度上,使命表达了企业优先考虑的事项,并设置了衡量企业绩效的目标。当然,对一个企业来说使命的限定不能太窄,概括应言简意赅、富有活力、现实可行、普遍认同,否则,商业模式的内容就会变得单一化,不利于变革与创新。

2. 产品/市场范围

企业产品/市场范围定义了企业集中关注的产品和市场。首先,产品的选择对企业商业模式的选择有重要影响。正如前文提到的雅虎网站一样,由于广告收入锐减,公司及时修改了它的商业模式,创造了更稳定的收入来源。另外,企业从事经营活动的市场也是其核心战略的重要因素。

3. 差异化基础

新创企业将自己与竞争对手进行差异化是非常重要的。一般来看,企业会在成本领先或差异化战略中选择其一,从而在市场上给自己定位。然而,大多情况下,由于成本领先要求规模经济并需花费一定的时间,对新创企业来说比较困难。相反,差异化战略要求商业模式集中于开发独特的产品或服务,可以索要更高的价格。而且采用该战略的企业通常把大量精力和财力用于创造品牌忠诚上,比如李维斯的牛仔裤、苹果公司的电子产品等。

(二)战略资源

如果缺乏资源,企业便"巧妇难为无米之炊",难以实施其战略。所以,企业拥有的资源会影响其商业模式的持续性。在众多的企业资源中,企业的核心能力和战略资产是极其重要的两种战略资源。

1. 核心能力

核心能力也就是通常所说的核心竞争力,是企业胜过竞争对手的竞争优势来源,表现为一种资源或能力。它是超越产品或市场的独特技术或能力,对顾客的可感知利益有巨大的贡献,并且难以模仿。企业的核心竞争力在短期和长期内都很重要。在短期内,正是核心竞争力使得企业能够将自己差异化,并创造独特价值;从长期看,企业可通过核心竞争力获得成长以及在互补性市场上建立优势地位。

2. 战略资产

战略资产是企业拥有的稀缺、有价值的事物,包括各种设施和设备、所处的区位、品牌、专利、顾客数据信息、高素质员工和独特的合作关系等。其中,企业的品牌是一项特别有价值的战略资产。例如,星巴克花了很大力气来建立的品牌形象,无疑是为其他咖啡零售商设置了一道壁垒,即他们想要获得同等的品牌认知就需要付出极高的成本。

(三) 伙伴网络

对于新创企业,由于不一定拥有执行所有任务所需的资源,因此,需要依赖其他合作伙伴以发挥自身的重要作用。例如,戴尔因其装配计算机的专业技术而具有差异化优势,但它却要从英特尔公司哪里购买芯片。尽管戴尔公司可以自己制造芯片,但它在这方面不具有核心竞争力。在企业的伙伴网络中,包括供应商、其他合作伙伴及重要关系等。

1. 供应商

供应商是指直接向其他生产企业或零售商提供商品及相应服务的企业及其分支机构。例如,英特尔公司是向戴尔公司提供芯片的供应商。几乎所有的企业都有供应商,它们在企业商业模式的运作中有其重要作用。

传统上,企业把供应商看作竞争对手,与他们维持着一定的距离。需要某种零部件的生产企业往往与多个供应商联系,以寻求最优价格。然而,随着竞争压力的日益加大,企业逐渐抛弃了以往那种与供应商的短期关系,转而与之结成合作伙伴,并将更多的精力放在如何推动供应商高效运作的层面上来,以实现"双赢"的目标。

2. 其他合作伙伴及重要关系

除了供应商,企业还需要其他合作伙伴和重要关系来推动商业模式的有效运作。如表7-2所示,合资企业、合作网络、社会团体、战略联盟和行业协会等是创业企业合作关系的一些常见形式。许多快速成长的企业都组建了多元化的合作关系,因为它们给企业带来了更多的创新理念、技术和产品,更有益的机会和高成长率。当然,合作伙伴关系也包含着风险,在仅有的合作关系成为企业商业模式的关键要素时更是如此。由于种种原因,很多合作关系没能实现参与者初期的愿望。

表7-2 企业合作关系的常见形式

合作形式	描 述
合资企业	两个以上共用某些资源的组织创造的实体,是一个独立的、被共同拥有的组织
合作网络	一种中心辐射式的组织结构,处于中心地位的企业组织其他各种企业形成相互依赖的关系
社会团体	有相同需求的一组企业,为实现其需求而联合起来组建的一个新实体

续　表

合作形式	描　述
战略联盟	建立交换关系的两个或更多企业之间的一种组织安排,它不具有合资性质
行业协会	同一产业内的企业形成的一种组织(一般是非营利性的),目的在于收集和传播交易信息,提供法律和技术咨询,提供相关业务培训,并提供一个联合游说政府的平台

(四) 顾客界面

顾客界面反映的是企业如何与顾客相互作用,而与顾客相互作用的类型依赖于企业选择如何在市场上竞争。对新创企业来说,顾客界面的选择对于它如何与对手竞争以及自身定位于产品或服务价值链的哪个环节都是十分重要的。顾客界面可分别从目标客户群、销售实现与支持、定价结构三个方面来阐释。

1. 目标客户群

企业的目标顾客群也被称为目标市场,是企业在某个时点追求或尽力吸引的有限的个人或企业群体。企业选择的目标市场影响它所做的每件事情,比如获得战略资产、培育合作关系以及开展推广活动等。拥有界定清晰的目标市场将使企业能够将自己的营销和推广活动聚焦于目标客户,并且能够发展与特定市场匹配的核心竞争力。

2. 销售实现与支持

销售实现与支持描述了企业产品或服务"进入市场"的方式,或如何送达客户的方法;它也指企业利用的渠道和它提供的顾客支持水平。所有这些都影响到企业商业模式的形式与特征。此外,企业愿意提供的服务内容,也会影响其商业模式。有些企业将自己的产品或服务差异化,通过高水平的服务和支持向客户提供附加价值。例如,供货的安装、顾客培训、担保和维修、方便的停车场、通过免费电话和网站提供信息等。

3. 定价结构

很多拥有规模经济的大企业因具备较低成本的优势,常常采用定价结构对自身进行差异化,其采用较低的价格从而在市场上形成较强的竞争力;但有些企业则反其道而行之。比如,一些品牌标榜自己为奢侈品,从一开始就是价格领先者;也有一些企业从一开始就以创新性定价结构为特色。通常,企业的定价结构随企业目标市场与定价原则的不同而变化。例如,有些租车企业按租用天数收取租金,而另一些企业则按行驶的里程数收取租金;有的咨询企业按照提供服务的次数收费,而另一些企业则按时间收费。

总之,新创企业应从整体角度审视自己,理解商业模式的重要作用,根据自身核心战略及资源优势构建适宜而有效的商业模式。

第二节　商业模式的设计

商业模式设计是企业商业模式创新的基础和价值创造的保障,一个成功的商业模式能为企业发展带来持续的创新力、盈利能力,对于已经具有成熟商业模式的企业和刚刚起步的创业企业都有巨大意义。在不断变化的商业环境中,如何调整设计出最适合企业、最科学有效的商业模式,对于企业来说是至关重要的。

一、商业模式设计的基本思路及方法

商业模式设计关注的是企业的价值实现,是企业的商业逻辑表达方式和产品服务盈利模式,是企业为了实现经营目标所采取的一系列商业工具的集合。成功的商业模式应该以企业自身为基础,充分考虑资源利用的最大化,以实现企业自身价值并为社会创造价值。因此,在商业模式设计中,企业需要具备整合资源、思维创新、关注客户、双赢理念等,通过聚合网络群体、整合社会资源、增强系统功能等实现价值创造。

(一)商业模式设计的基本步骤

1. 开发商业机会

发现商业机会、验证商业机会可行性,设计其客户、产品与服务。首先要发现一个好的商业机会,以便在市场还具有很大发展潜力时期进入市场、占领市场,该商业机会对于企业来说具有可操作性,是可以实现的。

2. 构建系统思考价值链

构建系统思考价值链时尤其要考虑价值链上下游利益相关者。设计商业模式时,不仅要考虑企业自身,还应该考虑企业的利益相关者,合理协调价值链上下游资源,使各利益相关者实现价值最大化。

3. 设计好整个生态链的运作模式

考虑了利益相关者后,就应该开始设计这些经济主体之间的运作模式。

4. 关注客户价值诉求

明确产品的价值定位,设计好的产品概念。产品在投入市场前,一定要明确自身价值定位,才能准确抓住目标市场客户群,而好的产品概念则能提高产品的市场占有速度,加快市场对产品品牌的认知度。

5. 设计企业盈利模式

分析企业可以从哪些渠道盈利,力图实现多渠道盈利。对企业采取该商业模式可能带来的收入、利润等财务指标进行分析。

6. 进行合理的组织设计

创业企业想持久地运行下去,离不开组织的保障,设计商业模式时应该将组织设计部分考虑进去。

7. 列出资源清单

列出资源清单是为了明确商业模式需要的资源要求及资源实现形式,思考企业现有资源是哪些、还需要哪些资源、如何去获取需要的这些资源。

专栏 7-2

商业模式设计五层金字塔

定位	即找到最有潜力能提供长期利润增长的顾客群，并为他们提供独特的价值；
盈利模式	即确定如何从为顾客提供的价值中获取利润；
关键资源和能力	是否建立一种资源或能力，来保护你的利润流，让顾客必须到你这里来买；
业务系统	界定企业活动范围，通过处理好与内外利益相关者的利益分配，完成前面三层的任务；
自由现金流结构	即通过各种金融手段，最终使得企业价值最大化。

图 7-1 商业模式金字塔

资料来源：稻田教育云官方网站（http://daotian.seentao.com）。

（二）商业模式设计的基本原则

1. 顾客价值最大化原则

设计商业模式时要以顾客价值为出发点，使顾客价值得到最大化满足。

2. 利益相关者共赢原则

在充分分析利益相关者之后，争取使商业模式的设计达到利益相关者共赢的效果。

3. 企业价值最大化原则

商业模式最终是为企业价值、企业目标服务的，要能使企业实现并创造价值、实现价值最大化。

4. 持续盈利原则

盈利模式是商业模式的核心，一个好的商业模式应能保证企业实现持续盈利。

5. 核心能力延伸原则

企业在开展经营活动时，要能明确自身优势，确定核心能力，商业模式的设计应该能巩固其核心能力地位并使其核心能力得到延伸。

6. 价值要素匹配原则

企业设计的商业模式中的所需要的要素要与企业目前状况相匹配。

7. 系统资源整合原则

好的商业模式不仅能够整合企业内部的资源，还能充分利用市场上其他资源，实现资源内部和外部的系统整合。

8. 商业机会把握原则

在激烈的市场竞争环境下，商业机会稍纵即逝，把握住商业机会的商业模式才能在市场发展中占据机会领先优势。

(三) 商业模式设计方法

商业模式设计方法的相关研究甚少,我国的纪慧生教授(2010)提出了四种设计方法:参照法、相关分析法、关键因素法、价值创新法。

1. 参照法

参照法即以国内外商业模式作为参照,然后根据本企业的有关商业权变因素,如环境、战略、技术、规模等不同特点进行调整,确定企业商业模式设计的方向。采用参照法进行商业模式设计时一定要根据企业自身情况加以调整和改进,创新地摸索出符合本企业的商业模式。许多企业的商业模式设计都是通过参照法进行的,如腾讯参照新浪等建立门户网站。

2. 相关分析法

相关分析法是在分析某个问题或因素时,将与该问题或因素进行对比,分析其相互关系或相关程度的一种分析方法。相关分析法需要根据影响企业商业模式的各种权变因素,运用有关商业模式设计的一般知识,采用影响因素与商业模式来对应确定企业的商业模式。利用相关分析的方法,可以找出相关因素之间规律性的联系,研究如何降低成本,达到价值创造的目的。如亚马逊通过分析传统书店,在网上开办电子书店;eBay 网上拍卖也来自传统的拍卖方式。

3. 关键因素法

关键因素法是以关键因素为依据来确定商业模式设计的方法。商业模式中存在着多个变量影响设计目标的实现,其中若干个因素是关键的和主要的(即成功变量)。通过对关键因素的识别,找出实现目标所需的关键因素集合,确定商业模式设计的优先次序。

4. 价值创新法

对一些从未出现过的商业模式设计,往往需要创新,即通过价值要素的构建、组合等设计出现新的商业模式,这一点在互联网企业表现尤为明显,如盛大网络游戏全面实行免费模式,开创了 CSP(come-stay-pay) 网游行业盈利新模式。A8 音乐公司通过网络原创音乐平台,将进行原创音乐的网民、网络音乐下载者电信运营商、风险投资者、合作伙伴等进行了关联,从而设计出新的商业模式。

当今市场环境不断变化,企业必须根据市场环境适时调整自己的商业模式,以适应市场的变化。为此,企业应加强对商业模式设计的思路和方法的研究,使商业模式能更好地适应企业发展需要。

案例 7-1

聚真楼商业模式设计

聚真楼是一家规模与实力兼具的、经营茶叶与茶具的代理经销商,拥有良好的上游供应商与下游经销商的渠道关系,在深圳古玩城、罗湖商业城与杭城艺设有三家终端店铺进行批发零售。其中茶叶产品以普洱茶叶为主,品牌以孟库、六大茶山为主。

聚真楼的老板喜爱古玩字画,同时经营茶叶与珠宝翡翠。随着茶叶业务发展的壮大,聚真楼老板发现利润率与增长率反而呈现减少趋势,对上下游的议价能力越来越弱。加上茶叶与珠宝两头经营,其已经明显感觉到力不从心。为此,聚真楼老板带着重重焦虑找到了博文捷迅公司。

一、把脉聚真楼

经过对商业逻辑的敏锐洞察和对市场的调研分析,博文捷迅发现了聚真楼的以下问题。

(一)品牌化营销滞后

烟酒行业创造了许多本土家喻户晓的强势品牌和奢侈品牌。而与烟酒同属文化产品的茶叶,高价商品比比皆是但品牌化相对滞后,耳熟能详的品牌寥寥无几。随着茶饮料、功能性茶等产品的普及,国外品牌的强势冲击,产业价值链的分化与整合,茶行业进入到了品牌竞争的时代。

一些品牌已经开始引领消费认知,市场呈现更加细分的态势。如八马茶业。八马定位于"商政、礼节茶",围绕其定位,产品包装与广告设计突出"礼"的文化概念,推广其商务社交、茶礼文化的形象,创建八马茶叶的相关标准,在渠道建立品牌形象店等。

(二)对消费者需求的开发不足

消费者的懵懂认知一旦被开发,往往促使相应的需求发生改变,同时体现在供求关系上。目前中国茶叶主要的市场可以简单地划分三类:

一是主力消费群:爱茶、懂茶的大众爱好者;

二是次级消费群:有社交需求的关联者(有送礼、社交产品需求的场所或族群,如酒楼、茶馆等);

三是潜在消费群:有茶概念却不懂茶的生活潮流引导者(如新参加工作的大学生、社会新兴力量等)。

消费者认知直接反映了市场下的供求关系。茶的概念被广泛普及,而茶消费的认知却相当匮乏,停留在较传统的阶段。作为大众消费市场主力消费群的年轻人,在茶叶市场却成为潜在消费群,他们也许会经常喝茶、接触茶,却不懂茶。而真正爱茶、懂茶的主力消费群却是年龄偏高的人。这群极富价值的年轻消费群体能否成为茶叶市场的主力军呢?

从咖啡的消费普及过程,博文捷迅找到了茶消费认知改变的商业启示。同属古老种植类产品的咖啡,在今天已经成功地由中老年为主的消费群体转变成为年轻化的消费群体。咖啡在产品的口味等属性上未作太多改变,而是通过改变品牌调性达到了产品的不同偏好迎合不同消费人群。如:雀巢、麦斯威尔的时尚罐装咖啡;星巴克的时尚与休闲的咖啡文化氛围体验。中国茶的历史文化源远流长,茶业发展却一直落后于一些发达国家,其本质是茶的消费认知没有被完全激发出来,茶业市场仍有较大机会与空间。

据相关统计数据显示,中国常规茶的消费占茶消费总额的90%,而在成熟的发达国家市场,复合茶、茶饮料、茶食品以及休闲茶业的消费则占据主导地位,英国人均茶叶消费是中国的4倍多。

(三)产业价值链下的弱势中间商

聚真楼作为普洱茶的广东省总代理,在承担高额的担保风险的同时,受到上下游供应商的挤压。议价能力的削弱主要来源于三个方面:产销一体化的行业趋势与变革,中间商变成生产与消费之间多余的成本;既没有知识产权,又不掌握终端消费者,也没有建立强势渠道；没有形成自身独特的资源与优势，被替代性强。

二、重塑聚真楼的商业模式

（一）选好目标市场

根据前述茶消费市场的分析，未来聚真楼的目标市场是潜在力消费群。由于目前聚真楼主营的普洱茶叶产品是面向中高端的消费者，聚真楼的品牌风格与形象也贴近这部分人群。因此，今后的目标市场选择要有效利用自身优势与资源，找准合适的市场位置。比如，针对年轻消费群的品牌调性需要凸显活力与时尚，在此基础上创新商业模式，打造独具优势的品牌。

（二）整合已有资源

聚真楼老板与中国众多艺术大家有着良好紧密的关系，并且其除了经营茶叶还同时在经营翡翠珠宝。如果将这些资源有效整合起来，将会形成具备强大的竞争力与独特差异化的优势，形成品牌竞争壁垒。

（三）建设品牌文化

自古就有"福建人种茶、潮汕人喝茶"的说法。广东地区是茶叶消费市场的传统高地。一般来说，广东人饮茶，讲究环境，淡室雅居，室内字画高挂，瓷盅沏名茶。他们口味挑剔、门槛高，一旦进入，消费就相对稳固。因此，聚真楼必须尽快形成独特的品牌文化，才能将茶的消费认知与品牌打入消费者心里。

总之，翡翠珠宝、古玩字画、茶叶、茶具同属中华古典文化，不但包含着收藏投资的物质文化层面，还包含深厚人文历史的精神文化层面。在梳理了聚真楼现有资源状况与市场环境分析的基础下，博文捷迅帮助聚真楼完善了商业模式。将聚真楼定位为弘扬中国茶艺文化，以茶叶经营为主，附带玉石字画茶具销售，集休闲观赏、品茗买玉、古玩字画、茶道文化于一体的中国特色文化商品休闲经营场所。其核心广告语是："品茶论道，聚'真'赏艺"。

资料来源：根据梁栩城所著《聚真楼商业模式设计》整理而成。

二、商业模式画布

目前，在商业模式设计中，常用的方法就是商业模式画布（business model canvas，BMC）。商业模式画布是由著名商业模式创新作家、商业顾问亚历山大·奥斯特瓦德（Alex Osterwälder）于2008年提出来的。它的创新点在于把一份复杂的商业计划浓缩到一页画布模板中去概述项目的商业模式。此后，很多企业得益于这种简明扼要描绘和设计其商业模式的方式。

（一）商业模式画布的结构

商业模式画布是指一种能够帮助创业者激发创意、明确各种资源条件、确保找对了目标用户、合理解决问题的工具。商业模式画布不仅能够提供更多灵活多变的计划，而且更容易满足用户的需求。更重要的是，它可以将商业模式中的构成要素标准化，并强调重要元素间的相互作用。创业者通常需要按照一定的商业逻辑顺序解构它。商业模式画布示意图如图7-2所示。

图7-2 商业模式画布示意图

商业模式画布示意图中九要素的含义为：

1. 客户细分（CS）

客户细分是指一家企业想要接触和服务的不同人群或组织。在创业初期，对于客户是谁，创业者可能已经有一些假设，但还需要从细节上了解他们，如：他们在哪里？有什么样的社会特征和人口学特征？他们为什么会购买？直到真正理解企业的客户并能在脑海中勾画出一个具体人物形象。总之，企业的目标客户群体往往具有某些共性，能够给企业创造价值。而定义消费群体的过程也被称为市场细分，如大众市场、利基市场、多元化市场、区隔化市场、多边平台或多边市场。

2. 价值主张（VP）

价值主张是企业为特定客户群体创造价值的系列产品和服务，即目标消费群的需求和价值诉求的满足。价值主张不是在描述企业的产品（服务）或技术具体是什么，而是回答解决了客户什么样的问题或满足客户什么样的需求。客户希望知道企业在帮他们解决什么样的痛点、创造了什么样的价值，例如新颖、性能、定制化、设计、价格、便利性、可达性等。

3. 渠道通路（CH）

渠道通路是企业是如何沟通、接触其客户群体并传递其价值主张的，即企业将其产品或服务传递给消费者的各种途径，如：企业自有渠道，企业合作伙伴渠道，线上或线下渠道等。20世纪90年代以前，企业采用的是实体渠道。而从90年代中期开始的最近20几年，技术进步帮企业实现了虚拟渠道，如网络、移动电话、云端等。面对这些渠道，企业需要考虑的是将如何去销售和运输其产品。

4. 客户关系(CR)

客户关系是企业同特定消费者群体之间所建立的联系,如个人助理、自助服务、社区、网络等。建立这种联系主要解决如何获取、维系和扩张客户的问题。考虑客户关系时需要考虑到渠道,因为网络和实体间的渠道是非常不同的。

5. 收入来源(RM)

收入来源是企业如何从卖给每个客户群体的产品或服务中赚到钱,即企业取得收入的各种途径,如购买收费、资产销售、使用收费、订阅收费、租赁收费、授权收费、广告收费等。收益模式与定价策略不同,定价策略是企业就产品(服务)本身要收多少钱,而收益模式则是怎么盈利。因此,企业要明确客户所支付的价值是什么以及需要用什么策略、多长时间去获得这样的价值。

6. 核心资源(KR)

核心资源指的是让商业模式有效运转所必需的最重要的资源或要素。为此,企业必须明确需要什么样的重要资源来保证商业模式运作,核心的资源是什么样的等问题。比如资产,企业需要的是资金还是信用额度?需要专业机器吗?需要知识产权吗?有没有专利需要申请保护?如何获取重要的人力资源以及他们是谁?如某个具体地方的大人物、大商店、程序员、硬件设计员等。

7. 关键业务(KA)

关键业务是企业为了满足商业需求,使商业模式正常运作而需要做的最重要的事情,即企业运行其商业模式所需的能力和资格。因此,企业要明确并找到让其变得专业的关键活动。比如是做产品生产、产品销售专业,还是做解决问题类的活动更专业,例如提供咨询或者协助研发,抑或是做管理平台网络、供应链的活动专业等。

8. 重要合作(KP)

重要合作是企业为有效地提供价值并实现其商业化而形成的合作伙伴的网络。创业企业必须清楚,合作关系是一种利益关系。企业在第 1 年所需要的合作者类型可能不是之后 3 至 5 年还需要的。所以,创业之初关于合作者的类型,建议可以是战略联盟、合资公司以及常规供应商或销售商等。

9. 成本结构(CS)

成本结构是企业运行一个商业模式所引发的全部花费。即要关注最重要的花费部分、需要支付的最昂贵的资源以及最贵的关键业务等。关于花费,它并不只是有形的部分,比如人力、场地或材料,创业者还需要考虑一些无形的部分。此外,创业者要储备一些基本的会计知识,如什么是固定成本,什么是可变成本,什么是范围经济和规模经济效益等。

(二)商业模式画布的特点

商业模式画布作为呈现企业与其利益相关者交易结构的工具,相比其他工具来说,其有逻辑严密,高度凝练了商业模式中的相关关系,表达直观生动,通俗易懂等优势。概括起来主要具有以下特点。

1. 完整性

虽然只有一个页面,但商业模式画布基本可以确定一款产品或一项服务商业模式的方方面面,能够让使用者一目了然该商业模式是否完整。

2. 一致性

商业模式画布有助于判断商业模式的各个方面是否一致。比如,设计合作伙伴的假设与设计渠道假设是否具有一致性等。

3. 清晰性

创业团队成员间可以清楚各自正在做什么,为什么要这样做。如果要求各自独立画出商业模式,又会是怎样的。商业模式画布为团队讨论确定了一个明确的焦点,即商业模式各方面是否形成了一个整体,还可以看出哪些地方还存在不足或可以有不同见解。

4. 层次性

商业模式画布的三模块、九要素具有非常强的内在逻辑性,其反映了企业战略决策、战略执行和财务表现这三大层面的内容,并且从战略决策到执行以及呈现结果,构成了"一体两翼一结果"的整体战略架构。

5. 高效性

通过可视的清晰的商业模式画布,使用者可以快速高效地理解企业的商业模式,也能通过画布的结构掌握每个商业模式的亮点与关键所在。

6. 可沟通性

当创业者向创业导师、顾问、潜在雇员和投资者畅谈企业的商业设想时,可以借助商业模式画布图。相比一页文字,人们更容易记住一张图。

总之,商业模式画布可以便于帮助初创者或其他相关人员深入了解企业战略和项目全貌,了解企业的业务流程,明确企业的资源和能力,清楚企业的关注点。

专栏 7-3

三种商业模式分析工具的比较

从 2008 年以来,业界提出了很多商业模式分析工具。除了奥斯特瓦德的经典商业模式画布之外,还有 Jeroen Kraaijenbrink 的战略示意图和 Ash Maurya 的精益画布。如表 7-3 所示,是对三种分析工具进行简要的比较。

表 7-3 三种经典商业模式分析工具比较

模式	战略示意图	精益画布	商业模式画布
提出者	Jeroen Kraaijenbrink	Ash Maurya	奥斯特瓦德
步骤或要素	资源与能力、客户与需求、合作伙伴、竞争对手、价值主张、盈利模式、风险与成本、价值与目标、组织环境、趋势与不确定性	客户细分、问题、解决方案、独特的价值主张、盈利模式、渠道、关键指标、成本结构、不当得利或者竞争优势	客户细分、价值主张、渠道通路、客户关系、收入来源、核心资源、关键业务、重要合作、成本结构
目的	明确一个企业的总体策略,帮助其观察不一致性的出现以及新产品的开发,并基于此来发展改良的策略	帮助创业者通过遵循精益创业的准则,快速验证针对某一个特定细分客户的商业构想	覆盖绝大部分的战略示意图的内容,帮助企业发现创造商业价值的逻辑

续表

受众	成熟企业、创业企业	创业企业	成熟企业、创业企业
额外的元素（与商业模式画布相比）	风险 价值与目标 组织环境 趋势与不确定性	问题 解决方案 关键指标 不当得利或者竞争优势	—
失去的元素（三种分析工具间对比）	问题 关键指标	风险 价值与目标 组织环境 趋势与不确定性 客户关系	竞争对手 风险 价值与目标 组织环境 趋势与不确定性

资料来源：根据《除了商业模式画布，还有两个重要的商业工具你应该知道》整理而成。

（三）商业模式画布的运用

现实中，商业模式画布受到了学界、业界的关注，并被广泛运用。以下是商业模式画布运用的一个范例。

案例 7-2

美的集团物联网智能空调的商业模式画布分析

美的集团（以下简称"美的"）于 2014 年发布了"M-Smart 智慧家居战略"，发布了对内统一协议、对外开放协议，实现所有家电产品的互联、互通、互懂。这意味着美的将依托物联网、云计算等先进技术，由一家传统的家电制造商向一家智慧家居创造商进行转型。物联网智能空调是美的实施"M-Smart 智慧家居战略"的主要载体，具有家庭/远程登录模式、一周预约、睡眠曲线、手机空调双静音、天气分析、电量统计、用电限额、等级节电、提供用电报告、用户互动和手机遥控器等 12 项智能功能，还有包括简洁友好的界面、空调助手、PM2.5 报警、与国家电网合作开发高峰节电模式以避免拉闸限电、空调智能体检、售后网点地图查询和场景模式等在内的 16 项功能正在开发中。此外，美的还组建了"互联网用户数据服务中心"。该中心通过 APP 平台与用户进行交流，随时监控产品的运行状态，提供信息资讯服务。目前美的物联网智能空调已正式登陆天猫电器城。从 2013 年开始，美的已在所有的变频空调新品中植入物联网智能技术，使其成为家庭的网络信息终端。

从美的物联网智能空调的商业模式画布中可以看到，构成其商业模式要素的九大要素为：

（1）目标顾客。在美的物联网智能空调的商业模式中，目标顾客主要包括美的空调事业部和互联网电商用户两类群体。

（2）价值主张。美的物联网智能空调为不同的目标顾客提供了不同的价值主张。对于美的空调事业部而言，美的物联网智能空调的价值主张是服务流程自动化；对于互联网电商用户而言，美的物联网智能空调的价值主张是新颖的顾客体验。

第七章 商业模式

关键伙伴	关键活动 物联网技术部署和集成 产品创新和流程变革	价值主张	顾客关系 合作创造 自动服务	目标客户
阿里云平台 天猫电器城	关键资源 物联网空间 M-Box 路由器 云服务平台 APP 软件 移动终端	服务流程自动化 新颖的客户体验	渠道通路 直接渠道(物联网智能空调的各种功能) 间接渠道(如组织学习、供应链集成等)	美的空调事业部 互联网电商用户
成本结构 物联网技术资源成本 物联网运用运营成本			收入来源 降低客服服务成本 增加空调销售收入	

图 7-3 美的物联网智能空调的商业模式画布

(3) 渠道通路。美的物联网智能空调向目标顾客传递价值主张的渠道有两种。一种为直接渠道,即直接借助物联网智能空调向美的空调事业部传递服务流程自动化的价值主张;另一种为间接渠道,即物联网智能空调促进了"海量"信息的获取、集成和分析,进而促进了组织学习和供应链集成,为目标顾客传递了价值主张。

(4) 顾客关系。在美的物联网智能空调的商业模式运作中,合作创造和自动服务这两类关系至关重要。

(5) 收入来源。美的空调事业部从降低成本和促进销售两个方面获取物联网智能空调产生的收入。在促进销售方面,主要通过物联网智能空调为市场提供了新颖的顾客体验,从而增加美的空调事业部的产品销售收入。

(6) 关键资源。美的物联网智能空调的系统架构构成了美的物联网智能空调商业模式有效运作的重要资产,包括搭载物联功能的空调、M-Box、路由器、云服务平台、APP 软件、移动终端(如手机)等。

(7) 关键活动。美的物联网智能空调商业模式有效运作需要开展以下活动:部署物联网硬件与软件,形成完整的、统一的通信标准,实现物联网智能空调在业务流程和运营体系中的无缝接入和统一控制;实现用户与美的之间的互联互通、联动控制和数据共享,在此基础上打造智能化大数据系统,实现美的物联网、研发、生产、销售与售后等信息化系统的数据和资源共享以及数据集中运营,构建开放平台,提供增值服务,促进传统产业模式和运营模式的变革。

(8) 关键伙伴。阿里云平台和天猫电器城是美的物联网智能空调商业模式有效运作的重要外部伙伴。

(9) 成本结构。物联网技术资源成本与物联网应用运维成本是美的物联网智能空调商业模式有效运作的重要支出。

资料来源:根据胡保亮所著《基于画布模型的物联网商业模式构成要素研究》整理而成。

第三节 商业模式的创新

有学者指出:"中国大量出口到国外的产品,出口价为 1 元人民币,到美国零售就卖成 1 美元,到欧洲就卖成 1 欧元,把货币一换就可以上架销售了。中国企业只赚取了最为微薄的甚至可以忽略不计的利润,主要利润都被国外企业拿走了,污染还留在了中国。为什么国外企业能拿到 10 倍于我们的利润呢? 其实就是充分发挥了商业模式的力量。"造成这种现象的原因实际上是非常复杂的,但中国企业的商业模式落后是其中重要的一方面。全球无数次经济危机带来的启示是:每一次危机都会带我们进入一个重新洗牌的时代,中国企业的"低成本时代"正在走向终结,并将不可逆转地参与到"商业模式"的竞争中,否则企业将无法做强走远。"双创"是我国未来数十年经济社会发展的主旋律之一,商业模式创新是其高端形态,也是改变产业竞争格局的重要力量。处在中国经济"转型升级"的大背景下,对于中国企业来说,"转型升级"中效果最明显、最有价值的就是进行商业模式的创新。

目前,有关企业商业模式的研究,在国内外都是一个热点问题。国外有研究数据表明,逾 60% 的成功的企业创新都是商业模式的创新。且从国外研究成果来看,对商业模式的研究已具有一定的深度,从早期有关商业模式概念、要素、分类等的研究逐渐转向商业模式创新的研究。

实践证明,商业模式可以复制,但也需要调适;商业模式可以组合嫁接,但也需要重新定位;商业模式可以模仿,但更需要打破。

一、商业模式创新的动因

任何一种经济活动都是行为主体在一定的驱动力下进行的,企业的商业模式创新也不例外。王鑫鑫和王宗军(2009)综合了学者们的各种观点,将企业进行商业模式创新的动因具体归结为技术推动、需求拉动、竞争压力、高管支持和系统作用五个方面。

(一) 技术推动

由于商业模式这一概念是随着网络经济的兴起而被广泛传播和接受的,而早期对商业模式创新的关注也更多是集中在新兴的互联网企业。因此,Timmers(1998)、Amit 和 Zott(2001)等早期研究者认为,以互联网技术为代表的新技术是商业模式创新的主要动力。此外,Willemstein、Valk 和 Meeus(2007)的研究也证实了企业内部技术的提升是推动生物制药企业商业模式创新的动力之一。由此可见,技术环境的变化推动商业模式的创新在多个领域得到了证实。当然,在商业模式创新的过程中,还需要关注基础技术(能被大多数行业采用的技术)和专业技术(只能在某个行业内部应用的技术)对其的不同推动作用。

（二）需求拉动

随着商业模式创新研究从互联网行业扩展到更多的领域，人们发现有些商业模式的创新根本就没有利用新的技术，而只是提供了能满足客户需求的新产品或服务。德勤咨询公司2002年对15家企业商业模式创新进行的研究结果表明，推动商业模式创新的主要动力并不仅仅来源于技术的推动、法规和社会经济变化，还来自企业未来满足消费者长期拥有但被忽视或未得到满足的需求而进行的努力。比如：美国西南航空提供的廉价短途航空旅行服务；星巴克提供的消费者可承受的奢侈和能够放松、交谈及参与的聚会场所。

（三）竞争压力

市场竞争与经营危机压力是迫使企业寻求创新机会的一个重要动力，也是逼迫企业实施商业模式创新的重要驱动因素。技术和经营方式的变化会给企业带来压力，当这种压力累积到一定程度或达到临界点时，企业就会产生商业模式创新的需要。IBM公司对世界范围内765个CEO或公司高管进行了调查，结果发现，大约40%的高管担心竞争对手的商业模式创新有可能从根本上改变行业前景。因此，他们希望自己的公司能够参与和掌控这种创新。

（四）高管支持

商业模式创新涉及企业经营的方方面面，因此必须在企业高管的支持下才能实现。调查发现，大多数企业高管把他们30%左右的创新努力放在了商业模式创新上，有些甚至把商业模式创新放在传统创新之前。不过，高管支持下的商业模式创新存在主动创新和被动创新的差别，这必然会影响到创新的效果。

（五）系统作用

事实上，单种动力无法完全解释企业实施商业模式创新的动机，也就是说，商业模式创新不单单是宏观经济的变化决定的，或是技术环境的变化推动的，也不仅仅因人员的变化加快的，或因商业文化的变化要求的。所以，一些学者试图系统地解释不同创新动力的作用方式。随着行业内竞争的加剧和现有客户需求的变换，企业现有商业模式的价值趋于减小，从而要求运用新技术或利用外部环境变化带来的机会去实施创造价值的新策略，其结果就是商业模式创新。这样的视角不仅能较好地说明企业商业模式创新是受多种因素影响的结果，而且更符合实际。

总的来看，上述这些动因分析的观点，对于企业识别商业模式创新因素有积极的作用。当然，企业在商业模式创新中除了强调引起创新的外部因素外，也不能忽视了企业产生创新行为的内在动力。

二、商业模式创新的途径

商业模式创新是当今企业获得核心竞争力的关键。沃尔玛、亚马逊、ZARA、阿里巴巴、国美、如家等企业都是因为它们独特而具有竞争力的商业模式而异军突起,在各自竞争激烈的行业成为领袖。而企业实施商业模式创新的目的是为企业、股东、客户和合作伙伴创造更多的价值。虽然商业模式创新很重要,但挑战也非常大。不仅因为商业模式是无形的,而且它的创新实际上是一种高层次的企业创新行为,它包括了企业从内部到外部的各种资源、制度、行为方式的整合,涉及企业运作的方方面面。

按照 IBM 商业研究所和哈佛商学院克利斯坦森教授的观点,商业模式包含四部分:用户价值定义、利润公式、产业定位和核心资源与流程。而实施商业模式创新的途径就是围绕上述四方面进行变革。

(一) 重新定义顾客需求

由于顾客的需求时刻发生着变化,企业必须洞悉顾客需求的变化趋势,才能在竞争中取胜。重新定义顾客需求意味着企业需要对产品和服务所在的细分市场的目标顾客进行需求的不断确认。这种确认是动态而非静态的,关键是要弄清楚顾客最想要什么,顾客会喜欢什么产品,如何才能更好地实现顾客的愿望。顾客需求是不断变化的,这给所有参与经营的企业提供了均等的机会,无论是行业领导者还是后进入者,谁能够及早发现顾客的潜在需求,谁就可以在重新定义顾客需求上获得先机,成为这个细分市场新的领跑者。

(二) 重新定义产品/服务

重新定义产品/服务的特点是基于企业为满足顾客需求而提供的产品或服务方面的创新,并由此出发来进行整个商业模式的创新设计。知识经济使产品的外延与内涵发生了巨大的变化,不仅农产品、工业品成为商品,知识、服务、信息及技术都成为商品。因此,对产品和服务重新定义的方式是一种常见的商业模式创新方式。重新定义意味着那个新的产品和服务对现有的细分市场中的产品和服务进行替代,是对产品功能、结构和形态的创新,而不仅仅是产品和服务形式或款式的改变。

(三) 重新定义顾客接触方式

顾客接触方式涉及顾客界面的设计和选择。它包括两个方面:一是企业的产品和服务是如何送达顾客的;二是企业与顾客之间如何进行信息的传递和沟通。在这两个方面,企业与顾客都以不同的方式进行各种接触。沟通是为了让企业和顾客相互了解;沟通越直接、越频繁,企业也就越能满足顾客的需求,而顾客也就能获得更好的服务。但是,频繁的沟通是以昂贵的沟通成本为代价。因此,顾客接触方式选择和创新的目标就是基于在不断提高与顾客接触效果的同时达到合理控制成本的目的。

(四) 重新定义供应链组织方式

供应链组织方式关系到企业如何实现向顾客提供的价值。在传统的供应商组织方式中,企业与其供应商之间是一种互为成本的竞争关系。在经济全球化的环境下,企业的成功不再依赖传统的资源集合的程度,更多是依赖企业积累和使用的知识为产品或服务的增值。这种模式创新强调企业在核心业务上集中更多的战略资源的同时,能通过整合其他企业的资源来构建新的供应链组织方式,从而弥补自身的不足,使自身更具竞争力。

(五)扩大以顾客价值为中心的网络协同效应

商业模式是企业在一定的价值链或价值网络中如何向客户提供产品和服务并获取利润的价值创造逻辑。所以,这种模式的创新是围绕顾客价值的实现方式和价值内容而进行的,企业可以通过价值创新的各种手段,向顾客提供比竞争对手更大的价值,从而获得竞争优势。为此,企业就需要以顾客价值为中心,通过在更大范围内与其他企业之间构成的某种价值网络所产生的协同效应来创新其商业模式。

商业模式创新的出发点,是如何从根本上为客户创造价值。对于新创企业,因为实力的原因,从一开始就要努力把握全新的市场机会,对比参考国内外的既有模式发掘细分市场,并利用好互联网与传统行业结合所诞生出来的新市场,设计出与自身资源结合的优秀模式。

案例 7-3

《中国好声音》的商业模式创新选择

2012年,有一档电视节目红遍大江南北,那就是《中国好声音》。《中国好声音》不仅将浙江卫视推到了一个前所未有的高度,同时也为其带来了3亿元的广告收入。它的成功,给我们呈现了中国文化产业商业模式的创新。作为一个成功的案例,它在客户定位、资源整合、盈利方式等几个方面都有深刻的体现。

商业模式创新一:卓越品级

《中国好声音》节目之所以取得巨大的成功,与其卓越的团队密切相关。在节目的制作上,各方面的团队都可以说是最专业和顶尖的。节目组的四位导师都是著名的音乐人,音响设计师曾经负责北京奥运会开幕式,录音师是专门为王菲录制音乐专辑的人才,节目的视觉效果和舞美效果也是世界一流水平。此外,场内共设置26个机位,要拍摄近1 000小时的素材才能完成每集不到90分钟的节目,录制的平均时长多达12小时。

商业模式创新二:客户定位

浙江卫视的《中国好声音》的观众定位是20岁到50岁的人群,他们很反感"拜金、富二代、炒作"等标签。而导师背对候选人,不看长相,不看家庭背景,只听声音,这无形之中就弘扬了一种公平原则,以实力说话,更给社会注入一些真善美的正能量,影响着无数"80后""90后"乃至整个社会,告诫人们成功没有捷径可走,只有通过个人的努力、激情和超群的实力去实现。所以,从这个意义上来说,浙江卫视抓住了大部分观众的心理,也体现了当今社会大多数人内心的价值需求。

商业模式创新三:导师与节目"捆绑式"合作

与以往明星做节目按照场次计算报酬的方式不同,《中国好声音》四位导师采取的是"技术入股,彩铃分红"的收入模式。导师与节目采取"紧密捆绑式"合作,以他们在节目中的参与作为投资,共同投资、共担风险、均分收益。与此同时,制作方还与中国移动进行了很好的合作,通过一些后期的开发来赚取长远的收益。如把学员的现场演唱制作成MP3甚至彩铃,供广大用户下载,这也是学员收入的来源之一。

商业模式创新四：制播分离

对于一种经营模式来说,资源和能力非常重要。一方面,《中国好声音》采取了制播分离的合作模式;另一方面,又突破了传统电视平台和节目制作公司之间"你制作我播出"的简单合作模式,而是采用了一种"紧密捆绑式的合作关系"：在前期投资上,灿星制作公司与浙江卫视共同购买版权;在运作过程中,灿星制作公司支付前期制作费用,而浙江卫视负责审批、投入,包括转播、剪辑和户外广告成本等。

商业模式创新五：深挖产业链,延长节目生命力

除了传统的广告收入分成、征收版权费之外,《中国好声音》的电视台和制作方还深挖产业链,囊括选手的签约及签约后的商业演出等项目。通过选手们一系列的商业演出、演唱会、彩铃下载等活动,选手们的明星效应不但得以增强,《中国好声音》也建立了它的持续赢利的长效机制。

资料来源：王关义,刘希.中国文化创意产业商业模式创新的路径选择[J].首都经济贸易大学学报,2014,16(03)：53-56.

【核心概念】

商业模式　核心战略　战略资源　伙伴网络　顾客界面　商业模式画布　商业模式创新

【本章小结】

商业模式是一种包含了一系列要素及其关系的概念性工具,用以阐明某个特定实体的商业逻辑。商业模式是企业针对在知识经济条件下技术的进步、市场需求的竞争压力,寻求能够使企业生存、发展的新途径。为了解决如何竞争、如何运用资源、如何构架关系、如何接触顾客和创造价值,并在基本利润基础上来支撑自身发展等问题,创业企业必须构建起创业过程中系统化的、可重复、互强化的赚钱关键环节和逻辑,形成自身的商业模式。为此,本章首先阐释了商业模式的内涵、作用,以及商业模式的构成要素：核心战略、战略资源、伙伴网络、顾客界面。然后概括了商业模式设计的步骤、原则和方法,重点介绍了一种被广泛采用的商业模式设计工具——"商业模式画布"。它包括九个相互关联、逻辑紧密的创业要素,即客户细分、价值主张、渠道通路、客户关系、收入来源、核心资源、关键业务、重要合作和成本结构。商业模式具有完整性、一致性、清晰性、层次性、高效性和可沟通性等特点。

随着中国企业低成本优势的锐减,其新的竞争优势将来源于商业模式的选择及创新。而商业模式创新的动因及途径等问题将成为国内外企业重点关注的方向。一般来说,商业模式创新的动因包括：技术推动、需求拉动、竞争压力、高管支持和系统作用,而创新的途径有:重新定义顾客需求、重新定义产品/服务、重新定义顾客接触方式、重新定义供应链组织方式、以顾客价值为中心的网络协同模式创新等。

【认知与训练】

小组任务:"团队项目的商业模式设计"。具体要求如下:

(1)运用商业模式画布分析和设计本项目团队的商业模式,并完整地体现在项目商业模式画布上,然后进行公开展示。

(2)根据展示中所收到的建议,对本项目团队的商业模式进行迭代,并再次完成项目商业模式画布。

【探究与拓展】

个人任务:"比中学"。具体要求如下:

请找3~5家企业,运用商业模式画布对它们的商业模式进行比较分析,并把您归纳总结的观点与同伴分享。

【课后阅读案例】

ZARA商业模式的创新

ZARA创始于1975年,是西班牙著名品牌,是世界四大时装连锁机构之一。ZARA是全球唯一的一家能够在15天内将生产好的服装配送到全球850多个店的时装公司。ZARA公司独特的供应链管理,使其成为全球服装行业中,在响应速度与弹性管理上的标杆企业。ZARA公司坚持自己拥有和运营几乎所有的连锁店网络的原则,投入大量资金建设自己的工厂和物流体系,以便于"五个手指抓住客户需求,另外五个手指掌控生产",快速响应市场需求,为顾客提供"买得起的快速时装"。

ZARA品牌之道可以说是时尚服饰业界的一个另类,在传统的顶级服饰品牌和大众服饰中间独辟蹊径开创了快速时尚模式。有人称之为"时装行业中的戴尔电脑",也有人评价其为"时装行业的斯沃琪手表"。

ZARA能在竞争激烈的时装行业崛起并创业成功,主要是因为它在考虑消费者需求、思考行业现有缺陷的基础上,发现机会,创新商业模式。

创新之一:锁定个性化消费需求

ZARA的成功最重要的在于它把握了个性化消费的潮流。在传统行业里,大规模生产的同质化产品只能依靠廉价来吸引消费者,以赚取微薄的利润,但没考虑到消费者对于满足自己个性化的产品是愿意付高价的,而这正是ZARA瞄准的客户对象。

创新之二：提供"与众不同""独一无二"的产品价值

"品种少,批量大"是传统制造业的天条。而 ZARA 以其"款多量小",创造了长尾市场的新样板。它有意识地在自己的产品中"制造短缺"。虽然一年中它大约推出 12 000 种时装,但每一款的量却并不大。即使是畅销款式,ZARA 也只供有限的数量,常常在一家专卖店中一个款式只有两件,卖完了也不补货。随着每周两次补充新货物,公司使顾客养成经常来逛的习惯。如同邮票的限量发行提升了集邮品的价值,ZARA 通过暂时断货的方式,满足了人们"与众不同""独一无二"的个性化需求,培养了一大批忠实的追随者。

创新之三：通过全程控制供应链,创造快速时尚的稀缺价值

ZARA 商业模式的成功得益于公司出色的服装行业的全程供应链管理,以及支撑供应链快速反应的 IT 系统应用。ZARA 公司采取"快速、少量、多款"的品牌管理模式,在保持与时尚同步的同时,通过组合开发新款式,快速的推出新产品,而且人为地造成"缺货",以实现快速设计、快速生产、快速出售、快速更新,专卖店商品每周更新两次的目标。

ZARA 有 400 多名设计师,他们经常出没于米兰、巴黎这些时尚中心举办的各种时装发布会,或者出入于各种时尚场合,观察和归纳最新的设计理念和时尚动向,以保证 ZARA 紧跟时尚潮流。

ZARA 有出色的全程供应链管理。从设计到生产,再到把新款衣服送到全球各地的专卖店,只需短短的 15 天时间。ZARA 不借助外部合作伙伴进行设计、仓储、分销和物流,而是自己全包全揽,保持整个供应链在完全掌控中。供应链管理还能对原材料和产品在流动过程中的每一个环节进行实时的追踪,最终目的就是在最终客户与设计、采购、生产和分销等上游运行环节之间实现尽可能快速和直接的沟通。ZARA 的灵敏供应链系统,大大提高了 ZARA 的前导时间。前导时间是从设计到把成衣摆在柜台上出售的时间。中国服装业一般为 6~9 个月,国际名牌一般可到 120 天,而 ZARA 最厉害时最短只有 7 天,一般为 12 天。

创新之四：重金打造信息系统

ZARA 很多单店信息化的软硬件投资都在 10 万美元以上,这在零售连锁业的单店信息化投入方面是相当昂贵的。

在 ZARA 调控中心的大办公区里,20 多名工作人员坐在电话机旁,使用包括法语、英语、德语、阿拉伯语、日语和西班牙语在内的不同语言,收集来自世界各地的客户信息。通过他们的工作,时尚情报信息每天源源不断地从世界各个角落流入 ZARA 总部办公室的数据库。ZARA 的主要信息来源是设计师和全球 800 多家门店。为方便每位专卖店经理即时向总部汇报最新的销售信息和时尚信息,ZARA 专门为每位店长配备了特制的手提数据传输设备——PDA,店长通过 PDA 发出订单,在总部不缺货的情况下,从订单开始网上发送直到货物送达门店,最快只用 3 天时间。就设计团队来说,他们会不断根据顾客的反应调整颜色、剪裁等,而这种顾客反映的信息便来自 POS 系统所显示的销售业绩和门店经理的信息反馈。2008 年,ZARA 的西班牙门店内又增添了一件信息反馈的"利器"——由美国一家图像公司发明的社会零售系统,它将被应用在试衣镜上,当顾客穿着这件衣服站到试衣镜前试穿的时候,镜子上就可以显示出衣服的品牌、面料、可选颜色以及可搭配的其他服饰等信息,顾客可以直接将视频发到朋友的手机上,听听朋友们的高

见,当然这种顾客信息对于 ZARA 来说也是十分宝贵的。

资料来源:傅博.解析服装巨头 ZARA 商业模式创新[N/OL].中国服饰报,2008,9(22).

讨论题:

1. 请运用商业画布或商业模式构成要素对 ZARA 的商业模式进行分析。
2. ZARA 对时装行业商业模式所进行的创新带给您哪些启发?

第八章　创业计划

【学习目标】

1. 了解创业计划的概念和功能。
2. 理解和掌握创业计划书的主要内容。
3. 了解创业计划书的编制方法。
4. 掌握创业计划的撰写及路演。

引导案例

小老板的企业战略雏形

美国知名企业杂志《公司》曾经对100家发展较快的企业的创业者进行调查,调查结果显示,最初,创业者在企业战略规划方面所耗费的精力很少,只有三成创业者制定了较为全面的计划,而近四成创业者根本没有想到发展战略这回事,其他的也对发展战略不太上心。之后的企业存亡结果显示,那些在初始阶段就有一定战略目标的公司,生存发展起来的几率要远远高于忽略战略的公司。小企业的成功其实正是因为当初创业者的某种理性而正确的战略,只是它没有被意识到这其实就是战略,所以它被自动无视了。

泡泡网的创始人李想,在创立汽车之家网站的时候,有人问他:"新浪、搜狐这些大型门户网站也有与泡泡网类似的垂直频道,你要如何与他们竞争?你的创业计划是什么?"他回答道:"我没有上过大学,但热衷于研究汽车。虽然我是以一个外行人的身份来做汽车网站的,但看汽车网站的有99%都是外行人。我最大的优势在于我是一个电脑外行,但对于中国几亿名草根网民的需求有深切的了解。汽车网站有一定的技术门槛,可以避免竞争者泛滥。中国有数亿人拥有汽车,我们有巨大的用户群。我们有良好的执行力,有迅速做大的'病毒'营销方式。大型门户网站周末休息,而我们的网站周末继续上班。因为看车的人大多都是在周末才有时间比价,查看最新信息。"如今,汽车之家已经成为全球最大的独立汽车网站。也正是他这样的回答,让投资方投了100万元。

上面的例子告诉我们,创业者有明确的创业计划,知道自己在做什么,并且想的和别人不一样,这才有机会。创业计划是创业者把握事业方向的风向标,创业者可以在制定计划的过程中评估任何可能出现的状况。对于并非独资而想要筹集资金的创业者来说,创业计划的说服作用尤其明显。合伙人或投资方要看创业者提出的创业方案是否可行,只有白纸黑字、有理有据的计划和分析才能让人心甘情愿地掏腰包。即便是从自己的亲友处募集资金,或者是自己独资,一份条理分明的计划书也会让你的事业发展事半功倍。

在创业计划内,所有的项目分析都必须建立在真实、有效的调查基础之上,不能凭借自己的预估和想象来作主观判断。根据创业计划书的分析,明确创业目标,将大目标分解成各个阶段的小目标,同时列出不同时期的详细工作步骤与内容。

制定创业计划是一件很严谨的事,必须有理有据不要加入个人想象。要知道,想象虽然很美好,但往往是靠不住的。要想做好,就一定要基于数据和调查,扩充自己的行业知识,这样才能自己走在行业前端。

资料来源:李治仪.创业计划:小老板的企业战略雏形[J].现代企业教育,2013,(11):28-29.

讨论题:
1. 您对创业计划书的认识是什么?
2. 您认为应由谁来准备创业计划书?谁会来读创业计划书?如何评价创业计划书?

在创业的早期阶段,创业者缺少的往往不是激情,而是对创意的理性分析及创业行动的计划性。对于还处在创意阶段的项目来说,如何知道市场是否需要它,而它又能够转变成一项真正的事业,这些问题都是创业者亟待明确的。所以,创业计划在新企业起步阶段就显得尤为重要。李想的创业经历告诉我们,通过制定创业计划书,他对企业的发展目标有了更为清晰的认识。从很多创业案例中也可以看到,一份有吸引力的创业计划书,使新创企业在筹措资金、吸引投资者方面有了更多的优势。

一般来说,创业计划的一个重要组成部分是对新创企业的核心产品或是技术作详细的阐述,对产品采用的赢利模式和市场前景做大致的规划,创业计划同时要介绍创业团队的组成,创业资源的整合问题,为吸引外部资金提供必要的书面材料;创业计划的另一个重要组成部分是关于新创企业的发展战略,企业在未来发展中可能遇到的问题以及应对方案。

第一节　创业计划概述

成功的创业计划是创业的良好开端。通过创业计划的开发,创业团队开始正式面对组织创建中的诸多问题,透过商业计划,创业者可对整个创业活动做出理性的分析和定位。

一、创业计划的内涵及特点

(一)对计划的基本认识

《礼记·中庸》指出,凡事预则立,不预则废。事实证明,任何类型组织的起步和发展,都离不开计划的指导。正所谓"未雨绸缪",计划指的就是对组织未来一段时间内的目标及实现目标的途径的策划与安排。也就是说,不论企业处在哪个成长阶段,对计划都会有相应的要求。在企业初创阶段,创业者要准备一份初步的创业计划,以便于创业者对新企业的目标市场、产品或服务、管理团队和财务需求等都有一个较好的认识。当然,随着新企业的逐步发展壮大,计划也将是企业明确短期或长期目标的一个重要手段。所以,计划有长期和短期之分;可以是战略层面的计划,也可以是战术层面的计划。战术层面的计划因侧重于执行与操作性,又分为生产计划、营销计划、财务计划、人力资源计划等。尽管不同类型计划对于企业运行的作用有一定的差别,但它们的共同目的就是让企业对商业活动的各种内外因素有系统的认识,通过及时整合资源和优化结构,在复杂多变的市场环境中把握机会和规避风险。

(二)创业计划的内涵

广义而言,创业计划是企业针对某一特定时期的商业活动而制定的计划性文件,又称作商务计划,主要是从企业的制度、资源、管理和人员,以及产品、市场等各方面进行较为详细的分析和筹划。狭义地来看,创业计划指的是创业的创业计划,又被称为"创业计划书"。通常,它是由创业者准备的一份书面文件,是创业活动的重要组成部分。它描述了与创业活动相关的所有外部条件及内部要素,是对创业活动中的营销、运作、人力资源、财务、创业团队等进行详尽筹划后的系统描述。大多数创业企业的创业计划主要聚焦在未来1年内的计划,同时关注未来1~3年的计划,但较少有超过5年的创业计划。创业企业的创业计划强调对创业企业目标和战略的有效整合与协调;既重视短期的决策,也关注长期的决策。

那么,对于如此重要的一份报告性文件,创业者准备它的时候应该考虑哪些问题呢?概括而言,一是明确目标——创业企业要走向何方?二是搞清现状——创业企业身处什么样的环境?三是实施策略——创业企业如何让新事业获得成功?这就要求创业者首先要收集对新创企业启动和推进的相关外部信息,包括:政府新的法规、政策和制度,市场竞争及供应商等的状况,社会及消费者需求等的变化,以及技术进步的情况。其次,还要求创业者对新企业的生产运营、销售、人员和相关资源等有一定的掌控能力。基于这两个方面,创业者才可能提出外部机会与内部能力相匹配的创业实施策略,也才能保证策略的可行性。创业计划的可能读者包括投资者、银行家、风险资本家、供应商、顾客、雇员等,本章中将创业计划的读者设定为投资者。

总之,创业计划是一种实用的战略思考与筹划工具,能够帮助创业者或投资者在一个充满不确定性的商业环境中建立起长远眼光,能够适应现今商业环境中的各种变化而做出前瞻性的商业决策。所以,它是开发创意、引导未来商业方向的孵化机;是创业者明确创业方向、把握创业活动节奏和进程的路线图;是汇集创新精神、凝聚团队力量的磁铁;是吸引创业活动所需资财的商业通用语言;是顾客满足需求的手册和指南。

(三)创业计划的特点

1. 开拓性

创业最鲜明的特点就是创新。一般而言,创新不仅要求提出的是新项目、新技术、新材料、新的营销模式和新的运作思路,更重要的是把新的资源要素整合起来,通过一种开拓性的商业模式变成现实。

2. 客观性

创业者提出的创业设想和商业模式,是建立在大量的、充分的市场调研和客观分析的基础上的,不是拍脑袋想出来的,具有实战性和可操作性的基础。

3. 逻辑性

创业计划要把严密的商业逻辑融汇在创业实践过程中。通过有效的市场开发和生产安排、组织运作,通过设计好的商业模式,把预想的整体目标变成切实可行的商业利润。

4. 可操作性

创业计划中的商业模式不仅要能够运作,而且是必须能进行实战。只有在实战中,企业预测的价值才能够实现。美国某著名风险投资家曾说过:"风险企业邀人投资或加盟,就像向离过婚的女人求婚,而不像和女孩子初恋,双方各有打算,仅靠空口许诺是无济于事的。"

5. 增值性

创业计划具有鲜明的商业增值性,具体表现在:一是创业计划必须有明确创收点来体现创业项目的高回报性;二是创业计划要用经过测算的有说服力的数据论证创业项目,而这个证据链条不是由概念和推理的逻辑思维组成的;三是创业计划体现的是明确的商业逻辑和系统思维,应该有能让投资人清晰明了地看到其投资后的商业价值的投资分析、回报分析等。

专栏 8-1

创业计划书的"6C"规范

概念(concept)——说清楚你的技术方案(或商业模式)是什么?

顾客(customers)——明确你的市场在哪?客户是谁?他们要什么?

竞争者(competitors)——识别你的竞争对手是谁?如何赢得竞争优势?

能力(capabilities)——知道项目的成功需要哪些关键能力(技术、营销、财务、管理、人力资源)或因素?你如何保证这些能力?

资本(capital)——需要多少资金?从哪里来?回报如何?

可持续经营(continuation)——你将来的前景和展望如何?如何持续发展?

资料来源:青年创业网(http://www.qncye.com)。

二、创业计划的功能

对于新创企业内部或是外部的利益相关者来说,创业计划也是一种明确而有效的沟通方式;对于新创企业本身,创业计划可用于获取必要的资源,获得企业发展急需的资金,赢得政府相关部门的支持等。通过创业计划的开发,创业者对自身的优势和劣势,企业的战略发展定位有更清晰的审视,对企业未来的发展大有裨益。具体来说,创业计划有以下几个方面的作用。

（一）明晰创业方向和商业目的

创业计划是创业者事业的蓝图,是在新事业开始前,从人财物、市场、运营等各方面对企业进行检查,提炼商业机会和战略思路的一项系统性的活动,让创业者尽量先在纸面上"犯错",从而减少在现实中犯错的机会,降低创业成本。所以,创业计划对创业实践有非常重要的指导作用。有了明确的创业计划,创业者才不至于迷失创业方向。

（二）构建创业团队和运行框架

现代社会,仅靠创业者个人的奋斗越来越难获得创业的成功。常言道:"一个篱笆三个桩,一个好汉三个帮。"所以,创业需要团队的共同努力。一般来说,创业团队的创建是在创业计划撰写之前,创业团队本身就是创业计划的重点内容之一。然而,有效的创业计划对聚集潜在的创业核心成员起着"诱饵"的作用。此外,有了创业计划所构建的创业运行架构为支撑,创业活动的开展就有了坚实的基础和沟通协调的"工作语言"。

（三）吸引创业资源和政府支持

客观上,创业者不可能拥有特定创业活动所需的所有资源,大量的创业活动离不开新股东、有志之士等各类人才以及政府的支持。所以,为了获取他人掌握的资源,或争取他人的资源支持或投入,创业者就必须借助人际沟通和完整的创业计划文件,让他人了解、信服自己的创业思路。而创业计划正起着这种聚资的作用,是一座架在资源的供给者与创业者之间桥梁。

（四）制定动态策略和整合措施

制定创业计划的创业者总是将整体思考与随机思路不断连贯起来,而且随着时间的演进,创业计划将成为创业者进行创业实际表现和业绩评价的一个工具,成为后续计划和未来运营的一个基础。同时,通过编制创业计划,可以将创业过程中分散的各种资源有序地整合在一起,形成适宜的创业要素组合,产生最大的社会效应和经济效益。

事实上,创业计划的形式多种多样,比如:有吸引风险投资的创业计划;有争取他人合伙的创业计划;有获得政府支持的创业计划等,它们之间除了目标不同外,在创业计划书内容上、长短上也各有差异。怎样编制创业计划则主要依赖于企业的创业阶段、预想的投资类型等,即根据企业的具体情况设计创业计划。但总的讲,创业计划应当贯穿一个切实可行的理念,以及实现这一理念的方法。因此,创业计划应该语言清晰、结构紧凑、逻辑严密、内容充实,向创业相关者展示良好的商业机会,能够引起读者的共鸣。

第二节 创业计划的主要内容

在此,本书将不再细分创业计划的具体用途,主要从整体上对创业计划的内容进行相应的介绍和比较全面的阐述。通常,创业计划必须以提出一个具有市场前景的产品或服务为前提,并围绕该产品或服务编制一份完整、具体、深入的计划,其中,要描述公司的创业机会,并提出行动建议。创业计划涉及的内容极其宽泛,主要包括封面、目录、执行摘要、企业概述、产品与服务、市场分析与营销计划、生产计划、管理团队与组织、财务计划、风险评估、附录等内容。

一、封面

封面主要是对创业计划的全部内容作一个总体的概括,一般包括:企业的名称和地址;创业者的姓名、电话、传真、电子邮件等联系方式;用一段话简练地描述新企业及其业务的性质;新企业所需资金的数量及可采用的融资方式;保密承诺等。在具体撰写时,可根据实际情况进行调整,可将保密承诺设计成扉页。

案例 8-1

创业计划"封面"示例

大连×××生物技术有限公司
大连市中山区独立街××号××大厦×座××××室
116001
0411-×××××××;0411-191-648××××
www.××××.com
jx-bba@××.net

负责人: ××

职　务: ××××

公司描述:

　　大连×××生物技术有限公司属技术开发导向型企业,主要致力于生物菌剂、生物农药、生物有机肥和生物水质净化剂等产品的研制、开发、技术转让、联合生产销售。公司致力于科研开发、技术创新能力,科研的产业化,从而实现创造生态文明的宗旨。

资金:

　　目前公司总资产300万元,流动资金60万元,有资金缺口100万元需要进行融资,主要用于扩大生产能力的设备投入、扩大营销队伍、建立×××生物技术发展中心、扩大示范点面积等。融资方式为权益融资。公司同意新股东在两年以后进行股权转让,也可由公司回购股权。

保密须知:

　　本创业计划书属商业机密,所有权属于大连×××生物技术有限公司。其所涉及的内容和资料只限于已签署投资意向的投资者使用。收到本计划书后,收件人应即刻确认,并遵守的规定:① 收件人若不希望涉足本计划书所述项目,请按上述地址尽快将本计划书完整退回;② 在大连×××生物技术有限公司的书面同意前,收件人将本计划书予以复制、传递给他人,或影印、泄露或散布给他人;③ 应该像对待贵公司的机密资料一样的对待本计划书的所有机密资料。

本创业计划书不可用作销售报价使用,也不可用作购买时的报价使用。

创业计划编号:

项目经理签字:

接受日期:

资料来源:http://syjhs.askci.com/2011-10/28/113841110607719.shtml.中商情报网.2011-10-28.本章以下案例资料除专门注明外,均来自此网站。

二、目录

任何创业计划都应提供目录清单。它只需显示每个部分的大标题和子标题,而不必显示创业计划每部分开始的具体页码和详细的小标题。这将便于创业者对创业计划相关内容进行增减。

三、执行摘要

创业计划的执行摘要,是整个创业项目的结构图,它浓缩了整个计划的精华,反映了计划的全貌,是创业计划的核心所在。

(一)执行摘要应阐述的内容

通过摘要,首先能使投资者马上理解创业计划的基本观点,快速掌握创业计划的重点,然后做出是否愿意花时间继续读下去的决定。

在创业计划的摘要中,首先,要说明创办企业的思路,新思想的形成过程以及企业的目标和发展战略;其次,要介绍企业现状、过去的背景和企业的经营范围;最后,还要介绍创业者自己的背景、经历、经验和特长等。具体来说,创业计划的摘要应重点阐述的内容包括以下几个方面。

(1)创业企业所处的行业,企业经营的性质和范围,创业者清楚地知道进入市场的最佳时机,知道如何进入市场。

(2)企业主要产品的内容。

(3)创业企业的市场在哪里,谁是企业的顾客,他们有哪些需求,即创业企业在产品、服务或技术等方面具有竞争对手所没有的独特性。

(4)企业的合伙人、投资人是谁,阐明创业企业团队是一个坚强有力的领导班子和执行队伍。

(5)创业企业的竞争对手是谁,竞争对手企业的发展情况对自身企业经营的影响程度。

(二)撰写执行摘要的注意事项

在撰写摘要时,需要对以下的事项加以注意。

（1）最后概括创业计划的摘要部分。在完成对整个创业计划主体的撰写后,再反复阅读主体部分,从中提炼出整个计划的精华,最后再进行摘要的撰写。

（2）创业计划的摘要部分要有针对性。一般来说,不同读者的兴趣和背景是不同的,他们看创业计划的侧重点也各不相同。所以,要先对读者做一番调查研究,在摘要部分突出他们最感兴趣的方面。

（3）摘要应该开门见山,吸引眼球,抓住计划的要害;还应该简明扼要,条理清晰,篇幅不宜太长,应该在两页纸内完成。

案例8-2

创业计划"执行摘要"示例

大连×××生物技术有限公司属于技术开发导向型企业,主要致力于生物菌剂、生物农药、生物有机肥和生物水质净化剂等产品的研制、开发、技术转让、联合生产销售。公司致力于充分发挥科研开发、技术创新能力,不断推进科研成果的产业化,从而实现创造生态文明的宗旨。公司目前的主要产品是生物水质净化剂和×××系列生物肥,都是以高科技为基础的、符合绿色生态的生物产品。

公司拥有一批团结、务实、高效、具有很强开拓精神的领导集体,他们在对科技的理解和把握上,在市场开发、公司管理上,在产品研发、经营销售、公共关系等方面具有高超的知识和丰富的经验,他们的坚强领导确保了公司的长远发展。

×××系列生物肥是公司成立后首先完成中试、形成生产规模的、获国家发明专利的产品。该产品共计投入研制费用120万元,现已实现了产业化,每年可实现"原菌液"产值500万元,利润250万元。目前可满足10家以上大型肥料生产厂的生产需要,生产×××生物肥100万吨以上。公司采用联合生产的合作方式,即公司提供原菌液、专用肥配方、成套设备清单并负责技术指导和协调市场销售。目前在东北已有四家×××生物肥厂生产专利产品"×××牌系列生物",设计生产能力8万吨,推广面积13.3万公顷。

公司微生物净水剂项目是国家农业部"9X8"计划项目,公司共投入研制经费150万元,其中75万元来源于国家无偿提供的科技型中小企业技术创新基金,40万元来源于地方政府无偿提供的配套资金,公司自筹35万元。现阶段该项目已完成室外池塘养殖初试,并已开始后续研发和中试。预计20×2年5月中试结束,20×2年7月之前确定产业化建设方案。为了完成中试,实现进一步产业化推广,需要继续投入160万元。目前公司总资产300万元,流动资金60万元,资金缺口100万元,需要进行融资。

四、企业概述

通过对企业的简介,可以让投资者对创业企业有一个初步的了解。企业概述能够描述出创业企业的发展历史、现在的情况和未来的规划。具体而言,其内容主要包括企业理念、企业的基本情况和企业的发展阶段。

（一）企业理念

企业理念是指得到社会普遍认同的、体现企业自身个性特征的、促使并保持企业正常运作及长足发展而构建的反映整个企业明确经营意识的价值体系。

（二）企业的基本情况

这部分的内容包括企业的名称、成立时间、注册地点、经营场所、公司的法律形式、公司法人代表、注册资本、主要股东、股份比例等。重点介绍公司未来发展的详尽计划，企业发展的方向和发展战略，企业要实现的近期目标、中期目标、未来目标。

（三）企业的发展阶段

这方面的内容要说明企业创立时的情况、早期发展情况、稳定发展期的情况、扩张期的发展情况、企业合并及重组情况、企业产品占领市场的情况等。

案例8-3

创业计划"企业概述"示例

一、公司简介

大连×××生物技术有限公司于20×0年2月经大连高新技术产业园区工商行政管理局核准，在大连国家高新技术产业园区注册成立。企业登记类型为有限责任公司，注册资本为50万元。本公司是依托北京大学技术物理系、中科院微生物肥料研究所、大连水产学院养殖系、大连轻工学院生物工程系等科研院所而组建起来的高新技术企业，是集科研、开发、生产经营于一体的实业公司，有国内著名的生物、水产、土肥、化工等方面的专家顾问组为企业的技术后盾，专门从事生物领域高新技术项目的研制开发和生产。公司现有人员36人，其中专业技术人员32人，占员工总数的88.9%。

二、公司成立的背景

农业是国民经济的基础产业，农业的发展情况关系到国民经济的全局，同时，农业生产周期性长，受客观环境的影响比较大，因此国家对农业的发展非常重视，对从事农业科技研究、开发、生产经营等公司的审查和批准往往也要经历一个较长的过程。大连×××生物技术有限公司正式注册成立之前，早在1997年就开始从事相关农业科技等方面的研究和开发工作。

高附加值农业、水产养殖业是大连地区、辽东半岛最重要的农业、渔业发展方向。长期以来，化肥的使用使土壤酸化、板结、肥力下降，对农业生产产生了不利的影响，在这种情况下，在正式注册成立之前，公司就与北京大学合作开发了×××系列生物肥，此产品的问世为解决上述问题提供了一条有效的渠道。同时，由于近海水质的不断恶化致使水产养殖业损失巨大，因此，公司研究人员在大连水产学院研究成果的基础上，开发出了一种绿色生物制品——生物水质净化剂。×××生物肥、生物水质净化剂的研制开发、生产、使用对农、渔业的发展具有深远的意义，这些项目也有着巨大的市场前景。在这一背景下，大连×××生物技术有限公司于20×0年2月成立了。

三、公司的经营方针和发展战略

公司的经营方针和发展战略为：依托科研机构，集中专家智慧，开发绿色工程，造福人类社会；内引外联，建设跨国集团，强强合作，寻求更高发展。公司的口号是：利用最小的生命，创造最大的事业。为实现发展方针和目标，公司组建研发中心，并为院校提供中试基地，并加强在以下几个方面的研发工作：

(1) 在已有的成果基础上构建工程菌；
(2) 努力将纳米技术应用于生物领域，提高微生物发酵物的质量和产物的产能；
(3) 加强固体高效发酵器的研制，加速产业化进程。

五、产品与服务

在企业概述之后，还要将企业的产品或服务向读者进行重点介绍。例如，投资者在进行投资项目评估时，不仅需要知道创业企业生产和出售什么产品或服务，还要对产品或服务能否适应市场的要求做出评估，这些结果可以对投资者的投资决策产生关键影响。所以，产品或服务介绍是创业计划中必不可少的一项内容，它主要包括以下几个方面。

（一）产品或服务的概况

主要介绍产品或服务的名称、特征及其功能，特别要介绍产品的新颖性、先进性和独特性，描述产品的创新点和优势，并指出这种创新的意义及其带来的价值。

（二）产品或服务的市场竞争力

主要说明创业企业的产品与同类产品相比，有哪些优势和劣势，顾客为什么会选择企业的产品，是否适合市场的需求，市场需求的容量有多大等相关情况。

（三）产品的研发过程

主要介绍包括企业和技术骨干过去的研究和开发成果，以及成果技术的先进性，包括是否通过有资质的机构鉴定，是否获得过国家、省、市及有关部门和机构的奖励，是否参与制定产品的行业标准、质量检测标准等情况。在技术与产品研发方面，与国内外竞争对手的比较情况，为提高产品竞争力拟采取的攻关计划或措施，企业对发展新产品有什么计划等。

（四）产品的成本分析

产品的成本分析包括投入多少资本研发、设备购置成本、开发人员薪酬成本等，分析每件产品的实际成本。

（五）产品的品牌和专利

创业企业为自己的产品采取了哪些保护措施，产品拥有哪些专利、许可证，或者与申请专利的厂家达成哪些协议,企业拥有的专门技术、版权、配方、品牌、销售网络、专营权、特许经营等做了哪些保护。

(六)产品的市场前景预测

说明产品市场的容量、产品价格,产品定价对企业利润的影响情况;说明为什么顾客会大量地购买企业的产品。

案例 8-4

创业计划"产品与服务"示例

一、生物水质净化剂

生物水质净化剂是公司研究人员在大连水产学院研究成果的基础上开发出的绿色生物制品,本产品具有相当高的科技含量,它主要用于集约化水产养殖中,对水体中代谢产物进行生物净化,改善水质状况,并从根本上解决传统的化学方法和使用抗生素类药物造成水体的污染、水产动物耐药性的产生,以及对人类健康产生严重危害的后果。生物水质净化剂应用实验结果表明,不但水体净化效果好,而且对促进鱼虾生长和预防传染病有特殊功效,对维持自然界生态平衡和微生态平衡具有积极意义。该项目经有关专家论证,认为其成果填补了国内此类研究的空白,其技术已达世界先进水平,具有广阔的开发应用前景。本产品现已获国家专利,并且已经纳入农业部"9X8"计划项目。

(一)产品研发背景

水产养殖业在我国已经形成产业规模,并在国民经济中占有重要的地位。但由于长期集约化养殖,池塘老化,水体微生态环境日趋恶化,养殖水体的污染愈发难以控制。大量使用化学方法和抗生素类药物,导致水体生态平衡遭到严重破坏,加之畜禽养殖业的规模化发展,大量的未经处理的有机畜禽粪便排入江河、湖泊,引起了海水赤潮、湖泊富营养化现象的频繁发生,造成了水产养殖业的滑坡和巨大的经济损失。因此采取生物手段和高科技手段治理水体污染,促进养殖业健康发展,保证水体生态环境的良性循环,已是刻不容缓的任务。为此,大连×××生物技术有限公司同大连水产学院共同研制了用于水质净化的微生态制剂(微生物净水剂)这种以高科技为基础的新产品。该产品的问世和应用,对于水体生态环境污染的治理和促进水产养殖业的发展具有重大的战略意义。本项目是依托大连水产学院的科研成果,同时×××生物技术有限公司是集科研、开发与生产经营于一体的高技术企业,因此在技术成果的转化上有可靠的保证。

(二)生物水质净化剂的特点

(1)通过施入有益菌群,抑制致病菌的生长,有效地预防鱼、虾、贝类等疾病的发生,提高了鱼、虾、贝的成活率。

(2)有益菌在繁殖过程中,分泌出大量的活性物质,能有效地促进浮游植物的繁殖,增加水体中溶解氧,其生成絮凝物是滤食性鱼类的最佳食物。

(3)能有效地降解水产动物地代谢产物,降低水体中氨氮和硫化氢浓度,促进鱼虾健康生长。

(4)能提高鱼的越冬能力,降低越冬期间鱼的死亡率。

(三)产品性能

生物水质净化剂是从海泥、土壤中分离出正常的优势菌群成员,并接种于适当的培养基而收获纯菌,然后通过特殊工艺发酵,再加入吸附剂、活化剂、赋形剂和微量元素等,经干燥后而制成活菌制剂,即生物水质净化剂。生物水质净化剂施入水体后,在活性催化剂的作用下,几种有益菌在较短的时间内形成优势菌群,在抑制有害菌群的同时,还能分解水体中的有害物质,如氨氮、硫化氢等,提高溶解氧,从而达到净化水质的目的,并且可以使有益菌在繁殖过程中形成絮凝物为滤食性鱼类提供优质饵料,从而提高水产品的养殖水平,提高品质和产量,并防治鱼虾传染病害的发生。

(四)技术方面

1. 技术先进性

在本产品的生产过程中,在菌种的分离与筛选中采用了现代高新技术手段,鱼类生态制剂采用 JY10 节杆菌、JY31 酪乳杆菌和 JG 光合菌,虾贝类生态制剂采用 JX5 干酪乳菌合 JH 光合菌,生物水质净化剂采用 JS7 光合菌、JS8、JS9 芽孢杆菌合 JS11 硝化细菌,其具体的生产工艺是这样的:先将种子液按 0.5%~1% 量接种入培养基,然后在 37℃ 下培养 18~36 小时以上后离心沉淀,弃去上清液获取正常菌种群体后加入干燥剂,低温冷冻干燥,使水分低于 8%,确保菌群的活菌数 ≥100 亿/克以上,最后加入赋形剂、固化酶、活化剂和微量元素,混合低温干燥后制成生物水质净化剂。该净化剂有效期大于 6 个月,2 个活菌系数不低于 90%,其效力指标为 10 亿/g,同时,革兰氏阴性菌 ≤1 000 个/g,致病菌为零,符合国家规定的饮用水卫生标准(生物水质净化剂的卫生指标为杂菌 ≤10 000 个/g)。1998 年,在农业部组织的初试鉴定结论为"该制剂填补了水产动物微生物生态学研究领域的空白",并正式被列入农业部"9X8"计划。

2. 技术独占性

生物水质净化剂及其制备方法已经于 20×1 年 4 月 20 日获得国家专利认证,其知识产权受到法律的保护,大连×××生物技术有限公司将在至少 20 年的时间里拥有对该项产品技术的独家拥有和独家生产经营的权利;同时,×××生物技术有限公司是集科研、开发与生产经营于一体的高技术企业,公司除自身的技术力量外,还聘请了以全国知名的微生态专家康白教授为代表的十几位生物专家,组成了专家顾问组,还有北京大学物理系、中国农科院、大连轻工学院生物工程系等院校和科研院所为后盾,这保证了公司在技术上的先进性和领先性,也是其他任何单位无法比拟的。

3. 技术可行性

本项目产品采用了公认的具有国际先进水平的生产技术,已经经过有关专家和研究人员的试验和可行性论证,从试验的结果来看,产品的使用,不但有净化水体的功能,而且能促进水产动物增产抗病害的功效,从根本上解决了因使用化学药物和抗生素制剂给人体健康所带来的严重危害并造成水体质量恶性循环的不良后果,试验结果证明,该项目是成熟且可行的并已经正式通过农业部专家的鉴定。

另外,本产品的研制生产适应了人们环保意识的不断提高和水产养殖业对水质净化剂强烈需求的现状,具有成本低、效果好等优点,可以提高水产养殖产量 10% 以上,降低发病率 20% 以上,提高虾苗的成活率 20% 以上,能够有效治理水体有机质污染,使水体生态向着良性循环的方向发展,对提高水产养殖业的经济效益和减少亏损方面也有着重大的战略意义,因此,该产品是一种质量可靠、效果明显、生产使用简单易行而且成本低廉的生态制剂,属于生物高科技项目,如投入产业化生产,成本低产出高,原料来源充足,生产工艺不受气候条件和自然环境的限制,其市场范围广阔,养殖业的投入产出比均在1∶4以上,经济效益为投入的5倍以上,因此,该项目具有相当广阔的市场开发前景。通过内部财务收益计算,按照设计能力,按第一年达产10%计算,即年产3 000吨,即可获利税900万元,当年就可以收回全部投资。

（五）资金筹措

本项目初试、中试期间,计划需要新增投资300万元,其资金来源为:申请国家科技创新基金无偿支持100万元,地方政府配套40万元,其余部分由企业自筹。

二、×××系列生物肥

本项目是与北京大学合作开发的农业项目,并正式在农业部登记。×××系列生物肥是公司成立后首先完成中试、形成生产规模的产品。该产品共计投入研制费用120万元,现已实现了产业化,年可实现产值500万元,利润250万元的生产规模,可满足10家以上大型肥料生产厂家的生产需要,生产×××生物肥100万吨以上,本项目配套产品高效生物复合肥已经获得国家专利认证。

（一）产品研发背景

长期以来,由于农业生产中大量使用化学肥料、化学农药及杀菌剂等有害物质,使得土壤结构不断遭到破坏,同时,由于食用了含有大量有害物质的农产品,而使人体健康受到严重危害。因此,充分利用高科技手段,生产和应用高效生物有机肥、高效生物菌剂和高效生物农药,对于增进人民身体健康,促进社会发展进步具有重大的意义。在此方面,大连×××生物技术有限公司走在了前列。公司与北京大学等院校和科研机构合作生产了科技含量较高的×××系列生物肥。经国家级专家鉴定和论证,在目前全国范围内替代化肥的有机肥料中,唯有×××系列生物肥的配套产品独占市场,达到国际先进水平,因此发展的潜力是巨大的。

（二）×××生物肥的主要特点

(1) 有效活菌数高、适应性广、抗逆性强,具有固氮、解磷、解钾的功能,促进农作物生长,对各种作物都有显著而稳定的增产效果。

(2) 可促进农作物早熟3~5天,并提高作物的抗病能力。

(3) 提高作物品质(增加蛋白质、氨基酸含量),减轻作物中亚硝酸盐的含量。

(4) 活化土地,减轻土地板结,达到肥田养地的目的。

（三）×××系列生物肥技术方面的特点

1. 技术先进性

大连×××生物技术有限公司产品的技术水平和科技含量目前已经处于国内领先地位,而一些关键技术已达到世界先进水平,就×××系列生物肥而言,其技术方面的先进性主要体现在如下几个方面。

(1) 菌种、菌群的抗逆性强。在通常情况下,一般的菌群只能在常温-15℃~-40℃之间存活6~8个月就会自然死亡。因此,环境适应性较差,而公司用特殊手段所培育的菌种和多种生物菌而组成的菌群可以在$-40℃\sim-60℃$的恶劣环境下存活20个月以上,具有较强的土壤适应能力。

(2) 组合能力强。本公司用于生物肥料的菌种经过严格科学的筛选后,具有较强的组合能力,在载体中不互相排斥,特别是应用于生物肥料中的三大菌群(固氮菌、解磷菌、解钾菌),在土壤中相互协调,促使肥料的效果明显提高。因此,可以根据作物品种和土壤、气候条件来科学配比菌种比例和各种类型的专用微生物肥。

(3) 单体固氮菌的固氮能力强,经过实际测试,要比一般的和目前国内外通用的单体固氮菌的固氮能力高出一倍至几倍,而且繁殖速度要提高两倍以上。

2. 技术独占性

到目前为止,没有任何一种微生物肥料能在水田中单独应用,而×××牌水稻专用生物肥在水田中则有特殊的效果,不但能促进水稻早熟、增产,而且使稻田中的微生物明显增加,水田中养殖的鱼类生长速度快、品质佳,另外,在各地区的农业推广中心等农业技术推广单位的试验结果表明,×××系列生物肥的应用能够大幅度地提高农产品的产量,提高经济效益。因此,在产品技术和科技含量而言,大连×××生物技术有限公司处于领先地位,其中的一些关键技术已经达到世界领先水平,短期内将在这些产品的生产、经营和技术占有方面具有独特的优势和独占性。

3. 技术可行性

×××系列生物肥是采用目前国内独一无二的高科技手段生产研制出来的,已经经过有关专家和技术人员的可行性论证,并在实际中广泛进行了试验,包括在大豆上,在小麦上,在水稻育苗上,在水稻栽培过程中及秋白菜、马铃薯等的试验中都取得了良好的效果,其中,可以使水稻提前抽穗,提早成熟5~7天,增产12.5%~14.3%;可以使小麦增产5.3%~13%;玉米每亩净增产94千克,增产率达16%;可使大豆增产8.2%;马铃薯每亩增产336.5千克,而且整薯率高;秋白菜每亩增产1 515千克,增产率达27.6%。因此,×××系列生物肥已在实际试验中证明,具有明显的促早熟作用和显著的增产效果,还可以改善作物品质,是发展绿色食品的理想肥料,省工省时,可以大面积推广使用。本产品的研制生产迎合了人们追求绿色食品的要求,是取代化学肥料的理想替代品,而且成本低,一旦投入生产经营并得到推广使用,必将受到广大农业生产者的欢迎,因此具有广阔的市场开发前景。

六、市场分析与营销计划

(一) 市场分析

市场分析常常被认为是创业计划最重要的部分,因此,对于这部分内容的思路必须清晰和扎实,否则,创业计划可能经不起投资者的推敲和市场的考验。市场分析可以从产业分析、目标顾客、竞争分析三方面进行阐述。

1. 产业分析

产业分析的重点是向投资者展示进入的行业或市场的发展情况,包括产业的发展历史、现状和未来发展趋势。产业分析要重点说明影响行业发展的关键性因素,包括诸如技术进步、宏观环境、政府政策、社会文化、市场需求等方面的因素,结合这些因素来说明行业发展趋势。只有对创业企业将要进入的行业和市场进行充分分析,才能准确地估计出产品或服务所具有的真正潜力,才有助于投资者作出正确的判断。

2. 目标顾客

目标顾客分析即对企业即将进入的市场进行细分,并进行准确的市场定位。根据产品或服务的特性和企业的情况在细分市场中选择一个或几个目标市场,结合企业的目标、产品、优势、劣势、竞争者的战略等因素说明为何选择这种市场定位,顾客为什么会愿意并购买企业的产品或服务等,这是制定营销计划的依据。

3. 竞争分析

进行竞争分析时需要尽可能地列出所有竞争对手,并用数据说明这些竞争对手所占有的市场份额、年销售量和销售金额等。当然,也可能没有竞争对手,但需要说明不存在竞争对手的原因,比如:拥有专利权或者是有在位优势,而且要对潜在的替代产品和竞争对手进行预期。要进行竞争能力调查,了解竞争对手的优势和劣势。竞争能力调查包括:将产品的质量和价格与市场上的其他产品进行比较评价;将产品性能和其他产品进行比较;还要将企业的生产水平和经营特点(包括这些企业的生产规模、产量、设备、技术力量、销售利润、价格、竞争战略、摊销方式和售后服务等方面的特点)与竞争对手进行比较。最后,将竞争范围缩小,锁定1~3个主要的竞争对手,与竞争对手进行比较,充分掌握企业自身的优势和劣势。可以通过图表的形式,按照常用的竞争力调查和分析方法中列示的主要内容进行描述和比较。要让投资者确信,创业企业的竞争战略是合理的,创业企业具有足够的竞争优势应对市场竞争。

(二)营销计划

营销计划也是创业计划中不可或缺的重要组成部分。它的作用在于让投资者相信创业企业的盈利能力,同时,还可以为企业未来的营销活动提供指导。

在竞争分析的基础上向投资者说明企业用于应付竞争的各种战略,包括总体营销战略、产品战略、定价战略、销售渠道战略、分促销及广告战略,然后再结合市场分析确定企业销售目标,最后说明将采取怎样的措施实施这些战略。

案例 8-5

创业计划"市场分析与营销计划"示例

一、生物水质净化剂市场分析

(一)市场容量分析

生物水质净化剂主要用于淡水、海水的水产养殖业和生活污水净化,目的是用生物技术来取替化学方法。据农业部1998年的统计数字,我国的水产养殖面积已达608.5万公顷,每年用于净化水体、防治水产养殖动物病害的化学药剂、抗生素制剂大约在20亿元以上,不但造成了水体环境的污染,而且造成了水产养殖业的病害爆发性传染发生,特别是沿海地区虾贝类的生产处于半瘫痪状态,如果采用生物水质净化剂解决,平均每公顷用量

150千克,成本为900元,全国年需求量为90万吨。按照生产设计方案,从生产工艺看,中试结束后经最后鉴定论证进行产业化生产,完全可利用现有生产抗生素及化学药品的企业来统一组织生产,避免重复建设造成浪费。另外,辽宁省养虾面积50余万亩,淡水养殖20万亩。但养虾水平很低,由于外部水质环境的不断恶化,养殖虾的产量每亩不足10千克。不彻底改善水产养殖的水环境,水产养殖已经几乎无利可图。×××微生物水质净化剂能有效防治鱼虾贝类等水产动物疾病的发生,使发病率降低20%以上,使养殖鱼类增产10%以上,使对虾的成活率提高10%以上,延长养殖虾生长周期1个月以上,使养殖鱼虾贝类的质量达到野生质量水平。因此×××生物水质净化剂的推出一定会受到养殖业户的欢迎。

若×××微生物净水剂能占有辽宁市场的20%(10万亩),每亩使用10千克,则年需求量即为1 000吨。加之淡水养殖市场占有率为10%,每亩使用10公斤,年需求量200吨。另外,吉林黑龙江、北京、天津、河北等地区每年对公司产品的需求量在300吨以上。因此公司产品的年需求量在1 500吨以上,每年销售1 000吨是有把握的。

(二)市场竞争地位分析

随着人们生活水平的不断提高,目前水产品的供应还达不到实际需求标准,因此,我国的水产养殖业还要进一步发展,而生物水质净化剂是促进水体良性循环的生物制剂,具有任何化学制剂和抗生素药物无可比拟的优势,企业将不断提高科研水平,使产品不断更新换代,因此,该产品的经济寿命期是可持续发展的长线项目。

在目前的国内净水剂市场,公司的主要对手为"武汉隆华生物技术有限公司",该公司主要生产"菌王",在中国南方各省推广使用。其产品主要成分是由多种光合菌复合而成,其主要功能为净化水质,清污增氧、防病、抗病,促进生长。但该产品是液体形式,施用时需同固形物拌和,由于是单一菌群,净水效果不如我公司的复合菌产品效果好。

我公司产品与竞争对手产品相比较,主要的竞争优势有:

(1)复合型多功能净水剂,既能分解代谢产物,有能降低氨、氮、硫化氢含量,同时增氧,促进生长。

(2)复合菌群在水体中一次性施入就能很快形成优势种群,抑制有害菌的生长,起到防病的作用。

(3)我公司产品为粉剂,便于运输和施用,施用次数少。

(4)生物水质净化剂项目所需原材料均为公司自制或者可以在省内获得,有利于降低原材料的购买成本,同时,也确保了在生产过程中原材料的及时、足额供应,从而使得生产流程可以快速、高效运行。

本项目在国内外尚属首创,均没有生产厂家,目前,正处于研发初试阶段,检测检验由大连水产学院负责,中试后将制定产品标准,并配备相应的检验检测设备。

二、×××系列生物肥市场分析

(一)市场需求预测

我国是农业大国,目前粮食生产中主要依靠化肥,每年需要化肥1.6亿吨。由于国内化肥生产量不足,每年需花大量外汇进口3 000万吨,以满足国内农业生产的需要。而新崛起的绿色肥料——生物肥,目前产量还不足20万吨。随着我国农业的发展,生态农业的推广,对生态肥的需求量越来越大。目前,我公司已在辽宁、吉林、黑龙江等四厂家联合生产×××系列生物肥,年最大生产能力8万吨。东北三省需肥量占全国1/4,即每年4 000万吨。若×××生物肥占有率5%,则年需求量200万吨,市场潜力是巨大的。

(二)市场竞争地位分析

进入21世纪,人们绿色消费意识日益增强,对无化肥、无农药污染的粮食、蔬菜、肉类及其他绿色食品的需求也越来越大。作为生产绿色食品的生物肥的需求量也随之增大。北京申奥成功无疑是绿色消费的强大动力。因此,产品的经济寿命期是可持续发展的长线项目。

目前在国内注册的微生物肥料不足百家,且真正具有市场规模的并不多。在国内运作较好的厂家,如北京阿姆斯生物技术有限公司,在华北具有一定的市场优势,但在东北推广面积不大,主要原因是使用效果不佳(抗旱、耐寒能力差)。

我公司产品与竞争厂家相比主要优势为:

(1)×××生物肥适应北方的气候条件。从黑龙江到辽宁的多点实验和示范中,普遍增产,增产概率99%。

(2)合菌具有协同作用和偏利生作用。单一菌种的功能均比同类产品强。

(3)由公司提供种子液确保生产菌不退化。

(4)公司以北京大学等院校及科研单位为技术依托,并设有研发中心,不断提高产品科技含量,使产品不断更新换代。

七、生产计划

创业计划中的产品生产计划,主要说明有关产品制造方式、生产设备、工艺和质量保证等方面的问题。主要包括三方面的内容:产品制造方式、生产设备、工艺和质量控制。

(一)产品制造方式

说明是自己建厂生产产品,还是通过委托或其他方式生产。如果自己建厂,是购买厂房还是租用厂房、厂房面积及生产面积是多少、厂房地点及交通、运输、通信条件如何等,这些都应该作出详细说明。

(二)生产设备

说明采用何种设备,是专用设备还是通用设备、设备先进程度、价值是多少、是否投保、最大产能是多少、是否满足公司产品销售需求、如何解决设备需要特殊技能的员工的问题、如何解决员工技能的培训等问题。

(三)工艺和质量控制

主要描述产品生产制造过程,采用何种工艺,工艺流程如何,各工艺流程的质量控制计划和指标如何，还需要说明如何保证主要原材料、设备元器件、配件以及关键零部件等生产必需品的进货渠道的稳定性、可靠性、质量及进货周期。正常生产情况下，成品率、返修率、废品率控制在怎样的范围内，怎样保证新产品在进入规模生产时的稳定性和可靠性；生产过程中的质量保证体系及其运转模式等相关问题。

案例 8-6

创业计划"生产制造"示例

一、工艺流程技术

和传统的儿童食品生产商不同，GFI 运用"最少加工方法"来进行食品生产。当食物被最小限度地加工、烹制、蒸煮、压缩以及放入最少的化学添加剂时，食品中益于健康的成分才会被最大限度地保留。

二、生产计划

GFI 计划将旗下产品的生产分包给外部厂商。因此，公司联系了其他几家食品生产制造商，并且与其中一家达成了口头的生产协议。

公司在 2005 年春天令人满意地完成了一批产品检验。这批产品被分发到 NBI 商店，用于 GFI 领导的可控样本研究项目。

GFI 并不会把全部的食品配方交给他人，因此，公司会向分包商提供预混合料（由主要配料混合而成），在最初两年的生产中，GFI 会在位于纽约西切斯特郡的工厂为其所有产品制造预混合料。

研发部的总监将监督预混合料产品的生产和质量检测，会有 3 名员工负责预混合料的生产，随着销售量的增长，员工人数也会相应增加。

当市场需求扩大时，GFI 会在西海岸建立一个预混合料生产工厂，并将与西海岸食品加工公司签订合同来确保西部市场的产品供应。这样，GFI 将保持对产品配方主要配料的控制。而新建立的预混合料生产工厂也将负责产品的质量检测。

分包商将对产品进行包装。GEI 将对婴儿食品引进一种全新而独特的包装概念：四套装。公司给消费者提供了更加方便并被广泛接受的包装方式。分包商会在每组包装中将每四个相同或混合的品种包装在一起，取代消费者以往需要购买若干松散的瓶装产品的做法。

在口头协议中，食品加工商承诺维护全部库存并且直接运送到经销商。

分包商也已经有足够的能力来处理来自两个初期市场的需求增长。当第三个市场在第三年加入时，会在西岸再雇用一个分包商。因此，GFI 在满足订单方面将不会出现任何问题。

三、生产成本

通过调研以及与合约商的讨论，GFI 已经对销售成本进行了评估。为确定生产成本，GFI 从一些制造商那里获得了口头报价。对于原材料（除主配料）和劳动力的控制是由分销商负责。GFI 对成本的估算已经作为成本预测的一部分包含在财务计划中。

四、设备与资产

公司目前利用租借来的设备进行生产，地址分别在纽约杨克的珍珠大街以及位于纽约格雷特奈克的希望大道 271 号。

在希望大道,GFI 仍然在 NBI 健康食品公司的二层拥有 2 700 平方英尺的办公区。

位于杨克的工厂将用来生产之前提到的预混合料。3 000 平方英尺的面积中将有 800 平方英尺用来做行政办公区。随着 GFI 销售区域扩大,第二个预混合料设备将在西岸投入生产。在第三年,公司期望可以将市场、研发以及行政部门搬到大约 5 000 平方英尺的办公区。

资料来源:布莱恩·R.福特.创业计划指南[M].高建译.北京:清华大学出版社,2010.

八、管理团队与组织

创业投资者普遍认同这样的观点:"人是创业中最重要的因素。"也就是说,如果没有一支强有力的创业团队,再好的项目也无法有效地执行。所以,许多投资者不仅要考察项目本身的市场前景,而且还特别看重所投资项目的管理团队的执行力和创业管理能力。在投资界有一种经典的说法:"一流的管理团队+二流的产品或服务"的项目产生的效益往往大于"二流的管理团队+一流的产品或服务"的项目。上述这些都从一个侧面说明管理团队的素质是决定创业融资及其他活动能否成功的关键因素之一。在创业计划中,要特别关注管理团队的组建,并能清楚地阐述以下问题。

(1) 介绍各成员有关的教育和工作背景。必须要对主要管理人员加以阐明,介绍他们所具有的管理能力和其他专长,他们在本企业中职务和责任,他们过去详细的经历和背景。

(2) 介绍公司的组织结构。包括:企业的组织结构图;企业人力资源管理、技术管理、财务管理、作业管理、产品管理等部门的功能和责任;各部门的负责人及主要成员。

(3) 介绍公司的报酬体系。包括:领导层成员、创业顾问以及主要投资人的持股情况;公司的股东名单,包括认股权、比例等;企业的董事会成员;各位董事的背景资料。

案例 8-7
创业计划"创业团队成员及其能力介绍"示例

(1) ×××,男,公司法人代表,工程师,原辽阳水产研究所所长,1982 年毕业于大连水产学院水产养殖系,毕业后一直从事水产养殖和水产生态研究工作。1995 年辞职到基层创办企业,从事生物领域的项目产品的研发工作,并引进北京大学技术物理系的科研成果,成功开发出高效生物有机肥料、高效微生物菌剂和目前正处于中试阶段的生物水质净化剂等项目。其中生物水质净化剂项目是由他同大连水产学院桂远明教授共同开发的,1998 年正式通过农业部鉴定,并被列入农业部"9X8"计划。

(2) 公司管理层:大连×××生物技术有限公司现有管理人员 3 人,平均年龄 40 岁,全部为本科学历,其中高级职称者 2 人,中级职称者 1 人。其中,总经理×××现年 45 岁,主要经历有:服兵役 2 年,1995 年毕业于吉林大学,曾任四平市铁西区政府秘书,四平市红嘴集团总经理助理,自 1999 年担任本公司总经理,具有极强的市场开发能力和管理能力,敬业精神很强。

（3）公司其他人员的情况:公司现有人员 36 人,平均年龄 34 岁,文化程度均为大专以上,其中管理人员 3 人,占员工总数的 8.3%,工程技术人员 32 人,占员工总数的 88.9%,其他人员占 2.8%。

（4）科研机构情况:公司的研发机构是技术项目研发中心,从事直接研发的人员有 12 名,占员工总数的 33.3%,同时依托专家组协助工作。

（5）项目技术负责人基本情况:项目技术总顾问是××教授,为全国知名微生态学专家;项目技术负责人为大连水产学院×××教授,主要从事微生态研究工作,其所研制的鱼虾生态制剂荣获农业部科技进步三等奖。

九、财务计划

财务计划常常被认为是创业计划的核心和灵魂,投资者通过财务计划可以看到一个好的创意是如何产生利润和现金流的。

创业计划中的财务计划有两大重要的作用:一是通过财务分析进行财务预测,说明融资需求,作为融资谈判具体事宜的基本依据;二是通过财务分析所得到的相关数据和指标,向投资者展示创业企业未来的财务状况和获利能力。财务计划主要包括财务预测、财务报表的编制及融资计划的制定等内容。

（一）财务预测

在编制财务报表的过程中,必须进行较为准确的财务预测,这是整个财务计划的基础,其重点是预测企业的资金需求和未来的盈利情况。

（1）需要准确预期企业的资金需求情况,包括资金额、条件和需求的时间。最简单直接的做法是做一个财务预算,即结合企业的营销计划和生产经营计划,对资金的使用安排进行预算。

（2）要对企业未来的盈利情况进行预期。需要预测的变量包括销售收入、销售成本及营业管理费用、财务费用和税收。其中销售收入的预测也要结合营销计划进行;对于一些明确的成本和费用可以直接列出其数额,而对一些不明确的成本和费用可以对比经营历史和行业情况进行预测。

（二）财务报表的编制

对于新创企业来说,在财务计划中,需要向投资者提供一套包括预计资产负债表、预计利润表和预计现金流量表等财务报表。

1. 预计资产负债表

它给出了企业资产价值的轮廓,包括现金、应收账款、存货、机器设备、土地等;还反映了公司所有的负债,包括应付账款、应付票据、应付税款和利息、应付职工薪酬等。

2. 预计利润表

利润表要结合营销计划进行。先根据销量预期和定价确定销售收入；然后再计算企业产品或服务的销售成本和所有预计的固定间接费用；在此基础上，通过总成本和相关利税等因素的扣除，来测算企业的净收入或净亏损。

3. 预计现金流量表

现金流量表主要揭示了企业财务状况的变动，主要记录由企业的经营活动、投资活动、筹资活动等形成的现金流量。现金流量总额是揭示企业经营业务是否成功的关键指标之一。

（三）融资计划的制定

在资金需求预计的基础上可以制定出企业未来的融资计划。这部分有很大的弹性，很多内容实际上需要在和投资者反复磋商后才能真正地确定下来。在融资计划中，需要回答以下问题：

（1）预计的资金需求是多少？其中，创业者期望从创业投资者那里获得多少投资？
（2）资金以什么样的融资方式实现？细节问题如何规定？
（3）企业未来的资本结构如何安排？创业者和创业投资双方对企业的所有权怎样安排？
（4）资金将如何使用？如何向投资者披露财务报告？财务报表编制种类和周期如何？
（5）投资收益将如何安排？
（6）投资者如何介入企业的经营管理活动，有哪些控制权和决策权？

案例 8-8

创业计划"财务预测及融资计划"示例

一、公司盈利预测

表 8-1　大连×××生物技术有限公司盈利预测表　（单位：万元人民币）

项　目	20×1年 筹资到位第一年 （按市场容量及可能的 市场份额预测）	20×2年 筹资到位第二年 （按市场容量及可能的 市场份额预测）	20×3年 筹资到位第三年 （按设计生产 能力预测数）
一、主营业务收入	30.00	160.00	600.00
减：主营业务成本	15.00	80.00	300.00
税金及附加	3.30	17.60	66.00
二、主营业务利润	11.70	62.40	234.00
加：其他业务利润			
减：营业费用	2.00	5.00	10.00
管理费用	1.00	3.00	6.00

续 表

项 目	20×1年 筹资到位第一年 （按市场容量及可能的 市场份额预测）	20×2年 筹资到位第二年 （按市场容量及可能的 市场份额预测）	20×3年 筹资到位第三年 （按设计生产 能力预测数）
财务费用			
三、营业利润	8.70	54.40	218.00
加：投资收益			
补贴收入			
营业外收入			
减：营业外支出			
四、利润总额	8.70	54.40	218.00
减：所得税	2.87	17.95	71.94
五、净利润	5.83	36.45	146.06

（一）盈利预测编制基础

本盈利预测系根据大连×××生物技术有限公司20×0年度及20×1年度上半年会计期间的实际经营业绩为基础，在充分考虑20×1年下半年、20×2年及20×3年国内外同类行业的发展目标及市场的发展趋势、预期市场容量以及下列各项基本假设的前提下，本着谨慎的原则编制的。

（二）盈利预测基本假设

在盈利预测期内：

（1）公司所遵循的我国现行法律、法规、政策无重大改变；

（2）公司主要经营地社会经济环境无重大改变；

（3）公司目前遵循的税收制度和有关的税收优惠政策无重大改变；

（4）公司计划经营项目和重大营销合同能顺利执行；

（5）各项经营费用及生产成本的增长比率为年10%以内，所筹资金在20×1年全部到位，最晚不晚于20×2年3月底；

（6）无其他人力不可抗拒及不可预见因素所造成重大不利影响。

（三）主要预测编制说明

根据公司20×0年及20×1年前六个月的经营状况，结合本行业的实际情况、市场的容量及公司最可能的市场份额，本着谨慎的原则，或有支出视为实际支出的方法，对20×1年下半年及20×2年、20×3年做出盈利预测。对20×2年及20×3年的盈利预测中，我们假设单位售价下降3%，单位成本上升10%，并且在营业费用由供销员定额承包的情况下，我们仍对管理费用作了最大可能的估计，因此，预期实际利润将比以上的预测还要高出至少两个百分率。

具体预测依据分解如下：

（1）主营业务收入。目前生物水质净化剂的出厂价格定为8 000元/吨（不含增值税，以后所列金额皆为不含增值税），预计20×1年以后降为6 000元/吨，20×1年销售量为50吨，销售收入为30万元。

（2）主营业务成本。目前的生产成本为3 000元/吨左右，当产量提升到400吨时，只固定资产折旧一项就可以降低50元/吨，但我们假设原材料价格上涨的幅度冲销了这个优势，仍按3 000元/吨计算，并由于以销定产的生产方针，将销量定为等同产量。20×1年为30万元，20×2年为160万元，20×3年为600万元。

（3）税金及附加。由于销售收入按不含增值税计算，所以按增值税的11%计算（其中城市维护建设税为7%，教育费附加为3%，地方教育费为1%）。20×1年应交3.3万元，20×2年应交17.6万元，20×3年应交66万元。

（4）营业费用及管理费用。公司的营销计划是这样的：供销部承包所有因销售所产生的费用，20×1年因产量小而定为2万元，20×2年因产量大幅度上升，所以定为5万元。

（5）所得税。企业的所得税税率为25%。

二、公司融资计划

（一）融资方案

公司拟通过吸收新股东参股的形式融资。公司现有总资产价值300万元，是老股东的股东权益；本次融资100万元后，公司将把注册资本调整为400万元，新股东投资100万元占25%的股权。公司经本次增资后，新老股东共享公司的无形资产所带来的收益。在本次融资100万元到位后，一年内，形成年产生物水质净化剂1 000吨的生产规模，推广面积达到10万亩，通过营销网络，实现销售收入600万元；通过与相关上、下游企业（如水产饲料厂）的合作，进一步扩大企业的生产、销售规模，向南方其他区域扩张。本项目进行产业化生产后，计划20×3年12月扩大规模生产，20×4年完成产值4 800万元，年净利润为1 500万元，上缴税金300万元，到20×6年达到设计生产能力，可完成产值1.92亿元，年利润6 000万元，上缴税金1 200万元。

（二）公司的融资需求与投向

目前公司固定资产300万元，流动资金60万元，资金缺口100万元需要进行融资。资金的主要投向如下：

（1）扩大生产能力的设备投入100万元。

（2）扩大营销队伍，增加业务员8～10名。

（3）建立×××生物技术发展中心2～3处需投入资金20万元。

（4）扩大示范点面积1万亩，需投入资金30万元。

（5）请专家、教授到基层开现场会、办学习班，宣传生态农业、宣传绿色环保、宣传公司产品，需投入5万元。

具体方案如下：

（1）针对微生物净水剂用户众多、分布地域广泛的特点，公司采取的渠道策略包括：①在各养殖区建立以当地技术推广站为主的代理商制度。②通过与饵料生产厂商的合作直接将净水剂与饵料联合销售。③建立自己的直销及技术服务队伍，树立品牌形象。

(2) 市场推广促销方案：

① 通过建立示范点，带动当地推广。公司目前已在普兰店、庄河、东港市、营口、大洼以及吉林、黑龙江省的部分地区设立了示范点。

② 通过成功案例现场会扩大影响，宣传产品。

③ 通过在养殖区办技术学习班，进行技术推广，宣传产品。

④ 通过与保险公司的合作，推出养殖保险新形式，强化用户对生物水质净化剂的信赖。

十、风险评估

创业风险是指在创业过程中，由于外部环境的不确定性，创业项目的难度和复杂性，以及创业者自身能力与实力的有限性，使创业活动达不到预期目标的可能性及其后果。尽管不同的创业企业会面临各自不同的风险，但总体而言，创业风险可能源于机会、技术、市场、资金、管理、生产和环境等多个方面。所以，投资者尤其关注以下几方面的问题。

（一）经营期限

经营期限短是大多数创业企业面临的一种情形。经营历史短的是创业团队与投资者重点讨论的主要风险问题之一，创业企业的各种风险几乎都与此有关。

（二）管理经验

创业企业管理团队一般比较年轻或者只能算是这个行业的新手，经历、能力和经验等诸多因素都将为投资者所关注。

（三）资源状况

创业企业现有资源是否存在较大缺口？如果不能及时获得相应的资源支持，则有可能会缺乏足够的资源来维持长久经营。所以，这是一个需要提及的潜在风险。

（四）市场风险

市场环境的不确定性是投资者关注的又一个焦点。政府的行业政策到底怎样、市场需求会因为哪些因素而变动等。

（五）生产风险

生产中也存在着很多不确定因素，尤其是创新企业。例如：创业活动是基于一项技术创新时，从技术研发到最后产品量产的整个过程，都存在很多的风险。

（六）财务风险

对财务风险的说明可以作为财务计划的一种补充，必须要进行细致分析。财务状况是否脆弱、现金流能否维持企业正常的运营和发展、企业的各项重要财务指标是否正常等。

风险评估是创业计划书中不可缺少的一部分。因此,创业企业要根据创业项目的实际情况,对关键风险作出分析,并说明将如何应对问题或规避风险。主要内容包括:企业存在风险的种类、企业发展各阶段的主要风险、评估风险的水平、防范和控制风险的措施。

案例 8-9

创业计划"风险分析和投资退出机制"示例

一、风险分析

(一)技术风险

公司是依托大连水产学院的科研成果,项目成果的第一完成单位是大连水产学院养殖系,第一完成人×××教授是公司的特聘技术顾问。因此,在技术成果的转化上有可靠保证。公司所在地在大连使公司实施该项目有着得天独厚的地理位置优势、水资源环境、社会环境和投资环境等优势。在公司自身技术力量和众多专家顾问的共同努力下,足以将项目的技术风险降至最低。

(二)项目实施的风险

从市场预测、市场需求和实际实验效果及将来产业化生产的设计制造工艺、投资数额、生产成本等进行综合分析看,本项目的风险较小。按照产业化设计产量(中试结束后)为 3 万吨/年,总投资(包括流动资金)为 800 万元人民币,产品的最高成本不超过 3 000 元/吨,出厂价格不低于 6 000 元/吨,通过内部财务收益计算,按照设计能力,第一年达产 10%,即年产 3 000 吨,即可获利税 900 万元。按照国家高新技术产业项目税收减免政策规定,投产当年即可收回全部投资。因此该项目的风险较小,而且该项目又是一个可持续发展的最有广阔市场前景的,还是国家重点支持的生物高科技项目,具有较强的抗风险能力。如国家在产业政策上,政府部门在推广应用上再给予一定的扶持,则该项目的风险几乎为零。

二、风险投资退出机制

公司同意新股东在两年以后可进行股权转让,也可由公司回购股权。另外,公司拟在两年后,与上下游合作企业及个人共同发起设立股份有限公司,将公司股权拆细为一元一股,作企业上市的努力。股东可在此过程中,在认为适当的时机以股权转让等形式退出。

十一、附录

创业计划的附录通常包括以下补充材料,主要是在创业计划正文中没有必要详细列示的内容,具体有:顾客、供应商、分销商等的往来信函;原始调研数据资料或二手数据;财务报表;创业者的完整简历;有关的租赁合同及其他形式的协议;专业术语等。这样,既可以保证创业计划信息的全面性,又可以使正文的长度保持在适当的范围内。

第三节 创业计划的撰写及路演

据统计,在大约1 000份创业计划中,平均只有6份最终获得创业投资的资助。这样的结果多少会有些令人失望。但它同时也从另一个侧面反映出,创业者编制和撰写一份可以向资助创业项目的投资者分享及传达创业企业愿景的创业计划是一件多么重要的事情。

作为一种商业活动沟通交流的商业语言和工具,创业计划的格式基本都是类似的,但是,具体到每一份创业计划,由于其需要强调和突出的重点不同而使得格式有所差异。尽管有这些差异,创业计划也具有一些共同的特征。总的来说,它们都应该提供一个清晰的容易为人理解的画面,并显示着商业投资的机会和风险。

一、创业计划的撰写步骤及要求

当然,编制一份出色的创业计划并非易事,它需要创业者投入足够的时间、精力,还需要经过不断的辨析和研究。整个撰写过程,不论是否有专业人员协助,创业团队都必须全身心地参与其中。

(一) 创业计划的撰写步骤

1. 周密安排,理清计划构想

通常,一份成功的创业计划总是先从关键的商业概念开始逐步完善的。起初,创业计划只强调几个关键性的因素,随着分析的深入,新的内容不断地补充;随着新的情况出现,创业计划还需要重新评估并加入反映这些情况的新条目。所以,创业团队应该对创业活动进行总体的规划,成立专门的创业计划工作小组,制定创业计划编制的日程安排和人员分工,从一开始就明确从哪些方面去了解和把握企业竞争对手、市场、盈利模式等信息。

2. 深入调研,做好市场分析

主要从新企业创建所涉及的政策法规、宏观经济状况、技术进步及发展的水平、行业和竞争对手的情况等进行全面的研究和预判;同时,还要从更深入的角度对企业的目标客户及市场展开调研,为后续的营销计划、生产及工艺计划和财务计划打下坚实的基础。具体来说,一是客户调查。与至少3个本产品/服务的潜在客户建立联系。其中,① 至少有一个是你将选择的客户;② 准备一份1~2页的客户调查纲要;③ 提供一份对已进行过的调查所采用调查方法的描述;④ 保证获取了足够大量的信息,包括潜在客户的数量、他们愿意付的价钱产品/服务对于客户的经济价值;⑤ 还应当收集定性的信息:如购买周期,对于购买决策者来说可能导致他们拒绝本产品/服务的可能障碍,你的产品为什么能够在你的目标用户和客户的应用环境之中起作用。二是竞争者调查。① 确定你的潜在竞争对手并分析本行业的竞争问题;② 分销问题如何解决,形成战略伙伴的可能性?谁是你的潜在盟友?③ 准备一份1~2页的竞争者调查小结。

3. 充分准备，撰写创业计划

依据前两个步骤的工作，在完成相关的市场调查报告、财务分析报告和技术分析报告的基础上，新企业的创业团队需要制定出明确的企业战略目标及愿景、市场及竞争战略，并针对这些战略及目标设计相应的营销、生产、财务、人力和风险管控等实施战略及策略，形成一份完整的创业计划。

4. 修改补充，完善创业计划

初步完成的创业计划在很多方面都有待调整。为此，创业团队可以征求多方意见，或者邀请有相关营销、融资等经验的至亲好友，搞一次模拟答辩，进一步发现创业计划中存在的问题，然后作出及时改进。重点检查创业计划的完整性、客观性和可操作性；创业项目和企业的独特优势展现得是否充分等，力求使创业计划的使用者能更好地领会计划的内容。

5. 恰当组织，制作创业计划

创业计划从封面、目录、执行摘要、正文、附录、例证到图表等，都需要合理安排和组织。

（1）对于市场、目标和战略而言，这是创业计划的第一个主要部分。它应当建立在所进行的客户调查和竞争者调查的基础之上。在考虑市场和战略方面的细节问题时，提交一份3~5页左右的文档，量化市场机会、如何把握这个机会、细化争取目标收入的战略。同时，可以附上一些市场预测、客户证明、调查数据、从各种出版物上剪下来的材料、产品描述或者市场营销材料。

（2）对于运作来说，针对新企业的运作，准备一份3~5页左右的文档，说明哪些是达到目标最关键的成功因素。如何在创业计划中反映出这些优势，并且如何在建立这家企业时体现这些优势？如何开发产品和服务，建立一支销售队伍，建立分销伙伴关系，选择合适的地址，创造正面的舆论，保护知识产权以及生产产品？在这个过程中关键的风险是什么？这家新企业如何在长时间里大量生产？简而言之，详细描述这家企业2~5年的运作方式。仔细进行财务估算，以透彻把握这家企业如何从收入、销量、客户以及其他推动因素上取得长足发展。

（3）关于团队。提交2~3页左右的小结，说明团队中具备在创造这家企业中所需能力并说明企业发展过程中所需的主要人员的分工情况。用单独的一页纸说明企业创立团队中每位成员在企业中所拥有的资产。如果企业需要外来资金，用一段话说明本团队将出让多少所有权以换取资金。

（4）关于财务。提交一份对企业的完整财务分析，包括对企业的价值评估，必须保证所有的可能性都考虑到了。财务分析应量化本企业的收入目标和公司战略，要求详细而精确地考虑实现公司所需的资金。

（5）关于创业计划的最终文本。提交完整的创业计划，需要封面和一份最终的执行摘要、一份下一步的运作方案和一份简短的对关键风险的估计。

6. 精心梳理，陈述创业计划

一份优秀的创业计划，除了写得好，能让使用者全面把握新创企业的创业思路和预期效应外，简洁、凝练的口头介绍和恰如其分的问题回答，都可以充分调动相关使用者的兴趣,为创业计划锦上添花。所以,创业者应准备10分钟以内的陈述来推销企业的商业机会。陈述应强调企业的关键因素,但这并不是把创业计划执行总结简单地用口头方式表达出来。而是用看得见的一些东西让听众眼花缭乱,留下深刻的印象。同时还要准备应对听众对创业计划显著特性方面的提问。

(二) 创业计划的撰写要求

创业者怎样才能让自己的创业计划在成百上千的创业计划中脱颖而出,牢牢吸引投资者的眼球?最基本的就是要把握好创业计划编制的要求,在此基础上,仔细研究和学习那些获得青睐的、优秀的创业计划,让自身的创业计划做得更出色。

1. 语言简洁明了

像投资者这样的群体,他们一般都非常繁忙,而创业者又不可能随时为他们解答问题,所以,撰写创业计划时应采用通俗易懂、生动的语言,尽量开门见山,直奔主题,让阅读者觉得每一个字都不多余,每一句都是有价值的。从而留下一个非常好的第一印象。此外,创业计划应当简洁明了,结构清晰。人们在阅读一份自己特别感兴趣的创业计划时,应能立即找到问题及其解决办法。任何被认为可能会引起读者兴趣的主题、观点都应该得到系统而简洁的分析和讨论。除专门用途的创业计划外,一般的创业计划建议长度在25~40页,太短或太长都不适宜。

2. 表达客观准确

创业计划应用事实说话,向投资者所提供的相关信息和数据资料必须全面、真实、可信。创业者尽可能客观表述,避免过分夸大和盲目乐观,或者是隐瞒某些实情,比如销售潜力、收入预估、企业增长潜力等。像广告一样的创业计划并不能起到很好的吸引读者的作用,反而会引起逆反心理,引起读者的怀疑、猜测。此外,建议使用第三人称来编制创业计划,这会比用第一人称显得更客观,效果也会更好。

3. 逻辑层次清晰

创业计划的完成是要按照一定的撰写逻辑来进行的,总体上使之结构清楚、合理连贯、引人入胜。无论创业企业要做的是新兴产业还是传统产业;不论创业计划是长还是短,它始终要让投资者明白创业企业提供的是什么产品或服务?怎么赚钱?能赚多少钱?为什么?所以,创业者在编制创业计划时一定要主题明确,层次合理;论据充分,论证严谨;方法科学,分析规范。把上述几个问题涉及的关键点解释清楚,即商业机会、所需资源、盈利模式、风险及预期回报。

4. 内容重点突出

一是要突出关键风险,因为它反映了创业者分析潜在问题和提出应变方案的能力;二是要给出一个高效创业团队的证明,因为它体现了创业企业的管理能力;三是要提供能吸引读者兴趣的导言或执行摘要等材料,通过对企业独特性的介绍来捕捉读者的阅读欲望。

5. 外行也能看懂

创业计划应当做到让外行也能看懂。一些风险企业家认为他们可以用大量的技术细节、精细的设计方案、完整的分析报告打动读者。然而大多数时候,许多读者都是全然不懂技术的门外汉,他们更欣赏一种简单的解说,也许用一个草图或图片作进一步的说明会有更好的作用。如果非要加入一些技术细节,可以把它放到附录里面去。

6. 写作风格一致

创业计划的写作风格应保持一致。一份创业计划通常可能由几个人一起完成,但是,最后的版本应由一个人统一完成,以避免写作风格和分析深度的不一致。创业计划是创业企业的敲门砖,不仅要以一种风格完成,而且应该看起来很统一、很职业。例如:标题的大小和类型都应该和本页的内容及结构相协调,规范而整洁。恰当地使用图片也会给格式的统一增色不少。

二、创业计划的路演技巧

专栏 8-2

路演的由来

路演是在马路上进行的演示活动。早期华尔街股票经纪人在兜售手中的债券时,为了说服别人,总要站在街头声嘶力竭地叫卖。到后来,虽然有了交易大厅,有了先进的电子交易手段,但路演的习惯还是保留了下来,而且,路演已经成为国际上广泛采用的股票发行推介方式。路演现在已经不仅仅是为发行新股而进行的推介活动,更发展成为时下盛行企业和项目路演。

路演是寻找投资人的路径之一。寻找投资人的方式有以下几种路径:

- ◆ 创业者
- ◆ 父母及亲朋好友
- ◆ 校友及社团
- ◆ 通过熟人引荐
- ◆ 专业的第三方平台
- ◆ 线下活动开展
- ◆ 专场路演
- ◆ 网上公开的联系
- ◆ 投资人名录联系

资料来源:稻田教育云官方网站(http://daotian.seentao.com)。

路演是每个创业团队在寻求资金,寻找志同道合的投资人,项目展示的必要途径。一场好的项目路演,能让投资人对项目充分了解,给出对于项目而言中肯的建议,并能保持对项目的持续跟进兴趣,甚至促成融资成功。那么对于创业团队来说,如何才能做好一场项目路演?以下针对路演中 PPT 的制作以及路演技巧两方面具体展开介绍。

(一)项目路演 PPT 制作

用最简单直接的方式来说明一切是所有成功路演的特点。

(1)公司或项目发起目的:为什么要做这件事,是什么原因进入这个行业,做这件事情的可持续发展空间有多大。

(2)项目是在解决哪些问题,描述用户痛点,以及这样的痛点是否具有普遍存在性。

(3)提出解决方案:是通过技术改进,还是市场的现有模式创新,是提供更优质的产品、服务、用户体验,最好提供现有的使用的具体例子。

(4)时机:做这件事情为什么是现在,回顾公司产品/服务应用领域的历史演变。

(5) 市场规模：用不同的方法测算市场规模；自上而下估算可获取的市场规模；自下而上统计可获取的收入规模；依据市场占有率份额来估计。

(6) 竞争格局：列出现有的和潜在的竞争对手，分析各自的竞争的优势。

(7) 产品/服务：产品/服务从外形、功能、性能、结构、知识产品等方面进行描述，以及产品/服务的开发计划。

(8) 项目商业模式：收入模式、定价、销售和渠道以及现有客户和正在开发的客户清单等。

(9) 团队描述：创始人和核心管理层的从业经验，以及获得荣誉经历。

(10) 财务资料：现金流量表、损益表、资产负债表、股本结构、融资计划、财务预测。

(11) 页数不宜过长，最好控制在 20 页以内。

专栏 8-3

项目路演 PPT 内容（推荐）

1. 公司(项目)基本情况。
2. 股东(发起人)结构。
3. 近三年(如有)经营状况、财务状况。
4. 主要核心产品(服务)及新产品(服务)介绍。
5. 目前的行业状况、竞争及预测。
6. 技术来源和商业模式。
7. 核心管理团队介绍。
8. 未来 3~5 年的经营计划及营收预测。
9. 融资计划及用途。
10. 公司有关活动、文件的照片、音频或视频文件。

资料来源：稻田教育云官方网站（http://daotian.seentao.com）。

（二）路演演讲技巧

(1) 语言尽量简洁、精练、保持平稳的语速、少用形容词、少用"被过度使用"的词语，尽可能的展现核心团队成员及他们的优势、优秀的人才队伍。

(2) 在演讲中要增加互动、刺激投资者的兴奋点，带动投资者的参与积极性，用讲述的方式而不是念 PPT，一定要真诚，用真诚的心去感动别人。

(3) 切忌对项目过分乐观，过分乐观自信会令人产生不信任感。

(4) 多用有根据且有效的数据说明问题。

(5) 尽量选择进入未充分竞争的细分市场，不可进入一个拥塞的市场并企图后来居上。

(6) 投资人不是科学家，所以不可过分强调技术因素或估计，这样容易使技术环节复杂化。

(7) 关于项目的材料，需转 PDF 格式，加水印，不必滥发材料。

创业者应该意识到创业计划的听众可能是各路人士。创业一般都需要进行融资,这就迫使创业者认真评估创业机会,而评估机会的一些主要指标是有关财务收益的情况。所以,创业者必须为有疑问的听众准备财务资料;准备处理批评者所提出的问题,并从批评中学到东西。创业者第一次融资常常会被拒绝,因而必须收集信息进行修改、重新制定和改进创业计划。另外需要注意的是,由于环境状况随时在发生变化,创业计划书需要适时调整,不能以不变应万变。

【核心概念】

创业计划　市场分析　市场营销　生产计划　财务计划　风险评估　路演

【本章小结】

一份有效的创业计划可以对创业者的行动选择起到良好的指导作用,从而避免无谓的代价和资源的浪费。本章主要介绍了创业计划书的概念、主要内容、编制方法和有效陈述。创业计划是创业活动的重要组成部分,它是用来描述与特定商业活动相关的所有外部条件及内部要素,是对特定商业活动详尽筹划后的系统描述。创业计划书涉及的内容极其宽泛,其主要内容主要包括以下部分:封面、执行摘要、企业简介、产品与服务、市场分析与市场营销、生产计划、管理团队和组织、财务计划、风险评估、附录。此外,创业者还应该把握有效陈述创业计划的步骤和路演技能。通过对创业计划较为全面的描述,可以让受众更系统和细致地了解项目。

【认知与训练】

小组任务:"撰写创业计划书及准备路演"。具体要求如下:
(1) 盘点及汇总本团队项目材料,撰写创业计划书。
(2) 设计路演 PPT。
(3) 完成 1~2 分钟的项目视频拍摄工作。

【探究与拓展】

个人任务:"学习借鉴"。具体要求如下:
请查找 3~5 份创业计划书,并进行对比分析,看看它们各自有哪些脱颖而出的地方?哪些地方值得完善?

【课后阅读案例】

一页纸的创业计划

  在一次天使见面会上,北京创盟的河北创业者李鹏的"发酵罐气流能量回收项目"引起了风投的兴趣。Lu,Hayes & Lee,LLC Managing Partner 的 Glen Lu 在会后和李鹏交流了半个多小时。当时吸引风投目光的是李鹏的一份一页纸创业计划。

专利产品　国内空白　年节电 100 亿度　政府强力推广

  一、公司简介

  我公司成立于 2005 年 8 月,从事节能节电业务,拥有自己的技术与知识产权,包括电机节电器技术,发酵罐排放气流压差发电的多项专利。

  二、项目简介

  发酵罐排放气流压差发电与能量回收:发酵罐是药厂与化工企业普遍使用的生产工具,用量非常之大,如华北制药、石药、哈药这样的企业,每家企业使用的大型(150 吨以上)发酵罐均在 200 台以上。因生产需要,发酵罐前端需要压气机给罐内压气,压气机功率一般在 2 000~10 000 千瓦,必须 24 小时运转,每年电费在 900 万~4 000 万元之间,满足发酵罐生产,就需要多台的压气机工作。所以,压气机耗电通常是这些企业很大的一项费用支出。经发酵罐排放的气流仍含有大量的压力能,浪费在减压阀上。如安装我公司研制的发酵罐排放气流压差发电与能量回收装置,可以回收压气机耗费电能的 1/3 左右。

  三、同行简介

  目前该技术国际统称 TRT,应用于钢厂的高炉煤气压力能量回收。主要的供货商有日本的川崎重工、三井造船,德国的 GHH、国内的陕西鼓风机厂。年销售额达到 20 亿以上。

  四、进展简介

  本项目关键技术成熟并已经掌握,我公司已经与某制药集团达成购买试装与推广协议,项目完成时,预计可以在该集团完成 5 000 万元以上的销售。

  五、优势简介

  (1) 我公司已申请该项目的多项专利。

  (2) 市场中先行一步,目前此市场仍处于空白阶段。

  (3) 符合国家产业政策,该项目属于节能减排项目。

  (4) 各地方政府有节能奖励:如三电办有 1/3 的投资补贴,制药集团可获得约 1 600 万元政府补贴。

  (5) 可以申请联合国 CDM(清洁生产)资金(每减排一吨二氧化碳可以申请 10 美元国际资金,连续支付 5 年)。制药集团可每年节能 6 000 万千瓦·时,减排二氧化碳 6 万吨,可获得国际资金供给 300 万美元。

六、用户利益

（1）减少电力费用支出，以某制药集团为例，如全部安装该装置，一年可以节约电费3 000万~36 000万元。收回投资少于2年。

（2）很少维护，无须增加人员，寿命在30年以上，可为用户创造投资15倍以上价值。

（3）降低原有噪声20分贝以上。符合环保要求。

（4）其他政府奖励。

七、目标用户与市场前景

本项目目前主要针对国内药厂、化工厂。从和某集团达成的初步协议看，集团内需求量大约在100多套，而全国存在同样状况的有多家药厂，再加上许多的化工行业也采用了相同或类似的生产工艺，均为我公司的目标市场。总市场预计在100亿元以上。

石家庄市利能节电设备有限公司网址：http://www.lnjd.com.cn/

E-mail：lnjdgs@yahoo.com.cn

经　　理：李鹏

资料来源：根据公开资料整理而成。

讨论题：

1. 您认为这份创业计划所传达的核心信息表现在哪些方面？为什么会吸引投资者的关注？

2. 您认为这份创业计划是否适合于其他场合？

第九章　企业创建

【学习目标】

1. 掌握新创企业的法律形式。
2. 认识新创企业注册登记的内容。
3. 清楚创业税收的相关问题。
4. 了解新创企业运行中的资源整合及用工问题。
5. 把握知识产权保护的相关规定。

引导案例

阿里巴巴的合伙人制度

2014年9月，阿里巴巴在美国纽交所上市。按照公司章程，在开曼群岛注册的阿里巴巴集团可变利益实体（VIE）通过股权或协议（直接或间接）控制阿里巴巴集团旗下的320个子公司及其在中国运营不同网站的许可证和牌照等。图9-1为阿里的VIE组织架构，其中实线为股权控制，虚线为协议控制。这里可以看到，阿里巴巴在纽约交易所发行的并非Facebook、Google等国际IT巨头以及京东、百度等中国企业在美国上市通常选择的双层股权结构模式，而是普通股，实行一股一票。

从持股比例看，软件银行集团和雅虎分别持股31.8%和15.3%，成为阿里的第一大股东和第二大股东。阿里永久合伙人马云和蔡崇信分别持股7.6%和3.1%，其他高管和董事个人持股均低于1%。阿里合伙人团队合计持股达13.1%。可以看到，无论马云本人，还是阿里巴巴合伙人团队整体，持股比例不仅远低于第一大股东软银，甚至低于第二大股东雅虎。虽然在公司治理制度层面，在美国上市的阿里巴巴同样设立了董事会、董事会委员会和高级管理层，但是这里按照"一股一票"的传统思维把软件银行集团理解为阿里巴巴控股股东，因而阿里巴巴董事会的实际组织和运行受到软件银行集团的影响，那就误入歧途。原因是，马云和他的永久合伙人蔡崇信与软件银行集团和雅虎在阿里巴巴上市前达成了一致行动协议。按照上述一致行动协议，软件银行集团超出30%的股票投票权将转交马云、蔡崇信代理，而在30%权限内的投票权将支持阿里巴巴合伙人提名的董事候选人。作为交换，只要软件银行集团持有15%以上的普通股，即可提名一位董事候选人出任董事会观察员，履行投票记录等事宜。该候选人将得到马云、蔡崇信的投票支持。雅虎则统一将至多1.215亿普通股（雅虎当时

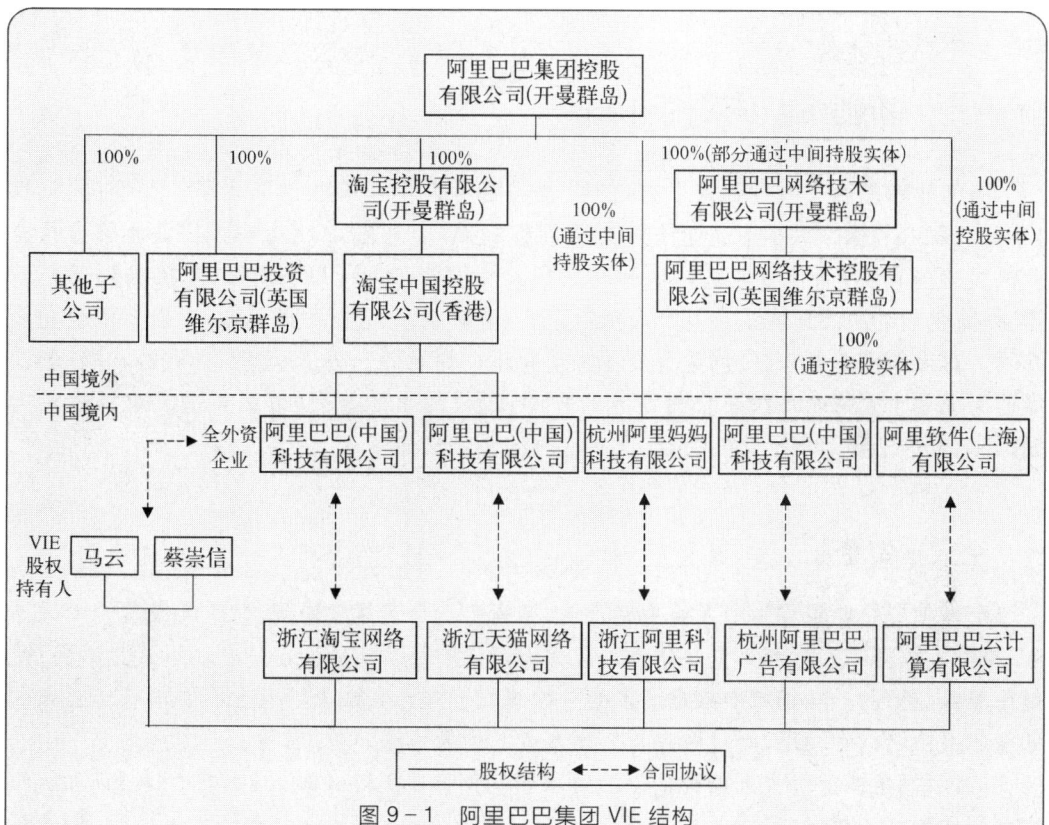

图 9-1 阿里巴巴集团 VIE 结构

所持的 1/3,约占阿里巴巴总股本的 4.85%)的投票权交由马云、蔡崇信代理。以上协议在马云持股比例低于 1% 时自动终止。

上述一系列一致行动协议最终以公司章程等法律文件形式公布于众,并在软件银行集团等主要股东的支持下获得了股东大会的批准。按照阿里巴巴公司章程的相关规定,以马云为首的合伙人团队拥有对董事的特别提名权,可任命半数以上的董事会成员。而上述规定只有获得 95% 以上的股东选票(本人或代理)方可修改。通过上述制度安排,阿里巴巴确立了以马云为首的合伙人团队对阿里巴巴董事会组织发挥重要影响,从而实际控制阿里巴巴的法律地位和股东认同。这事实上构成阿里巴巴合伙人制度运行的制度基础。

资料来源:郑志刚,邹宇,崔丽.合伙人制度与创业团队控制权安排模式选择——基于阿里巴巴的案例研究[J].中国工业经济,2016,(10):126-143.

讨论题:您认为,阿里巴巴引入有限合伙制度的主要意义是什么?

第一节　新创企业的法律形式

当创业者把创业项目确定下来之后,就需要考虑企业的法律形式了。在中国,根据《中华人民共和国个人独资企业法》(以下简称《独资企业法》)、《中华人民共和国合伙企业法》(以下简称《合伙企业法》)、《中华人民共和国公司法》(以下简称《公司法》)等的规定,目前企业的法律形式主要有个人独资企业、合伙企业、有限责任公司、股份有限公司等几种。对于新创企业来讲,创业者要考虑企业建立并维持合法企业组织形式的花费、创业者能保证其个人财产来偿还公司债务的程度、税收的承受能力、筹资渠道的难易度等问题,并结合这几种组织形式的特点,选择适宜的企业法律形式。

一、个人独资企业

个人独资企业也称为个人业主制企业,是指由一个自然人投资,财产为投资人个人所有,投资人以其个人财产对企业债务承担无限责任的经营实体。这种企业形式是最传统、最简单,也是各行业、领域中数量最多的一种组织形式。其最大特点是不要求有非常正式的企业组织结构和程序,而且税收与公司账务的处理也很简单。

应该说,法律上对个人独资企业的要求较为简洁,个人独资企业就像个人的房屋、汽车和其他财产一样,也是个人财产的一部分。因此,当个人独资企业经营失败时,创业者面对的往往不仅是企业的资产要付诸东流,而且个人的其他财产都可能成为抵偿债务的物品,这就是所谓的无限责任,适用于创业企业初创时规模较小的时期。需要注意的是,创业者应购买一份个人养老保险和医疗保险,以及为企业的设备等购买保险,以减少和防范各种风险带来的损失。

(一) 个人独资企业的优点

之所以许多创业者在创业初期时选择个人独资企业这种企业形式,是因为它具有以下的优点。

(1) 容易创建,解散程序也较为简单。工商部门对个人独资企业的注册要求很宽松,只需缴纳少许的费用,就可领取营业执照。创业者一开始不需要具有很强的资金实力,也不必租用高级写字楼,起步规模可以很小,不少创业者甚至可以自己在家开始做第一笔生意。而这类企业只需把相关债务偿清就可以解散。

(2) 具有完全的决策权。创业者可以自己一个人控制企业,可以按照自己的计划和个人愿意的方式开始经营,并且可以随时对经营管理情况进行调整,而不必获得其他人的许可。

(3) 可以从企业发展中获得全部的收益。没有人会提出与你分享企业利润的要求,所有企业利润都归创业者个人所有。

(4) 不必对其他人(如股东大会)通报企业的经营情况。如有必要,创业者甚至可以不把经营状况告诉自己的家人和朋友。

(5) 税负较轻。与法人企业不同,独资企业只需缴纳个人所得税,从而减轻了企业的财务负担。同时,企业还可以享受一些税收上的优惠。由于这种税收上的优惠在全国各地是不一样的,创业者在作税收计划之前,可以参考一下当地政府及税务部门的具体规定。

(二) 个人独资企业的缺点

虽然个人独资企业在创办时有诸多的便利,但同时也存在一些缺点和劣势,主要表现为以下几点。

(1) 负有无限责任,即创业者必须对经营中所有的债务负全部责任。如果破产,债权人有权要求出售企业财产和创业者的个人财产来偿还创业者的债务。

(2) 信用有限。一般来说,个人独资企业的信用与创业者个人的信誉之间的关系非常紧密,有时甚至是等值的。也就是说,企业的信用完全建立在个人信誉的基础上。

(3) 投资规模有限。这类企业在发展规模上通常会受到资金及管理方面的制约。当企业发展到一定阶段的时候,其资金需求要比初创时期大,但囿于企业信用的有限,其获得资金的渠道也非常有限。

(4) 经营管理能力有限。作为独资企业的创业者,只有一个人单枪匹马地工作,其管理能力也不一定能满足企业发展的要求,往往会面临许多经营、控制方面的问题。

二、合伙企业

合伙企业是指自然人、法人和其他组织依照《合伙企业法》的规定,在中国境内设立的普通合伙企业和有限合伙企业。所谓普通合伙企业由2人以上普通合伙人组成,合伙人对合伙企业债务承担无限连带责任。而有限合伙企业由2人以上,50人以下普通合伙人和有限合伙人组成,普通合伙人对合伙企业债务承担无限连带责任,有限合伙人以其认缴的出资额为限对合伙企业债务承担责任。合伙企业根据所订立的合伙协议,共同出资、合伙经营、共享收益、共担风险。适用于有一定规模的中小企业;有时也是多位创业者共同创业时的选择,国际上很多知名企业一开始便是选择合伙企业的形式,比如:微软公司是由盖茨和艾伦一起创办的;惠普公司是由休利特和帕卡德一起创办的;携程公司是由季琦、梁建章、沈南鹏和范敏一起创建的,等等。

(一) 选择合伙对象的基本原则

合伙企业中合伙人的关系实际上是一种个人独资企业主的联合,通过这种组织方式共同承担与个人财产相关联的法律责任。由于合伙企业是共同经营、利益共享、风险承担,因此,选择合适的合伙对象就成为合伙企业成功的关键。以下为选择合伙对象的一些基本原则。

(1) 合伙者必须互相信任,做到密切配合。众所周知,中国目前企业经营过程中的相关制度还不是很健全,尤其是尚未形成严格规范的财务与会计制度,如果合伙人之间无法互相信任,那么就可能在一些非经营问题上发生争执,使合伙企业的关系破裂。

(2) 性格相宜。当创业者拟创立合伙企业时,应该考量一下自身的性格是否适合与合伙人合作。有的人个性太强,不能平等地接受他人的想法,不能与他人共享资源,这样的性格的人就不适合参加合伙。从已有的商业实践来看,大多数成功的合伙关系建立时,合伙人往往相互认识很长时间,可能是朋友,也可能是贸易伙伴,而他们的才能和性格恰好能够形成互补。

(3) 要恰当地处理合伙协议问题。合伙企业的合伙协议实际上在某种程度上就决定了合伙企业能否成功和顺利运行。一般来说,请律师起草合伙协议是一种比较稳妥的做法,可以确保合伙协议的质量,对相关问题的考虑会较为周全。但对于初创期的合伙企业来讲,由于律师费过于高昂,合伙人更愿意自己起草协议。根据《合伙企业法》第十八条的规定,普通合伙协议应载明下列事项:① 合伙企业的名称和主要经营场所的地点;② 合伙目的和合伙经营范围;③ 合伙人的姓名或者名称、住所;④ 合伙人出资方式、数额和缴付期限;⑤ 利润分配和亏损分担办法;⑥ 合伙企业事务的执行;⑦ 入伙与退伙;⑧ 争议的解决方式;⑨ 合伙企业的解散与清算;⑩ 违约责任。另外,如果是有限合伙企业的话,还需载明如下事项:① 普通合伙人和有限合伙人的姓名或者名称、住所;② 执行事务合伙人应具备的条件和选择程序;③ 执行事务合伙人权限与违约处理办法;④ 执行事务合伙人的除名条件和更换程序;⑤ 有限合伙人入伙、退伙的条件、程序以及相关责任;⑥ 有限合伙人和普通合伙人相互转变程序。

(二) 合伙企业的优点

之所以有些创业者愿意选择合伙企业作为创业的企业形式,主要是由于合伙企业具有以下优势。

(1) 可以筹集到更多企业发展所需的资源。由于合伙企业的出资方式较为多样化,如货币、实物、知识产权、土地使用权或者其他财产权利等,这样有利于合伙企业获得较丰富的启动资源,增强了企业的经营实力,可以让其规模相对扩大。应该说,这些资源的集合对创业者初期的创业活动是非常重要的。

(2) 能增加企业一定的信用。由于合伙人有各自的特长和背景,通常可以通过相应的人际网络和渠道,为企业进行外部资金及其他资源的筹措。

(3) 合伙人之间可以形成互补。比如:一个合伙人擅长技术,另一个合伙人具有管理才能,还有人善于理财和提出创意等。与一个人单枪匹马相比,合伙企业在经营和管理中往往更能有效地利用和整合各自的优势。

(4) 合伙企业的风险和责任相对分散。相对于独资企业,合伙人之间是风雨同舟、荣辱与共的关系,相互间可以增强信心、获取力量,而且合伙人之间还能够分担责任。

(5) 与有限责任公司相比,合伙企业在企业管理制度、财务制度等方面可以相对简单一些。而且法律上合伙人只需缴纳个人所得税,合伙企业不作为一个统一的纳税单位。

(三) 合伙企业的缺点

(1) 普通合伙人对合伙企业要承担无限连带责任。除有限合伙人外,对于普通合伙人来说,不管是谁对企业造成了损失,都对合伙企业承担无限责任,同时,对其他合伙人还存在连带责任关系。但是,《合伙企业法》还规定,有限合伙人转变为普通合伙人的,对其作为有限合伙人期间有限合伙企业发生的债务承担无限连带责任;普通合伙人转变为有限合伙人的,对其作为普通合伙人期间合伙企业发生的债务也要承担无限连带责任。

(2)企业存续时间一般不长。一是合伙企业比较容易出现信任问题,如果合伙人之间相互猜疑,或者的确有人出于自己利益的考虑采取了不忠于其他合伙人的行为,那么合伙关系就有可能破裂;二是合伙企业成功的前提往往是大家一致,对任何重大经营问题上的意见分歧,以及合伙人之间的个性冲突,都可能是合伙企业趋于解体的因素;三是任何一个合伙人破产、死亡或退伙,都可能导致企业解散。

(3)产权流动有较为严格的限制。除合伙协议另有约定的情况外,合伙人向合伙人以外的人转让其在合伙企业中的全部或者部分财产份额时,须经其他合伙人一致同意,在同等条件下,其他合伙人有优先购买权;合伙人之间转让的,应当通知其他合伙人。

(4)企业的信用能力有限。相对于公司而言,合伙企业不能发行股票和债券,从而使企业的规模不可能太大。

三、有限责任公司

所谓有限责任公司,是由政府相关部门批准的,由1~50名自然人或法人股东共同出资、共同制定公司章程设立的企业法人,有独立的法人财产,享有法人财产权。公司以其全部资产对公司的债务承担责任。这是一种比较普遍的企业形式。根据《公司法》的规定,有限责任公司有如下主要特征:① 股东人数及出资转让的限制;② 不得向发起人以外的任何人集资;③ 公司的经营状况不需向社会公开;④ 股东对公司债务只承担有限责任;⑤ 股东的出资方式可以多样化;⑥ 实行资本确定、资本维持和资本不变的三原则。

(一)有限责任公司的优点

(1)投资者的风险有限。相对独资和合伙企业,有限责任公司的投资者通过有限原则,锁定其经营风险和债务偿还的最大责任,即有限责任意味着定量资本金的风险和无限利润的可能性。

(2)有明确的管理结构和制度规定,有利于建立有效的公司治理结构。公司的经营和管理活动要按照《公司法》的有关规定来操作;股东大会的组成、董事会的产生、职权与议事方式、经理的职权与义务等均有章可循。而由于公司产权主体的多元化,各投资方会重视公司章程的制定,要求在决策、执行和监督等方面形成委托代理和相互制衡的运行机制。

(3)公司经营具有稳定和长远发展的基础。由于公司财产所有权与经营权的分离,公司的经营和存续不受某些股东股份出让、公司内某个股东的逝世、破产等的影响。

(4)公司的信用和地位一般比个人独资企业和合伙企业要高。

(二)有限责任公司的缺点

(1)需要履行双重纳税义务。即有限责任公司在盈利的情况下,首先要缴纳企业所得税;当红利以股息形式派发给股东时,股东需就投资收益部分或个人所得缴纳相应的税收。

(2) 对债权人的保护存在不利的地方。这种情况通常会发生在一人有限责任公司中,主要由于公司股东及股本单一,或者在缺乏有效监督的情况下,会存在自交易行为,以及投资、担保及报酬支付等方面的主观随意行为。公司债权人因此难以维护自身的合法权益。

(3) 公司的管理成本较高。一是注册时要提供公司章程等比较详细的资料,这些工作需要会计和法律方面的专业人士协助,这就使得组建费用比较高;二是有限责任公司应当在每一会计年度终了时编制财务会计报告,并依法经会计师事务所审计。财务会计报告应当依照法律、行政法规和国务院财政部门的规定制作,这会增加公司的财务负担。

(4) 公司规模有限。由于不能募集设立,有限责任公司的筹资氛围和经营规模通常不大;而且由于股权流动的局限,并购等资本运作方式的使用也受到限制。

四、股份有限公司

股份有限公司是指有 2 人以上、200 人以下的发起人,其全部资本分为等额股份,股东以其所持股份享有权利及对公司承担有限责任,公司以其全部资产对公司的债务承担责任的企业法人。其设立可以采取发起设立或募集设立两种形式,股份以股票形式表现。大型企业和较大的中型企业一般采用这种组织形式。

(一) 股份有限公司的法律特征

(1) 这是一种典型的合资公司。任何愿意出资的出资人都能成为股东,不受资格限制,公司信用的基础是资本而不是股东的个人信用。

(2) 发起人的居所有法律上的明确限制。设立股份有限公司,其发起人中须有过半数的人在中国境内有住所。

(3) 公司的股本全部分为等额股份。出资多的股东拥有的股票数量也多,但不能增大每股的金额。股票数量的多少决定股东应享有的权益,作为普通股,应当是同股、同权、同利。

(4) 公司的重大事项必须向社会公开。

(5) 股东的股份可以自由转让,但不能退股。发起人认购的股份自公司成立之日起三年内不得转让,公司董事、监事、经理在任职期间也不得转让所持有的本公司的股份。

(6) 能满足所有权和经营权相分离的现代生产经营方式的需要。股东投资企业,但并不一定参与企业的经营活动。公司通常推举熟悉业务,有管理才干的人担任董事,组成董事会,由董事会聘任总经理负责公司的日常经营管理工作。股东大会与董事会,董事会与公司经理之间形成相互制约的委托-代理关系,通过规范公司治理结构实现股东财产所有权和企业经营管理权的有效分离。

(二) 股份有限公司的优点

股份有限公司是现代企业法律形式的高级形态。与其他组织形式相比较,其具有产权关系明晰、权责界定明确、公司治理结构规范和运行机制良好等优点。

（1）可以迅速地聚集资本。因为股份有限公司可以向社会公众发行股票或者债券，能广泛地吸收社会闲散资金，使公司更易于大规模筹集资本，有利于企业迅速发展壮大。

（2）股份具有良好的流动性，有利于分散投资者的风险。一方面，股东只按投资份额承担有限的财产责任；另一方面，股东可以比较方便地转让股票。而且股份有限公司可以挂牌上市，在广阔的资本市场上通过资本运作，优化资源配置，提高企业的经营价值，以此加速公司产权的流动与重组。

（3）信息公开有利于接受社会监督，提高企业的经营效率。股份有限公司，尤其是上市公司，必须坚持公开性原则，使公司全部经营活动置于社会监督之下。同时公司所有权和经营权的分离，由有管理才能的管理者从事公司的经营管理工作，能进一步提高企业的经营效率，更易于适应竞争激烈和多变的市场环境。

（三）股份有限公司的缺点

（1）与其他企业组织形式相比，股份公司的设立程序更为严格和复杂，创立的成本较高。

（2）公司股东需要交纳双重所得税，即企业所得税和个人所得税。

（3）公司易被少数大股东操纵和控制。因大股东持有较多股权，所以会对小股东的利益造成不利的影响。

（4）公司的经营和财务信息保密性低。上市公司依法要公开披露公司经营业绩和财产状况，接受更多的法律、法规的制约和监督，在资本市场上也有被其他公司接管的可能性。

第二节　新创企业的注册登记及税务问题

一、新创企业的注册登记

只有依照程序进行工商登记注册，企业经营活动才是合法的，才能受到法律的保护。企业登记注册是确认企业的法人资格或营业资格，是企业在法律上成立的法定程序，指的是企业依照有关法律、行政规章，履行登记注册手续，经工商行政管理机关核准登记，取得法人资格或营业资格的过程。

企业登记注册的一般程序包括以下几个步骤：

（1）确定（准备）经营场所、开具有关房产使用证明；

（2）办理拟成立公司名称的核准手续，取得工商局出具的"企业名称预先核准书"；

（3）领取并填写注册登记表、提交有关文件及资料、办理有关前置审批（如环保、消防、卫生等）手续；

（4）办理有关入资、验资的手续。企业取得企业名称预先核准通知书后，按照工商行政管理局的要求，在（符合）规定的银行存入注册资金，在会计师事务所办理验资报告等文件；

（5）领取工商营业执照；

（6）凭工商营业执照刊刻公司公章、公司财务章和法人名章，到技术监督局办理企业法人组织机构代码证；然后，到开立基本账户的银行，办理开立公司基本账户的手续；进而办理税务登记；以及社保统筹、行业管理、就业证等的登记和办理。

（一）个人独资企业的注册登记

1. 个人独资企业设立的基本条件

根据《个人独资企业法》的规定，设立个人独资企业需要具备下列条件：① 投资人为一个自然人；② 有合法的企业名称；③ 有投资人申报的出资；④ 有固定的生产经营场所和必要的生产经营条件；⑤ 有必要的从业人员。

2. 个人独资企业注册登记应提交的文件

① 申请人签署的《个人独资企业设立登记申请书》；② 申请人是投资人的应提交投资的身份证明，申请人是投资人委托代理人的应提交投资的委托书和代理人的身份证明或资格证明；③ 企业住所证明；④ 法律、行政法规规定设立登记须报经有关部门审批的提交有关批准文件；⑤ 国家工商行政管理局规定提交的其他文件。

（二）合伙企业的注册登记

1. 合伙企业设立的基本条件

成立合伙企业要求具备的条件包括：① 有两个以上的合伙人，并且对合伙企业债务依法承担无限责任者；② 有书面合伙协议；③ 有合伙人实际缴付的资金；④ 有合伙企业的名称；⑤ 有经营场所和从事合伙经营的必要条件。

2. 合伙企业注册登记应提交的文件

① 全体合伙人签署的《合伙企业设立登记申请书》；② 全体合伙人身份证明、照片、合伙人履历表；③ 全体合伙人指定的代表或者共同委托的代理人委托书；④ 全体合伙人签署的合伙协议；⑤ 全体合伙人签署的对各合伙人认缴或者实际缴付出资的确认书；⑥ 主要经营场所证明；⑦ 全体合伙人签署的委托执行事务合伙人的委托书，执行事务合伙人是法人或其他组织的，还应当提交其委派代表的委托书和身份证明复印件；⑧ 法律、行政法规规定设立特殊的普通合伙企业需要提交合伙人的职业资格证明的，提交相应证明；⑨ 法律、行政法规或者国务院决定规定在登记前须经批准的项目的，提交有关批准文件；⑩ 国家工商行政管理总局规定的其他文件。

（三）有限责任公司的注册登记

1. 有限责任公司设立的基本条件

按照《公司法》的规定，在中国境内设立有限责任公司，需要具备以下条件：① 股东符合法定人数，即由两个以上五十个以下股东共同出资设立。② 《公司法》2013年修订后，取消了对有限责任公司最低注册资本的要求，也取消了对于缴纳出资的法定期限要求。除了法律、行政法规以及国务院决定对有限责任公司注册资本实缴、注册资本最低限额另有规定外,公司法没有规定有限责任公司的最低注册资本限额和出资期限。③ 股东共同制定公司章程。④ 有公司名称,建立符合有限责任公司要求的组织机构。⑤ 有固定的生产经营场所和必要的生产经营条件。

2. 有限责任公司注册登记应提交的文件

① 公司法定代表人签署的《公司设立登记申请书》;② 全体股东签署的《指定代表或者共同委托代理人的证明》及指定代表或委托代理人的身份证件复印件;③ 全体股东签署的公司章程;④ 股东的法人资格证明或者自然人的身份证明;⑤ 载明公司董事、监事、经理的姓名、住所、履历的文件,公司董事、监事、经理委派、选举或者聘用的证明;⑥ 公司法定代表人的任职文件或身份证明;⑦ 公司住所使用证明;⑧《企业名称预先核准通知书》;⑨ 法律、行政法规规定设立有限责任公司必须报经审批的,还应提供有关的批准文件,以及经营范围中有法律、行政法规规定必须报经审批的项目的,还应提交有关的批准文件。

(四) 股份有限公司的注册登记

1. 股份有限公司的设立条件

① 发起人符合法定的资格,达到法定的人数。② 股份公司采取发起设立方式设立的,注册资本为在公司登记机关登记的全体发起人认购的股本总额;股份公司采取募集设立方式设立的,注册资本为在公司登记机关登记的实收股本总额。换句话说,除非采取募集设立方式设立,股份公司在设立时股东不需要缴纳任何出资,只需要全体发起人认购的股本总额达到公司章程规定的标准即可。③ 股份发行、筹办事项符合法律规定。④ 发起人制定公司章程,采用募集方式设立的经创立大会通过。⑤ 有公司名称,建立符合公司要求的组织机构。⑥ 有固定的生产经营场所和必要的生产经营条件。⑦ 依法登记。

2. 股份有限公司注册登记应提交的文件

① 公司法定代表人签署的《公司设立登记申请书》;② 董事会签署的《指定代表或者共同委托代理人的证明》(由全体董事签字)及指定代表或委托代理人的身份证件复印件;③ 国务院授权部门或者省、自治区、直辖市人民政府的批准文件;募集股份设立的股份有限公司还应提交国务院证券管理部门的批准文件;④ 募集设立的要提交由发起人签署或由会议主持人和出席会议的董事签字的股东大会或者创立大会会议记录;⑤ 全体发起人签署或者全体董事签字的公司章程;⑥ 具有法定资格的验资机构出具的验资报告证明;以股权出资的,提交《股权认缴出资承诺书》;⑦ 发起人的法人资格证明或者自然人身份证明;载明公司董事、监事、经理姓名、住所的文件以及公司董事、监事、经理委派、选举或者聘用的证明;公司法定代表人任职文件和身份证明;⑧《企业名称预先核准通知书》;⑨ 公司住所使用证明;⑩ 登记的经营范围中有法律、行政法规和国务院决定规定必须在登记前报经批准的项目,提交有关的批准文件或者许可证书复印件或许可证明;⑪ 法律、行政法规和国务院决定规定设立股份有限公司必须报经批准的,提交有关的批准文件或者许可证书复印件。

为了能及时、有效地把握企业注册登记的相关信息,创业者可以通过中国国家工商行政管理总局企业注册局的"中国企业登记网"(网址为 http://qyj.saic.gov.cn)查看上述相关步骤中所需提供的具体资料,并下载相关表格,或者到各地的工商行政管理部门咨询或领取。在此就不再赘述。

二、创业企业的税务问题

众所周知,在任何国家和地区,合法经营的企业都要履行相应的纳税义务。创业企业从创建开始,就涉及税务登记、纳税申报、缴纳税收、申请税收优惠等税收问题。因此,创业者需要特别关注现行税制及税务管理的相关规定和程序。

(一) 创业企业税务登记

税务登记又称纳税登记,是指税务机关根据税法规定,对纳税人的开业、变更、歇业以及生产经营范围实行法定登记的一项管理制度,它是税务机关对纳税人实施税收管理的首要环节和基础工作,是征纳双方法律关系成立的依据和证明,也是纳税人依法履行纳税义务的法定手续。税务登记的种类分为设立税务登记、变更税务登记和注销税务登记三种,其内容包括开业登记、变更登记、停复业处理、注销登记、税务登记证验审和更换、非正常户处理等。建立税务登记制度,可以使税务机关了解和掌握纳税人的生产经营情况与纳税户数,便于税务机关控制税源,同时,有利于增强纳税人依法纳税的观念,促进应纳税款及时足额缴入国库。

通常税务登记可以用于以下生产经营活动的开展:① 开立银行基本账户;② 申请减税、免税、退税;③ 申请办理延期申报、延期缴纳税款;④ 领购发票;⑤ 申请开具外出经营活动税收管理证明;⑥ 办理停业、歇业;⑦ 其他有关税务事项。

办理税务登记应提供的资料,因行业、经济性质与具体相关事务的不同而有所区别,所以,创业者在税务登记办理前应咨询当地税务机关。一般情况下,税务登记应向税务机关如实提供以下证件和资料:① 工商营业执照或其他核准执业证件;② 有关的合同、章程、协议书;③ 组织机构统一代码证书;④ 法定代表人或负责人或业主的居民身份证、护照或者其他合法证件;⑤ 主管税务机关要求提供的其他有关证件、资料等。

1. 设立税务登记

设立税务登记是指企业、包括企业在外地设立分支机构或从事生产、经营场所;个体工商户;从事生产、经营的事业单位(以下统称纳税人),在获得工商行政管理机关核准或其他主管机关批准后的一定时期内,向生产、经营所在地税务机关申报办理税务登记的活动。新设立的企业应当自领取营业执照之日起30日内,主动依法向国家税务机关申报办理登记。

办理设立税务登记的程序为:① 提出书面申请报告,并提供办理税务登记的相关资料;② 填报税务登记表,并报送主管国家税务机关,企业在外地设立的分支机构或从事生产、经营的场所,还应当按照规定内容逐项如实填报总机构的名称、地址、法定代表人、主要业务范围、财务负责人等;③ 前述相关材料经主管国家税务机关审核后,报有关国家税务机关批准予以登记的,应当按照规定的期限到主管国家税务机关领取税务登记证或者注册税务登记证。

2. 变更税务登记

变更税务登记是指纳税人办理的设立税务登记内容(包括纳税人改变名称、法定代表人或者业主姓名、经济类型、经济性质、住所或者经营地点、生产经营范围、经营方式、开户银行及账号等内容)发生变化,须在自工商行政管理机关办理变更登记之日起 30 日内,持相关证件,如营业执照;变更登记的有关证明文件;国家税务机关发放的原税务登记证件(包括税务登记证及其副本、税务登记表等)以及其他有关证件,向原税务登记机关申报办理变更税务登记的活动。纳税人按照规定不需要在工商行政管理机关办理注册登记的,应当自有关机关批准或宣布变更之日起 30 日内,持有关证件向原主管税务机关提出变更登记书面申请报告。

纳税人办理变更登记时,应当向主管国家税务机关领取变更税务登记表,一式三份,按照表示内容逐项如实填写,加盖企业或业主印章后,于领取变更税务登记表之日起 10 日内报送主管国家税务机关,经主管国家税务机关核准后,报有关国家税务机关批准予以变更的,应当按照规定的期限到主管国家税务机关领取填发的税务登记证等有关证件,并按规定缴付工本管理费。

3. 注销税务登记

注销税务登记是指纳税人发生解散、破产、撤销以及其他情形,依法终止纳税义务的,在向工商行政管理机关或者其他机关办理注销登记前,持有关证件向原税务登记机关申报办理注销税务登记的活动。根据不同的情况,纳税人应在一定的法定期限内,持有关证件向原税务登记机关申报办理注销税务登记。

纳税人办理注销税务登记前,应当向税务机关提交相关证明文件和资料,结清应纳税款、多退(免)税款、滞纳金和罚款,缴销发票、税务登记证件和其他税务证件,经税务机关核准后,办理注销税务登记手续。

(二)创业涉及的主要纳税义务及税收优惠政策

从许多创业企业的实际行动看,其所创造的财富总是以一定的方式回馈社会,其中,回馈社会的主要方式就是企业按照税法的规定履行自己的纳税义务。当然,为了促进经济发展和就业,各个国家和地区往往会出台很多鼓励创业的税收优惠政策。

1. 创业涉及的主要纳税义务

在中国,创业企业一般需要履行以下的纳税义务:

(1)增值税

增值税是以商品生产流通和劳动服务各个环节中实现的增值额为征税对象的一种税。依据不同的标准,增值税的纳税人可分为一般纳税人和小规模纳税人,创业企业,尤其是初创企业,通常是作为小规模纳税人。从 2018 年 5 月 1 日起,一般纳税人适用增值税税率由四档减至 16%、10% 和 6% 三档,取消 13% 这一档,将农产品、天然气等增值税税率从 13% 降至 11%。而小规模纳税人实行简易征收办法的 3%、5% 两档征收率,并且均不得抵扣进项税;对出口货物实行零税率。

一般纳税人应纳税额的计算:应纳税额=当期销项税额-当期进项税额。因当期销项税额小于当期进项税额不足抵扣时,不足部分可以结转下期继续抵扣。而小规模纳税人应纳税额的计算则是应纳税额=销售额×征收率。

（2）"营改增"

为进一步深化税制改革，解决增值税和营业税并存导致的重复征税问题，2012年1月1日起，我国率先在上海实施了交通运输业和部分现代服务业"营改增"试点。其后，"营改增"试点先后进行了扩大试点地区和试点行业的改革。2016年5月1日起，"营改增"试点全面推开。

将所有营业税行业都改为缴纳增值税，实现增值税全面代替营业税，结束1994年以来增值税和营业税并存的体制，是推进供给侧结构性改革的重大举措，也是重要的财税改革举措和减税政策。2017年12月，国务院发布《国务院关于废止〈中华人民共和国营业税暂行条例〉和修改〈中华人民共和国增值税暂行条例〉的决定》，废止营业税暂行条例，同时对增值税暂行条例作相应修改。

（3）企业所得税

企业所得税是指国家对企业的生产经营所得和其他所得征收的一种税。其纳税人是指在中华人民共和国境内的企业和其他取得收入的组织（以下统称企业）。个人独资企业、合伙企业不缴纳企业所得税。

企业所得税的征税对象是纳税人取得的所得。包括销售货物所得、提供劳务所得、转让财产所得、股息红利所得、利息所得、租金所得、特许权使用费所得、接受捐赠所得和其他所得。税率为25%；非居民企业减按10%的税率征收企业所得税。[①]

由于企业所得税的计算较为复杂，需要依法进行纳税项目的调整。所以，在此不作进一步的阐述。

（4）个人所得税

个人所得税是调整征税机关与自然人（居民、非居民人）之间在个人所得税的征纳与管理过程中所发生的社会关系的法律规范的总称。其纳税义务人包括居民纳税义务人和非居民纳税义务人，居民纳税义务人是指在中国境内有住所，或者无住所而在境内居住满一年的个人，其从中国境内和境外取得的所得，均应依法缴纳个人所得税；非居民纳税义务人是指在中国境内无住所又不居住或者无住所而在境内居住不满一年的个人，其从中国境内取得的所得，应依法缴纳个人所得税。

个人所得税的征税范围分为境内所得和境外所得。主要包括工资、薪金所得；个体工商户的生产、经营所得；对企事业单位的承包经营、承租经营所得；劳务报酬所得；稿酬所得；特许权使用费所得；利息、股息、红利所得；财产租赁所得；财产转让所得；偶然所得；经国务院财政部门确定征税的其他所得等内容。个人所得税根据不同的征税项目，分别规定了三种不同的税率：① 工资、薪金所得适用7级超额累进税率，按月应纳税所得额计算征税。该税率按个人月工资、薪金应税所得额划分为7级，最高一级为45%，最低一级为3%。② 个体工商户的生产、经营所得和对企事业单位适用5级超额累进税率，适用按年计算、分月预缴税款。该税率按个体工商户的生产、经营所得和对企事业单位的承包经

---

① 非居民企业是指依照外国（地区）法律成立且实际管理机构不在中国境内，但在中国境内设立机构、场所的，或者在中国境内未设立机构、场所，但有来源于中国境内所得的企业。

营、承租经营的全年应纳税所得额划分为 5 级,最低一级为 5%,最高一级为 35%。③ 对个人的稿酬所得,劳务报酬所得,特许权使用费所得,利息、股息、红利所得,财产租赁所得,财产转让所得,偶然所得和其他所得,按次计算征收个人所得税,适用 20% 的比例税率。

2. 创业企业的税收优惠政策

(1) 大学生创业税收优惠政策。在促进高校毕业生自谋职业方面,国家和各地政府制定了一系列扶持政策。例如,在《财政部、税务总局、人力资源社会保障部关于继续实施支持和促进重点群体创业就业有关税收政策的通知》(财税〔2017〕49 号)中,毕业年度内高校毕业生。从事个体经营的,在 3 年内按每户每年 8 000 元为限额依次扣减其当年实际应缴纳的增值税、城市维护建设税、教育费附加、地方教育附加和个人所得税。限额标准最高可上浮 20%。政策执行期限为 2017 年 1 月 1 日至 2019 年 12 月 31 日。2019 年 12 月 31 日未享受满 3 年的,可继续享受至 3 年期满为止。享受上述优惠政策,还有一些具体条件,具体可查阅文件通知的相关规定。此外,国家和各地政府还对高新技术企业、小型微利企业、国家重点鼓励支持的产业制定了一系列税收优惠政策,大学生创办这几类企业,均可享受相应的税收优惠政策。这些政策内容均可在税务总局网站或各地税务部门网站上查询。

(2)《中华人民共和国企业所得税法》规定,创业投资企业从事国家需要重点扶持和鼓励的创业投资,可以按投资额的一定比例抵扣应纳税所得额。即创业投资企业采取股权投资方式投资于未上市中小高新技术企业 2 年以上(含 2 年),符合一定条件的,可按其对中小高新技术企业投资额的 70% 抵扣该创业投资企业的应纳税所得额。

(3) 根据《财政部、国家税务总局、民政部关于继续实施扶持自主就业退役士兵创业就业有关税收政策的通知》(财税〔2017〕46 号)的规定,对自主就业退役士兵从事个体经营的,在 3 年内按每户每年 8 000 元为限额依次扣减其当年实际应缴纳的增值税、城市维护建设税、教育费附加、地方教育附加和个人所得税。限额标准最高可上浮 20%,各省、自治区、直辖市人民政府可根据本地区实际情况在此幅度内确定具体限额标准,并报财政部和国家税务总局备案。

(4) 根据《财政部、国家税务总局关于促进残疾人就业增值税优惠政策的通知》(财税〔2016〕52 号)的规定,残疾人个人自主创业,提供的加工、修理修配劳务,为社会提供的应税服务,免征增值税。

(三) 创业企业纳税申报

纳税申报是指纳税人、扣缴义务人在发生法定纳税义务后,按照税法或税务机关相关行政法规所规定的内容,在申报期限内,以书面形式向主管税务机关提交有关纳税事项及应缴税款的法律行为。

纳税人、扣缴义务人、代征人应当到当地国家税务机关购领纳税申报表或者代扣代缴、代收代缴税款报告表、委托代征税款报告表,按照表式内容全面、如实填写,并按规定加盖印章。其中,纳税人办理纳税申报时,应当如实填写纳税申报表,并根据不同的情况相应报送下列有关证件、资料:① 财务会计报表及其说明材料;② 与纳税有关的合同、协议书及凭证;③ 税控装置的电子报税资料;④ 外出经营活动税收管理证明和异地完税凭证;⑤ 境内或者境外公证机构出具的有关证明文件;⑥ 纳税人、扣缴义务人的纳税申报或者代扣代缴、代收代缴税款报告表的主要内容包括:税种、税目,应纳税项目或者应代扣代缴、代收代缴税款项目,计税依据,扣除项目及标准,适用税率或者单位税额,应退税项目及税额、应减免税项目及税额,应纳税额或者应代扣代缴、代收代缴税额,税款所属期限、延期缴纳税款、欠税、滞纳金等;⑦ 扣缴义务人办理代扣代缴、代收代缴税款报告时,应当如实填写代扣代缴、代收代缴税款报告表,并报送代扣代缴、代收代缴税款的合法凭证以及税务机关规定的其他有关证件、资料;⑧ 税务机关规定应当报送的其他有关证件、资料。而扣缴义务人或者代征人应当按照规定报送:① 代扣代缴、代收代缴税款的报告表或者委托代征税款报告表;② 代扣代缴、代收代缴税款或者委托代征税款的合法凭证;③ 与代扣代缴、代收代缴税款或者委托代征税款有关的经济合同、协议书。

如果纳税人、扣缴义务人不能按期办理申报的,经税务机关核准,可以延期申报。但是,如果纳税人、扣缴义务人无法说明理由而拒绝履行义务的,税务机关将依据《中华人民共和国税收征收管理法》的相关规定采取相应的措施对企业进行处理和惩罚。一是可以采取责令限期缴纳的措施。比如:纳税人未按照规定的期限办理纳税申报和报送纳税资料的,或者扣缴义务人未按照规定的期限向税务机关报送代扣代缴、代收代缴税款报告表和有关资料的,由税务机关责令限期改正,可以处 2 000 元以下的罚款;情节严重的,可以处 2 000 元以上 10 000 元以下的罚款。扣缴义务人伪造、变造、隐匿、擅自销毁账簿、记账凭证,或者在账簿上多列支出或者不列、少列收入,或者经税务机关通知申报而拒不申报或者进行虚假的纳税申报,不缴或者少缴已扣、已收税款,由税务机关追缴其不缴或者少缴的税款、滞纳金,并处不缴或者少缴的税款 50% 以上 5 倍以下的罚款;构成犯罪的,依法追究刑事责任。二是采取强制执行的措施,比如:通过纳税人或扣缴义务人在其开户行或其他金融机构中的存款来扣缴税款,或者扣押、查封、拍卖其价值相当于应税款的商品、货物或其他财产,以拍卖所得抵缴税款。三是采取阻止出境的措施。

(四)创业企业纳税筹划

纳税筹划是指纳税人在不违反现行税法的前提下,通过对税法进行精细比较后,对纳税最小化和资本收益最大化的纳税优化方案的选择。创业企业可通过以下几个方面的分析和比较来进行相应的纳税规划。

1. 创业企业不同组织形式的选择

如前所述,个人独资及合伙企业的税负比公司企业要轻。对于公司制企业而言,其经营利润首先应按税法缴纳企业所得税,然后才能将税后利润作为股息或红利分配给投资者;投资者取得的股息或红利,根据税法的规定还需缴纳个人所得税。这样,创业者如果创办公司制企业,就存在双重税收的问题。对于个人独资、合伙企业而言,由于不将其作为公司企业看待,企业的经营利润就不缴纳企业所得税,而只是比照个体工商户的生产经营所得缴纳个人所得税。显然,仅从减轻税负的角度出发,选择个人独资或合伙企业的组织形式要有利一些。

2. 创业企业不同注册地点的选择

纳税人在选择企业注册地点时应充分利用不同地区间的税制差别和区域性税收倾斜政策，选择整体税负相对较低的地区进行投资，以获得最大的税收利益。例如：在国家确定的革命老根据地、少数民族地区、边远地区、贫困地区新办的企业，经主管税务机关批准后，可减征或免征所得税 3 年。此外，自 2011 年 1 月 1 日至 2020 年 12 月 31 日，对设在西部地区以《西部地区鼓励类产业目录》中规定的产业项目为主营业务，且其当年度主营业务收入占企业收入总额 70% 以上的企业，经企业申请，主管税务机关审核确认后，可减按 15% 税率缴纳企业所得税。

3. 创业企业不同筹资方式的选择

新创企业的筹资方式主要有自有或累积资金、借款筹资、向社会发行债券和股票等。

（1）自有或累积资金。由于企业的自有或累积资金的所有者和使用者都是企业，在投入生产经营后，难以将其缴纳的税金进行分摊和抵扣，因而产生的税负只能由企业完全承担，再加上还存在经过征税的利润再投资获利仍要征税的重复征税的问题。虽然这种筹资方式可以增加投资者的控制权，但税负较重。

（2）借款筹资。这种方式的成本主要为利息。向银行等金融机构借款的利息，可起到税盾的作用，从而降低企业所得税；而向非金融机构及企业借款，其利率只要不超过银行同期同类借款利率的部分，均可以在税前冲抵企业利润。

（3）向社会发行债券和股票。这种方式中的债券利息可作为财务费用，在税前冲抵利润；而股息的支付因是在税后支付，故无法作为费用冲抵利润，纳税负担相对重一些。

总之，上述相关法规、政策的内容均可在税务总局网站或各地税务部门网站上查询。新创企业应进行全面的比较和分析，尽量制定有利于企业的纳税优化方案。

第三节 新创企业运行中的其他问题

除了前述提到的创业法律形式的选择、工商注册登记及税收问题外，创业者和创业企业在创业过程中还需要关注创业资源的动态整合、劳动人员及他人知识产权的依法合理使用，以及自身知识产权的保护。让创业企业和创业者在创业的路上尽量减少相关的法律风险。

一、创业资源的整合问题

所谓创业资源整合，就是把创业企业所拥有的主、客观条件与自然资源、信息资源和知识资源在时间和空间上加以合理配置、重新组合，以实现资源效用的最大化。这种资源效用的最大化，并不是简单地将各项资源各安其位即可，而是能够通过重新整合规划，创造企业独特的核心竞争力，实现其在市场上的竞争优势。当然，对于不同的创业企业来说，资源整合的内容会有所差别，只有将自身拥有的内外资源与所处的市场环境进行整合，才可能使企业的资源达到最适宜的配置。具体来说，创业企业需要获取并整合以下几个方面的资源。

(一) 优质的商业计划

Hotmail 的创始人和著名风险投资家史蒂夫·朱维特森指出:"商业计划并非一份合同或预算,它是一个故事,一个有关机会发展路径以及企业打算如何创造并收获价值的故事。"一份完善的商业计划,可以成为创业者的创业指南或行动大纲,也会成为创业者吸引资金的"敲门砖"和"通行证",为创业者引来新的资源。通常,获取商业计划的途径大概有四种:① 创业者自己编制创业计划;② 吸引他人以商业计划作为知识产权入股;③ 购买他人已有的商业计划;④ 委托专业机构编制商业计划。而具体通过哪种途径获取商业计划,要根据创业者的实际情况而定。

(二) 人才储备

人才是任何一家企业持续经营和发展的根本,而人力资源是企业中最宝贵的资源,经营者不会网罗人才,其事业必将前进乏力,甚至功亏一篑。

一般来说,创业者一旦决定创办新企业,就要开始组建管理团队和招募核心员工。创业者在为关键岗位挑选候选者时,一是可以利用其关系网络来进行。比如依靠同学圈、朋友圈组建核心团队。由于这种方式更多的是在情感的基础上建立信任和合作,而非建立在规范制度之上,因此,其中隐含的弊端将伴随着企业的不断成长而陆续出现。二是通过猎头公司来招选。这样的方式不仅可以帮助创业企业找到特别重要的员工,如核心管理人员或技术人员,而且可以为创业者节约大量的时间成本。

(三) 核心技术

拥有一项或几项核心技术能使企业在某一方面领先于同类企业,形成独特的竞争优势。对创业企业而言,由于资金和人力资源的相对短缺,不可能像大公司那样投入大量的人力和资金来研发某项核心技术,其核心技术可能仅仅是某项技术的某一个方面与其他同类企业相比较有优势。同时,创业企业成立和发展所依赖的技术还包括起步之初、拓展业务及解决瓶颈等所需要的各种技术。

新创企业通常可以通过以下方式获得起步相关的技术:① 技术持有者自己创业。这是高新技术创业的典型方式,创业的成功率较高,但还需要有一支团结、协作的管理团队的支撑。② 吸引技术持有者加入创业团队。这是一般在创业者不掌握创业需要的技术时所采用的方式。这不仅能获得核心技术人员,而且有助于创业者迅速消化、理解、完善、使用相关的技术。③ 购买他人的成熟技术。总的来说,技术越成熟,创业成功的概率越大。当然,购买成熟技术,需要进行深入、详尽的技术甄别和市场寿命分析,防止购买的是落后、淘汰的技术。④ 购买他人的前景性技术。拥有具有市场前景的技术,将对创业企业新业务、新事业的拓展非常有利;有的技术通过企业的进一步研发,往往能推出极有市场竞争力的产品。

(四) 创业资金

资金是企业运营的血液,没有资金,企业将无法生存。对于创业企业,资金的重要性更是不言而喻的。初创期是创业企业的高投入期,且任何不确定的风险因素都会直接或间接地转化为增资的需求。创业者设立企业和启动起步项目的资金是创业所需最基本的资金。在设立企业的过程中,还将有大量的开支,如:调研费、公关费、办公设施费及人员招聘费。同时,在企业的进一步发展中,技术获取费、固定资产投资、运营费用、市场开拓费等都是必需的。创业者可以通过自筹资金、进行权益性融资或申请政府的资金支持等渠道获得创业所需的资金。

总之,创业初期,创业者不仅要识别到好的创业机会,更重要的是要有能力去把握这样的机会,使企业能快速地为市场提供所需的产品及服务。而这里所说的能力就是创业者善用资源和整合资源的能力。无数的创业实践告诉我们,创业企业实际是在资源整合的过程中获得回报的。有关创业资源方面的获取,本书附录提供了部分可供参考的方式和渠道。

专栏 9-1

有效运用 5W1H 整合资源

5W1H	计划(Plan)	搜集资料	对策(Do)
为什么(WHY)	目的、目标	数据的目的与用途	能否满足目的、理由是否正当
什么(WHAT)	对象界定	项目与内容的期待	针对点、原因
何时(WHEN)	时机、期间	测定的时间	实现的时间
何处(WHERE)	场合、地点	测定地点与场合	施策场所、场合
谁(WHO)	负责人、相关者	谁去测、测谁	谁去做、对谁做
如何(HOW)	方法、程序、步骤	测定方法与步骤	采用的方法、手段
5W1H	检讨(Check)	维持(管理)	改善(Action)
为什么(WHY)	成功或失败的理由	目的、目标	原因、目的与不做的代价
什么(WHAT)	成功关键或问题点	管制项目、查检点	问题点、处置要点
何时(WHEN)	活动期间、时机	检控时间	适合时机
何处(WHERE)	何处检讨、场合	检控位置	从何着手、场所
谁(WHO)	负责人、参与者	检控者、查核谁	谁去做与相关者
如何(HOW)	比较的方法	检控方式、方法	采用的方法、手段

图 9-2　5W1H 运用方式

资料来源:稻田教育云官方网站(http://daotian.seentao.com)。

二、创业企业的用工问题

用工是创业企业应予以重点关注的问题。创业企业应遵循《中华人民共和国劳动合同法》(以下简称《劳动合同法》)等的相关规定,在创业过程中做好企业的人力资源管理工作。以下将就创业企业可能涉及的相关用工问题进行分析和论述。

(一) 创业企业招聘中应注意的问题

1. 入职审查

招聘过程中的入职审查是对入职者的身份、履历进行核实的过程。在此过程中要求应聘者提供真实的身份证明、学历证明、履历证明,其中履历证明是证明求职者的学习、工作经历,防止未与原单位解除劳动合同关系的人员或者负有竞业禁止义务的人员进入本企业。《劳动合同法》第九十一条规定:"用人单位招用与其他用人单位尚未解除或者终止劳动合同的劳动者,给其他用人单位造成损失的,应当承担连带赔偿责任。"因此,创业企业在新员工入职审查过程中应当要求有工作履历的应聘者提供与原用人单位解除劳动关系的书面证明。

2. 告知义务

创业企业对在招聘过程中负有的告知义务也是不能轻视的。《劳动合同法》第四条规定:"用人单位应当将直接涉及劳动者切身利益的规章制度和重大事项决定公示,或者告知劳动者";第八条规定:"用人单位招用劳动者时,应当如实告知劳动者工作内容、工作条件、工作地点、职业危害、安全生产状况、劳动报酬,以及劳动者要求了解的其他情况。"这要求企业在涉及员工切身利益的事项上要有合法的公示告知程序。

3. 就职担保

有的创业企业因担心员工的流失,要求应聘者提供担保或者押金,甚至扣押其身份证、学历证等证件。《劳动合同法》第九条规定:"用人单位招用劳动者,不得扣押劳动者的居民身份证和其他证件,不得要求劳动者提供担保或者以其他名义向劳动者收取财物。"因此,企业的上述做法是被明令禁止的。

(二) 创业企业培训中应注意的问题

培训能使员工迅速成长,是企业永葆生机的重要手段。一般来说,企业内的培训项目很多,从员工的角度看,主要有入职培训、专项技能提升培训、管理技巧提升培训等。培训能够使员工在最短的时间内了解企业文化、企业的规章制度,掌握本企业某项专门的技能,从而提升新员工对企业的认同感、归属感,提高员工的工作效率。

企业对劳动者提供培训,是员工的一种福利。《劳动合同法》对企业培训做出了保护性的规定。其中第二十二条规定:"用人单位为劳动者提供专项培训费用,对其进行专业技术培训的,可以与该劳动者订立协议,约定服务期。劳动者违反服务期约定的,应当按照约定向用人单位支付违约金。"但是在试用期内的培训却不受上述条款的保护。因此,为减少企业的损失,降低此类风险,企业可采取一定的措施对员工进行约束,如:约定合理的试用期,制定合理、系统和规范的培训制度。

(三) 劳动合同签订中应注意的问题

签一份劳动合同不会增加企业多少成本,但是如果不签合同,违法成本却非常高。一是即使不签劳动合同,根据劳动和社会保障部《关于确立劳动关系有关事项的通知》的精神,是可以很容易确定事实劳动关系的;二是《劳动合同法》强制要求企业与劳动者建立劳动关系签订书面劳动合同,否则企业将承担相应的法律责任。因此,创业企业应做好如下几个方面的工作。

1. 依法订立书面劳动合同

事实上,按照《劳动合同法》的相关规定,订立一份必备条款约定明晰、得当的劳动合同,既维护企业利益,又使员工能安心工作,为劳资双方获得"双赢"奠定初步基础。

专栏 9-2

《劳动合同法》中有关劳动合同订立的规定

第十条　建立劳动关系,应当订立书面劳动合同。

已建立劳动关系,未同时订立书面劳动合同的,应当自用工之日起一个月内订立书面劳动合同。用人单位与劳动者在用工前订立劳动合同的,劳动关系自用工之日起建立。

第十四条第三款　用人单位自用工之日起满一年不与劳动者订立书面劳动合同的,视为用人单位与劳动者已订立无固定期限劳动合同。

第十七条　劳动合同应当具备以下条款:

(一)用人单位的名称、住所和法定代表人或者主要负责人;

(二)劳动者的姓名、住址和居民身份证或者其他有效身份证件号码;

(三)劳动合同期限;

(四)工作内容和工作地点;

(五)工作时间和休息休假;

(六)劳动报酬;

(七)社会保险;

(八)劳动保护、劳动条件和职业危害防护;

(九)法律、法规规定应当纳入劳动合同的其他事项。

劳动合同除前款规定的必备条款外,用人单位与劳动者可以约定试用期、培训、保守秘密、补充保险和福利待遇等其他事项。

第八十一条　用人单位提供的劳动合同文本未载明本法规定的劳动合同必备条款或者用人单位未将劳动合同文本交付劳动者的,由劳动行政部门责令改正;给劳动者造成损害的,应当承担赔偿责任。

第八十二条　用人单位自用工之日起超过一个月不满一年未与劳动者订立书面劳动合同的,应当向劳动者每月支付 2 倍的工资。

资料来源:《中华人民共和国劳动合同法》,中国人大网(www.npc.gov.cn)。

本章以下专栏资料除专门注明外,均来自此网站。

2. 合理约定试用期

试用期在《劳动合同法》中并非劳动合同的必备条款,但很多企业在招聘员工、签订劳动合同时都会约定一个试用期,就这样一个看似简单的问题,在实际操作过程中,却存在很多困惑和问题,也引发了不少争议,如试用期约定是否合理合法等。

专栏9-3

《劳动合同法》中有关试用期的规定

第十九条　劳动合同期限三个月以上不满一年的,试用期不得超过一个月;劳动合同期限一年以上不满三年的,试用期不得超过两个月;三年以上固定期限和无固定期限的劳动合同,试用期不得超过六个月。同一用人单位与同一劳动者只能约定一次试用期。以完成一定工作任务为期限的劳动合同或者劳动合同期限不满三个月的,不得约定试用期。试用期包含在劳动合同期限内。劳动合同仅约定试用期的,试用期不成立,该期限为劳动合同期限。

第二十条　劳动者在试用期的工资不得低于本单位相同岗位最低档工资或者劳动合同约定工资的百分之八十,并不得低于用人单位所在地的最低工资标准。

第二十一条　在试用期中,除劳动者有本法第三十九条和第四十条第一项、第二项规定的情形外,用人单位不得解除劳动合同。用人单位在试用期解除劳动合同的,应当向劳动者说明理由。

第八十三条　用人单位违反本法规定与劳动者约定试用期的,由劳动行政部门责令改正;违法约定的试用期已经履行的,由用人单位以劳动者试用期满月工资为标准,按已经履行的超过法定试用期的期间向劳动者支付赔偿金。

3. 慎签无固定期限劳动合同

只有劳动者才享有订立无固定期限劳动合同或固定期限劳动合同的选择权利,企业没有这种权利,只有相应的法定义务。同时,签订无固定期限劳动合同后,无法定情节和理由,企业不能单方面解聘该员工。而且如果企业无法证明是劳动者主动提出签订固定期限劳动合同的,则将面临支付两倍工资的法律风险。可见,一旦签订无固定期限劳动合同,企业对员工的解聘将付出高昂的代价。

专栏9-4

《劳动合同法》中有关无固定期限劳动合同的规定

第十四条　无固定期限劳动合同,是指用人单位与劳动者约定无确定终止时间的劳动合同。用人单位与劳动者协商一致,可以订立无固定期限劳动合同。有下列情形之一,劳动者提出或者同意续订、订立劳动合同的,除劳动者提出订立固定期限劳动合同外,应当订立无固定期限劳动合同:

(一)劳动者在该用人单位连续工作满十年的;

(二)用人单位初次实行劳动合同制度或者国有企业改制重新订立劳动合同时,劳动者在该用人单位连续工作满十年且距法定退休年龄不足十年的;

(三)连续订立二次固定期限劳动合同,且劳动者没有本法第三十九条和第四十条第一项、第二项规定的情形,续订劳动合同的。

用人单位自用工之日起满一年不与劳动者订立书面劳动合同的,视为用人单位与劳动者已订立无固定期限劳动合同。

用人单位违反本法规定不与劳动者订立无固定期限劳动合同的,应当自订立无固定期限劳动合同之日起向劳动者每月支付两倍的工资。

（四）劳动合同履行中应注意的问题

1. 按时、足额缴纳及办理社会保险

在创业过程中，有的企业为了短期的成本控制，往往在社会保险的缴纳方面存在不缴纳、差额缴纳、滞后缴纳（未按时缴纳）等问题，或者是因劳动关系调整，导致社会保险转移出现的问题；劳动者提出不缴纳或隐瞒相关信息，规避缴纳社会保险责任，等等。从长期来看，这些行为将为企业带来很多不必要的麻烦和劳务纠纷。

2. 严格执行"全面履行书面合同的原则"

《劳动合同法》确立了"全面履行书面合同的原则"，即双方当事人预先将劳动关系履行过程中的内容，完全以书面的形式详细约定，如有任何变化，都要通过劳动合同的书面变更来进行。

专栏 9-5

《劳动合同法》中有关合同续签和变更的规定

第二十九条　用人单位与劳动者应当按照劳动合同的约定，全面履行各自的义务。

第三十条　用人单位应当按照劳动合同约定和国家规定，向劳动者及时足额支付劳动报酬。用人单位拖欠或者未足额支付劳动报酬的，劳动者可以依法向当地人民法院申请支付令，人民法院应当依法发出支付令。

第三十一条　用人单位应当严格执行劳动定额标准，不得强迫或者变相强迫劳动者加班。用人单位安排加班的，应当按照国家有关规定向劳动者支付加班费。

第三十二条　劳动者拒绝用人单位管理人员违章指挥、强令冒险作业的，不视为违反劳动合同。劳动者对危害生命安全和身体健康的劳动条件，有权对用人单位提出批评、检举和控告。

第三十三条　用人单位变更名称、法定代表人、主要负责人或者投资人等事项，不影响劳动合同的履行。

第三十四条　用人单位发生合并或者分立等情况，原劳动合同继续有效，劳动合同由承继其权利和义务的用人单位继续履行。

第三十五条　用人单位与劳动者协商一致，可以变更劳动合同约定的内容。变更劳动合同，应当采用书面形式。

变更后的劳动合同文本由用人单位和劳动者各执一份。

（五）劳动合同解除中应注意的问题

1. 恰当使用单方面解除劳动合同的规定

根据《劳动合同法》，除双方协商解除劳动合同以外，用人单位和劳动者任何一方要单方面解除合同，都需要提前 30 日以书面形式通知对方。只有符合几种特殊的情况规定,用人单位才有权自行决定单方解除劳动合同。这些特殊情况包括:试用期内解除劳动合同的,劳动者严重违反劳动纪律或用人单位规章制度,订立劳动合同时所依据的客观情况发生重大变化、严重失职、营私舞弊,以及被依法追究法律责任等。

2. 合理应对非过失性解除劳动合同的情形

如果出现专栏9-5中规定的某一种情形,创业企业可以选择不同的方式解除合同。相对而言,额外支付劳动者一个月的工资的方式对用人单位更有利。因为两种方式的经济成本是一样的,额外支付一个月的工资就可以解除劳动合同,双方之间的劳动关系终止后就不复存在,企业也就无需承担这一个月内的用工风险。

专栏 9-6

《劳动合同法》中有关非过失性解除合同的规定

第四十条 有下列情形之一的,用人单位提前三十日以书面形式通知劳动者本人或者额外支付劳动者一个月工资后,可以解除劳动合同:

(一)劳动者患病或者非因工负伤,在规定的医疗期满后不能从事原工作,也不能从事由用人单位另行安排的工作的;

(二)劳动者不能胜任工作,经过培训或者调整工作岗位,仍不能胜任工作的;

(三)劳动合同订立时所依据的客观情况发生重大变化,致使劳动合同无法履行,经用人单位与劳动者协商,未能就变更劳动合同内容达成协议的。

第八十七条 用人单位违反本法规定解除或者终止劳动合同的,应当依照本法第四十七条规定的经济补偿标准的2倍向劳动者支付赔偿金。

三、知识产权保护问题

传统观念中,物质资源往往被看作是企业最重要的资产,也是创业规划中的重点。如今,越来越多的企业把知识产权视为最重要的资产,创业企业也应将知识产权的保护纳入其整体规划中。知识产权是创业企业宝贵的知识资源,重要的资产和核心竞争力,是企业的命脉,尤其是对于高新技术企业来说。然而,创业者常常因为缺少对知识产权的认识,而忽略了对其的有效保护。一般来说,创业企业在保护知识产权方面存在识别不全、价值判断不准、没有合法保护和运用不当等方面的问题。因此,为避免被侵权的风险创业者应该对它们有充分的认识,并及早采取相应措施更好地加以保护。

(一)知识产权的概念及内容

1. 知识产权的概念

知识产权是指智力成果的创造人对其智力成果所依法享有的专有权利,通常是国家赋予创造者对其智力成果在一定时期内享有的专有权或独占权。它本质上是一种无形财产权,其客体是智力成果或者知识产品,是一种无形财产或者一种没有具体形态的精神财富。它与房产、汽车等有形财产一样,都受到国家法律的保护。在我国,知识产权包括专利权、商标权、著作权(或版权)等内容;在美国,除上述三方面内容外,还包括商业秘密和特许经营权。下文分别对这些权利进行概述。

2. 知识产权的内容

(1) 专利权。专利是专利权的简称,是指国家专利主管机关依法授予专利申请人及其权利继受人在一定期限内实施其发明创造的独占权。专利权属于无形资产,具有时间性和地域性的限制。在我国,专利法规定的专利权有发明专利权、实用新型专利权和外观设计专利权三种。在有的国家和地区还有商业方法专利这种特殊用途专利。

(2) 商标权。商标是指商品生产者或经营者为了使自己生产或经营的产品,在市场上同其他产品生产者或经营者的商品相区别而使用的一种标志。我国《商标法》第8条规定,任何能够将自然人、法人或者其他组织的商品与他人的商品区别开的可视性标志,包括文字、图形、字母、数字、三维标志和颜色组合,以及上述要素的组合,均可以作为商标申请注册。商标权是指注册商标所有人对其注册商标所享有的专有权利,包括:商品商标权、服务商标权、集体商标权、证明商标权和驰名商标权。

(3) 著作权。著作是指文学、艺术和科学领域内,具有独创性并能以某种有形形式复制的智力创造成果。著作权也称为版权,是指作者及其他权利人依法对文学、艺术、科学作品所享有的独占权利,包括著作人身权利和著作财产权。对于创业者来说,著作权的保护多集中于广告、网络、软件、使用他人音乐和照片等商业领域。

(4) 商业秘密与特许经营权。商业秘密是指不为公众所知悉、能为权利人带来经济利益、具有实用性并经权利人采取保密措施的技术信息和经营信息。商业秘密应当具备秘密性、经济性、实用性和采取保密措施等四个基本特征。

特许经营是指通过签订合同,特许人将自己拥有的商标、商号、产品或服务、经营模式等经营资源,授予被特许人使用;被特许人按照合同约定在统一经营体系下从事经营活动,并向特许人支付特许经营费。它与直营连锁、自由连锁并列,是连锁经营的三种类型之一。特许人通过授权给受许人,能够更迅速地开拓和占有市场,提高竞争力及加强品牌的渗透力,而受许人则依托特许人的经验、品牌和商业信誉,能够用较少的投资在较短的时间内获利。因此,特许经营是一种"双赢"的经营模式。

案例 9-1

红绿"王老吉"之争

一场关于"王老吉"商标许可使用合同争议的拉锯战在历时380多天后,最终以广州医药集团(以下简称广药集团)的胜利画上了句号,香港鸿道集团将被停用"王老吉"商标。随着广药集团收回加多宝母公司鸿道集团的红色罐装及红色瓶装王老吉凉茶的生产经营权,未来"王老吉"将由广药集团一家"独饮"。

1. 事件回顾

1997年,广药集团旗下的广州羊城药业股份有限公司王老吉食品饮料分公司与中国香港鸿道集团签订了商标许可使用合同。2000年双方第二次签署合同,约定中国香港鸿道集团对"王老吉"商标的租赁期限至2010年。2002年至2003年间,中国香港鸿道集团通过贿赂广药集团原副董事长李益民300万元,获得了"补充协议",即广药集团允许鸿道集团将"红罐王老吉"的生产经营权延续到2020年,每年收取商标使用费约500万元。这个惊人的低价,与"红罐王老吉"在市场上的红火,形成了强烈反差。广药集团认为协议中"王老吉"商标租赁合同延期到2020年是无效的,商标已于2010年到期,而加多宝则坚持协议有效。所以,协议是否有效便成为争议的焦点。

实际上,"王老吉"这个品牌在中国已经存在了185年,属于广州市国资委的资产,而广药集团作为一家国企,是这个商标的具体所有者。所以,广药集团认为,这已经涉及了严重的国有资产流失。2010年11月10日,广药集团在"中国知识产权(驰名商标)高峰论坛暨广药集团王老吉大健康产业发展规划新闻发布会"上宣布,广药集团旗下"王老吉"的品牌价值,经北京名牌资产评估有限公司评估为1 080.15亿元,成为当时全中国评估价值最高的品牌。然而,加多宝则多次在公开场合表示,"红罐王老吉"商标使用权是到2020年。这与广药集团指出的有效期2010年5月相差了10年之久。广药集团与加多宝各自表述的合同到期节点相差10年,对于品牌价值达到1 080亿元、年销售额超160亿元的王老吉,10年里可以预期的巨大利益使双方都不会轻易放弃。于是,广药集团于2011年向中国国际经济贸易仲裁委员会提交了仲裁申请,意在收回鸿道集团通过贿赂取得的"王老吉"商标10年的使用权。同时,出具了三份不同形式的"王老吉"商标损失评估报告,最高损失鉴定额达3亿多元,并将向鸿道集团及加多宝"声讨"失去的商标使用费。12月29日,"王老吉"商标案进入仲裁程序。

2012年5月10日晚间,广州药业在中国香港联合交易所发布公告称,根据中国国际经济贸易仲裁委员会2012年5月9日的裁决书,广药集团与鸿道集团签订的《"王老吉"商标许可补充协议》和《关于"王老吉"商标使用许可合同的补充协议》无效,鸿道集团有限公司停止使用"王老吉"商标。至此,旷日持久的中国商标第一案、价值1 080亿元的"王老吉"商标之争终于有了定论。这也意味着,广药集团抱得美人归。然而业内人士认为,除了凉茶市场未来将上演一场新的博弈战外,商标权益该如何保护,也会再度成为热议的焦点。

2. 商标保护再受考验

上海政法学院知识产权研究中心副主任曹阳表示,虽然"王老吉"一案关乎贿赂情况下的合同无效,属于《合同法》范畴,但是由于加多宝对红罐"王老吉"这一品牌的推广作出了巨大贡献,令商标权成为更值得探讨的对象。

据悉,由加多宝一手带大的红罐"王老吉",在国内的销量曾一度超过可口可乐,公司在"5·12"地震灾区捐赠1亿元的举动,为其赢得了极高的市场关注度和商业美誉度。

上海大学知识产权学院院长陶鑫良在接受记者采访时称,"王老吉"一案值得业内深思,究竟该如何平衡因行政程序获得的注册商标权利和因市场使用而产生的商誉权利?这对于我国现有的商标伦理制度,提出了挑战。

据悉,很多消费者尚不知晓红罐"王老吉"已更名,当大部分凉茶爱好者继续拥护"王老吉"这一品牌时,实际上是转入对广药集团的支持,预计消费者重回"加多宝"阵营还需一段时间的过渡。

为此,品牌战略专家李光斗在接受记者采访时强调:"对于企业而言,最宝贵的资产不是土地、厂房、设备,而是品牌。没有品牌的企业,市场做得再好,也如同没有地基的海市蜃楼一般,很美好,却容易塌陷。"

资料来源:根据宗河所著《红绿"王老吉"之争谢幕 商标保护再迎"大考"》,龚雯、周蕊所著《王老吉之争谢幕》及其他公开信息资料整理而成。

(二)知识产权的特征

1. 受保护权利的双重性

知识产权具有人身权利及财产权利的双重性。知识产权首先表现为一种人身权利,即署名权、发表权、修改权、获得荣誉证书和荣誉称号权等,商业标记权更直接表现为商号权。这些权利一经成立,即与知识产权所有人密不可分,除法律规定外,他人不得以任何方式出卖、赠予或转让。而知识产权的财产权是指权利主体通过对智力成果行使占有、使用、收益、处分的权能而从中获得经济利益的权利,常表现为专利人和商标权人的实际使用,取得使用费、转让费的权利,著作权人在其作品出版时获得的报酬权等。这些权利可以部分或者全部予以转让、赠予或继承。

2. 受保护对象的物质性

智力成果和商业标记都是知识产权保护的对象,它们属于无形资产。智力成果本身是无价的,但它们必须转化为一定的物质形态,也就是说,无形资产的价值是通过有形资产反映出来的。只有正式以企业实物性财产的客观形态进行固定、展示和利用,知识产权才能获得承认和保护。

3. 知识产权本质的专有性

现实中,对知识产权的占有有时并不代表具体的控制,而常常表现为认识和利用,因而比较容易成为所有人头脑中的占有。因此,必须制定特殊的法律制度,明确智力成果所有人的专有权,表明知识产权具有专有性质。

知识产权的专有性是指除了权利人同意或法律另有规定外,权利人以外的任何人都不得拥有或使用该权利,否则构成侵权行为,将受到法律制裁。具体来看,它体现了排他性和独占性。一是智力成果的所有人对其创造的成果享有独占权,任何人未经权利人许可都不得享有或是使用其智力成果;二是权利人对其成果享有专利,可以在不违反法律的前提下以自己认为合适的方式使用,并因使用而获得利益,或因允许他人使用而收取报酬;三是对同一项成果,不允许有两个或几个知识产权并存;四是一项智力成果只能授予一次专有权。

4. 受保护范围的地域性

知识产权的法律效力要受到一国或地区领土的限制,即只能在该国或者该地区领域内有效,否则不产生法律效力。如果知识产权人想让自己的权利在其他国家或地区受到保护,只能根据其所在国或地区与其他国家或地区签订的知识产权互相保护的条约或者双边或多边的对等保护原则获得保护,并按照其他国家或地区的法律规定重新办理手续后获得知识产权。

5. 受保护权利的时效性

知识产权的法定时效性是指法律所明确规定的期限,超过这一期限,权利即消失。知识产权的这种时效性因对象不同而各不相同,某类知识产权的保护期限一般只能根据其更新的周期估算出一个相对科学、合理的时间。在中国,发明专利权的保护期限为 20 年;实用新型和外观设计专利权期限是 10 年;商标权的有效期为 10 年并可以续展,续展注册没有次数限制;著作权的保护期为作者终生及其死后 50 年。

面对红绿"王老吉"、娃哈哈商标、唯冠苹果商标、乔丹商标等太多的争议,许多专家建议,企业在追求利益最大化时一定要重视知识产权的保护。对于创业企业而言,同样有必要把身边的案例作为"镜子"时常警示自己,高度重视在创业之初直至以后的知识产权保护,以免"为他人作嫁衣"。首先,创业者要确定哪些知识产权需要保护。一般可以按照以下两条原则来判断:一是是否与企业的竞争优势直接相关;二是是否具有市场价值。其次,创业者要运用审计手段来对企业的知识产权进行持续的保护。因为定期检查知识产权是否得到合理保护是企业竞争优势得以保持和完善的明智之举,并且审计中已被系统地、规律地进行记录、归档和确认的企业知识产权的相关材料,经常都可以在一些重要的场合和时间发挥证明企业价值的关键作用。

(三)知识产权方面的法律风险

从前述对知识产权的内涵及内容的介绍中不难看出,一旦某一主体取得商标、专利、著作权等,便拥有了一定时间的专用权,排除了其他主体使用的权利。在创业实践中,创业者由于知识产权相关法律知识的欠缺而侵犯他人的权利或不懂保护自己的知识产权的例子比比皆是。所以,创业者必须要系统了解这方面的法律规定,做到既不去侵犯别人的知识产权,也会依法保护自身的知识产权。

【核心概念】

个人独资　合伙企业　有限责任公司　股份有限公司　知识产权

【本章小结】

本章主要介绍了新创企业的组织形式、注册登记、银行账户的开立、创业税收以及创业用工等法律问题。对于创业者和新创企业来说,了解和把握相关的法律规定及程序,将有利于创业企业合法、顺利地运行。

首先,新创企业和创业者可以根据自身的情况,在个人独资、合伙企业、有限责任公司和股份有限公司四种方式中,选择创业企业的组织形式。

其次,创业者必须清楚,新创企业的注册登记是确认企业的法人资格或营业资格的过程,是企业在法律上成立的法定程序。因此,企业要依照有关法律、行政规章,履行登记注册手续,经工商行政管理机关核准登记,取得法人资格或营业资格。

再次,创业税收不仅涉及新创企业履行纳税义务,回报社会的问题;对于新创企业来说,获得更多的相关税收优惠是减少创业成本的机会。需要关注新创企业的税务登记、创业涉及的纳税义务及税收优惠政策、纳税筹划等内容。

最后,在创业企业运行过程中,创业者和创业企业还需要特别关注创业资源的动态整合、劳动人员及他人知识产权的依法合理使用,以及自身知识产权的保护等问题。以便尽量减少相关的法律风险。

【认知与训练】

个人任务:"练中学"。具体要求为:
请在网上模拟新办企业的工商及税务注册流程程序。

【探究与拓展】

小组任务:"比中学"。具体要求为:
请项目团队所有成员分别查阅并比较不同地区对于大学生创业的相关鼓励和扶持政策,分享各自的发现。

【课后阅读案例】

创业需要法律护航

26岁的秦亮(化名)的2006年是个苦涩的开局,大四时他经商失误,惹上了官司。纠缠了两年的案子终于二审判决,秦亮背上了100多万元的法律债务。

大四学生大胆创业

2003年在上海大学读大四时,秦亮通过熟人与中国联通上海分公司一级代理商上海美天通信工程设备有限公司取得联系,并得知美天正准备推广CDMA校园卡业务。秦亮认为可以发动老师同学购买,赢利几乎唾手可得。

由于美天要求必须与公司签协议,秦亮和几个同学又发动父母成立公司。耐不住孩子的恳求,三个下岗母亲在经济开发区注册了上海想云科技咨询有限公司。

2003年3月,秦亮和想云公司与上海美天签署了《CDMA校园卡集团用户销售协议书》,约定想云公司在上大发展CDMA手机及UIM卡进行捆绑销售,并约定想云公司对校园卡用户资料真实性及履行协议承担保证责任,用户必须凭学生证和教师证购买,一人一台等。如果想云公司发展用户不真实,美天有权停机,想云承担不合格用户的全部欠费。

火热销售后欠费

在同学老师的帮助下,秦亮的"生意"一下子很红火。秦亮一共发展了4 196户,按照与美天的协议,秦亮和想云公司可拿到10万余元的回报。

但是美天刚支付给秦亮2万元钱后,2003年12月联通公司发现想云递交的几百名客户资料虚假,有一部分根本不是校园用户,还有身份证冒用别人的,最终形成了大量欠费。

美天为此赔偿联通442户不良用户的欠费52万余元,联通还扣减美天406部虚假用户和不良用户的手机补贴款,共36万余元。

美天将想云公司及秦亮起诉到法院,要求承担上述赔偿款项,另赔偿美天406部虚假、不良用户手机的补贴差价6万余元及未归还的手机价款15万余元和卡款5 100元,总计100万元左右。

一人承担所有债务

一审法院认定秦亮借用想云公司名义与美天签订销售协议,并发动几十名学生、教师发展介绍用户,并无想云公司人员参与,故秦亮与想云公司共同承担100万元的赔偿责任。

和秦亮一起操作该业务的虽然还有很多人,但由于与美天的协议书上是秦亮的签名和想云的公章,秦亮也不想再牵连其他人进来,而想云公司本来就是为创业成立的公司,加上经营亏损,已被吊销营业执照,秦亮成了债务承担人。

秦亮不服判决,他称自己凭肉眼无法辨别证件的真伪,也没想到有人会用假证来蒙混,而业务受理地都有美天的工作人员,美天公司也有专门辨识证件真伪的仪器,但是美天却要求自己承担所有损失,显然在协议制定上也有失公平,遂上诉到二中院要求改判。

毕业两年都未找到工作的秦亮因生活困难,向法院申请缓交上诉费,法院予以准许。但是二中院经审理后,维持了原判。秦亮一分钱没挣到,反倒背上了100多万元的债务。

律师意见:创业莫忽视法律风险

秦亮的代理律师上海沪一律师事务所律师张伟民在接受记者采访时表示,这个案子前后花费了两年多时间,他也觉得秦亮作为一名大学生值得同情,收取了最低的律师费,但是法律无情。

张伟民表示,这个判决对很多正处于创业热情中的大学生来说是一个借鉴。大学生创业作为一种社会实践是可行的,但目前是市场经济,风险不会因为你是大学生就有特别待遇。他认为,关注、扶持大学生创业,除了资金扶持外,一定不能忽视法律的扶持,最好有法律顾问,在签署合同、洽谈业务中可以帮助把关,规范操作以降低创业风险。

承办此案的法官也表示,当前,大学生校园经商、创业颇为时尚,但经商学生法律知识欠缺,社会阅历浅薄,又缺乏正确的引导和规范,结果非但未赚到钱,反而尚未毕业就背负一身的债务,给本人和家庭带来沉重负担。对此,也给准备下海经商的大学生们提个醒:商场有风险,入场需谨慎。

资料来源:根据相关公开信息整理而成。

讨论题:根据案例,您认为在创业合作中要关注哪些方面的法律风险?如何防范?

第十章 创业企业的管理创新

【学习目标】

1. 了解创业企业成长各阶段的特点及其面临的风险。
2. 明确创业企业成长各阶段的管理。
3. 对创业企业的扩张有清楚的认识。
4. 熟悉创业退出管理的一些方式。

引导案例

经营一家盛产人才的企业

从2002年如家在北京建立第一家如家快捷酒店,5年之后,2006年如家在纳斯达克上市,到2010年6月我们拥有近700家酒店,市值超过100亿元,到2011年酒店扩张到1000家,员工达到3.5万名。如家超常规可持续发展,到底依靠什么?

我们认为主要有三个成功要素,第一是我们很幸运生在中国这样一个高速发展的国家。第二,我们有领先的商业模式。如家的成功,抓住了人们生活水平提高之后的住宿需求,需要舍去奢华酒店设施,仅需要"一夜安睡"的品牌酒店服务。第三是我们有一支具有相同价值取向、具有战斗力的强大团队。

商业模式可以模仿。唯有一支具有战斗力的、能持续执行战略的团队,以及它背后的文化,是无法模仿的。因此,如家能取得持续成功的核心内在要素,就是我们的人力资源战略,就是我们不断复制具战斗力队伍的能力,就是打造如家"家文化"的能力。

人才辈出的系统是决定因素

战略正确之后,人是决定因素。如家创业8年来,始终思考:人才从哪里来?如何保持原有的战斗力?

在发展理念上,我们认为企业未来的发展,是基于人力资源的发展和成功,是尊重人才,建立一个人力资本体系,把人力资源作为如家集团的资产去添置,去维护。而不像有的民营企业老板,认为人多的是,你爱干不干,不干有的是人抢着干,不珍惜人才。

在人力资源实务上,我们建立了招聘、培育、留人等构成的、完整独特的体系。很多民营企业都把人才战略挂在嘴边,画在墙上,但到了运营环节,就因为这样那样的原因,无法建立一个人才辈出的人力资源体系。这就是几乎百分之九十的民营企业老板都抱怨缺乏人才的基本原因。

在招聘环节,如家建立了由"复制、分裂、孵化"三大系统组成的人才入口机制。

一是复制机制。由于企业快速的发展，我们每年要招聘200位左右的酒店总经理。新加盟人员对如家标准的熟知是关键。为此2004年起，我们就建立了如家管理大学，对招聘的所有人才，都要从文化、管理、流程等，进行全方位的培训。我们每年投入800多万元做培训，人才复制系统是我们成功的基础。二是分裂机制。我们强调利用自身资源培育人才，让低层人才有机会成长为管理人才，有机会担当更大的重任，这是我们的人才细胞式裂变系统。三是孵化机制。我们每年招聘几百个大学生，这些人一般经过5年都要走上管理岗位。为了提高酒店人才素质、水平，我们招聘大学生后开始着手进行战略性人才孵化。

在培育人才环节，如家建立了独特的人才盘点体系。我们每两年盘点一次现有的人才架构、定义未来的发展机会，让所有的同事都知道未来的发展状况。我们的盘点计划分为"头、腰、脚"三个层面。对"头部"，也就是酒店总经理，我们建立施肥计划，聘请国际领先的人力资源公司HAYGROUP，对酒店总经理能力素质模型进行建模，并对如何建立这种素质开展培训，搜集案例。施肥不是一次性的，而是每年都要回炉，进行针对性的施肥。对"腰部"，我们实施TOP计划，培养具有担任酒店总经理潜质的人才，提高"腰部"的硬度。对"脚部"，也就是底层员工，很多企业管理者没有时间和精力去顾及，没有时间一次次重复培训同样的内容，这导致底层员工获得的有效培训很少，为此，如家采用了电子化手段和轮岗解决这个问题，建立了E-learning网上教育，开展岗位互换式培训。

人才与企业良性互动发展

在中国，很多企业喜欢挖现成的人，不喜欢花成本培育具潜力的新人。原因往往就是这厢刚培训成熟，那厢就离职高就了。如何才能使每年投入数以百万计的培训费，不是给竞争对手做嫁衣？如家为此还在"硬和软"两个方面下功夫留住人才。"硬"的方面包括薪酬待遇和发展空间。薪资待遇体系中，体现员工薪酬与企业成长相一致，而酒店总经理等管理层，则有期权等利润分享计划。人与企业的良性互动发展，是企业留住人才的关键。从这个意义上说，企业保持结构性的增长，不断优化商业模式，使企业不断向前发展做大，也非常重要。

在"软"的方面，就是要塑造一个有利于企业员工工作和生活的环境，也就是"家"文化——快乐文化，助人文化。什么是快乐文化？是不是每天多发点钱，员工就快乐？其实，人性最柔软的部分，就是受人尊重，尊重的基础是平等。在如家没有官位之分，只有岗位不同，职责不同，扫地阿姨与CEO都是平等的，都是可以轻松地在一起聊家常。尊重还建立在对员工关注的基础上，远在新疆喀什的店长，我根本不知道他在做什么，怎么关注到他？如家早年有108将，也就是有108个管理干部，作为CEO，我都能记住他们，开会时都能叫出他们的名字。每天早上6点半打开手机，看一圈各个酒店的业绩变化，特别是对进入新市场的酒店，哪怕取得一点进步，公司都要给经营团队和员工发去贺信。这种关注让员工产生价值感，信任感，也使他们轻易不愿意离开企业，去服务一个新的、陌生的老板。企业文化的最终目标，是使员工对企业建立归属感，遇到客人时，能发自心底地帮助他们，尊重他们，实践如家所提倡的助人文化。

> 总之,建立整体人力资源战略,不是一天就能做成的,需要坚持不懈,才可能建立人才辈出的企业,才能不断复制企业的战斗力,才能实现我们 2020 年开 3 000 家店的宏伟目标!
>
> 资料来源:孙坚.经营一家盛产人才的企业[J].经理人,2010,(09):10-11.
>
> **讨论题:**请分析如家保持企业持续发展的原因。创业者应从中吸取哪些管理经验?

第一节 创业企业的成长管理

像所有的有机体一样,企业也有自身的生命周期,要经历从筹备到建立、起步、发展、成熟、衰退乃至灭亡的过程。企业生命周期如同一双无形的巨手,始终左右着企业发展的轨迹。一个企业要想立于不败之地必须掌握企业生命周期的变动规律,并及时调整企业的发展战略,面向市场推动该企业的稳定、健康发展。对于新创企业而言,其成长阶段指的是从筹备到成熟之前的各个时期,可以划分为萌芽期、创立期、成长期和成熟期。各阶段的特征不同,所承担的任务和面临的风险也不同,从而对各阶段的管理要求也有很大的差异。

一、创业企业的成长阶段及其特点

(一)萌芽期

萌芽期是创业者为成立企业做准备的阶段。这一阶段的主要特征有:① 企业的事业内容是作为"种子"的创意或意向,尚未形成商业计划;② 产品或服务、营销模式还没有确定下来;③ 创业资金也没有完全落实;④ 创业者之间虽然已经形成合作意向,但是并没有形成团队。此时,创业者需要投入相当的精力从事以下工作:验证其创意的可行性并评估风险;确定产品或服务的市场定位;确定企业组织管理模式并组建管理团队;筹集资本以及准备企业注册设立事宜等。

新创企业在萌芽期的风险主要有两种:决策风险和机会风险,表现在对项目的选择上。决策风险也就是因为错误地选择项目而导致创业失败,由于新创企业在人力、物力和财力方面的资源匮乏,获取市场信息的渠道有限,一旦选择项目失败,就意味着创业努力付诸东流;而机会风险是指作出一种选择而丧失其他选择的机会,创业者一旦选择创业,就会失去其他的机会,比如放弃原有的工作、失去在其他方面的发展机会等。由于处于萌芽期,创业企业尚未成立,所以,在经济方面的风险相对较小。

(二)创立期

创业企业成长的第二阶段为创立期,一般以完成注册登记开始运营为标志。这一时期,企业已经确定业务内容,编制并按照创业计划向市场提供产品或服务,但是业务量相对较小,市场对产品和企业的认知程度较低,企业面临生存的挑战。该阶段创业活动的特征为:① 企业虽已经注册成立,但实力较弱,依赖性强;② 产品或服务已经开发出来,处于试销阶段,产品方向尚不稳定;③ 创新精神强,企业拥有较为灵活多变的经营策略;④ 人员逐渐增多,创业团队的分工日益明确,但管理水平较低,经常是无章可循和有章不循的现象同时存在等。与上述特点相对应,创业企业在起步期的创业活动主要围绕以下方面进行:撰写商业计划书;根据试销情况进一步完善产品或服务,确定市场营销管理模式;明确盈利模式;形成管理体系,扩充管理团队;筹集创立资本。

创业企业在创立期的风险与萌芽期相比会明显增加,主要包括:① 市场风险。因为需求量、价格、资源匮乏等方面的原因导致企业在市场上尚未站稳脚跟,需要各方面扶持,产品和服务可能得不到消费者的认可;② 管理风险。由于管理方面的原因导致管理不规范、效率低下、成本上升,从而使企业产品或服务的竞争力可能丧失;③ 财务风险。处于创立期企业的财务方面通常表现为净现金流量为负值,由于尚未形成规模,加上在产品的研制与开发、市场调研、广告、公共关系等方面投入较大,收益少,现金入不敷出,而且企业对现金收支预测和控制能力往往较低。所以,如果不能进行全面而有效的内部控制,势必会使企业的经营活动陷入困境。

(三) 成长期

创业企业创立后如果能生存下来,并获得一定的发展,一般就会进入成长期。成长期是新企业发展的关键时期。一方面,企业的战略重点发生了由生存转向争夺发展机会和资源的转移;另一方面,创业团队又要保持清醒的头脑,避免因盲目扩张使企业陷入困境。成长期的特征主要表现在以下几个方面:① 产品进入市场并得到认可,生产和销售均呈现上升势头,产量提高导致生产成本下降,而市场对产品或服务的认可又能促进销售,从而形成良性循环;② 企业的生存问题已基本解决,这时企业具有较强的活力及相应的发展实力,所以通常发展速度快,波动小;③ 管理逐渐系统化,随着企业规模的扩大和人员的增加,部分企业开始实施多元化战略;④ 企业专业化水平提高了,并且企业开始注重发展与其他企业的联合关系,使企业之间的协作能力有所加强;⑤ 产品和服务形成系列并逐渐形成品牌,企业的声誉和品牌价值逐步得到提升等。

该阶段的创业活动较丰富,包括:根据市场开发情况,尽快确定相对成熟的市场营销模式;适应不断扩张的市场规模和生产规模的需要,进一步完善企业管理,并考虑企业系列产品的开发或进行新产品的开发;根据企业的实际情况,及时调整企业的经营战略,筹集运营资本等。

总体来看,处于此阶段,创业企业在资金、人员数量、技术水平方面都较创立阶段有显著提高,但对资源的管理和利用等却成为管理中的新问题。成长期面临的风险主要有冒进风险、技术风险、管理风险和财务风险。① 冒进风险是指企业进入快速成长期之后,因为急于求成盲目生产规模导致资源分散,引起财务状况的恶化;② 技术风险则意味着由于技术的普及和竞争对手的模仿使得新创企业原有的技术优势逐渐丧失;③ 管理风险是指企业规模扩大后,由于管理手段、能力等跟不上而出现的一些问题,比如人工成本上升、沟通渠道不畅、冒险精神降低、经营系统不适应成长阶段规模放大后的压力等;④ 在财务方面,企业表现为投入较大,收入也颇丰,现金流可正可负。此时企业为扩大经营,往往会选择举债的方式,如果债务规模控制不当,则会给创业企业带来较大的财务风险。因此,创业团队要及时把握企业成长中的这些变化,并作出相应的调整和完善来尽早克服这些弊端,使企业继续走在持续发展的道路上。

(四)成熟期

创业企业从完成起步到成熟并不是一蹴而就的,而是一个逐步发展的过程。一般来说,当企业经过初创期后,随着产品市场占有率的上升,会有一个快速成长的阶段;但是快速成长并不会一直持续下去,当正现金流出现的时候企业会进入稳定增长的时期;当企业成长开始稳定之后,产品在市场上的影响逐步扩大,产品品牌优势形成,企业就步入了成熟阶段。

成熟期的企业,销量比较大,企业战略已经比较成型,但是增长开始缓慢,其主要有以下特点:① 随着企业规模的扩大,其发展逐步由外延式转向内涵式,由粗放经营转为集约经营。这使得企业的发展速度减慢,甚至出现停止发展的现象;② 组织机构臃肿、活力下降、组织结构不能适应发展的需要;③ 资本负债率高;④ 凝聚力和创新精神衰退等。如果不能及早采取相关措施解决这些问题,企业就会走向衰退乃至灭亡。

综上所述,创业企业不论处于成长的哪一个阶段,都有其相应的特征和面临的问题和风险。因此,创业企业和创业团队要认真做好所处阶段的工作,仔细分析面临的风险,有效把握各个阶段可能出现的突出问题,并在创业过程中注重企业成长的内在规律,根据各个成长阶段的特点,实施行之有效的管理。

二、创业企业成长各阶段的管理

创业企业不论处于成长的哪一个阶段,都有其相应的特征和面临的问题和风险。因此,企业要想持续发展,不管企业将会出现上述哪些危机和问题,都必须尽快、及早地加以解决。企业成熟阶段的管理是整体性的,其重点在于企业战略的重新规划,组织及文化等方面的建设。新创企业和创业团队要认真做好所处阶段的工作,仔细分析面临的风险,有效把握各个阶段可能出现的突出问题,并在创业过程中注重企业成长的内在规律,根据各个成长阶段的特点,实施行之有效的管理。

(一)初创阶段的管理

创业企业面临的关键问题是企业的基本生存问题。没有生存,何谈发展?由于萌芽期和创立期的相关管理都关系到创业企业的生存。所以,我们将它们所涉及的管理称为初创阶段的管理。

1. 主要任务

(1)求生存。也就是先求生存,千方百计地活下来,然后再求发展,不要被其他市场力量所"消灭"。其实道理很简单,很难想象一个注册资金几万、几十万的小公司亏损了一两年后还会有信心、耐心和能力继续经营。

（2）获积累。在这个阶段,企业一般规模较小或很小,只有几个人,几乎没有长期的战略计划,因此,一切的经营活动都应围绕怎样获取利润、想方设法地合法积累资金等来开展。

（3）育优势。创业者要培育某一方面的资源优势,否则很难立足。所谓资源优势包括以下一项或几项：① 技术优势或某种专业技能优势；② 资金优势；③ 渠道优势；④ 拥有消费群体特别密切的联系；⑤ 经营场所优势。创业企业获得和认清自己的资源优势后,要尽最大努力发挥自己的优势,并利用这个优势迅速获取利润。

2. 初创阶段需要注意的问题

（1）周期性评估自己的财务能力。企业是由人才、体制、产品和资金等组成的。资金不足,势必造成创业者财务负担过重,无法拓展新的事业。因此,创业者要有"有多少实力做多少事"的观念,周期性评估自己的财务能力,适当地利用财务杠杆来扩大自己的经营业绩,但不要过度举债。如果一个企业只有空壳,没有实力,那么,遇到风险可能就一命呜呼。

（2）尽可能地建立策略联盟。新创企业羽翼未丰,自然需要与同行企业建立策略联盟关系。如果在自己缺乏某一方面能力或资源时,建立企业策略联盟,就可以除经营自有产品之外,还能经营其他企业技术相近度高的产品。这样,不仅能够借助市场组合资源和能力,提高本企业对客户的吸引力,满足顾客的需求；而且有助于增加本企业的利润,搭建起企业的长远营销平台,达到完成生产经营活动的目标。

（二）成长阶段的管理

在这一阶段,创业企业开始由小变大,实力逐步增强,然而处在这个阶段的企业也有其自身的危机,需要通过加强管理来推动其获得持续的发展。

1. 主要问题

（1）盲目跟风。有些创业者在确定经营方向时爱盲目跟风,对市场上暂时的需求匆忙做出反应,导致了"恶性竞争"的来临。然而,市场运作有其自然周期。这都是由于创业者缺乏全面管理的能力、草率估算企业的资金需求、错误选择设备和技术以及未对市场进行充分调查导致的。

（2）管理不当。由于在初创期,新企业重点关注的是其生存问题,往往无暇顾及经营和管理知识的系统学习和积累,经营业绩多是随机波动的。创业团队未能建立一套合理、有弹性和有效率的制度,往往会出现用人不当、财务制度漏洞、员工有损公肥私的机会等问题。此外,许多创业者在企业发展过程中,没能做到与员工的有效沟通甚至是合作,不够重视员工的利益,常常可能造成人才的流失。

（3）技术单一。这个阶段技术的普及和竞争对手的模仿使得新创企业原有的技术优势可能逐渐丧失,不能适应新企业长期发展的需要。

2. 管理对策

根据上述成长阶段企业面临的风险及问题,创业者需要进行适当的危机管理。具体从如下几个方面来进行：

(1) 仔细分析市场。充分了解市场的潜在需求量、占有率、销售渠道以及竞争对手的情况。分析对手的经营战略和运作策略，而不是一味地跟风，凭感觉做事。

(2) 规范组织结构和人员管理。在这个阶段，创业企业应将组织结构相对固定化和制度化，规范日常经营管理工作，健全管理制度，建立内部正常的信息流通渠道，保障团队成员间沟通的顺畅。人是企业能力的载体和综合反映，因此，需要对企业中的各级各类员工进行相应的培训工作，使他们学习和积累更多的技术、经营、管理知识和经验；此外，还要重视员工的权利和利益，以此避免人员的流失。

(3) 强化核心能力。为解决竞争对手的模仿致使企业优势的消失，创业企业应在这一阶段，寻找新的机遇和切入点，通过创新，增强自己的核心能力，并在企业内部建立共同学习机制，创新企业的氛围。这里的创新，不仅包括技术创新，还应该有观念更新、经营模式的创新。只有这样，企业才能取得更多的优势和资源，把握有效的客户群，在市场占据一席之位。

（三）成熟阶段的管理

一般看来，成熟期的创业企业似乎已走到了其发展的最高峰。但是，企业发展进入成熟阶段后，增长变得比较缓慢，企业的战略已经比较定型，企业可能取得大的成功；企业也有可能利润微薄，不能补偿前期产品开发及市场开拓费用，而面临失败的危险。很多处于此阶段的企业所面临的问题，往往会导致企业陷入非常严重的困境甚至出现破产的危机。

1. 主要问题

(1) 冒险精神降低。到了成熟期，创业企业通常会受自身已取得的很多业绩的影响，一般会不太愿意涉及有风险性的投资和事业，使企业以一种固有的状态发展。然而，这样固步自封的发展状态必定不利于企业应对行业内的激烈竞争，很容易被对手挫败。

(2) 组织活力下降。随着规模的不断扩大，机构也就越来越多，但其关键职能和核心流程却没能真正得到强化，有些企业甚至得了所谓的"大企业病"，主要表现为组织结构僵化、人浮于事、低效经营等。

(3) 沟通难度加大。随着企业成员、部门和管理层级的增加，信息在企业内很难正常流动，出现了沟通时间越来越长，但效果却越来越差的情况，其主要表现是：创业者往往变成问题的处理者，难以较好地履行新企业管理者的职责；组织内部成员间、企业与顾客间的距离越来越远；协调成本增加等。

(4) 企业目标模糊。创业企业的诞生往往是由于一个好的创意，也就是说，初创时企业的目标非常明晰，创业者能简明扼要地就可以阐述所从事活动与目标间的关系。然而，随着企业边界的不断变大，企业控制的资源多了，市场也在扩大，各种关系、联盟和获得的支持也在增多，企业的关注点却不如创业初期那么集中，组织的目标也变得不够清晰了。最为典型的就是对多元化的热衷。

(5) 激励成本增加。到了成熟期，企业员工的工作热情与创业初期和成长期相比，出现了一个非常大的变化，即员工逐渐变得"懒惰"，即便是创业者想了很多办法，比如：加薪、培训、工作设计得富有乐趣、出国旅游奖励等，也很难调动其工作积极性。

因此,企业要想持续发展,不管企业将会出现上述哪些危机和问题,都必须尽快、及早地加以解决。企业成熟阶段的管理是整体性的,其重点在于企业战略的重新规划,组织、活力及文化等方面的建设。

2. 管理对策

(1) 调整企业的战略规划。在创业企业规模日益扩大的同时,加强对企业的管理显得非常的重要。所以,解决规模与管理的矛盾,创业者就要从战略和长远的角度,首先对企业的发展进行重新规划,找到适宜的扩大企业规模的路径和方式,对管理进行必要的变革,并不断注入新的创业精神。同时,创业者还应对自身管理能力进行客观和全面的评估,并根据实际情况,在继续依靠自有团队管理企业与引入专业人员管理企业间做出选择。

(2) 提升组织和人员的活力。构建和发展组织,与创建商业模式是完全不同的两件事情。通用的杜兰特用其独到的商业眼光和天赋建立了通用最初的经营模式,但斯隆则用其理性的思维为通用构筑了一个能运行近一个世纪的组织。尽管通用的商业模式和经营理念与初创期相比发生了很多变化,但组织最基本的信念等并没有太多的变化。所以,进入成熟阶段,企业需要的是"质"的成长,构建组织需要更多精心的设计,这是一个反复权衡的过程,它需要设计者既要保持企业的创新和精神,还要构建一套机制和体系来保证企业独立的运行。一是对企业的流程进行必要的改造和重组,重点是保持企业经营的弹性和张力;二是适当引进有管理经验的中高层管理人才,或者选拔能力突出的内部人才,强化企业的经营管理的职能;三是注意调整和完善企业的薪酬和激励制度,形成对内外部人才的吸引力。

(3) 加强对企业运营的管理。重点对市场、产品和营销等方面的战略或策略进行完善。一是通过挖掘现有产品的潜在客户、寻找新的细分市场、吸引对手的客户等方式,来扩大自有产品或品牌的客户群;二是从质量、特点、新用途和外观等角度对现有产品进行改进,来吸引新客户或增加老客户的使用量,以保持产品的生命力;三是通过对现有产品价格、分销渠道、促销手段、服务等方面的分析和评价,提出有利于刺激成熟产品销售的营销组合策略。当然,企业推出新的服务策略或营销组合手段后,往往会被竞争对手模仿。所以,企业还必须加强对品牌的管理,即根据成熟期企业的产品、市场和竞争的特点,进行适当的品牌延伸管理,比如:通过产品从选料到生产制造直至服务等一系列的展示,向客户宣传企业的责任和价值理念及做法;积极和持续地维护客户关系等,来提高客户对企业品牌的忠诚度。

(4) 提高企业的财务控制能力。根据企业新的战略,开发企业的财务管理系统、内部控制系统,有效安排企业的支出。通过对生产、人力等成本的控制、对研发费用的保障和企业财务信用的维护等管理方式,使企业能有效地防范风险,取得良好回报。

(5) 重视对企业文化的建设。除做好上述相关管理工作外,企业还需加强团队建设,增强组织的凝聚力,继续保持和弘扬企业的团队精神和创业精神。

基于上述分析可知,处在成熟期的企业会在很多方面遇到新问题和挑战,这就需要创业者及早转变观念,尽快找到突破口,通过转型升级,是企业获得持续发展。否则,企业将一衰而衰不可收拾,最终走向消亡。

第二节　创业企业的扩张管理

企业扩张是企业发展的必由之路,是企业存在的必然需求。科学合理的扩张在扩大企业规模的同时,也会快速提升竞争力,为企业创造价值打下坚实基础。企业的扩张按照不同的角度分类会有多种扩张方式,比如：一体化扩张、多元化扩张；内生式扩张、外源式扩张、平衡式扩张；品牌扩张等。本节主要介绍特许经营与并购两种扩张方式。

一、创业企业扩张面临的挑战

如果创业企业扩张提供的是人们熟悉的产品或服务,那么面临的最大挑战将是如何与老牌公司竞争。如果是从一个全新的想法出发,面临的挑战是如何让受众了解产品、看到产品存在的必要性以及购买它的好处。不论企业选择哪种扩张方式,都会有以下几大挑战。

（一）激烈的竞争

中国是一个巨大的市场,同一个领域有非常多的竞争者在同时争夺市场份额。比如：团购行业曾经是中国互联网市场竞争最激烈的领域之一,刚刚过去的滴滴、Uber 之争也是如此。单纯的创意很容易被模仿,竞争者会纷纷加入。要在激烈的市场中胜出,几率非常小。优先考虑进入哪个市场以及选择合适的商业模式是非常关键的。

（二）生态、法治、政策环境的影响

对于创新或者创业扩张来讲,需要一个很好的生态系统。丛林生态并不可怕,可怕的是潜规则生态。

中国市场需要更完善的法治环境,尤其是对知识产权的保护。现在,国内对于知识产权的保护还不到位。除了注册专利,创业企业的经营策略也要适应这种环境,是缓慢发育,还是野蛮生长？企业扩张的过程中有可能触碰一些政策监管的边界。是选择单打独斗还是依附在大树下,也是需要考虑的。

（三）管理方式的转变

在企业扩张的过程中,要增加销售额,攫取市场份额,那么员工数量、创造品牌和开发客户服务等方面都需要相互匹配,对于管理者来说,如何转变管理方式、经营组织是一个非常大的挑战。

（四）持续稳定开放的心态

企业扩张的过程中,不可操之过急,要多学习扩张转型成功的企业。如何在面对各种困难时保持一个稳定开放的良好心态也是一大挑战。

二、创业企业扩张的途径

(一) 特许经营

1. 特许经营的含义及特征

(1) 特许经营的含义。特许经营是连锁经营的特殊形式,从本质上说就是一种以契约方式构筑的特许人与受许人(或被特许人、加盟者)共同借助同一品牌,在同一管理体系的约束下,实现市场拓展,进而实现双赢或多赢的营销方式。在契约关系下,特许人为受许人提供包括产品、价格、分销和促销在内的一套模式化的生产、技术及营销方法,受许人为此向特许人支付一定的费用。特许人与受许人之间不是雇佣关系,也不是从属关系,而是平等的伙伴关系。特许人与受许人都是投资主体或独立的企业。这就意味着,受许人的产权关系并不因特许经营而发生变化,受许人依然是其自己企业的所有者。在中国,特许经营越来越受到创业企业的重视,并日益成为拓展市场的重要形式。

(2) 特许经营的特征,一是资产独立性。特许经营店之间以及特许经营店与总公司之间的资产都是相互独立的,也就是加盟者对其店铺拥有所有权,店铺经营者是店铺的主人。二是独立核算。特许经营店与其总公司都是独立核算的企业,特许店在加盟时必须向总公司一次性交纳品牌授权金,并在经营过程中按销售额或毛利额的一定比例向总公司上缴"定期权利金"。三是加盟者与盟主是纵向关系,各加盟者之间无横向关系。四是特许连锁公司与其授权成立的特许店之间的关系是平等互利的合作关系,特许公司在经营管理上往往不采取强制性的措施,一方面通过特许合同规定双方的权利义务,另一方面则是通过有效的服务、指导和监督,引导特许店的经营行为。因此,对特许连锁公司来说,最重要的是特许转让合同,并树立为特许店服务的观念。

2. 特许经营的类型

特许经营的类型可以从不同的角度来划分。比如:按特许人与受许人的身份划分,可分为制造商-批发商、制造商-零售商、批发商-零售商、零售商之间四种类型;按特许权授予方式又可分为一般特许经营、委托特许经营、发展特许经营和复合特许经营四种类型;按特许内容的不同又可分为商品商标特许经营和经营模式特许经营两种类型。以下主要介绍按特许内容划分的类型。

(1) 商品商标特许经营。它是传统的特许经营形态,是一种产品转让形式,即特许人向受许人转让特定品牌产品的制造权和经销权,包括技术、专利等知识产权以及在规定范围内的使用权,但对受许人所从事的生产经营活动不作严格的规定。其典型的例子有福特汽车、可口可乐等。

(2) 经营模式特许经营。这是一种新型特许经营方式,目前人们通常说的特许经营就是这种类型。它不仅要求加盟店经营总店的产品和服务,而且要在店铺标识、名称、经营标准、产品和服务质量标准、经营方式等,都要按照特许公司的方式进行;受许人交纳先期加盟费和后继不断的权利金,这些经费使特许人能够为受许人提供培训、研究开发和不断的支持。这种模式发展很快,典型的例子有全聚德、肯德基等。

3. 特许经营的利弊

特许人拥有品牌和经营技术，而受许人拥有资金、场所和人力等经营要素，两者结合发挥了巨大发展潜力，可以促进了社会资源的合理配置和重新整合。然而，对于加盟特许经营的受许人来说，特许经营给特许人和自身所带来的利与弊才是他们最为关注的。

（1）特许经营的优势。特许人不需参加加盟店内部具体管理工作，可减少资金和人力资源的投入，以最小的资本风险扩张企业。使企业有可能更广更快地分销，开发新的领域，进一步增长企业的价值。而对于受许人来说，不必从头开始，采用特许人良好的品牌形象和成功的连锁经营实践经验，从而避免了可能失败的危险，降低了投资风险，赢利的机会也较大。并且可以从特许人处获得集权低价采购的好处，得到他们在经营、管理、培训、法律、财务上的全面支持和指导，在统一宣传与促销活动中也受惠不少。

（2）特许经营的弊端。对特许人来说，由于管理网络组织的日益庞大，难以保证受许人产品和服务质量达到统一的标准，可能会导致标准化、规范化程度的降低。另外，由于与加盟者之间长期合作，矛盾增加，容易出现新的冲突。而对于受许人，其必须向特许人交纳一定的加盟费和管理费，受到总部基于对整体运作思路考虑所制定的严格要求的限制和约束，并随时要承受总部品牌价值的降低对自己产生的不良影响所导致的一切后果。

（二）并购

1. 并购的含义

并购是兼并与收购的统称，它是企业实现资本扩张的重要途径。兼并通常是指一家企业以现金、有价证券或其他形式购买取得其他企业的产权，以使被兼并企业丧失法人资格或改变法人实体，并取得对这些企业决策控制权的经济行为。收购是指企业用现金、有价证券购买另一家企业的部分资产或股权，以获得该企业的控制权。由于在实际运作中它们联系远远超过区别，所以通常将兼并、收购统称为"购并"或"并购"，泛指在市场机制下企业为获得其他企业的控制权而进行的产权交易活动。

2. 并购的方式

企业并购的方式主要有承担债务式、现金购买式和股份交易式。

（1）承担债务式的并购。承担债务式的并购是指在被并购企业资不抵债或资产债务相当的情况下，并购方以承担被并购方全部或部分债务为条件，取得被并购方的资产所有权和经营权。采用这种并购方式，并购企业短期无需筹措大量资金，从而可以减轻并购方的资金压力，可以降低其并购成本。但是，这种方式的被并购企业资产负债率一般较高，可能会导致并购方背上一个沉重的负债包袱，甚至可能由此会被拖垮。

（2）现金购买式的并购。现金购买式的并购指的是并购方筹集足够的资金购买被并购方的全部资产或股票实现并购。这种方式的优点在于操作简便、迅速，但是需要付出大笔资金，可能会给并购方带来暂时的财务困难。

（3）股份交易式的并购。股份交易式的并购是指并购方以自己企业的股票与被并购方的股票进行交换、或与被并购方企业资产进行交换。这种方式兼有上述两种方法的优点，但是由于会改变双方原有股东的持股比例，可能会遭到股东的反对。

3. 并购的利弊及应遵循的原则

(1) 并购的利弊。并购的优势在于：有利于调节生产，优化资源配置，推动经济发展；有助于企业整合资源，提高规模经济效益；实现多元经营，分散企业风险；通过并购打破壁垒，为今日新市场提供条件；通过企业并购可以增加企业的营业收入，提高企业的经营效率。同时，并购也存在着诸多弊端。从法律角度看，由于相关法律规范不系统、不统一，缺乏实践指导意义，企业并购完成后，可能并不会产生协同效应，并购双方资源难以实现共享互补，甚至会产生营运风险等。

(2) 并购应遵循的原则。一是仔细选择并购对象。要确保目标企业的特点正是企业所要寻找的。不要勉强自己，否则可能会付出高昂的代价。同时要记住，两家企业之间的文化融合是使收购得以成功的最关键因素之一，否则企业会付出高昂的代价。二是邻近原则。大量证据显示，较为稳妥的并购方法是进入邻近产业，这是对企业现有业务组合的合理扩展，并且可以循序渐进、逐步实施。事实上，并购邻近产业有助于公司利用自身的隐形优势，比如管理知识和技能、客户洞察以及文化定位；同时，也有助于保持品牌内涵的一致性。三是实行组合管理。创业企业不应该怀着侥幸心理去"赌一两把大的"，而应该实施多起小规模收购。采用组合策略的典型好处就在于增强了长期财务结果的可预测性。另外，它还有助于满足处于不同发展阶段的企业的投资需求。四是切勿饥不择食。从战略层面上讲，"饥饿"意味着管理层会认为企业紧缺某种要素，但这并不是说企业可以贸然收购，用收购来弥补企业现有业务的糟糕业绩也是有问题的。

(3) 并购应关注的要点。一是并购中要有创造力。如果在并购中按收益分期付款方式是唯一明智的方式，就要创造性地使用这种方式，并把它加到并购合同中去。二是债权和债务的审查。作为购买者，创业企业应该知道，通过最后审查过程能够发现并购对象的债权和债务状况。三是服务合同的审查。要仔细审查有关员工服务合同的条款，这里面可能包含一些企业还未发现的隐性支出，比如：如果员工已服务 20 年，要按照新组成企业的需要来安排他们，并使部门安排和人事设置上更合理一些，这就很可能需要在富余人员或解雇人员身上花费一笔数额不小的费用。此外，还要注意保持并购双方企业额外津贴的一致，否则会导致两边员工的抱怨。四是考量自身的管理优势。对创业企业而言，采用并购手段来实现增长的做法其优点和缺点都很明显。在决定是否进行并购时应该考虑的一个重要因素，就是看企业的管理团队是否具有优势。并购一家企业是一件非常耗时间的事情，而且可能需要把企业的很多核心人员从原来的业务中抽调出来一段时间。如果企业能在这些方面处理得比较好，回报将很快来临；否则，如果对这些问题重视不够，并购可能导致的危机将会使企业在资金上陷入困境。五是时间的安排。在收购过程中，无论从自身企业的运转还是目标企业的管理方面来讲，时间的合理安排都是至关重要的。六是并购的整合。要有充分的心理准备，因为并购各方面的整合不是一蹴而就的，尤其是文化融合方面。

第三节 创业企业的退出管理

对于创业者来说，不论是何种动机和原因，也不论企业经营得多么成功，他(们)迟早是要从所创建和经营的事业中退出。所以,退出的问题和相关方式,创业者最好在创办企业时就加以考虑,也应该做好相应的规划。应该说,审慎地设计一系列合理的退出策略,对于创业者个人及其创业的成功,或者财富的积累都是非常重要的。在确定适当的退出策略之前,创业者应当征得一些局外人的建议。每一个企业的环境都是不同的,实际的决策将依赖于创业者的目的而定。以下我们将探讨一些可能的退出方式,主要包括企业移交和出售。

一、创业企业的传承

通常,许多新企业会被创业者移交给家族成员;当然,如果家族中没有人对企业感兴趣,创业者也可能会将企业移交给非家族的企业成员继续经营。而这两种途径对退出管理有不同的要求。

(一)将企业移交给家族成员

1. 可能会遇到的问题

要成功地将企业移交给家族成员经常会面临一些难以克服的困难。据专家估计,企业从第一代到第二代所有者的移交过程中,有半数的尝试都以失败告终;而在向第三代所有者转移中,获得成功的就更少了。在向家族成员移交的过程中,经常出现的状况是情感上和财务上的混乱。

将企业移交给家族成员,会产生新任接班人如何处理与雇员之间关系的问题。首先,这些问题经常发生在创业者的子女没有受过足够的管理训练就掌握了企业权力的时候。反之,如果年轻的家族成员在接管企业前就在企业中任职,并承担了各种工作,那么,在接管企业后就有可能会较为顺利。所以,为了很好地把握企业整体经营的状况,对一个家族成员来说,在企业的不同部门轮换工作是很有必要的。这些部门的员工也能在工作过程中逐渐了解未来的企业领导人。其次,这些问题产生还有可能是由于创业者的突然离任。如果创业者能以顾问的身份继续留在企业一段时间,则有助于企业的移交和相关决策。最后,员工与继任者个人性格的差异,也有可能导致一些冲突。比如:从企业创建就一直在企业的"元老级员工",可能会从心理上不太认可年轻的家族成员掌握企业的控制权,尤其是当这些员工在一些比较重要的管理岗位上时,这种情况会更加明显。

2. 管理这种退出方式应考虑的因素

从某种意义上说,如果有一个完备的交接计划,将有助与把上述问题出现的可能性降低到最低程度。一般要考虑以下几个方面的因素:一是移交过程中企业的所有者将来扮演的角色,即他是愿意继续做全职的工作,还是在企业兼职,还是直接退休。二是家族的力量,主要指家族成员能否继续在一起工作。三是正在努力工作的家族成员和股东的收入如何确定。四是移交期间的企业环境如何保持稳定。五是一些忠诚员工的待遇如何确定。

(二)将企业移交给非家族成员

根据美国布鲁克林家族企业学院的研究,70%的家族企业没有能够传到下一代,80%

的不能够传到第三代,只有3%的家族企业的第四代还在经营。经过30几年的发展,中国民企的接班进入到了高峰期。但是真正能够成功接班的"富二代",可以说是凤毛麟角。根据测算,中国家族企业生存的期限平均是24年,其中有70%的企业在创始人去世或者是退休之后,会被卖掉或者是被清算。所以,常常会有出现家族成员会由于各种原因,比如:喜欢自己创业、对经营企业并不感兴趣等,不愿意接班的情况。这时,创业者可以采取下面这三种方式实现企业的移交。

1. 培养一位关键职员并保留一部分权益

将企业移交给一个工作多年的企业成员,要确保这位新任主管熟悉企业和市场,其经验可以将一些移交中的问题降至最小。另外,创业者可以花费一些时间来使得移交过程更加平稳。将企业移交给员工时涉及的一个关键问题就是所有权的转移。如果创业者计划保留一部分所有权,那么,保留多少就成为谈判的重点。新任主管可能更喜欢拥有控股权,而让企业的创业者作为小股东。这名关键员工的理财能力和管理能力是决定移交多少所有权的重要因素。

2. 保留企业控制权并雇用一名职业经理人

如果企业在家族的控制之下已有一段时间,并且将来还是可能由一名家族成员来接管,那么,创业者就要雇用一位职业经理人来经营企业。然而,要找到一个与创业者按同样的方式,拥有同样的专长来管理企业的人的确很困难。即便是找到了这样的人来管理企业,也同样可能会产生一些问题,比如:新任管理者是否与所有者保持政策的一致性?他是否愿意在获得企业多少股权等问题完全确定下来之前从事一定的管理工作?等等。在此过程中,猎头公司会有所帮助。总之,为辅助选择合适的人选,创业者有必要制订一个界定清晰的工作要求。

3. 公开出售企业

这种方式经常被称为创业者的一种"回报"行为,指的是将企业公开出售给企业成员或局外人。在这种选择方式中,首要考虑是财务方面的问题,尤其是企业价值的评估。如果需要,可以请会计师和律师帮助。

专栏 10-1

"富二代"不愿意接班属正常情况

在中国的商业社会,无论古代还是现代,都有一个接班人的问题。所谓"子承父业,天经地义"。但改革开放以来的第一代创业者们正面临着无人接班的困境,即使这是传统,"富二代"们则更喜欢做自己喜欢的事情。南开大学商学院院长张玉利教授对此的看法是:创造财富的手段有很多种,所以放手也没关系,毕竟子承父业对未来、对企业来说,未必就是件好事。

以下是网易财经编辑杨顺霖与张玉利的对话,对于这方面问题的思考有非常好的启发作用。

网易财经:有媒体统计,现在国内有80%的"富二代"都不愿意接父辈的班,那您觉得这些"富二代"在想什么呢?

张玉利:家族企业传承的问题,在目前已经浮出水面,而且是很紧迫的一个问题。

但不去接父辈创业的班,我觉得是正常的,第一,20世纪80年代那些企业家、创业者,他们可能做的是制造业,那么孩子呢?他不一定仍然愿意做这个产业;第二,基于现在的独生子女政策,创业者怎么敢保证唯一的这个孩子一定喜欢,或者特别愿意去继承父母所创办的产业?即使他可能仍然有创业精神,但是他可能想自己干一个,比如:创意产业,或者去搞一个软件、去搞一个新的东西,不一定非要守着上一辈的产业,这是一种很自然的情况。从创业者的角度来看,我更加欣赏的是,你要把这种创业精神传递下去。

如果儿女愿意去接班,去把你这个事业做大,很好,我们应该创造这种条件;不接没关系,你总要把它做成是一个社会型的企业,而不要把它只当成是自己的一个企业。这样,我们通过创业这种方式,既实现自我价值,又给社会创造财富,这本身就是好的事情。也许这些方面应和子女达成共识,子女也可能说继续创业,但不一定完全局限在上一辈所做的那个产业,他可能进行产业升级,进行创新,放开手让他去做可能会更好。

与其说单纯是那种血缘关系的接班人的问题,我倒建议不妨更多地思考怎么把这种创业精神整体地传承下去。

网易财经:这些"富二代"不愿涉足家族企业的发展,那引入职业经理人是不是一个很好的做法呢?淡化家族企业的因素?

张玉利:人们习惯于这样去思考问题。因为这个企业发展壮大,创业者要招一个职业经理人来互补。也就是说,如果这个企业做大了的话,我就要用大公司那种专业化的管理来管理这个公司。其实我认为这是背后的一个核心原因。

但现在你要特别注意一个问题,即创业者创业不容易,但是创业者是一个梦想家,要去做蓝图,要在一种高不确定性环境下运营一项事业。所以,从实际了解的情况来看,创业者和职业经理人是互补的,但二者的磨合不太容易。引入职业经理人是一种路径,或选择之一,我认为不一定要用这种所谓的职业经理人的方式。

资料来源:张玉利."富二代"不愿意接班属正常情况,http://money.163.com/12/1010/08/8DEN7HM100254SBO.html.

二、创业企业退出的方式

上述提到,创业者有时会将企业出售给企业成员或局外人,比如:出售给员工、出售给管理层,或者出售给企业外部的人或者其他公司。由于出售中会涉及比较复杂的财务策略。所以,创业者应当根据其目标仔细考虑出售方案中的每一种,并做出合理的选择。

(一)直接出售

直接出售是最常见的出售方法。许多创业者决定出售企业,可能是因为不仅可以达到与创业资本家分道扬镳的目的;也可以获得一笔现金,用来开办另外一家公司;还可能仅仅只是觉得到该退休的时候了。

1. 直接出售要考虑的因素

如果创业者已经决定出售企业,那么,有一些因素在整个过程中应尽早考虑:一是提前准备和做好计划。二是对相关资产进行有效的评估。如果有不断更新的或者先进的设备,可以提高企业的出售价格。三是进行税务咨询。四是从关键员工那里获取员工意愿方面的信息。五是尝试保持一个良好的管理团队,允许他们与重点客户签订常规合同,以减轻企业对客户关系的依赖。

案例 10-1

创业企业出售交易中如何定价

一个灯饰工程咨询公司有 15 个员工,为 20 家左右的蓝筹股公司服务,年销售收入达到 75 万英镑,每年利润大约为 7 万英镑。市场较稳定,公司也没有正式的管理团队。公司现有 3 个月工作量的合同,要依赖员工来维持与顾客的关系。公司以此收入水平经营了约 4 年,有 25 万英镑的净资产。公司被认为是有实力的,并且是解决工程问题方面的领头人。

收购方将从以下几个方面对公司进行评价:

（1）管理能力差,但只要员工留任且客户也移交过来,问题不会太大;

（2）20 个客户的规模和分布较理想;

（3）顾客是蓝筹公司,可以进一步扩大业务以争取更大的回报;

（4）近期的销售合同不错,接下来情况会怎样?

（5）工程市场不是很大,接下来的几年业务收入有下滑的风险;

（6）7 万英镑的利润按百分比来说不错,但作为购买者我将用自己的算法对此进行较保守的评价。

作为一个购买者,我们根据现在同行业的业绩情况考虑会有所犹豫。然而,我们的业务也许能从这次收购中获益,因此我们将按照以下方式来定价。

假定公司的固定资产和存货对净资产状况的影响不大,在该公司能够证明并确保应收款可全部收回的前提下,我们愿意为净资产等值支付 25 万英镑的现金。利润流看起来较小,因此我们需要找到一种分期付款方式,在确保公司能成功过渡之前分期支付收购金。7 万英镑的利润,在税后的净利润约为 5 万英镑,因此在谈判开始的价格收益乘数（PEM）大致为 5。对这次收购的支付,正如上面所说,我们将采用一个恰当的利润支付手段进行分期支付。

总的方案来讲我们将支付 50 万英镑,一半立即支付现金,另一半用现金或股份的方式分期支付。

2. 买方可能会采用的支付方式

任何企业出售都要考虑的一个重要问题是买方所采用的支付方式。一是现金支付。创业者最简单的方法是把企业的股权卖给买方以换取现金。这是最直截了当的变卖公司的方法,也是收益最快的一种方法,可以获得资本增值。二是票据支付。买主也可以用票据的形式支付,说创业者不会马上得到现金,而是通过卖股权换取票据,在今后一段时间内逐步把钱收回来。在创业资本行业里人们把这种票据戏称为"白条子"。也就是说搞不好,这些票据只是废纸一张,一文不值。但是用票据支付是司空见惯的,因为对创业者也有好处,即可以通过推迟付款而得到减税的好处;其不利之处在于会引起一些毫无关系的"第三者"打交道的麻烦。三是股票支付。如果买主支付的是上市公司的股票,创业家就可以很容易地将其公司的资产卖给大公司,以换取它的股票。然后它可以把这些股票分给企业的股东,但是这种方式可能要赋税。

3. 签订退出相关事宜的协议

一旦企业被出售给家族成员或者职员之后,创业者的角色就要依赖于出售协议或者与新的所有者所签订的合同。许多买主都希望创业者能够在企业中暂留一段时间,以维持平稳地过渡。在这种情况下,创业者应该就雇用时间、工资和责任进行谈判,订立一个雇用合同。如果企业不需要创业者留在企业中,新的所有人有可能要求创业者签署一项在一个指定年限定内不再涉足相同企业的协议。由于这些协议在范围上有所不同,因此,可能需要律师来澄清一些细节。

(二) 员工持股计划

在员工持股计划方式下,创业者将企业经过一段时间(可能是 2 年、3 年或更长的时间,时间的长短与创业者退出企业的意图直接相关)经营之后出售给员工。

1. 员工持股计划的含义

员工持股计划又称之为员工持股制度,是指通过让员工持有本公司股票和期权而使其获得激励的一种长期绩效奖励计划。在实践中,员工持股计划往往是由企业内部员工出资认购本公司的部分股权,并委托员工持股会管理运作,员工持股会代表持股员工进入董事会参与表决和分红。这是企业所有者与员工分享企业所有权和未来收益权的一种制度安排。

2. 员工持股计划的优点

首先,它提供了一种针对员工的独特激励机制,通过将员工的报酬和企业的业绩直接挂钩,并赋予员工行使股东的投票权,从而鼓励他们投入更多的时间和精力在企业取得长期绩效的创新上。其次,它提供了一种对企业忠心耿耿的员工的补偿机制。再次,它允许企业在书面协议的规定下按照详细的计划进行移交。最后,它允许职工投资公司的股票,这能给员工带来纳税上的好处。

3. 员工持股计划的缺点

一是不能适用于所有的企业;二是员工持股计划必须覆盖所有的员工;三是创业者必须披露企业的有关信息,比如企业的经营业绩、主管人员的收入等。

总之,员工持股计划通常是相当复杂并很难建立的。一是为了确定员工持股计划的金额,其要求对企业的价值有一个完整的评估。二是它也会产生一些问题,例如税负、支出比率、年移交的股本的数量,以及实际上由员工投资的金额等。三是协议上要载明,一旦计划完成后员工可以购买或出售的额外的股票数量。如此,在具体设计时,创业者往往需要专家的建议。

(三)管理层收购

由于上述方式相当复杂,创业者会发现直接出售给管理层能够更简单地达到其出售企业的目的。研究表明,管理层收购通常能够大大提高和改善企业的经营效率。因此,管理层收购被认为是一种很有吸引力的所有权转移的解决方案,而且无论对大企业或小企业来说都是如此。在新企业中,管理层收购通常也被看做是对创业者回报的一种方法。

1. 管理层收购的含义

管理层收购是指企业的经理层利用借贷所融资本或股权交易收购本企业的一种行为,从而引起企业所有权、控制权、剩余索取权、资产等变化,以改变企业的所有制结构。通过收购,使企业的经营者变成了企业的所有者。

2. 管理层收购的支付方式

通常,企业是按预先确定的价格直接出售给管理层。为确定售价,创业者要对企业所有的资产逐一进行评估,然后确定由过去的经营状况建立起来的商誉价值。

管理层购买企业所采用的支付方式,一是可以采取现金支付或者是其他任何方式。如果企业的价值非常高,那么,现金购买就是不可能的。此时,企业的出售可以通过银行来完成,在这种方式中,将销售收入在一个确定的时间段上进行分摊,从而增加现金流,减少税负的影响。二是使用股票支付的方式。购买企业的管理人员向其他的投资者出售没有表决权或有表决权的股票,然后把这些资金用于购买企业的全额或部分支付款。

【核心概念】

萌芽期　创立期　成长期　成熟期　特许经营　并购　企业传承　员工持股计划　管理层收购

【本章小结】

本章从四个方面阐述了创业管理的相关内容。第一,介绍了创业企业成长的四个阶段:萌芽期、创立期、成长期和成熟期,以及各个阶段的特点。第二,系统剖析了创业企业成长中面临的问题及管理对策。第三,许多创业企业发展到一定阶段后,通常都会考虑扩张的问题。由于创业企业扩张的方式有多种,本章重点介绍了特许经营与并购两种主要方式。第四,不论创业企业经营得好坏,创业者终究是要退出创业企业的。因此,创业者需要了解几种创业企业退出的方式及相应的管理策略。

总而言之,创业管理是一项长期而复杂的工作,需要创业者进行全方位地考虑和规划,从而管理和发展好整个创业企业。

【认知与训练】

个人任务一:"创业者访谈"。具体要求为:

(1) 自己选择 2~3 位创业者,创业者类型不限。

(2) 结合所学创新创业相关知识,就自己感兴趣的"双创"问题或者对"双创"方面的疑问,设计访谈提纲。

(3) 对每位创业者的访谈时间控制在 1 小时左右,访谈时务必做好书面记录;在征得受访者同意的情况下,注意留下必要的影音资料;同时注意受访者在访谈过程中的情绪、语调及身体语言等。

(4) 访谈结束后应及时整理资料,反思访谈提纲需要完善的地方并加以修改,同时,对照访谈之前的一些设想,看看自己从中对"双创"、创业企业管理等又有什么新发现和思考。然后与同伴分享您的感受和获得的启示。

【探究与拓展】

小组任务二:"比中学"。具体要求为:

请项目团队的所有成员查阅并比较沿海地区和西部地区的各 3 家创业企业所采用的退出方式,然后与同伴分享各自的发现和体会。

【课后阅读案例】

"骨之味":中小企业该如何给员工分红

中午 12 点,我来到这家餐厅排队用餐的时候,看见每个员工脸上洋溢着幸福满足的微笑,一切都是那么有条不紊,没有慌乱,没有焦躁。

这是位于厦门市万达广场的"骨之味"连锁餐厅。

今天你分红了吗?

"骨之味"餐厅在厦门首创了筒骨砂锅餐厅,自 2006 年 6 月开业以来,四年时间已在闽、粤、鲁、桂、浙、苏、豫等开设餐厅二十余家。

当"今天,你跳槽了吗?"成为时下流行语的时候,"骨之味"连锁餐厅的员工流失率一直在 50% 以下。

老板罗文波也当过服务员,他带着憨厚腼腆的微笑:"我们采用员工入股分红的方式,让他们也能买得起房车。"罗文波说,"2010 年 6 月至 2011 年 6 月的餐厅员工离职率是 38.65%"。

金蝶软件中小企业管理模式研究部杨白认为,这个流动率还是偏高。虽然餐饮服务业员工流动率大多高于50%,然而同样实行员工分红的海底捞,员工流动率在2%—5%之间。

盈科律师事务所合伙人孙健认为,员工持股分红仅是留住核心人才的有效方法之一,除此之外,尚有企业文化认同度、自主知识产权、企业成长性、商业秘密保护、竞业限制等多种积极的和消极的方法。

对人才的渴望,和在如何能留住员工身上,罗文波也没少花心思,除了改善住宿条件,提高伙食标准,对员工进行培训,物质激励,精神激励外,"一年以上的优秀员工,可以参股,从而实现年底分红。"罗文波说。

杨白的分析显示,企业的制度建设起到一定作用时,领导者就要相对授权。从家长式的文化转向兄长式的文化,建立员工的责任感和成就感,给予员工成长机会,增加员工收益,建立企业合伙人制度等人文理念,降低人才流动的频率。

罗文波恰是这样的兄长式领导,他挣多少钱,首先想着与伙伴分享,他会去各个店巡视,甚至和员工一起接待客人,在"骨之味"工作的员工除了有机会参股,还有机会自己开门店。罗文波的经营哲学是,宁愿自己赔钱,也不让伙伴赔钱。如今,"骨之味"餐厅采用的钱滚钱模式,一个店一年利润可达150万元。

在"骨之味"工作的服务员小杨,今年刚刚21岁,她熟练地端盘子,招呼客人,自信而且神情愉悦。"我来这里工作2年了,去年春节,店里生意忙,我没有回家。公司给家人寄了礼品礼金。"对于小杨来说,在这里工作,不仅有看得见的升迁机会,而且是自我价值的提升。马上就要国庆了,提起是否要回家与家人团聚,小杨回答:"不知道,听公司安排吧。我爸爸妈妈知道我在这里,他们很放心"。去年,小杨被评为了优秀员工,这也意味着不久她也有资格入股公司,也有机会实现入股分红。

罗文波心里的账也很清楚,像小杨这样的员工,从老客户维护、服务熟练度、重新招聘三个角度衡量,留住要比新招员工每人每年节省2 000~3 000元。

"带走我的员工,把我的工厂留下,不久后工厂就会长满杂草;拿走我的工厂,把我的员工留下,不久后我们还会有个更好的工厂。"安德鲁·卡内基的这段话,道出了留住人才对企业无可替代的重要性。

"你不是来打工的"

在"骨之味"工作了四年的李福寿,已经当上了店长。"餐厅挣得多,我们也有份儿。"这四年里,住宿条件越来越好,老板还会跟他讨论职业发展。更重要的是,有了股份,"当家的感觉更强了"。

其实,像"骨之味"连锁餐厅这样的员工激励模式,"食味堂""海底捞""华为"等都在采用。海底捞一位不愿意透露姓名的员工说,"分红"与"奖金"并不一定有本质差别,都是奖励,而且"分红"不一定比"奖金"高。但是,"分红"这个词绝对比"奖金"更有魅力。"奖金"的激励效果和工资差不多:不给肯定不满意,给多一点也不会提高多少满意度。"但分红不一样,别人说起他们有分红的时候都特自豪。"这位员工说。

名企华为也是如此,有6.5万员工持有公司股票(内部股),可以享受公司业绩增长带来的盈利。

盈科律师所合伙人孙健曾在2010年为一家从事移动增值业务和互联网业务的公司

起草《干股协议》,"高科技企业实施较多,实施效果应与上市公司无异,可以有效改善公司治理结构、降低运营成本、提升管理效率、增强公司凝聚力和市场竞争力"。

孙健认为,员工持股分红就是股权激励的一种方式,员工持股有两种方式,一种是拥有真正的股权,要在工商局做变更登记,另一种就是干股,干股是指未出资而获得的股份,但其实干股并不是指真正的股份,而应该指假设这个人拥有这么多的股份,并按照相应比例分取红利。这个不需要做变更登记。

曾经,联想宣布将产生数十位百万富翁,其中许多人在 30 岁以下;北大方正不甘落后,王选豪情满怀宣布 10 年内在方正将产生 100 位百万富翁。还有清华同方的口号,"这里将产生 100 个千万富翁和 1 000 个百万富翁"! 有了员工持股计划,百万富翁将不再是痴人说梦,而是变成操作性很强的一种公司行为。

企业人力资源资本运作,从承包制到年薪制,再到经营者持股。对于中小企业,采用什么样的激励模式来俘获人心,留住人才? 很多企业喜欢强调企业文化来增强员工的主人翁精神。但是,这种说法并不为员工所认同。实施了员工持股,员工既然是企业的股东,那么,"企业是我的"这种企业文化也就顺理成章了。

员工持股分红的现实焦虑

以"骨之味"新开一家门店需要费用以 220 万元计算,员工持股 4 万元,按照这个比率,年底该员工可以得到 1.8% 的利润,如果离职,也应该得到 4 万元的本金。那么,这个"4 万元"如何计算,员工持股比率控制在多少才能保证企业正常有序的运转? 谁来监督? 财务操作的透明性公正性如何保证?

罗文波说,他只把员工持股分红当成一种福利,还处于摸索试运行阶段,与员工也只是签订了协议书。"没想那么多。"他说。

对于中小型企业而言,员工持股,光是一系列的工商登记变更手续就不胜其烦,再加上大股东一般不想放弃控制权,也不想让太多员工对商业机密指手画脚,出让的股份数额较小,效果并不显著。而且,当越来越多的企业以员工持股来增加凝聚力时,持股员工离开公司也会出现,这些股份怎么处理?

在处理离职员工所持股份的问题上,上市公司和非上市公司在手法上会有很大区别,上市公司股份的流通、转让等有更严格的法规监管。那么小公司怎么办? 仅凭感情和道德规范吗? 有些企业虽然实施了员工持股计划,却可以用"要继续发展"为借口,不予分红。非上市公司一般不会聘请外部审计机构进行审计,公司的财务资料缺乏公信力,员工持股分红会不会沦为画饼充饥?

盈科律师事务所合伙人孙健认为,员工应与公司股东签订《干股赠与协议》,而不是与公司签订。分红权属于公司股东权利之一,而不是公司的权利,公司在无授权的情况下并不能代替公司股东处分其权利。公司应保证财务数据的真实性(干股赠与协议中应有约定),财务数据的真实与否直接决定红利金额的多少。

公司按年度计算的分红金额和《干股赠与协议》约定的支付时间向员工指定的账户支付红利,因此,《干股赠与协议》应约定公司履行直接向员工支付红利的义务。

资料来源:王瑞梅.中小企业该如何给员工分红[J].新财经,2011,(10):102-103.

讨论题:您从"骨之味"的企业管理方法中得到了什么启发?

附录　创业资源库

　　创业机会转瞬即逝，如果缺乏相应的创业资源，创业者在创业的过程中将会非常艰难。所以，创业者应该借助各种方式，经常关注创业所需的各种资源。正是基于这样的考虑，本书专门设置了此部分内容，力图为准备创业或进一步深入学习的读者提供一定的帮助。

　　由于创业资源涉及的面比较广，包括资金、知识、政策、法规、人才、科技、文化等各类资源，在此不可能进行逐一介绍或一一列举。为此，我们对相关公开文献资料进行了概括，选取其中的几个方面，主要采取提供链接网址（排名不分先后）的方式搭建了一个平台，起到抛砖引玉的作用。在此基础上，读者可以举一反三，通过其他方式或渠道获得更多所需要的创业资源。

一、创业风险投资公司

　　资金资源是创业的助推器，对于创业企业的重要性自不必说，并且我们在前述章节中也已进行了较为系统的阐述和分析，在此就不再赘述。在创业资金来源的各种渠道中，风险投资是其中最契合创业企业成长的一种资金来源，以下提供的是部分国内外著名创投公司或机构的基本信息，供大家参考。

1. 德丰杰投资咨询（上海）有限公司（http://www.dfj.com）
2. New Enterprise Associates（http://www.nea.com）
3. 英特尔投资（http://www.intelcapital.com）
4. Kleiner Perkins Caufield & Byers 及凯鹏华盈中国基金（http://www.kpcb.com）
5. Polaris Venture Partners（http://www.polarisventures.com）
6. 红杉资本（http://www.sequoiacap.com）
7. U.S. Venture Partners（http://www.usvp.com）
8. Warburg Pincus（http://www.warburgpincus.com）
9. Atlas Venture（http://www.atlasventure.com）
10. Venrock Associates（http://www.venrock.com）
11. InterWest Partners（http://www.interwest.com）
12. 高盛集团有限公司（http://www.goldmansachs.com）
13. 摩根士丹利（http://www.morganstanley.com）
14. 美国华平投资集团（http://www.warburgpincus.com）
15. IDG 创业投资基金（http://www.idgvc.com）
16. 软银赛富投资顾问有限公司（http://www.sbaif.com）

17. 深圳市创新投资集团有限公司(http://www.szvc.com.cn)
18. 红杉资本中国基金(http://www.sequoiacap.cn)
19. 北京君联资本管理有限公司(http://www.legendcapital.com.cn)
20. 深圳市达晨创业投资有限公司(http://www.fortunevc.com)
21. 德同资本管理有限公司(http://www.dtcap.com)
22. 软银中国创业投资有限公司(http://www.sbcvc.com)
23. 凯雷投资集团(http://www.carlyle.com)
24. 鼎晖资本(http://www.cdhfund.com)
25. 浙江浙商创业投资股份有限公司(http://www.zsvc.com.cn)
26. 今日资本(http://www.capitaltoday.com)

二、创业知识的获取渠道

知识资源是提升创业素质和创业能力的基础。在知识经济背景下,创业知识广泛存在于我们的学习、工作和生活中。因此,只要创业者有不断完善知识结构的强烈愿望和自觉性,就能很好地结合自身创业阶段的不同要求,积极地发掘出获取创业知识的有效渠道。概括来说,创业者可以通过"聆听""搜寻""实践"的方式获取创业所需的知识。

一是通过相关教育或培训机构提供的创业课程或指导讲座等来增强对创业活动的认识,或者向有创业经验的"过来人"取经,比如:创业者平时主动与有创业经验的亲朋好友交流,找机会向商界人士请教或向一些专业机构咨询。这种通过"聆听"来系统化创业者创业知识的方式,能使其打好创业的知识基础,获得最直接的创业技巧与经验。相对来说,是比较经济方便的方式,将使创业者受益无穷。

二是利用各种媒体获取最前沿的创业知识、信息和动态。通常,创业者可以选择创业相关的书籍、刊物、专业网站和微信公众号等。比如:

1. 《企业家》杂志网站(http://www.entrepreneur.com)
2. Inc.杂志社网站(http://www.inc.com)
3. 中国创业家(http://mag.iceo.com.cn)
4. 当代企业家(http://www.dangdaiqiyejia.com)
5. 第一财经(http://www.yicai.com)
6. 商业论坛在线网站(http://www.businessforum.com)
7. 中国科技创新网(http://www.zgkjcx.com)
8. 全球创业观察(http://www.gemconsortium.org)
9. 中国大学生创业网(http://www.chinadxscy.com)
10. 大学生创业网(http://www.dxscy.net)
11. 创业网(http://www.cye.com.cn)
12. 中国风险投资网(http://www.vcinchina.com)
13. 中青创业网(http://chuangye.cyol.com)
14. 创业邦(http://www.cyzone.cn)

15. 虎嗅网(http://www.huxiu.com)
16. 优米(http://www.youmi.com)
17. 中国创业网-黄页88(http://chuangye.huangye88.com)
18. 创新工场,微信公众号：chuangxin2009
19. 南开创业,微信公众号：nkcygl
20. 创业邦,微信公众号：ichuangyebang
21. 起点创业营,微信公众号：istartvc
22. 创客100,微信公众号：chuangke100

当然,各地创业中心、创业基地、大学生科技园、留学生创业园等机构的网站及各大财经网站,也会提供丰富的创业知识和信息。此外,创业者还必须充分利用中央及各地政府网站,及时把握与创业全过程相关的政策、法规。借助上述这些渠道"搜寻"得到的创业知识,往往针对性和时效性都非常强。

三是积极投身创业实践活动,不断积累创业经验和提高创业综合素质。就大学生创业者来说,通过参加各类创业计划大赛、创业设计大赛,或者进行创业实训、职业见习、创建企业等,不仅是学习创业知识、磨炼其心智、获得创业技能最好的途径,而且还将有助于他们对创业活动有比较深刻的感性的认识,做到学以致用。

三、创业教育及竞赛

毫无疑问,时代为创业者提供了广阔的创业空间和舞台,引导着一波又一波的创业浪潮。随着创业活动的日益活跃,创业教育的作用也越来越突出,为此,联合国教科文组织将其称为教育的"第三本护照",赋予了创业教育与学术教育、职业教育同等重要的地位。

创业教育发轫于20世纪中期,而美国的创业教育可称得上是标杆。从美国哈佛大学率先开设创业相关课程开始到硅谷的兴起及对创业教育需求的增加,美国的创业教育也从最初集中于对创业者人格特质的研究,逐步转向对创业过程的关注,更强调在教学内容和方法上对传统管理教育的突破;同时,美国的许多大学还成立了创业教育中心,针对上述有关创业教育的问题和方法进行较为全面的研究。到了20世纪80年代以后,尤其是美国德州大学奥斯丁分校于1984年举办了首届创业计划竞赛("Global Moot Corp Competition")之后,创业计划大赛这种接近创业实践活动的教育方式不仅在美国风生水起,而且得到了全球创业教育界的普遍认可和推广。进入20世纪90年代,为了更好地适应知识经济和信息技术的要求,美国出现了专门的创业教育项目,并建立了全国性的创业教育学术机构。这不仅使美国创业教育的学科体系日臻完善,而且带来了创业教育对象(对小学、初中、高中、大学、研究生都开设了相应的创业教育课程)、内容和方法上的新突破,体现出创业教育项目多学科融合的特点、高层次人才培养的机制和实践性学习方式的特色(包括：案例分析、与创业者交流、向创业家咨询、撰写创业计划、参加创业模拟及实训、创办企业等)。除美国外,英国、法国、德国、澳大利亚、日本等国的创业教育也蓬勃发展,各具特色,比如：英国政府的"大学生创业项目"(The Graduate Enterprise Programmed)、英国科学创业中心(UK-SEC)及全国大学生创业委员会(NCGE)等;法国的创业计划培训中心(CEPAC);美国中小企业管理局(SBA)的创业支持项目、设在大学内的中小企业发展中心(SBDC)及为准备创业的个人提供咨询的退休主管服务队(SCORE)等。

相对来说,我国的创业教育开始于20世纪90年代末,起步较晚。

2002年以前是以各高校为主的自发实践阶段。1997年清华大学首次将起源于美国的创业计划大赛引入我国;1998年清华大学又在MBA教育中开设了创业管理相关的课程;1999年首届"挑战杯"大学生创业计划大赛的成功举办,在国内引起了巨大的反响,对我国高校的创业教育产生了积极的作用和影响。

2002年以后则是以教育主管部门为主导的多元探索阶段。自2002年教育部在清华大学等9所高校中试点创业教育到2008年再建立的30个创业教育类人才培养模式创新实验区,创业教育在我国高校教育中的广度和深度都得到了扩展,而这些试点和试验的成功经验,为在全国高校全面推进创业教育有十分重要的示范意义。据KAB创业教育(中国)研究所发布了《创业教育中国报告》显示,2011年开设基础课程的高校达600多所,成立KAB创业俱乐部的高校达到100所,累计有20万大学生参与了课程学习。而2012年8月教育部《普通本科学校创业教育教学基本要求(试行)》的实施,以及2014年以来"双创"的大力推进,必将对我国创新创业教育的广泛开展起到积极的促进作用。

以下信息将有助于大家更进一步地了解国内外创业教育和创业竞赛的相关情况。

(一)国内外部分创业教育学术机构

1. 北京航空航天大学"创业管理培训学院"(http://set.buaa.edu.cn)
2. 黑龙江省"大学生创新创业网"(http://www.hljdachuang.org.cn)
3. 上海交通大学"学生科技创新创业中心"(http://chuangye.sjtu.edu.cn)
4. 武汉大学"亚中创新教育中心"(http://yzcie.whu.edu.cn)
5. 香港中文大学(http://www.cuhk.edu.hk)
6. 香港理工大学(http://www.polyu.edu.hk)
7. 香港科技大学(http://www.ust.hk)
8. 美国巴布森学院(http://www.babson.edu)
9. 美国麻省理工学院斯隆管理学院(http://mitsloan.mit.edu)
10. 美国哈佛商学院(http://www.hbs.edu)
11. 美国宾夕法尼亚大学沃顿商学院(http://www.wharton.upenn.edu)
12. 美国斯坦福大学商学院(http://gsbchina.stanford.edu)
13. 美国布朗大学(http://www.brown.edu)
14. 美国哥伦比亚商学院(https://www8.gsb.columbia.edu)
15. 伦敦商学院(http://www.london.edu)
16. 法国巴黎高等商学院(http://www.hec.fr)
17. 英国剑桥大学(以佳奇商学院和剑桥大学考试委员会为代表)(http://www.jbs.cam.ac.uk)
18. 英国牛津大学赛德商学院(http://www.sbs.ox.ac.uk)
19. 新加坡国立大学(http://www.nus.edu.sg)

20. 新加坡南洋理工大学（http://www.ntu.edu.sg）

21. 印度商学院（http://www.isb.edu）

22. 中国创业教育网（http://www.kab.org.cn）

23. "Adizes"爱迪思研究所网站（http://adizes.com）

24. 美国圣路易斯大学创业中心（http://www.slu.edu）

25. 中国高校创新创业教育联盟（http://www.ieeac2015.org.cn）

（二）国内外部分创业竞赛项目

1. "挑战杯"中国大学生创业计划竞赛（http://www.tiaozhanbei.net）

2. 创青春全国大学生创业大赛（http://www.chuangqingchun.net）

3. 中国"互联网+"大学生创新创业大赛（http://cy.ncss.org.cn）

4. 社会企业商业计划大赛（http://gongyi.qq.com/sebc）

5. 中国创新创业大赛（http://cxcyds.com）

6. 中国虚拟现实创新创业大赛（http://www.cvriec.com）

7. iCAN创新创业大赛（http://china.ican-contest.org）

8. 全国大学生电子商务"创新、创意及创业"挑战赛（http://www.3chuang.net）

9. 麻省理工学院中国创新与创业论坛"创业计划大赛"（http://www.mitchief.org）

此外，各地政府、各高校、各类创投公司或大企业还有许多创业计划竞赛、商业精英挑战赛等项目或赛事供大家选择、参与及实践。

主要参考文献

[1] Timmons, J.A., 1999. *New Venture Creation* (5th edition) [M]. McGraw-Hill.
[2] J.A. Schumpeter, 1951. *THE THEORY OF ECONOMIC DEVELOPMENT*: an inquiry into profits, capital, credit, interest, and the business cycle [M]. Harvard University Press.
[3] Philip A. Wickham, 1998. *Strategic Entrepreneurship* [M]. Pitman Publishing.
[4] Tan, Justin. *Culture, nation, and entrepreneurial strategic orientations: implications for an emerging economy*. Entrepreneurship: Theory & Practice, 2002, 26(4): 95-111.
[5] William A. Sahlman. *How to write a great business plan* [J]. Harvard Business Review, 1997(7-8): 98-108.
[6] Timmers, P. *Business Models for Electronic Markets* [J]. Journal on Electronic Markets, 1998, 8(2): 3-8.
[7] [美] 杰弗里·蒂蒙斯, 小斯蒂芬·斯皮内利. 创业学 [M]. 周伟民, 吕长春, 译. 北京: 人民邮电出版社, 2005.
[8] [美] 杰弗里·蒂蒙斯. 战略与商业机会 [M]. 周伟民, 译. 北京: 华夏出版社, 2002.
[9] [美] 罗伯特·A. 巴隆, 斯科特·A. 谢恩. 创业管理: 基于过程的观点 [M]. 张玉利, 译. 北京: 机械工业出版社, 2005.
[10] [英] 亚当·斯密. 国民财富的性质和原因研究 (上卷) [M]. 郭大力, 王亚南, 译. 北京: 商务印书馆, 1972.
[11] [美] 布鲁斯·R. 巴林格, R. 杜安·爱尔兰. 创业管理——成功创建新企业 [M]. 张玉利, 译. 北京: 机械工业出版社, 2006.
[12] [英] 爱德华·德·博诺. 六顶思考帽 [M]. 冯杨, 译. 太原: 山西出版集团, 山西人民出版社, 2008.
[13] [美] 彼得·德鲁克. 创新与企业家精神 [M]. 蔡文燕, 译. 北京: 机械工业出版社, 2009.
[14] [英] 菲利普·韦布, 桑德拉·韦布. 创业向左, 快乐向右 [M]. 高核, 译. 北京: 中国市场出版社, 2010.
[15] [美] 库洛特克, 霍志茨. 创业学: 理论、流程与实践 [M]. 6版. 张宗益, 译. 北京: 清华大学出版社, 2006.
[16] [美] 罗伯特·D. 赫里斯, [中] 蔡莉. 创业管理 [M]. 北京: 机械工业出版社, 2009.
[17] 武春友. 创业管理 [M]. 北京: 高等教育出版社, 2008.
[18] [美] 埃里克·莱斯. 精益创业 [M]. 吴彤, 译. 北京: 中信出版社, 2012.
[19] 李家华. 创业基础 [M]. 北京: 北京师范大学出版社, 2013.
[20] 李家华, 张玉利, 雷家骕, 等. 创业基础 [M]. 2版. 北京: 清华大学出版社, 2015.
[21] 孔莉. 企业技术创新的制度安排 [M]. 北京: 中国社会科学出版社, 2016.
[22] 刘志阳, 李斌, 任荣伟, 等. 创业管理 [M]. 上海: 上海财经大学出版社, 2016.
[23] 张玉利, 陈寒松, 薛红志, 等. 创业管理 [M]. 4版. 北京: 机械工业出版社, 2016.
[24] 孙洪义. 创新创业基础 [M]. 北京: 机械工业出版社, 2016.
[25] 黄远征, 陈劲, 张有明. 创新与创业基础教程 [M]. 北京: 清华大学出版社, 2017.

郑重声明

高等教育出版社依法对本书享有专有出版权。任何未经许可的复制、销售行为均违反《中华人民共和国著作权法》，其行为人将承担相应的民事责任和行政责任；构成犯罪的，将被依法追究刑事责任。为了维护市场秩序，保护读者的合法权益，避免读者误用盗版书造成不良后果，我社将配合行政执法部门和司法机关对违法犯罪的单位和个人进行严厉打击。社会各界人士如发现上述侵权行为，希望及时举报，本社将奖励举报有功人员。

反盗版举报电话　（010）58581999　58582371　58582488
反盗版举报传真　（010）82086060
反盗版举报邮箱　dd@hep.com.cn
通信地址　北京市西城区德外大街4号　高等教育出版社法律事务与版权管理部
邮政编码　100120

高等教育出版社

教学资源索取单

尊敬的老师:

您好!

感谢您使用孔莉等编写的《创新创业基础》(第二版)。为便于教学,本书另配有课程相关教学资源,如贵校已选用了本书,您只要添加服务 QQ 号 800078148,或者把下表中的相关信息以电子邮件或邮寄方式发至我社即可免费获得。

我们的联系方式:

联系电话:(021)56718921/56718739　　电子邮箱:800078148@b.qq.com

服务 QQ: 800078148(教学资源)　　创业教师论坛QQ群:248192102

地址:上海市虹口区宝山路 848 号　　邮编:200081

姓　名		性别		出生年月		专　业	
学　校				学院、系		教 研 室	
学校地址						邮　编	
职　务				职　称		办公电话	
E-mail						手　机	
通信地址						邮　编	
本书使用情况	用于_____学时教学,每学年使用_____册。						

您对本书有什么意见和建议?

您还希望从我社获得哪些服务?
- □ 教师培训　　　□ 教学研讨活动
- □ 寄送样书　　　□ 相关图书出版信息
- □ 其他_____